KB120226

인지언어학과 문법 도상성

문법 도상성

/ 중국어 명사구 /

认知语言学与汉语名词短语

인지언어학과
문법 도상성

/ 중국어 명사구 /

张敏 著 | 이운재 역

學古房

목차

上篇
인지언어학과 문법 도상성

01

—
인지언어학 이론과 주장
—

제1절 인지언어학에 대해

언어는 인간이 인지활동을 통해 경험한 현실세계를 개념화한 기호체계이며 인간의 정신을 엿볼 수 있는 중요한 창문으로 인식할 수 있다. 인간의 정신활동과 관련된 심리학이 언어를 통해 심리 과정과 규칙을 탐색하는 반면, 인지언어학은 인지과정에서 형성된 개념적 구조를 통해 언어에 대한 체계적인 분석과 설명을 하고 있다. 인지언어학은 인지과학과 관련된 심리학, 철학, 인류학, 컴퓨터과학의 연구 태도에 대한 반동으로 탄생했으며 경험, 개념화, 인지적 책략에 근거하여 언어를 연구하고 있다.

인지언어학은 사회언어학, 신경언어학과 같은 언어학 분과가 아니라 일종의 언어학파로 분류된다. 사회언어학과 신경언어학은 언어의 특정한 측면을 연구하는 반면, 인지언어학은 인지적 측면에서 언어의 다양한 원리를 연구한다. 그중에서 특히 문법체계를 중요시한다. 인지언어학의 기본개념을 명확히 이해하려면 분석 방법을 살펴볼 필요가 있다.

금세기 초부터 50년대 말 언어학은 '구조의 시대'를 경험했으며 이후 지금까지 촘스키의 「통사구조」를 전환점으로 '인지의 시대'라고 부른다. 촘스키 이전 언어학은 언어구조를 발견하는데 목적을 두면서, 정신, 인지와 관련된 문제는 소홀히 다뤄졌다. 촘스키 이후 언어학은 언어를 인지체계로 간주하여 대뇌에 숨겨진 보편적 기제를 찾는데 주력하였다. 당시 언어학파는 언어의 인지적 측면을 강조했으며 생성문법 역시 인지와 관련된다. 촘스키에 의하면, 언어 연구는 정신활동의 특성과 정신활동이 투사된 언어구조를 이해하는데 공헌하였다. 그는 비공식적으로 자신의 학설을 인지언어학이라고 주장하였다(Chomsky 1968). 물론, 촘스키가 언급한 인지언어학은 이 책에서 논의되는 인지언어학과 커다란 차이가 있다. 심리언어학은 인지와 관련되며, 방법론, 연구과제, 이론 틀은 생성문법과 유사하다. 인지심리학이 수행하는 언어 연구와 인공지능학파의 자연언어연구는 주로 인지를 다루고 있지만[1] 이론적 배경은 인지언어학과 커다란 차이를 보인다. 촘스키 학파에 속하는 Jackendoff의 개념의미론(conceptual semantics)은 인지적 측면에서 구문의 의미 현상을 연구했으며, 주된 연구과제, 개념, 용어, 기본적 이론은 인지언어학과 유사하다. 이 학파의 간행물 「인지언어학」은 「인지언어학과 제캔도프의 인지이론」이라는 제목의 특집호(1996년 제1기)에서 인지심리학과 인지언어학의 공통점과 차이점을 논의하였다. 일부 언어학자는 자신의 학설을 인지언어학이라고 부르기를 주저했지만 그들의 연구 성과는 인지언어학에 포함된다. 가령 Croft는 언어유형학자이며, Thompson의 언어 도상성, 품사, 문법관계에 대한 연구는 인지언어학의 경전으로 삼을 만하다. Haiman(1985b)이 편집한 인지언어학의 주요 논문집에는 언어유형학자 Greenberg, 기능문법학자 Bolinger, Givón, 역사언어학자 Traugott, 중국어-티베트어 학자 DeLancey 등의 논문이 포함되어 있다.

인지언어학은 언어관, 인식론, 방법론에 의해 정의된다. 이러한 원칙, 이론 틀과 주제 연구를 토대로 했을 때 인지언어학의 범위로 들어갈 수

---

1 자연언어학자 Winograd는 자신이 저작한 교과서 제목을 「Language as a Cognitive Process」라고 명명하였다.

있다. 이 책에서 논의되는 인지이언어학은 다음과 같은 기본 원칙과 신념을 기초로 두고 있다(Haiman 1985b, Geeraerts 1990, Goldberg 1996).

A. 자연언어는 인지활동의 산물이며 도구이다. 자연언어의 구조와 기능은 인지활동의 결과를 반영하고 있다. 언어능력은 인지능력, 지식과 독립된 천부적 측면으로 설명하기보다는 인지능력과 밀접하게 관련된 것으로 본다. 언어기제는 인지기제의 일부로서 언어와 인지는 함께 연구되어야 한다. 문법은 자의적 체계가 아니라 동기 부여되었으며 의미, 인지, 기능, 화용적 요소에 의해 촉진된다.
B. 문법은 변환과 무관하며 표층구조는 문법의 기본 단위로서 의미구조와 직접적인 대응을 이룬다.
C. 의미는 객관적 진리조건에 근거하지 않으며 의미구조 역시 단순히 진리조건의 배열로 설명할 수 없다. 의미구조는 비객관적으로 투사된 세계와 대응을 이루며 관습화된 개념구조와 관련된다. 개념구조는 물질적 경험, 인지적 책략과 밀접한 관련이 있다.
D. 의미론, 화용론은 연속체(continuum)를 이루며 의미에 작용을 한다. 의미는 언어체계 내부에만 국한되지 않고 인간과 세계가 상호작용하는 과정에서 생성된 물질적 경험에 근거하며 화자의 인지적 측면, 신념 체계를 근거로 삼고 있다. 따라서 순수한 의미의 지식과 백과사전식 지식은 명확하게 구분하기 어렵다. 의미는 독립적 모듈(module)이 아니라 총체적 개념체계의 일부이다.
E. 언어의 주된 기능은 의미를 전달하는 것이다. 따라서 형식과 더불어 의미, 화용, 담화 요소를 관련시켜서 답을 찾아야 한다.
F. 언어 보편성과 규칙은 절대적이라기보다는 일종의 경향을 반영하고 있다.
G. 언어 규칙에 대한 형식화 또는 형식모델에서 언어 보편성에 대한

해석은 엄격한 의미에서 해석이라기보다는 기술 또는 모듈로 간주된다. 언어 보편성에 대한 유의미적 해석은 형식 외적 요소인인 의미, 의사소통 기능, 인지능력, 인지적 책략에서 찾을 수 있다.

H. 언어의 범주화(categorization)는 필요충분조건이 아니라 범주 내부의 원형적 구성원과 주변적 구성원에 의해 결정된다. 범주화 원리는 도식과 원형에 근거한다.

I. 문법구조는 어휘항처럼 형식과 의미의 결합으로 이루어졌다. 이들은 생성 규칙 또는 보편원칙에 의해 생성된 부차적 현상(epiphenomena)이 아니라 인지적 지위를 지니고 있다. 따라서 문법은 규칙 체계로서 형식과 의미가 결합한 상징적 기호의 명세이다. 다시 말해서, 문법은 생성된 것이 아니라 어휘항과 문법구조는 연속체를 이루고 있으며 그 사이는 절대적 경계는 존재하지 않는다.

인지언어학의 구체적 방법론과 연구 대상은 위의 기본 원칙과 신념을 통해 내재적 함의와 범위를 확인할 수 있다. 형식주의와 인지언어학은 언어 현상에 대해 기술, 분석하는 방법이 다르다. 생성문법, 인지심리학, 인공지능과학은 인지와 관련이 깊지만 다양한 측면에서 인지언어학의 주장과 차이를 보인다. 기본 원칙에서 보듯이 형식언어학과 인지언어학은 언어현상에 대한 분석과 방법론, 특히 철학적 토대에서 커다란 차이를 보이고 있다. 두 학파의 차이는 인식론과 본체론, 즉 언어현상, 언어체계, 문법구조, 의미 등에 대한 인식에서 기인한다. Lakoff(1982)에 의하면, 언어구조는 일반적 지각기제, 기억, 가공능력을 통한 현실세계에 대한 이해와 의사소통 능력에 의해 결정된다고 하였다. 이러한 인식에서 출발한 인지언어학의 목표는 양방향적이다. 한편으로, 언어는 가장 중요한 인지활동이며 인지능력을 관찰할 수 있는 창문이다. 언어 연구는 인지활동의 비밀을 푸는데 도움을 준다. 다른 한편으로, 인지능력은 언어능력에 의해 결정되며 인지체계에 대한 연구는 언어체계를 연구하는데 도움을 준다. 인지언어학자의 주된 관심은 인지심리학자, 인지인류학자, 철학자와 유사하며 관련 학과의 연구 성과 및 개념, 방법을 채용하고 있다.

　인지언어학 이론과 방법의 연원은 핵심인물의 학술적 배경에서 꿰뚫어볼 수 있다. 인지언어학의 대표인물은 크게 세 가지 연원으로 나뉜다. 첫 번째는 부류는, 생성문법학자 Langacker, Fillmore, 생성의미학자 Lakoff이다. 두 번째 부류는, 기능 언어학자 중에서 특히 언어 보편성과 언어유형학을 중시한 Givón, Talmy, Haiman, Croft 등이다. 세 번째 부류는, 철학자 Johnson, 심리학자 Gibbs 등이다. 인지문법에서 통사구조와 의미구조가 직접 대응된다는 관념은 Lakoff 등이 제창한 생성의미론에서 비롯되었다.[2] 70년대 이후 인지언어학자 Lounsbury, Berlin & Kay 등이 제시한 다양한 민족의 친족어, 색채어의 공통적 특징과 심리학자 Rosch의 원형효과(prototype effect)와 기본층위범주(basic-level catego-ries)이론은 인지언어학의 범주 관념을 촉진시켰다. 인지심리학의 영상과 도식(schemas)은 의미를 중시한 문법학자에 의해 연구가 이루어졌다. 언어학자는 객관주의 인지관과 이에 기초한 통사론, 의미론의 폐단을 인식하기 시작하였다. 철학자 Putnam과 Searle 등의 형이상학적 현실론과 기호적 인지관에 대한 비판은 인지언어학의 비객관주의 철학적 기초가 형성되는데 공헌하였다. 인류언어학자와 언어유형학자는 언어는 보편성이 존재하며 언어 보편성은 경험과 밀접한 관련이 있음을 발견하였다. 촘스키의 천부설이 이러한 현상을 회피함으로써 언어유형학과 인지문법의 통섭은 가속화되었다.

　인지문법의 이론적 연원은 무의미하게 형식을 추구하거나 형식에 의

2　Lakoff(1987)은 인지의미론은 생성의미론의 연속이라고 하였다.

존해 형식을 해석하기보다는 언어범주와 언어구조의 개념적 기초를 탐색하는 것에서 출발하였다. 이러한 점에서 인지언어학, 문화인류학, 철학, 심리학의 융합연구를 해야 한다고 생각한다. Geeraerts는 「인지언어학」 발간사에서 다음과 같은 주요 의제를 소개하였다. 개념구조와 자연언어 범주의 구조적 특징인 원형성, 인지모형, 정신공간, 영상, 문법은유와 언어구조의 기능적 원리인 도상성, 유표성과 개념적 측면에서 통사론, 의미론을 연구한 Langacker의 인지문법, Fillmore의 틀의미론, 언어운용의 경험, 화용적 배경, 언어와 사유 등이 그것이다. 그중에서 문법은유, 개념구조, 범주화와 원형이론, 영상도식, 문법 도상성은 최근의 연구동향을 반영하고 있다.

  인지언어학의 방법론은 넓은 의미와 좁은 의미로 나뉜다. 좁은 의미의 인지언어학은 Lakoff, Johnson의 인지의미론(cognitive semantics)과 Langacker의 인지문법(cognitive grammar),[3] Rudzka-Ostyn, Taylor, Geeraerts 등의 유럽학자의 연구, Haiman의 문법 도상성 위주의 자연통사론(natural syntax), 戴浩一의 인지기능문법(cognition-based functional grammar)과 謝信一의 구성인지문법(Compositional Cognitive Grammar)이 속한다.[4] 넓은 의미의 인지언어학은 Fillmore의 틀의미론(frame semantics)과 구문문법(construction grammar), Talmy, Hawkins, Croft 등의 언어유형론학자, Wierzbicka의 의미이론, Fauconnier의 정신공간(mental space) 이론, Sweester, Heine, Claudi & Hunnemeyer의 언어유형학과 인지적 측면에서 의미변천, 문법화(grammaticalization) 등의 통시언어학 연구, Dressler의 자연음계론, 자연형태론, 자연통사론의 자연

---

3 인지언어학은 인지문법으로도 불린다. 그러나 인지언어학으로 부른 것이 더 보편적이다. Langacker가 제시한 공간문법(space grammar)의 인지언어학 이론 이후 인지문법으로 바꿨기 때문이다. 여기서는 좁은 의미의 인지문법을 가리킨다. 광의의 인지문법과 명칭이 같기 때문에 혼란을 초래하기 쉽다.
4 戴浩一(1985, 1989), 謝信一(1998).

주의 언어학 모형(naturalist linguistic models)이 속한다. 자연언어에 내재된 다양한 현상에 대한 연구는 기능주의 언어학의 새로운 동향을 반영하고 있다.

지금까지 인지언어학의 언어관, 연구 범위, 핵심인물을 살펴보았다. 다음에서는 인지언어학과 관련된 기능주의 언어관, 비객관주의 철학관, 인지관 및 연구 사례를 살펴보겠다.

제2절 기능주의 언어관

좀 더 높은 층위에서 살펴보면 인지언어학은 기능주의 언어학파의 분지로 볼 수 있지만 기능주의 학파가 모두 인지언어학을 연구하는 것은 아니다. 위에서 제시한 아홉 개의 기본 원칙에서 기능주의 언어학파가 공유하는 항목은 A, D, E, F, G 뿐이다. 문법의 기능요소에 대한 의존도는 다소 차이가 있지만 인지언어학자는 대체로 기능주의 언어관을 지니고 있다. 이는 인지언어학과 형식주의를 구분하는 분기점이며, 인지언어학의 기본 이론을 인식하는 출발점이다. 戴浩一(Tai 1989)는 중국어 인지문법을 인지를 기초한 중국어 기능문법(a cognition-based function grammar of Chinese)이라고 하였다. 이 명칭은 인지문법의 기본적 특징을 정확히 설명해주고 있다.

현대언어학의 다양한 유파는 크게 형식주의와 기능주의로 나뉜다.[5] 형식주의는 촘스키의 생성문법(Generative Grammar)의 변이체[초기의

---

5 형식주의와 기능주의 양대 학파의 기본적 차이는 영국에서 출판된 학술지 *Language and Communicaton* 1991년 제1,2집과 Givón(1995)을 참고하기 바란다. 중국 문헌은 戴浩一, 薛凤生(1989), 廖秋忠(1991), 陈平(1991), 陆内甫(1993), 陶红印(1994)을 참고하기 바란다.

8

표준이론(Standard Theory)에서 최근의 지배결속이론(Government and Binding Theory)과 최소이론(Minimalist Program)을 대표로 Perlmutter와 Postal의 관계문법(Relational Grammar), Gazdar와 Pullem의 일반구구조문법(Generalized Phrase Structure Grammar), Pollard와 Sag의 중심어 역동적 구구조문법(Head-driven Phrase Structure Grammar), Zwicky의 인터페이스문법(Interface Grammar), Partee와 Dowty의 몽테규문법(Montague Grammar), Bresnan의 어휘기능문법(Lexical Functional Grammar)이 속한다. 기능주의는 Greenberg의 언어유형학, Chafe와 Thompson의 담화문법(discourse grammar), Hopper의 창발문법(emergent grammar), Haliday의 체계기능문법(Systemic Functional Grammar), Foley와 Van Valin의 논항과 지시문법(Role and Reference Grammar), Kuno의 기능통사론(functional syntax), Dik의 기능문법(Functional syntax)[6] 및 위의 절에서 소개한 좁은 의미와 넓은 의미의 인지문법 유파가 이에 속한다. 기능주의 언어학자 중에서 Bolinger, Givón, Silverstein, Talmy, Sweester는 자신의 이론에 특별한 명칭을 부여하지 않았다. 형식주의와 기능주의는 연구 대상, 분석, 기술 방법에서 커다란 차이를 보인다. 형식주의는 형식과 구조적 특징에 주목했으며 이상적 말뭉치 언어자료를 분석하여 논리적 형식과 규칙을 기술하고 있다. 반면, 기능주의는 언어구조의 기능적 요소에 주목했으며 실제적 말뭉치 언어자료를 분석하여 의미론, 화용론, 담화분석, 비형식적, 직관적인 해석을 통해 직감적, 외재적 현상을 기술하고 있다. 두 학파의 언어관은 천부적, 자주적 형식을 담은 장치로 볼 것인지 인지능력에 근거한 의사소통의 기호체계로 볼 것인지에 따라 구별된다.

형식주의 언어학을 대표하는 촘스키는 언어 연구의 대상을 언어능력

---

6 久野暲과 Dik의 학설은 형식적 특징으로 인해 기능학파가 됐다는 점에서 특이하다. 일부는 이들을 형식주의 학파로 분류하고 있다.

(competence)으로 확정하면서 실제적인 언어수행(performance)은 고려하지 않았다. 언어능력은 인간이 가지고 있는 내재적 문법지식, 즉 언어공동체 구성원이 이전에 들어보거나 말한 적이 없는 무수한 문장을 이해하고 구성하는 능력을 가리킨다. 인간이 언어능력을 갖게 된 것은 대뇌에 문장을 생성하고 여과하는 장치인 '문법'이 존재하기 때문이다. 이 장치의 핵심부분은 모든 인간이 공유하고 있으며 언어에 공통으로 존재하는 보편적 특징을 포함하고 있다. 따라서 이를 '보편문법(Universal Grammar)'이라고 부른다. 보편문법은 추상적 규칙으로 이루어진 제한적 체계이다. 정상적인 지능을 가진 아동이 체계적인 학습을 경험하지 않더라도 짧은 시간에 모국어 습득이 가능한 것은 두뇌에 존재하는 문법이 걷기 능력이 유전되는 것처럼 생득적이기 때문이다(Chomsky 1975). 문법구조가 존재하는 인간의 두뇌 구조는 고도로 분화되었다. 즉, 모듈을 이루며 그 하위체계는 서로 연결되어 있지만 기능은 독립적이다. 따라서 문법은 독립적 하위체계로 자주적이며 인지체계와 독립적이다. 문법은 모듈적이며 통사체계는 자주적이고 의미와 문법 외적 요소인 의사소통, 언어 환경, 세계에 대한 지식은 반영되지 않는다.

위의 관념에서 핵심은 문법의 천부성(innateness)과 자립성(autono-my)이다. 이에 대해 기능주의와 형식주의는 근본적으로 다른 견해를 지니고 있다. 기능주의는 위의 두 관점을 지지하지 않지만 완전히 부정하지도 않는다.7 기능주의(인지언어학자 포함)는 문법이 천부성인지 자주성인지 주장하는 것을 정론화되지 않은 경험의 문제(open empirical question)라고 하였다. 그들은 형식주의가 천부설과 자주설을 선험적 문제로 간주해서 연구의 전제로 삼는 것을 반대하였다. 기능주의가 문법의 자주성을 강력히 반대하기 때문에 먼저 천부설부터 논의하기로 한다.

---

7 소수를 제외하고 Givón(1995)에 의해 '순진한 기능주의(naive functionalism)'라는 극단적인 견해를 비판되었다.

대다수 언어학자는 천부설을 인정하고 있는데 이는 인간만이 유일하게 언어능력을 가지고 있다는 사실을 설명할 수 없기 때문이다. 실험을 통해 가장 총명한 원숭이조차도 언어를 습득할 수 없다는 사실이 밝혀졌다.[8] 기능 언어학자가 천부설을 인정한 것은 두뇌에 추상적 문법이 존재한다는 사실이 아니라 인간만이 인지, 추론, 정보처리 능력을 가지고 있다는 사실이다. 그들은 형식주의의 천부설은 Comire(1982)가 언급한 것처럼 공허한 가설이기 때문에 독립적 증거를 통해 실증하기 어렵다고 하였다. 지금까지 신경생리학자는 대뇌에 언어습득장치(LAD)가 존재하는지 어떠한 증거도 내놓지 못했다. 하지만 형식주의에 의하면 이 가설은 논증 가능하며, 가공하지 않은 언어 자료에서 얻을 수 있을 것이라고 여긴다. 복잡하고 추상적인 언어지식을 제한된 시간 동안 어떻게 습득할 수 있는지를 설명하기는 간단하지 않다. 이에 아동 언어습득과정의 기본적 가정을 다음과 같이 제시하였다.

가정 A. 아동의 언어습득과정은 후천적 훈련과 학습으로 설명하기 어렵다. 이러한 관념은 아래와 같이 관찰된다.
가정 B-1. 아동의 언어습득성과는 제한적이고 비체계적인 언어 경험과 비례하지 않는다.
가정 B-2. 언어 성숙기(2세 반에서 5세)는 돌발적으로 도래한다.
가정 B-3. 언어습득의 결정적시기를 넘기면 완전한 습득이 어렵다.

가정 A는 가정 B의 배경 관념이고, 가정 B는 경험적 관찰을 통해 검증

---

8 60년대부터 심리학자와 언어학자는 영장동물인 고릴라에게 수차례 언어 실험을 수행하였다. 그중에서 가장 총명한 고릴라 Nim Chimsky는 다량의 손짓언어를 학습할 수 있었지만 그 언어에 문법을 포함하고 있는지는 증명할 수 없었다. 따라서 진정한 언어로 보기 어렵다.(H. Terrace et al., 「Can an ape create a sentence?」, Science Vol 206, 1979)

할 수 있다. 일반적으로 결정적시기에 대해 이견은 없지만 여기에는 몇 가지 잠재적 문제점이 제기된다. 첫째, 언어습득의 규칙과 과정은 경험의 문제이다. 심리학자 Lennegberg, Pinker는 위의 가설을 생성문법을 통해 검증하려 했지만 촘스키가 표준이론을 제시한 후 지금까지 수행한 언어습득과 통시적 연구는 언어 기관의 본질과 언어능력 이론에 대한 실증적 자료로 볼 수 없다. 촘스키는 「언어지식(Knowledge of Language, 1986)」에서 언어를 내재언어(I-Language)와 외재언어(E-Language)로 구분하였다. 내재언어는 두뇌에 존재하는 문법이고 외재언어는 관찰 가능한 실제언어이다. 촘스키는 내재언어를 연구대상으로 확정하였으며 외재언어는 문법에 영향을 미치지 않는다고 여겨 연구대상에서 배제시켰다. 언어습득의 경험적 증거가 보편적 원리와 모순되면, 경험적 증거는 외재적 언어표현에 해당하기 때문에 이에 근거해 보편원리를 부정할 수 없으며 천부설의 명제를 부정할 수 없다. 천부설을 증명하는데 경험적 증거(신경생리학적 증거는 제외)는 무능력하다. 둘째, 기능주의 언어학자는 가정 B에서 관찰된 경험적 사실을 증명하기 어렵다고 생각한다. 최근 심리학 연구에서 생성언어학자가 가정 B-1, 가정 B-2를 제시한 것은 문제의 한 가지 측면만 고려한 것이라고 하였다. 예컨대 아동 초기의 언어습득성과는 두드러지지만 유입량은 매우 제한적이다. 정확한 분석을 위해 장기적으로 추적 조사한 통계자료는 필수적이다. Tunmer와 Grieve는 아동 초기에 유입되는 언어량은 놀랄만하다고 하였다(Nolan 1994). 아동의 언어성숙기는 돌발적으로 도래하지 않으며 습득과정은 오랫동안 지속된다. 예를 들어, 아동이 합법적 문장을 판별하는 능력은 5세에서 12세에 성숙하며 이 과정은 생성문법의 주장보다 훨씬 길다. 증거에 의하면, 아동의 인지능력 발달은 5세에서 8세까지 비약적으로 발전하며 언어능력의 발전과 거의 동시에 이루어진다. 언어능력과 인지능력은 상호 밀접한 관계가 존재한다. 셋째, 가정 B가 사실이더라도 반드시 천부설의 결론을 도출하지 않는다. 최근 인지과학 연구는 천부설에 대해 불리한 결론을 내렸다. 예를 들어, 아동의 언어습득과정에서 수용된 말뭉치 통계 분석과 연결주의(connectionist) 모형을 근거한 컴퓨터 모의실험 결과 다음과 같은 측면을 제기하였다. 아동은 언어습득과정에서 상대적으로 간단하고 개연성이 있는 학습기제(probabilistic learning mechanisms)를 운용하여 자연스럽게 다량의 분사, 품사, 공기 관계를 판별하는 규칙을 유도한다(Redington & Chater 1997). 이에 아동이 체계적인 훈련과 학습을 하지 않더라도 이미 유입된 언어와 기본적인 인지 추론능력을 바탕으로 제한된 문법지식을 획득할 수 있다는 유추가 가능하다. 만일 이와 같다면, 가정 B-1을 해석할 필요성은 크게 경감된다. 넷째, 가정 A는 백지설(tabula rasa), 즉 일체의 지식은 후천적 경험에 의해 획득된다는 가설에 대한 부정을 유도한다. 대부분 언어학자는 백지설에 근거한 Skinner의 기계주의 모방-강화습득이론을 포기했지만 그렇다고 촘스키의 천부설을 지지하지 않는다. 즉, 아동 언어습득성과를 통해 두뇌에 보편문법이 존재한다는 결론을 유도하지 않는다는 것이다. Piaget의 '상호작용론(interaction theory)'은 가정 A을 해석한 습득이론이다. 인지언어학은 언어습득 문제를 직접 언급하지 않았지만 상호작용론을 지지하고 있다. 이들 중에 Lakoff와 Johnson은 후천적 경험이 중요하다고 여겼다. 여기서 경험은 언어적 경험이 아니라 아동 초기에 갖춰진 신체적 경험을 가리킨다. 그들은 신체적 경험에서 도출된 영상도식과 문법 형식이 동형 관계임을 증명하였다. Deane는 천부성에 주목했는데, 그의 천부성은 보편문법이 아니라 두뇌에 대뇌피질 전두엽에 있는 공간 감각과 처리능력을 가리킨다. 이로부터 공간 운동도식과 문법구조가 동형을 이루고 있음을 알 수 있으며, 이는 아동 언어습득성과에 대해 타당한 설명력을 제공해 준다.[9]

기능 언어학자가 천부설이 공허하다고 보는 이유는 천부설의 귀착점을 발견했기 때문이다. 즉, 보편문법 가설은 논증 불가하다. 사실상 최근 10여 년 동안 생성문법은 초기의 규칙과 이론 틀을 끊임없이 부정하거나 수정하였다. 문제는 언어표현에 근거한 관찰은 보편원리를 논증할 수 없고, 심지어 이미 제시된 보편원리 역시 논증할 수 없는데 있다. 이 가설이 내재적인 존재 명제이기 때문이다. 다시 말해서, 만일 제n조항의 보편원리를 증명하지 못하면, 대뇌에 보편원리가 존재하지 않는다는 사실 역시 증명할 수 없다. 제n+1조항의 보편원리는 대뇌에 존재하는 원칙일 가능성이 있기 때문이다. 이는 일찍이 제시되었지만 논증할 수 없다. 컴퓨터 언어학자 Wilks에 의하면, 이런 논쟁적 방식은 이 이론이 부정될 가능성을 근본적으로 배제하였다고 설명하였다(郭承铭 1993).

천부설에 대한 의문은 심리학자와 철학자에 의해 제기되었다. 심리학자 피아제(Piaget)는 1975년 프랑스 파리 근교에서 개최된 역사적인 회의에서 촘스키와 논쟁을 통해 철학자들이 새로운 시각에서 이 가설을 비판하고 있음을 제기하였다(Nolan 1994). 기능주의 언어학자가 천부설에 주목하는 이유는 천부설이 보편문법, 자주설과 밀접한 관련이 있기 때문이다. 이 세 가지는 상호 검증하는 '삼위일체'의 신념체계를 이루며, 뒤의 두 가설은 언어의 구체적인 연구와 관련된다. 이들의 관계는 매우 분명하다. 천부설은 언어습득의 플라톤식 문제에 대한 교묘한 답을 주고 있다. 이 문제가 첨예한 이유는, (a) 언어습득 대상이 고도의 추상적 기호로 이루어진 연산체계이기 때문이다(이는 보편문법에 의해 결정된 것이다). (b) 습득 주체가 지능이 덜 발달된 아동이기 때문이다. (c) 이 체계의 형성과 해석이 언어 형식 외적 요소인 지식을 참고할 수 없기 때문이다. (이는 자주설의 요구이다). 이 두 가설의 공통점은 언어습득에 대한 논리적 해석을 천부설에 두고 있다. 기능주의는 이에 대한 해석을 위의 두

---

9 여기서 언급한 Langacker, Johnson, Deane의 주장은 다음 장에서 상세하게 다루기로 한다.

가설에 두지 않고, 습득의 어려움을 다른 측면에서 제시하였다. 먼저, 언어를 본질적으로 복잡한 추상적 연산체계로 보지 않을 경우 언어습득의 어려움은 크게 경감된다. 이에 대해 다음 절에서 자세하게 논할 것이다. 다음으로, 만일 '지능'이 성인의 귀납, 종합, 분석의 유의미적 이성 능력이라면, 언어습득기간에 갖춰진 아동의 이성은 당연히 덜 발달되었다. 하지만 언어습득에 필요한 지능이 기본적인 무의식적 공간 능력과 운동감각능력이라면, 아동은 비교적 이른 시기에 이미 갖춰졌으며 고도로 완전하다. 마지막으로, 문법이 비자의적, 언어 내외의 기타영역의 지식과 능력에서 도출된다면, 언어습득의 부담은 크게 경감될 수 있다.

이제 두 학파의 자주설에 대한 이견을 살펴보자. 자주설은 형식언어학자가 보편적으로 인식하는 작업가설이다. Newmeyer(1991)에 의하면, 작업가설은 언어의 중심을 가리키며 언어는 이러한 체계로 기술되어야 한다고 설명하였다. 기본 원소와 지배원칙은 체계 외적 관념으로 분석할 수 없는데 이는 곧 '언어형식의 자주성'을 의미한다. 이 가설의 중심은 '문법 자주성', 즉 문법모형은 성분의 의미 또는 담화 기능을 기초로 설명할 수(explicable) 없으며, 통사구조와 의미구조 또는 담화구조 간에 대응관계가 존재하지 않는다는 것이다. 천부설과 차이점은 언어형식 또는 통사의 자립성을 완전히 경험의 문제로 보는데 있다. 이 가설에 대한 견해는 구체적 언어현상에 대한 분석 방식, 책략, 결론에 직접적 영향을 미친다. 형식언어학자는 순수한 통사적 요소를 통해 문법현상을 설명하는 경향이 있는 반면, 기능주의는 경험적 사실을 통해 보편적 인지능력에서 비롯된 언어능력을 논증하고 있으며, 언어현상은 문법외 요소로 설명하고 있다. 기증주의는 문법자립성에 불리한 증거를 제시하는 반면, 형식주의(Newmeyer 등 제외)는 언어의 주변적 문제는 고려하지 않으며 정의적 연구 범위를 벗어나는 상황은 배제시킨다. 형식언어학자 간에도 자주설에 대한 이견은 분분하다. 이 가설에 대해 형식주의자의 견해는 강약으로 구분된다. 강자립설의 대표인물 촘스키는 통사론을 문법의 중심라고 여겼으며, 문법 내 기타 원리와 문법 외적 요소는 고려하지 않았다. 촘스키의 초기이론은 대부분 의미를 다뤘지만 최근 이론은 의미현상이 삭제되고 형식적, 논리와 관련된 논항과 조응이 남아있다(徐烈炯 1995). 최근 그는 보편문법의 본질을 동기성이 없는 '물리원칙(physical principles)'의 임의적 작용이라고 하였다(Chomsky 1988). 다시 말해서, 대뇌에 천부적으로 존재하는 보편문법은 생물 진화에 우연한 부산물(a chance by-product)이며, 배후에 자연선택의 기능적 동기성이 없다는 것이다. 이런 관념은 Piattelli & Palmarini(1989) 등이 자세하게 설명하였다. 약자립성을 주장하는 형식주의학자는 소수에 불과하지만 점차 늘어나는 추세이다. 구체적 주장과 연원은 다르지만 일부 학자는 문법의 생성이 생물학적 의미의 기능적 동기성이 있다고 하였다. 즉 자연선택의 적응성(adaptability)에서 기인한다는 것이다(Bickerton 1990, Pinker & Bloom 1990). 또 다른 학자는 통사구조의 중요 속성은 의미구조에서 비롯되며(Pinker 1979), 모국어 습득 측면에서 의미구조는 통사규칙을 습득하는데 결정적 작용을 한다고 보았다. Jackendoff(1990, 1995)는 통사중심론에 반대하면서 개념구조를 중시했으며, 심지어 형식언어학 편향의 동료를 비판하였다(Jackendoff 1996). 형식언어학자 Newmeyer (1983, 1991)는 기능언어학자의 자주설에 대한 도전에 호응하여 생성문법의 일부 관념을 수정, 조정하였다. Newmeyer는 Bickerton, Pinker 등 인지과학자와 함께 문법의 기원은 기능적 동기성이 있으며, 통사적 제약은 기능적 요소에 의한 것임을 인정하였다. 그들은 기능적 해석과 생성문법이 모순되지 않는다고 여겼다. Newmeyer는 인지언어학의 주된 연구인 문법 도상성을 생성문법 체계로 귀납하였다(Newmeyer 1992). Newmeyer, Jackendoff는 약자립설을 대표하지만 결정적 문제에서 문법의 자주적 원칙을 견지하고 있다. 문법범주, 원칙, 규칙에서 의미적, 기능적 동기성을 찾을 수 없었기 때문이다. 예를 들어, 동사, 명사, 전치사 등 문법범주와 성분통어(c-command) 개념은 의미적, 기능적 측면에서 정의내릴 수 없다는 점에서 문법은 자주적이라고 하였다.

기능주의 언어학자 간에도 자립설에 대해 일치하지 않는다. 급진파 Hopper는 문법은 비자주적이며, 심지어 고정된 문법은 없고 문법화 과정(grammaticization)이 있으며, 고정된 언어가 없고 언어 과정(languaging)이 있을 뿐이라고 하였다. 온건파는 문법은 비통사적 동기성이 있다고 하였다. 하지만 약자립설을 견지하는 형식주의의 주장과는 거리가 있다. 그들은 Newmeyer(1991)이 제시한 것처럼 문법이 도상성이 없는 범주와 규칙이지만, 자세히 분석한다면 의미, 인지, 기능적 요소를 찾을 수 있다고 하였다. 예를 들어, 품사는 의미적으로 정의를 내릴 수 없다. 동일한 개념을 어떤 품사로 표현할 수 있고, 또 다른 품사로 표현할 수 있으며(중국어 명사战争과 동사 战斗, 朱德熙 1985; 영어 명사 explosion과 동사 explode, Newmeyer 1991), 동일한 품사 역시 서로 다른 의미를 표현할 수 있다. 기능언어학자는 战争과 战斗, explosion과 explode처럼 대립되는 품사는 근본적으로 다른 개념이라고 하였다. 문제는 전통문법에서 '사물'과 '동작'처럼 간단하고 모호한 명칭을 가지고 의미를 설명할 수 없다는 점이다. Langacker(1987b)는 인지언어학적 측면에서 좀 더 정밀하고 체계적 방식으로 명사와 동사에 대한 의미적 정의를 내렸다. Hopper & Thompson(1985)은 담화분석에서 명사성과 동사성을 통제하는 기능적 요소를 발견하였다. 이처럼 순수한 형식의 통사적 제약이 존재하며, 의미, 인지, 기능적 동기성 역시 존재하고 있음을 보여준다. 최근 기능문법학자는 생성문법이 제시한 통사 개념과 규칙에 속하는 성분통어, 조응관계(anaphora), 보충어표지(complementizers), INFL, 병렬구조 제약, 섬 제약(island constraints), 영속조건(subjacency condition), 상승규칙, 성분통어, Tough-이동, that-흔적효과 등을 연구하고 있다(Erteschik-Schir et al 1979, Lakoff 1986, Kuno 1987, Takami 1989, Deane 1988, 1991, 1992). 생성문법의 핵심 문법 개념과 규칙은 문법 자립성의 가장 강력한(most robust) 증거로 제시된다. 기능주의는 문법 외적 요소에서 결정적 제약 요소와 해석 조건을 탐색하였다. 기능주의 학파가 문법의 비자립성을 합리적으로 설명하려면 철학적 사변이 아닌 언어적 측면에서 접근해야 한다. 아래에서 섬 제약의 논의를 통해 이러 한 연구에 대해 자세하게 소개하겠다.

섬 제약(island constraints)은 60년대 이후 생성문법에서 제시했으며, 문법 규칙에 대한 순수한 통사적 제약 중의 하나이다. 일부 인지문법학 자(Hsieh 1989) 역시 자립적, 논리적, 수학적 원칙을 반영하고 있다고 하였다. 섬 제약은 Ross(1967)가 처음으로 제시한 이래 촘스키가 더욱 발전시켰으며 최근 지배결속이론에서 결속이론(bounding theory)의 중 심을 이룬다. 다시 말해서, 섬 제약은 통사이동규칙이 영속성분에만 작 용하는 것을 말한다. 즉, 일부 통사구조는 하나의 외딴섬과 같아서 그 안에 들어 있는 성분은 밖에 있는 성분과 전환 관계를 이루지 못한다. Ross는 섬 제약을 세 가지 측면에서 제시하였다. (a) 복합명사구 제약 (Complex NP Constraint) : 복합명사구의 성분도 전환을 통해 추출할 수 없다, (b) 병렬구조 제약(Coordinate Structure Constraint) : 병렬구조의 성분도 추출할 수 없다(추출된 성분이 모든 병렬항에서 평행 이동하는 것은 제외된다), (c) 종속절 주어 제약(Sentential Subject Constraint) : 주 절의 성분은 이동할 수 없다. 섬 제약은 촘스키 등이 영속조건을 통해 설명했으며 아래와 같은 정의를 내렸다.[10]

(1) 구조 : ... X ... [α...[β...Y...(또는: ...Y...]β...]α...X...)

---

[10] 생성문법의 개념, 방법, 기호 규칙에 대해서는 편폭의 제약으로 소개하지 못했다. 徐烈炯(1988), Riemsdijk & Williams(1986)을 참고하기 바란다.

α와 β가 경계교점(bounding node)일 때, X와 Y를 연결시킬 수 있는 규칙은 없다.

위의 조건은 아래의 현상을 설명할 수 있다.

(2) *Whoi did you know the man that saw _____i?

(3) *Whoi did you talk to Bill and _____i?

(4) a. Whati did John eat_____i and Bill drink _____i?

    b. *Whati did John eat pizza and Bill drink _____i?

    c. *Whati did John eat _____i and Bill drink beer?

(5) *Whati do you wonder where John put _____i?

(6) *Whati do you believe the claim that John ate _____i?

(4a)의 추출은 단지 하나의 경계교점을 초월했기 때문에 영속조건에 부합한다. 다른 예문의 이동성분은 하나의 교점을 초월했기 때문에 부적격하다. 유사한 실례는 더 많다. 하지만 Ross(1967)는 이런 제약을 제시한 이래 예외 현상에 주목하였다. 그 중의 한 부류는 전치사구 수식어로 이루어진 복합명사구이다. 그중에 성분은 이동할 수 있다.

(7) a. I read a statement which was about that man.

    b. I read a statement about that man.

(8) a. *The man who I read a statement which was about is sick.

    b. The man who I read a statement about was sick.

(8a)는 복합명사구 제약을 위배했기 때문에 부적격하지만 (8b)는 섬제약을 위배했는데도 성립한다. 이는 [NP...[pp...A...]]에서 전치사 성분

은 이동 가능하며, 절을 포함한 [NP...[s...A...]]에서는 불가능하다고 설명할 수 있다. 하지만 순수한 구조적 측면에서 살펴보면, 이러한 조건은 정확하지 않다. 다음에서 Bolinger(1972)와 Cattell(1979)이 제시한 예문을 살펴보자.

(9) a. Which car did you like [the gears in]?

b. *Which car did you like [the girls in]?

(10) a. Which store did you buy [the furniture in]?

b. *Which crate did you buy [the furniture in]?

(11) a. Which house do you own the furniture in?

b. *Which garage do you own the car in?

(a)와 (b)는 구조적 조건이 동일하지만 (a)의 성분만 복합명사구를 이동할 수 있다. Ross는 또 다른 예외 현상인 '경동사 구조(light verb construction)'를 발견하였다. 경동사 구조는 실제의미가 없는 경동사 make, have류를 포함한다. 이들 뒤에 추상명사 목적어 claim, hope 등을 부가하면, 이 명사는 문장에 부가된 실제의미의 구 또는 절의 수식어의 수식을 받을 수 있다. 이런 구조가 포함된 문장은 섬 제약을 받지 않는다.

(12) a. You are making the claim that the company squandered a large amount of money.

(당시는 그 회사가 상당한 금액을 낭비했다고 주장하고 있습니다.)

b. How much money are you making the claim that the company squandered?

(당신은 그 회사가 얼마나 많은 금액을 낭비했다고 주장하고

있습니까?)

(13) a. I am discussing the claim that the company squandered a large amount of money.

(나는 그 회사가 상당한 금액을 낭비했다는 주장을 논의하고 있습니다.)

    b. *How much money am I discussing the claim that the company squandered?

(12b)와 (13b)의 통사구조는 동일지만 (12b)는 성분은 이동 가능한 예외 현상이고 (13b)는 섬 제약에 부합한다. 이들의 차이점은 결정적인 동사가 다르다는 것이다. 이 밖에, Ross와 이후의 학자 Goldsmith(1985), Lakoff(1986)는 다른 유형의 예외 현상에 주목하였다. 다음의 예문은 추출된 성분이 포함되었으며, 병렬구조 제약을 위배한다.

(14) What did Harry go to the store and buy?

(15) How much can you drink and still stay sober?

위의 예외 상황은 구조적 측면에서 설명할 수 없지만, 문법 외적 요소인 의미, 인지, 화용적 측면에서 설명 가능하다. (9a)에서 gears와 car는 부분, 전체 관계가 성립되며 (9b)에서 girls와 car는 성립되지 않는다. (10), (11) 역시 마찬가지이다. (12b), (13b)의 결정적 동사는 의미적 차이가 있다. (12b)의 실제의미가 없는 동사이다. 이 동사 뒤에 추상명사를 연결하면 의미적으로 단독동사에 상응한다. 즉, make the claim의 의미는 claim와 유사하다. (13b)에서 discuss the claim의 의미는 discuss 또는 claim와 다르다. (14), (15)가 병렬구조 제약을 위배한 이유는 의미적, 화용적 요소에서 단서를 찾을 수 있다. 일반적인 병렬구조는 구조적,

의미적으로 평행을 이루지만, 병렬구조 제약을 위배한 (14), (15)의 두 병렬항은 그렇지 못하다. 두 병렬항에서 하나는 배경정보를 나타낸다. (14)에서 첫 번째 NP는 준비 동작을 나타내고, 두 번째 NP는 주요 동작을 나타낸다. (15)의 두 병렬항은 원인과 결과를 나타낸다. 작업가설 - **문법의 자립성과 모듈** -은 의미적, 화용적 요소에 과도한 의존을 허용하지 않기 때문에 순수한 형식적 측면에서 답을 찾을 수밖에 없다. 일부 학자는 다양한 방법을 제시했지만 여전히 원만한 답은 찾지 못했다. 가령 문제되는 수식어를 복합명사구에서 제거하는 외에 그들이 왜 제약을 받지 않는지 설명해야 한다. 예를 들어, GB이론에 근거해 make the claim을 재분석해서 단일동사가 되면 섬 제약이 적용되지 않는다. 촘스키(1976)와 Koster(1978)는 재분석을 운용하여 규칙을 설정하였다. 문제되는 전치사구를 사전에 이동시켰는데, 이러한 재분석 규칙은 어휘저장소에서 주목되는 특정한 동사에 의해 촉발된다. 예들 들어 see는 재분석이 일어나지만 destroy는 그렇지 못하다.

(16) a. Which book did you see pictures of?
　　 b. *Which book did you destroy pictures of?

Kuno(1987)와 Takami(1989)는 이러한 해석은 결정적인 약점이 있는데, 통사적으로 이러한 특수한 규칙의 작용범위를 효율적으로 설명할 수 없다는 것이다. 다시 말해서, 왜 재분석을 하는지, 왜 일부 낱말에 재분석 규칙이 촉발되는지에 대한 대답은 교묘히 회피하였다. Kuno (1987)는 Koster(1978)가 설정한 어휘항 제약 규칙을 제기하였다. 아래는 동일한 동사인데 (17a)는 추출이 허용되고 (17b)는 허용되지 않는다.

(17) a. What does he see a picture of?

b. *What does he see a book about?

　a와 b의 두 동사는 동일하지만 동사와 목적어 간의 의미관계는 차이
가 있다. 문제는 Deane(1988)가 주목한 것처럼 결정적 동사를 바꾸면
추출 후 문장의 적격성이 달라진다는 것이다.

(18) a. Which subject were we discussing opinions about?
　　 b. ?Which subject were we examining opinions about?
　　 c. ??Which subject were we describing opinions about?
　　 d. *Which subject were we overhearing opinions about?

　이 밖에, Kuno(1987)는 상하문의 담화요소도 섬 제약의 예외 현상을
유발한다고 하였다. 아래의 (19a)는 부적격하지만 섬 제약 규칙에 부합
한다. 하지만 특정한 언어 환경에서 예외 성분의 추출이 허용되면 적격
한 문장으로 변화된다.

(19) a. *Who did they destroy more picture of?
　　 b. *Speaker A*: Right after Chairman Mao died, they started taking
　　　　 pictures of Committee members off the walls.
　　　　 (화자 A: 모주석이 사망하자마자, 그들은 위원들의 사진을 벽
　　　　 에서 떼어내기 시작했습니다.)
　　　　 Speaker B: Who did they destroy more pictures of, Chairman
　　　　 Mao or Jiang Qing?
　　　　 (화자 B: 그들은 모주석과 장칭 중에서 누구의 사진을 더 많이
　　　　 파괴했습니까?)

위의 현상은 구조적으로 설명하기 어렵다. 이에 형식문법 이론은 다른 경로를 찾았다. 촘스키의 장벽이론에 따르면 성분 추출이 한 개의 경계 교점을 초월할 경우 문장은 적격하고 두 개의 교점을 초월할 경우 주변적이 되고, 세 개 이상을 초월하면 문장은 부적격해진다. 화용적 요소는 언어 운용 범주에 영향을 미쳐 주변 문장에만 출현한다. Deane (1991)은 장벽이론이 통사이론의 어려운 문제를 해결해줄 수 있는 방법이라고 여겼지만 문제가 해결되지 않자 심층 추출에 주목하였다. 심층 추출된 문장은 세 개의 교점을 초월할 수 있고 심지어 여섯 개의 교점을 초월하더라도 적격한 문장이 될 수 있다. 아래의 예문은 네 개의 교점을 초월한 것을 나타낸다.

(20) Which committee did he have aspiration for appointment to the chairmanship of?
(그는 어느 위원회 의장직 임명에 대한 열정을 가지고 있습니까?)

위의 현상은 경계교점 제약으로 설명할 수 없다. 병렬구조 제약을 설명했을 때 역시 형식문법은 동일한 어려움에 처했다. Ross(1967)와 Goldsmith(1985)는 예문(14), (15)를 재분석을 통해 두 번째 병렬항을 종속절로 간주하였다. 다음은 유사한 상황을 나타낸다.

(21) What did Harry go into the store in order to buy?
(해리는 무엇을 사기 위해 상점에 들어갔습니까?)
(22) How much can you drink while still staying sober?
(당신은 술에 취하지 않고 얼마나 마실 수 있습니까?)

하지만 Lakoff(1986)는 이러한 예외 현상은 병렬구조에서 출현했다고 하였다. 그는 다항의 병렬항을 포함한 예외 현상을 들어 그 중에 일부 병렬항은 추출되고 일부는 추출되지 않는다고 하였다. 이는 그들이 병렬 구조 제약을 위배한다는 사실을 설명해주고 있다.

(23) What did he go to the store, buy, load in his car, drive home, and unload?
(그가 상점에 가서 구입을 하고 차에 싣고 집으로 가서 내려놓은 것은 무엇입니까?)

(24) a. How many courses can you take for credit, still remain sane, and not get bad grade in?
(당신은 학점을 따기 위해 얼마나 많은 수업을 듣고도 정신을 차리고 나쁜 점수를 받지 않을 수 있습니까?)

    b. *How many courses can you take for credit while still re-maining sane without getting bad grades in?

(24a)를 (24b)로 재분석하면 문장은 부적격해진다. Lakoff는 동사성 병렬구조에서 어떤 유형의 추출모형은 출현 가능하다고 하였다. 다음은 각 예문의 추출모형에 속한다. (25)는 두 개의 VP에서 두 번째를 추출하였고, (26)은 세 개의 VP에서 두 번째를 추출하였다. (27)은 세 개의 VP에서 두 번째, 세 번째를 추출하였고, (28)은 일곱 개의 VP에서 첫 번째, 세 번째, 다섯 번째를 추출하였다. (29)는 다섯 개의 VP에서 두 번째, 네 번째, 다섯 번째를 추출하였다. 이러한 문장은 모두 적격하다.

(25) Sam is not the sort of guy you can just sit there and listen to.
(샘은 당신이 거기에 그냥 앉아서 그의 얘기를 들어 줄 수 있는 그런 사람이 아닙니다.)

(26) Sam is not the sort of guy you can just sit there, listen to, and stay calm.

(샘은 당신이 거기에 앉아서 그의 얘기를 들으면서 차분히 있을 만한 그런 사람이 아닙니다.)

(27) Sam is not the sort of guy you can just sit there, listen to, and not want to punch in the nose.

(샘은 당신이 거기에 앉아서 그의 얘기를 들으면서 코를 때리고 싶은 마음이 들 수 있는 그런 사람이 아닙니다.)

(28) This is the kind of brandy that you can sip after dinner, watch TV for a while, sip some more of, work a bit, finish off, go to bed, and still feel fine in the morning.

(이것은 당신이 저녁 식사 후에 조금 마시고, 잠시 동안 텔레비전을 시청하고, 조금 더 마시고, 약간의 일을 하고 다 끝낸 뒤 잠을 자고, 아침에도 기분이 좋을 그런 브랜디입니다.)

(29) I went to the toy store, bought, came home, wrapped up, and put under the Christmas tree one of the nicest little laser death-ray kits I've ever seen.

(나는 장난감 가게에 가사 지금껏 본 것 중에서 가장 멋지고 아담한 레이저 살인 광선 조립용품 세트 중의 하나를 사고 집으로 돌아와서 포장을 하고 크리스마스 트리 밑에 놓았다.)

Lakoff(1986)는 이로부터 병렬구조 제약은 근본적으로 존재하지 않는다는 결론을 내렸다.

결론적으로 섬 제약 예외는 문법의 자주성을 신봉하는 형식문법에 커다란 골칫거리이다. 이 문제를 해결하기 보궐식 해석을 제시하였다. 즉, 예외 구조를 재분석하여 섬 제약을 작용하지 못하게 하는 것이다. 그러나 이러한 해석은 몇 가지 문제점이 있다. 첫째, 순수한 통사적 원칙을 기초로 어떤 구조를 재분석해야 하는지 예측하기 어렵다. 이러한 재분석 규칙은 특별한 설정(*ad hoc*)의 특징이 있기 때문에 실제적 문제는 회피된다. 다음의 예문을 살펴보자.

(30) Who did you say that John believes you saw?

(31) *Who did you slip that John believes you saw?

(30), (31)은 영속조건을 위배했지만 (30)은 적격하고 (31)은 부적격하다. 두 문장은 동사를 제외한 기타 형식은 완전히 동일하다. 이를 해결하기 위해 촘스키는 (30) 중간의 COMP 위치를 중계역으로 간주하고 위치 이동시 다이아몬드 게임처럼 말을 한 번에 한 걸음씩 이동시켰다.[11] 이렇게 되면 한 번에 두 개의 교점을 넘지 못한다. 문제는 saw를 포함한 문장은 왜 한 걸음씩 움직이고 slip을 포함한 문장은 한 걸음에 두 마디를 움직이는지 설명하기 어렵다는 점이다. 이에 대해 촘스키는 어휘저장소를 통해 설명할 수 있다고 하였다. 즉, say는 비통행동사이고, slip은 통행동사이다. 바꿔 말해서 통사적으로 해석할 필요가 없다는 것이다. 둘째, 재분석을 통해 모든 예외 현상을 설명하기는 어렵다. 만일 심층 추출에 아무런 제약이 없으면, 영속조건 원칙은 잘못된 것이다. 만일 재분석 규칙을 통해 영속조건을 해결하고 이 규칙이 심층 추출을 도출할 수 있으면 이 규칙은 너무 강력해서 '공허한(vacuous)' 해석에 이른다.

섬 제약 예외 현상에 대한 순수한 형식적 해석이 만족스럽지 못한 이유는 형식문법의 문법 자립성과 모듈 원칙이 문법 현상을 설명했을 때 의미, 화용 등 문법외적 요소를 허용하지 않기 때문이다. 만일 이러

---

11 이를 'COMP에서 COMP 위치 이동'이라 부른다.

한 속박에서 벗어나면 상기의 다양한 예외 현상은 설명 가능하다. 예문 (30)과 (31)은 문장의 정보초점(information focus)이 다르다(Deane 1992). 보충어(complement)를 포함한 문장에서 구의 정보초점이 중심어가 아닌 보충어에 부여되는 것이 정상적인 상황이다. (30)은 정상적인 상황을 반영하고 있다. 이중에서 절 [that John believes you saw t]는 문장의 기타 성분에 비해 정보량이 크고, 보충어절 [you saw t]의 정보량은 더욱 크다. 보충어절에서 [saw t]는 정보량이 최대 정보량이 부여되어 정보초점이 된다. 이런 상황에서 심층 추출은 합리적이다. 이와 달리, (31)에서 slip은 전체 모구의 정보량에 비해 크기 때문에 심층 추출이 허용되지 않는다. 하지만 이러한 해석은 유기적이지 못하고 기타 상황에도 적용된다. 다음에서 Kuno(1987)가 제시한 또 다른 예외 현상을 살펴보자.

(32) This is the child who there is nobody who is willing to accept.

Kuno는 위와 같은 문장에서 만일 합법적 추출이 가능하면 절의 수식을 받는 명사구는 잠재적 화제라고 하였다. 위의 the child가 그러하다. 따라서 전체문장은 the child에 관한 진술한 것이다. 위에서 the child이 잠재적 화제이면, 그 절은 정보초점이 될 수 있으므로 심층 추출이 허용된다. Deane (1991, 1992)는 위에서 언급한 다양한 예문을 포함해 영속 구조의 모든 예외 현상을 고찰한 후 추출을 통제하는 요소가 비문법적 요소인 의미관계, 의미틀 효과(semantic framing effect), 화제, 초점과 같은 담화 매개변수라는 것을 발견하였다. 더 나아가 추출을 제약하는 문법 외적 요소를 귀납하여 주의(attention) 위주의 인지문법으로 일관된 설명을 하였다. 그에 의하면 추출 현상은 다음과 같은 상황을 반영하고 있다. 언어사용자는 동시에 두 개의 통사구조에 주의를 기우릴 수 있지만, 이런 상황은 문법 자동처리를 하는 작업기억에 부담을 준다. 심층 추출은 이러한 부담을 경감하는 조건에서 성립한다. 다시 말해서, 추출된 성분과 추출한 모체가 다양한 방식으로 주의를 받게 될 때 추출은 합법적이다. Deane가 제시한 방법은 다음 장에서 좀 더 자세하게 살펴보겠다.

형식주의 언어학자의 자주설 위주의 연구는 언어학을 정밀한 과학으로 제고시켰다. 만일 그들의 연구가 아니었다면 섬 제약과 같은 유의미한 문법현상은 주목받지 못했을 것이다. 자주설은 형식주의 학파가 언어학을 정밀한 과학으로 제고시키려는 노력을 반영하고 있다. 이들은 구조주의처럼 언어의 의미적, 기능적 요소를 정밀하게 분석하기 어려웠기 때문에 분석의 정밀성을 상실하기보다는 불분명한 성분을 포기하고 쉽게 통제되는 형식 분석에 주력하였다. 작업가설로서 자주설은 자연과학적 방법과 유사하다. 관련이 없는 요소를 최대한 배제시킴으로써 작용 요소가 구현된다. Lakoff(1991)의 언급대로 실제 연구에서 작업가설 범위가 초월되는 경우는 용인되고 있었다. 이는 섬 제약 예외 현상에 대한 설명에서 확인할 수 있다. 자연과학의 작업가설은 연구의 어려움에 부딪힐 때 조건적으로 포기하는 경우도 있었다. 하지만 주류의 형식주의학파는 섬 제약의 예외 현상을 설명했을 때 자립설을 포기하기 보다는 형식요소 자체게 집착하는 경향을 보였으며 심지어 선험적 관념을 유지하였다. 즉, 문법 외적 요소는 작용하지 않는다고 여겼다. 陳平(1991)은 다양한 측면에서 원인을 찾기에 앞서 어떤 현상이 기능적, 화용적 측면에서 설명 가능한지 알 수 없다고 하였다. 기능언어학자의 자연언어에 대한 태도는 개방적이다. 그들의 연구는 형식주의로부터 엄격하지 못하다는 비판을 받고 있지만 흥미로운 언어규칙을 발견하는 경우도 있다.

이제 Newmeyer(1991)의 자주설에 대한 주장을 재차 살펴보기로 하

자. Newmeyer는 줄곧 기능학파의 연구에 관심을 기우렸고 광범위한 성과도 이루었다. 그는 시종일관 촘스키의 주장을 견지했지만 대량의 구조 배후에 있는 기능적 동기성을 인정하지 않을 수 없었다. 두 학파의 첨예한 주장을 중화시키기 위해 보편문법에 중대한 수정을 하였다. 그는 자주적인 보편문법의 원칙은 '구조적 형식뿐 아니라 기능적 동기성'이라고 여겼다. 이러한 인식을 근거로 형식주의와 기능주의가 통섭할 가능성이 열리게 되었다. 이는 마치 생물기관에 특정 기능이 있고 내재적 조직 구조가 있어서 생물학자는 기능을 연구하고 해부학자는 구조를 연구하는 것과 같다. 두 측면의 연구는 대신할 수 없으며 상대를 부정할 수도 없다. 생물기관('신장')의 조직적 특징은 순수한 기능적 속성으로 확정하기 어렵다. 이런 의미에서, 자주설은 성립할 수 있다고 하였다. 이에 다양한 통사 원칙은 기능적 술어로 표현하고 확정할 수 없으며, 동사, 명사, 명사구, 동사구, 성분통어 등의 용어로 표현된다고 하였다. 이 책에서는 Newmeyer의 언급에서 강자주설을 포기했다고 보고 있다. 그의 구조와 기능에 대한 견해 역시 일리가 있다. 최근 기능학파는 문법의 동기성을 찾는데 주력하고 있다. 급진적 기능주의학자 역시 언어 현상을 연구할 때 전통적 개념과 용어, 언어 외적 형식을 포기할 수 없으며, 언어의 외재적 형식을 벗어나 기능을 논할 수 없다고 하였다. Newmeyer는 기능언어학이 원칙적으로 기능에만 의존할 뿐 형식구조를 배제시켰다고 여겼다. 사실상 소수의 급진파(창발문법) 외에 기능문법, 특히 인지문법은 절대적인 이분법적 대립을 주장하지 않는다. Lakoff에 의하면, 형식주의는 형식만을 논하지만 기능학파는 기능만을 논하지 않는다고 하였다. 기능학파는 통사 제약 원칙을 기능적, 형식적 요소에서 찾고 있다. 인지언어학은 언어사실에서 일반적 인지기제, 의미, 의사소통 능력 역시 형식적 특징과 마찬가지로 문법 현상 배후에서 작용한다고 여긴다. 기능언어학이 자주설을 받아들이지 않은 이유는 형식만을 추구

했기 때문이 아니라 문법원칙에서 비형식적 요소의 작용을 선험적으로 배제시켰기 때문이다. 한편, 인지언어학은 기능주의와 달리 형식 배후의 동기성과 함께 Newmeyer의 '구조적 표현'도 연구하고 있다. 다시 말해서, 인지언어학은 '언어의 생리학'으로 '언어의 해부학'을 대체하지 않는다. 인지언어학은 좁은 의미의 기능적 개념이 표현, 규칙, 구조적 문제를 해결할 수 없으며, 언어구조는 구조적으로 설명해야 한다고 여겼다. 여기서 구조는 형식학파가 인정한 자의적 형식구조가 아니라 동기 부여된 구조, 즉 의미, 개념구조이다. 인지언어학에서 제시한 구조모형은 영상도식 구조, 공간감각 구조는 추상적이다. 따라서 Newmeyer이 언급한 구조적 표현 또는 '해부학'의 다른 방법으로 수 있다.

결과적으로 천부설과 자주설은 간단히 부정할 수 없는 문제이지만 쉽게 긍정할 수도 없다. 만일 두 학파가 극단적인 관점을 포기한다면 다음과 같이 말할 수 있다. 인지언어학은 보편적 인지기제를 통해 언어능력을 해석하고, 문법 외적 요인을 통해 문법의 내부구조를 해석하는 경향이 있는 반면, 형식주의학자들은 이와 상반된다. 만일 이와 같다면, 두 학파는 위의 문제에 대한 이견은 이원적 대립이기 보다는 경향의 문제로 볼 수 있다. 인지언어학은 천부설을 언어의 선천적 기초로 여기고 있다. 그러나 선천적으로 존재하는 자주적 언어기제가 아니라 지식의 개념과 제한이며, 자주설 문제에서 촘스키의 최근 용어를 채택하였다. 이 문제에 대해 인지기능언어학이 최소주의(minimalistic) 태도를 지닌 반면, 촘스키학파는 최대주의(maximalist) 태도를 지니고 있다. 엄격히 말해서, 인지기능학파는 강자주설을 반대하지만 약자주설은 수용하고 있다. 즉, 문법에 자의적 성분이 존재한다. 하지만 자의성의 출발점으로 삼기보다는 동기성을 찾지 못했을 경우 '최후의 선택(last resort)'일 뿐이다(Lakoff 1986). 여기서 자립성은 자의성과 동일한 의미이다.

제3절 비객관주의 인지관

언어적 관념은 철학이론을 기초로 이루어진다. 인지언어학은 형식주의가 언어관을 추상적 기호와 규칙의 연산체계로 이해하였다. 이와 상응해서 형식을 중요시하고 의미는 소홀히 다뤘으며, 수학적 형식화, 문법 자립성을 추구했다고 여겼다. 이는 최근 몇 세기 동안 성행했던 서양 철학, 과학, 문화의 지배적인 인식론과 본체론을 반영하고 있다. Lakoff(1987)와 Johnson(1987)은 이러한 전통적 관념을 객관주의 패러다임(objective paradigm)으로 보고 이를 인지언어학 연구에 적용하는 것에 반대하였다. 이와 달리, 최근 다양한 학문에서 비롯된 인지과학의 경험적 관찰을 기초로 한 인지언어학은 비객관주의(non-objective) 이론을 제시하였다. 이는 인지관, 의미관으로부터 형이상학적 본체론에 이르기까지 객관주의 패러다임과 커다란 차이를 보인다. 이 이론은 인지언어학이 언어를 관찰하는 시각, 분석 방법, 연구 동향에 철학적 기초를 제공해 주고 있다. 이러한 철학적 기반의 인지언어학은 1.1절에서 제시된 인지와 관련된 이론과 근본적으로 구별되며, 기능주의 언어학 유파(Dik의 기능문법)와 구별된다. 따라서 이를 인지언어학의 중요한 정의적 특징으로 볼 수 있다. 다음에서 인지언어학의 객관주의 패러다임에 대한 비판과 비객관주의 철학을 살펴본 후 인지언어학의 이론적 기원과 구체적 상황을 다룰 것이다.

1.3.1 객관주의적 인지관과 형이상학

인지관념은 인간 이성에 대한 기본적 견해를 의미한다. 즉, 인간이 자신의 경험과 외재적 현실을 어떻게 이해하는지, 인지활동의 기초와 본질적인 인식을 어떻게 개념화하고 추론하는지와 관련된다. 인지언어학의 철학적 토대와 상반되는 객관주의 인지관은 아래와 같은 기본적 신념을 두고 있다(Lakoff 1987, Johnson 1987).

1. 사고(인지과정, 심리과정)은 추상적 기호의 기계적 조작이다. 사고는 수학적 의미의 알고리즘적(algorithmic) 특징을 지니고 있다.
2. 정신(the mind)은 추상적 기계이다. 정신이 기호로 조작되는 방식은 본질적으로 컴퓨터처럼 연산 운용된다.
3. 위의 사실로부터 기호 조작이 가능한 기계 역시 사고와 추론 능력이 있음을 유추할 수 있다.
4. 정신활동으로 조작된 기호(낱말과 심리적 특징)는 본질적으로 의미가 없으며 오로지 외재 세계의 사물과 연결을 통해 의미를 획득한다. 다시 말해서, 의미는 기호와 객관적 현실 간의 추상적 관계이다.
5. 외재 세계와 대응되는 기호는 현실의 내재적 표현이다.
6. 추상적 기호는 실체의 특징과 독립적이며 사물과 직접적으로 대응한다.
7. 정신은 외재적 현실의 내재적 표현이며 그림자이다. 추론은 거울처럼 외부 세계의 논리를 반영한다.
8. 개념과 추론은 신체적 구조와 환경에서 그것의 운용 방식과 무관하다. 바꿔 말해서, 인지주체는 개념과 초험적 추론 방식을 선택할 때만 작용하며 개념과 추론 형성되는데 작용하지 않는다.
9. 사고는 추상적이고 분리적(disembodied)이다. 이는 사고가 신체적 제약, 지각 체계, 신경 체계와 독립적이기 때문이다.
10. 사고는 원자적(automistic)이다. 사고가 사용하는 기호는 간단한 규칙으로 조합되어 복잡형식을 이룬다.
11. 사고의 핵심은 논리이다. 수학적, 논리적 형식체계를 통해서 정교한 사고모형을 구현할 수 있다. 사고는 추상적 기호체계이며, 기

호로 조작되는 일반원칙과 '세계모형'을 근거한 기호에 대한 해석 기제로 정의된다.

위에서 보듯이 객관주의 인지관은 본질적으로 객관적 관념[12]에 달려 있다. 다시 말해서, 정신은 주체와 분리되고, 초험적(transcendental)이며, 신체적 경험과 현실의 상호작용을 이루기보다는 사상(mapping)을 통해 피동적으로 현실을 반영하고 있다. 객관주의 인지관의 기본적 특징은 기호와 의미가 분리된다는 점이다. 이럴 경우 사고는 추상적 기호의 연산으로 간주된다. 그렇다면 사고가 유의미한 경우 의미를 어떻게 획득하는가? 이에 대해 객관주의는 기본적 신념 4-7을 제시하였다. 이는 세 가지 신념을 두고 있다.

12. 진리조건의 신념 : 의미는 지시와 진리를 기초로 한다. 바꿔 말해서 의미는 진리조건의 배열과 동등하다.
13. 진리의 '대응이론' : 진리는 기호와 세계의 상태 간에 대응이 존재한다.
14. 객관적 지시의 신념 : '객관적인 정확한' 방식으로 존재한다. 이에 따르면 기호와 현실의 사물은 연결된다.

---

12 '객관적'은 중국어의 일상용어에서 포의 의미로 해석되며 편견이 없고 왜곡이 없다는 의미와 유사하다. 예를 들어 遵照客观事实, 评论要客观 등이 있다. '비객관적'은 폄의 의미로 해석된다. 이 책에서는 '객관적'이 철학적 의미로 쓰였다. 즉, 주체를 일탈한다는 의미는 객관주의 관점에서 해석한 것이다. 인지언어학의 철학적 기반인 비객관주의는 비형식주의를 가리키지만 형식을 완전히 배제하지 않는다. 비객관주의는 주관주의와 동일하지 않다. 즉, 비객관주의적 정신을 강조하지만 주된 대상은 유일한 것과 정신적인 것의 상호관계이다. 따라서 본체론적 측면에서 유심주의에 의해 설명되지 않는다. 비객관주의와 주관주의의 차이에 대해서는 Lakoff & Johnson(1980)과 Tai(1989)를 참고할 만하다.

이러한 대응이 실현되려면 현실세계는 완전히 객관적이어야 한다. 즉, 집합론 모형에 부합하는 방식으로 구성된다. 집합론 모형과 마찬가지로, 객관주의 인지관은 추상적 실체(진실세계의 실체와 대응됨), 추상적 실체의 집합(구성원의 공통적 특징에 의해 결정됨), n-차원의 집합(실체 간에 관계에 대응됨)을 포함한다. 이와 같이 객관주의 인지관 배후의 형이상학은 객관주의적이다. Putnam(1981)은 이를 '형이상학적 현실주의(metaphysical realism)'라고 불렀다. 이 가설은 다음과 같은 기본적 신념을 두고 있다.

15. 세계는 다음과 같은 실체로 구성되어 있다. 실체는 고정된 특징을 지니며, 특징 간에 불변의 관계로 존재한다. 이러한 체계는 정신과 관련이 없다. 다시 말해서 인간의 이해와 독립적이다.
16. 실체는 '자연부류'로 불리는 다양한 유형으로 분류된다. 자연부류는 구성원이 공유하는 기본적 특징으로 정의되는 집합이다.
17. 모든 특징은 복잡하거나 원시적이다. 복잡성은 원시적 특징의 논리적 조합이다.
18. 실체와 범주 간에 객관적, 논리적 관계가 존재한다. 예를 들어, A와 B가 동류이고 B와 C가 동류이면 A와 C도 동류이다.

생성문법 위주의 형식언어학 이론은 위와 같은 신념을 지니고 있다. 최근 몇 년 동안 서구 학술계와 사고, 이성 연구와 관련된 학과 특히 정보가공인지심리학, 인공지능과학 등의 주류 학문은 위의 신념을 기초로 두고 있다. 이러한 관념이 오랜 세월 동안 지속되면서 자명한 진리로서 이론 학설을 구축하는 출발점이 되었다.

역사적으로 객관주의 패러다임은 2천여 년 동안 지속된 서양철학과 문화를 배경으로 탄생했으며 그로인해 서양철학과 과학발전은 정밀하고 구체적인 방향으로 발전하였다. 객관주의의 기본적 신념은 다음의 측면에서 영향을 두고 있다. 첫째, 서양 고전철학 본체론의 사상적 영향을 받았다. 아리스토텔레스의 형이상학적 세계관과 범주론은 2천여 년 동안 지속된 서양 사상의 근원이다. 기본적 신념 12-15는 이를 반영하고 있다. 이에 대해서는 이후에 자세하게 논할 것이다. 둘째, 서양 근대철학은 인식론 특히 데카르트주의와 칸트주의에 영향을 받았다. 근대 서양철학의 공통적 토대는 주체와 객체를 중심으로 일련의 이분법적 대립을 이루며, 두 철학자의 학설은 중심-몸, 개념-지각, 형식-실질, 이성-감정과 같은 이분법적 대립을 심화시켰다. 데카르트주의는 이성적 차원을 중시하였고 칸트주의는 신체적 차원을 중시하였는데 이성적 측면의 연구가 강화되면서 신체적 경향은 이성적 추론과 무관하다고 여겨 소홀히 다뤄졌다(Johnson 1987). 셋째, 현대 분석철학의 의미이론, 특히 프레게의 논리주의에 영향을 받았다. 프레게가 언급한대로 이 의미이론의 제1기 본원칙은 '심리적 사물과 논리적 사물, 주관적 사물과 객관적 사물로 엄격하게 구분'하는 것이다(Munitz 1981). 그는 객관적 함의(sense)는 연구할 만한 가치가 있으며, 반면 관념, 영상, 신체적 과정, 상상력은 주관적 심리주의의 산물로 여겨 배척하였다. 프레게 이후 다수의 철학자가 제시한 의미이론은 이런 점에서 프레게의 연장이라 할 수 있다. 의미연구의 핵심은 대부분 지시와 명제의 진리치 연산이다. 넷째, 현대수학의 공리적 방법에 영향을 받았다. 이른바 공리적 방법은 최소한의 원시개념과 증명하지 않은 공리를 기초로 논리적 추론을 통해 연역적 과학이론을 구축하는 것이다. 전통수학의 공리체계에서 원시개념은 유의미하다. 예컨대, 유클리드 기하학에서 점, 선, 면은 매우 중요하다. 그런데 비유클리드 기하학의 출현으로 유클리드 공리체계는 중대한 위기를 맞았다. 이를 만회하기 위해 Hilbert는 공리체계에 혁명적 수정을 하였다. 그 중에서 가장 중요한 변화는 공리체계에서 원시개념을 무의식적 추상기호로 간주하여 정의내리지 않았다는 점이다. 이에 의하면, 점, 선, 면의 함의에 관계없이 그들을 탁자, 의자, 맥주로 대체할 수 있다(孫小礼 1995). 통사론은 고도의 용인성, 독립성, 완결성을 갖춘 공리체계에서 형식 규칙과 변환규칙은 이러한 추상적 기호, 조합, 변환을 할 수 있는 문법인 반면, 문법 외적 요소와 독립된 의미론은 기호에 부여된 대응적 수단에 불과했다(Lakoff 1987, 石硫智 1995), 다섯째, 물리학과 컴퓨터과학의 영향을 받았다. 근대와 현대 생물학은 수학적 도구를 사용해서 물질 현상을 분석함으로써 정밀성을 갖추게 되었다. 이러한 경향은 자연 과학, 사회, 인문과학에 생물학적 열망(the physics envy)을 촉진시켰고 (Haiman 1985a), 생물학, 뇌신경과학, 인지심리학, 인공지능과학을 이끌어 환원주의(reductionism), 기계주의, 연산주의가 주류 사상이 되는데 기여하였다. 즉, 기계적 규칙연산을 통해 저급한 물질 운동 형식의 작업 기제를 고급의 물질 운동 형식으로 설명하였다. 정보가공심리학과 인공지능과학의 기본적 가설인 정신의 컴퓨터 은유(mind-as-computer metaphor)는 이러한 경향으로 생성된 산물이다. 50년대 이후 컴퓨터과학이 비약적으로 발전하면서 상기의 경향은 더욱 강화되었다.

1.3.2 객관주의의 오류와 경험주의 현실론

객관주의가 깊이 뿌리를 내리면서 수학적 엄밀성을 정신 연구에 도입했으며 인문과학자 역시 이게 관심을 기우렸다. 특히, 다양한 원리와 사고모형이 다른 영역에 적용되면서 절대적 정확성을 확보하였다. 예를 들어, 기본적 신념 18의 전달관계는 수학적, 논리적이며, 추상적 기호와 연산은 수학, 논리학, 컴퓨터과학을 실현하는 기초가 된다. 집합론은 근대 수학 발전의 이정표라고 할 수 있다. 문제는 정신이 객관주의에 근거하고, 객관주의에 근거한 세계는 순수한 수학적, 논리적 세계 또는 객관적 물질세계가 아니라는 점이다. 일부 심리학자의 언급처럼, 인류문화사에서 가장 보편적인 오류 중 하나는 어떤 방법을 성공한 영역에서 본질적으로 성공할 수 없는 다른 영역에 적용한다는 것이다(章士嵘 1994). 최근 20년 동안 최신 연구 성과를 토대로 인지언어학은 객관주의 패러다임에 커다란 문제가 있음을 발견하였다.

먼저 수학적 형식의 엄밀성을 지닌 객관주의 인지관은 수학적 측면에서 문제가 있다. 유명한 철학자이며 하버드대학교 수리논리학 교수 Putnam(1981)은 수학적 방법인 연산과 집합론 모형으로 의미 문제를 연구하는 방식은 치명적인 모순이 존재한다고 하였다.

이 밖에, 지금 자연과학의 연구 성과는 객관주의 본체론의 기본적 신념 15-18에 동의하지 않는다. 여기의 핵심 문제는 실체 범주를 집합론 모형의 방법으로 정의할 수 있는지 정신과 독립적으로 존재하는지에 있다.[13] 세상의 범주는 인공부류(artificial class)와 자연부류(natural class)로 나뉜다(Taylor 1995).[14] 인공부류는 절대적으로 확정부류로서 인위적으로 설정된 부류이며, 수학의 '평행선'이 이에 속한다. 이런 부류는 집합론 모형에 부합하지만 인위적으로 정의되며, 인간과 독립해서 절대적, 객관적으로 존재하지 않는다. 문제가 되는 것은 일상적으로 지시되는 호랑이, 새, 물고기, 얼룩말, 탁자와 같은 자연부류이다. 객관주의 이론에서 그들은 절대적, 객관적이다. 즉, 인간의 이해와 무관하며, 공통된 특징으로 정의되는 경계가 명확한 집합에 속한다. 인지언어학은 이에

---

13 비객관주의가 객관적으로 존재하는 범주에 대한 의심은 유심주의를 표명하는데 있지 않다. 이와 달리 Lakoff(1987)은 비객관주의는 인간과 그 경험의 진실세계와 독립된 것이 개관적으로 존재하고 있음을 인정하고 있으며, 이러한 점에서 객관주의 이론과 일치한다. Lakoff는 비객관주의를 기본적 현실주의(basic realism)이라고 불렀는데, 이는 현실 범주에 존재 근거는 인간의 정신적 기준과 독립한다는 신념을 부인한 것이다.

14 Taylor(1995)를 참조하기 바란다.

대해 부정적 견해를 지닌다. Lakoff(1987)는 생물학 연구를 인용하여[15] 인간과 독립된 기준에 근거한 생물류는 존재하지 않는다고 하였다. 예를 들어, 물고기로 불리는 개체 f1, f2 …. fn은 객관적으로 존재한다. 하지만 자연부류 [FISH]의 존재 여부는 설정된 기준이 있다. 생물학에서 보편적으로 채택하는 기준은 형태에 근거한 표현형(phenetic) 기준과 유전적 특징에 근거한 분기학(cladistic) 기준이다. 표현형 기준에 따르면, 물에서 생활하고 비늘이 있고 지느러미가 있는 척추동물은 물고기이다. 여기에 속하는 물고기는 2만여 종에 달한다. 분기학 기준에 따르면, 2만여 종의 물고기는 동류가 아니다. 예를 들어, 고래와 같은 폐어(lungfish)는 물고기가 아닌 셈이다.[16] 분명히 객관주의 패러다임에서 '물고기' 범주는 존재하지 않는다. 자연부류 간의 관계 역시 기본적 신념 18과 같지 않다. 예컨대, '동류에 속하는' 관계는 반드시 전달되지 않는다. Mayr에 의하면, 연속적 지역에 거주하는 생물군 A, B, C, D와 E에서 A와 B가 교배하면 동류가 될 수 있고, B와 C, C와 D, D와 E 모두 교배되면 동류가 될 수 있다. 하지만 A와 E는 교배되지 못하기 않기 때문에 완전히 다른 종류이다. 이 밖에 다량의 증거를 통해 생물류는 논리적 충분조건으로 정의를 내릴 수 없으며, 주변은 불분명하다는 사실이 밝혀졌다. 이와 같이 객관주의 패러다임의 현실의 실체 범주에 대한 이해와 생물학의 세계에 대한 기술은 모순된다.

중요한 것은 객관주의 인지관이 정신과 관련된 인지언어학, 인지인류학, 심리학, 정신철학과 모순된다는 사실이다.[17] 위의 연구에서 보듯이 객관주의 패러다임은 인지의 가장 중요한 특징을 경시하였다. 유위미적

---

15 하버드대학교 생물학자 Mayr(1984)의 연구를 인용하였다.
16 朱德熙(1986)은 중국어 방언 구분에 대한 문제를 논의했을 때 생물학계의 두 가지 분류기준에 대한 논증을 인용하여 서로 다른 분류의 결과는 문제를 보는 시각이 다르기 때문이라고 설명하였다.
17 이에 대해서는 다음 절에서 논할 것이다.

으로 형성된 개념과 추론 과정에서 인간의 생리구조, 신체적 경험, 풍부한 상상력은 매우 중요한 역할을 한다. 먼저 객관주의 인지관은 개념을 추상적 기호와 객관적으로 존재하는 외재적 현실 간에 직접적인 대응을 하는 산물로 보고 있다. 하지만, 현실 범주는 집합론 모형의 방식을 반영하지 않는다. 이러한 직접적 대응은 현실적이지 않기 때문에 인지관에 대한 오해를 일으킬 수 있다. 인지과학의 범주화 연구는 개념적 범주의 실질을 설명하고 있다. 인지과학의 범주화 문제에 대한 연구는 개념범주의 실질을 설명하고 있다. 개념범주의 형성은 지각과 운동 기능에 지배를 받으며, 상상력 - 도식구조, 은유, 환유, 심상 등 측면에서 -이 중요한 작용을 한다. 이러한 연구는 사용언어, 추론과 관련된 이성적 정신과정이 영상도식(image-schemas)을 통해 현실을 구현하고 있음을 보여준다. 여기에는 영상도식은 그릇도식, 경로도식, 연결도식, 동력도식, 부분-전체도식 등을 포함한다. 이러한 도식은 감각-운동(sensory-motor) 경험에 의해 의미가 부여된다. 이들은 무한한 유의미적 기호이지만 수학적 개념으로는 귀납되지 않는다(Johnson 1987). 기호를 처리하는 것은 심리과정, 즉 주사(scanning), 초점(focusing), 전경-배경 역전(figure-ground reveal), 상치(superim-position) 등이다(Langacker 1987), 이러한 과정 역시 추상적 연산으로 귀납되지 않는다.

객관주의 인지모형을 통해 정신활동과 이와 관련된 언어를 합리적으로 설명할 수 없다는 점에서, Lakoff(1987), Johnson(1987)은 새로운 인지이론인 '경험주의 현실론(experientialist realism)'을 제시하였다. '현실주의'는 객관적으로 존재하는 현실성을 가리킨다. 더 중요한 것은 경험이다. 여기서 '경험'은 기본적인 감각-운동경험, 정서경험, 사회경험과 및 조작과 다양한 경험을 의미하여, 천부적인 인지능력을 포함한다. 따라서 인지언어학의 경험주의는 철학에서 논의되는 '경험주의(empiricism)'와 동등하지 않다. '경험'은 두뇌의 백지와 같은 두뇌의 감각인상을 피동적으로 반영한 것이 아니며, 독특한 역사로 인해 획득한 우연적 경험을 의미하지 않는다. 이는 지구에서 생활하는 인류사회의 보편적 경험방식이며, 자연과 사회 환경의 경험하는 능동적 기능을 강조하고 있다. 인지이론에 의하면, 인간의 신체적, 천부적 능력, 작용방식은 진실 세계의 일부분이며, 공통적 경험은 사고의 유위미적 촉진 요소이다. '촉진'은 '결정'과 동등하지 않다. 즉, 경험은 개념과 추론 방식을 엄격하게 결정하는 것이 아니라, 경험의 고유구조를 통해 개념을 이해해서 개념과 이성구조의 가능범위를 확정시킨다. 경험주의 이론에 의하면, 개념체계는 경험의 산물이며, 경험은 신체적 경험을 통해 획득된다고 설명하고 있다. 경험 외적 객관적 현실과 언어 간에는 직접적인 관련이 없으며, 경험에서 촉진된 개념을 매개로 한다. 개념구조는 신체와 사회경험의 구조적 특성과 천부적 인지능력에서 기인한다. 이는 구조적으로 이루어진 신체와 상호 경험을 개념구조에 투사하는 능력을 말한다. 이성적 사고는 인지과정에서 개념구조가 작용한 결과이다(Lakoff 1998).

경험주의와 인지언어학 이론은 인지행위와 과정을 기술하고 있다.

1. 기본층차[18]와 영상도식(그릇도식, 경로도식 등)은 중요한 개념이다. 이는 외재적 실체와 대응이 아니라 신체적 경험(특히 운동, 감각)의 지위를 의미한다(Johnson 1987).

2. 영상 투사(imaginative projection)된 심리과정, 즉 도식, 은유, 환유, 범주화 기제는 신체적 경험을 구조적 방식으로 삼아 추상적 인지모형으로 변환한다(Lakoff 1987).

3. 기본적 인지과정은 초점화, 주사, 상치, 전경-배경 역변, 시각적 역변을 포함한다(Langacker 1987).

---

18 다음 절에서 자세하게 논할 것이다.

4. 정신공간(Fauconnier 1994)

위에서 보듯이, 인지관에서 신체의 인지적 지위는 매우 중요하다. 신체는 인지의 출발점(인지주체는 인간)이며, 인지 대상(신체적 경험을 통해 획득)이며, 인지 도구(신체와 세계의 상호작용)이기 때문이다. 인지언어학은 정신을 기호의 정보처리 과정으로, 두뇌를 정보처리 기관으로 간주하는 것에 대해 강력하게 비판하고 있다. 정보처리기(컴퓨터)은 신체(하드웨어와 형태, 색채, 무게 등의 물리적 속성)를 가지고 있지만 스스로 경험하지 못한다. 여기서 신체는 연산 과정과 기능(소프트웨어, 즉 절차와 연산)을 담은 캐리어에 속한다. 이들의 관계는 신체와 정신의 관계와 다르다. 두뇌 작용에 의존하는 신체 및 신체와 현실 간에 상호작용에 의존하는지는 두뇌와 컴퓨터의 본질적 차이 중 하나이다.

위의 인지관은 인지언어학의 문법관에 결정적 작용을 한다. 이에 문법연구는 세 가지 측면을 포함하고 있다. 첫째, 의미에서 촉진된 문법범주와 문법구조를 기술한다. 둘째, 범주와 구조에 의해 정의된 의미적, 기능적 동기성을 밝힌다. 셋째, 형식적, 의미적 측면에서 문법구조 관계를 설명한다. 문법구조는 위와 같은 방식으로 구성되었으며, 문장은 인지과정으로 처리된다. 이중에서 문법에 의미적, 화용적, 기능적 동기성을 제공하는 원리를 '생성의미원리(generative semantic principles)'라고 부른다(Lakoff 1988).

마지막으로 중요한 문제를 살펴보자. 인지언어학에서 '인지'는 표면적으로 인지심리학, 인지과학, 인공지능과학 등의 이론적 기초를 적용한 연구 방법을 채택하는 것처럼 보인다. 하지만 심리학의 개념적 용어, 연구 성과 외에 중대한 문제에서 주요 이론과 논점을 달리한다. 일부 학자는 인지언어학이 통속심리학(folk psychology)의 사고 공간에서 문제를 고찰하기보다는 정보처리의 인지심리학을 이론적 배경으로 삼아 인지과학에 합류해야 한다고 지적하였다(袁毓林 1994). 만일 이 이론을 인지과학의 배경으로 삼아 정확한 이해하게 되면 상기의 비판에 문제가 있음이 발견할 수 있다. 먼저 인지언어학이 통속심리학을 기초로 한다는 주장은 잘못된 것이다. 이러한 오해는 두 가지 측면에서 기인한다. 첫째, 이 학파가 사용하는 것은 비과학적이며 엄격한 형식을 통해 확정한 통속개념이라는 점이다. 둘째, 이 학파는 일상경험 또는 통속적 신념으로 언어(의미) 분석을 하는데 이는 신뢰성을 확보할 수 없다는 것이다. 인지언어학은 영상, 도식, 주사, 모습, 현저성을 언어 분석에 사용하며, 이는 심리학의 근거와 엄격한 경계가 있다. 예를 들어, '영상'과 '도식'의 관념은 인지심리학 연구를 수용한 것이다. 미국 심리학자 Gibbs & Golston(1995)은 인지문법을 통해 영상도식의 심리적 현실성을 논증하였다. Langacker가 제시한 고착성(entrenchment) 개념은 인지심리학자 Anderson(1983)의 개념 강도(concept strength)에서 비롯되었으며, Deane (1992)가 제시한 확산적 활성(spreading activation)은 Collins-Quillian 등이 제시한 고전 심리학개론에서 비롯되었다. 인지언어학의 개념인 모습, 현저성, 탄도체, 지표는 지각심리학의 영향을 받았다. 인지심리학의 통합적 지각은 게슈탈트 심리학의 영향을 받았다. Lakoff가 분석한 복사범주 현상은 인지과학자 Remelhart(1986) 등이 제시한 연결주의 모형으로 설명할 수 있다. 통속심리학은 사실상 심리학 이론이 아니다. 통속심리학은 심리적 활동에서 누적되면서 깨달은 심리생활 원칙인 일반 담화, 패러다임으로 구성된 망체계를 가리킨다(高新民 1994). 이에 통속심리학은 금세기 철학자와 심리학자에 의해 경시되었지만, 최근 20년 동안 인지과학자에 의해 주목받고 있다. 예컨대 인공지능 전문가 Schank, Abelson, 심리학자 Bower는 사건 시나리오 예컨대, 영화 보러가기, 식당에 가서 밥 먹기 등의 경험모형을 분석하였다(Bower 외 1979). 스탠포드 대학교 인공지능학자는 '통속적 물리학 지식(commonsense physics)'의 기술을 시도하였다. 예컨대 만일 떡밥에 구멍이 있는 관을 넣으면 구멍에 떡밥이 **빽빽**하게 채워진다는 것이다. 자연언어의 의미와 의미구조는 객관적 진리조건에 연원을 두지 않는다. 자연언어는 언어공동체가 공유하는 일상적 경험에 근간하며 이는 인지과학자, 인공지능학자의 공통된 인식이 되었다. 인간의 인지와 언어활동 배후에는 방대한 지식창고가 있어서, 인지와 언어의 운용원리를 명백히 이해하려면 다음의 문제에 직면하게 된다. 두뇌에 내재된 '세계'의 지식은 어떤 것을 포함하는지, 어떻게 구현되고 획득되는지와 관련된다. 이는 인공지능과 인공과학 연구의 중요한 과제이다. 이를 해결하기 위해 영어대백과전서를 컴퓨터에 입력하려는 시도에 대해 Dreyfus와 Haugeland는 마치 나무에서 물고기를 구하는 방법과 같다고 지적하였다. 인간의 지식은 사전에 전부 수록할 수 없으며, 우리의 의식이 일상적 기교, 배경지식, 통속적 신념체계에 처해있는 경우는 많지 않다. 예를 들면, 정상적 상태에서 똑바로 앞을 향해있으며 앞으로 걷는 것이 뒤로 걷는 것보다 훨씬 쉽고 쟁반은 둥글고 여자는 잘 울며 가정을 부양하는 사람은 아버지이고 밥을 하고 아이를 양육하는 사람은 어머니이며 의사는 속바지를 입는다.[19] Baum-gartner & Payr(1995)은 미국의 유명한 인지과학자 스무 명을 방문했는데 Lakoff도 포함되었다. 그들 중에서 열 명은 '상식과 배경지식'에 대한 문제를 논의하였다. Dreyfus, Haugeland, Churchland 등은 이 문제가 주류의 인공지능학파를 막다른 골목으로 몰리게 했다고 주장하였다. Simon 역시 인공지능학파가 적어도 5년 동안 직면했던 문제 중에서 가장 가혹했음을 인정하였다. 이 문제는 신세대 인지과학자의 주요 연구 대상이며 연결주의 모형 역시 이를 다루고 있다. 이에 일상적 경험과 통속적 신념을 토대로 의미를 연구하는 인지언어학자는 인지과학 연구

---

19 철학자 Searle에서 인용하였다.

의 최전방에 있음을 알 수 있다.

　인지언어학의 정보가공모형에 대한 부정적 태도는 신세대 인지과학의 특징이며 인지언어학 연구가 심화되었음을 반증하고 있다. 이에 인지연구의 역사를 살펴볼 필요가 있다. 50년대 후반 '인지혁명'이 폭발하면서 인지연구는 활발하게 진행되었다. Simon과 Newell에 의하면, 이러한 현상은 심리학, 컴퓨터과학, 언어학의 세 영역에서 동시에 발생했다고 한다. 심리학자 Miller는 단기기억 용량의 '7±2'의 유명한 이론을 제시했으며, 인공지능학자 Newell과 Simon은 '논리이론가' 모형을 제시하였다. 촘스키는 '언어의 세 가지 모형'의 논고를 발표하였고 이듬해 「통사구조」를 출판하였다(Simon 1981). 이러한 움직임은 행동주의 패러다임에서 벗어나 새로운 지평이 열리게 된 계기가 되었다. 새로운 패러다임이 출현하면서 정보가공모형을 근간한 인지심리학이 심리학의 주류로 부상했으며, 인공지능과학은 '물리기호체계가설'을 수용했으며, 언어학은 생성문법이 지배하게 되었다. 이들은 객관주의 철학의 패러다임을 수용하여, 방법론과 인식론적 측면에서 인간의 정신활동을 컴퓨터 프로그램 기능의 대응물로 간주하였다. 새로운 패러다임의 배경 하에 위의 학과는 100여년 이래 전무후무한 속도로 발전을 하였다. 하지만 발전 속도가 빠른 만큼 배후의 문제 역시 빠르게 노출되었다. 70년대 들어 인지와 관련된 거의 모든 학과는 다양한 시각에서 기존의 패러다임에 대한 문제를 제기하였다. 철학에서 Dreyfus(1972)는 두뇌와 컴퓨터 기능의 등가 관념을 강력하게 부정하였다. 언어학에서 Lakoff, Ross, McCawley 등은 의미적 측면에서 생성문법에 대해 문제를 제기하였다. 심리학에서 Shepard(1971), Kosslyn(1980) 등은 영상에 대한 연구에서 두뇌는 컴퓨터의 숫자 가공방식과 다른 유추 가공방식을 지니고 있다고 하였다. Norman(1981)은 인지심리학이 과도하게 컴퓨터 은유에 의존함으로써 인간이 지닌 '조절 체계(regulatory system)'와 사회, 정신활동의 중요한 지위가 경시되었다고 비판하였다. 심지어 인지심리학 창시자 Neisser는 「인지와 현실」(1976)을 통해 정보가공 연구가 최근의 추세를 반영하고 있지만 이러한 연구는 실험실의 제약에서 벗어나 인간의 본질적 측면에 주력하지 않았음을 지적하였다. 실험실에서 그의 기본적 가설은 컴퓨터 모형에 의존할 수밖에 없기 때문에 일상생활에서 어떻게 활동하고 상호작용하는지 설명할 수 없다. 인지심리학이 컴퓨터 모형에 과도하게 의존하면 머지않아 어려움에 봉착하게 될 것이다(孙小礼 1995). 인공지능학계에서 ELIZA 전문가 체계를 연구한 원로급 인물 Weizenbaum(1976)은 물리기호가설과 컴퓨터 추론의 인지연구 모형은 인간의 본질을 무시하는 행위라고 강력하게 비난하였다. 70년대의 비판적 견해는 소속 학과의 불만을 표출한 개혁적 건의였다. 80년대부터 지금에 이르기까지 이러한 비판은 더욱 강력하게 분출하면서 두 가지 새로운 특징이 출현하였다. 첫째, 과학적 비판이 학과를 초월하면서 목표의 지향이 일치되고 내용도 비슷해졌다. Dreyfus는 20년 후 「컴퓨터가 무엇을 할 수 있는가」(1992)를 출판했으며, 같은 해 Searle(1992)와 함께 "인지주의(cognitivism)를 버리다",[20] "정신을 다시 구현하다"라는 선언적 발표를 하였다. 두 철학자의 주장은 편파적이지만, 기존 패러다임에 대한 비판은 매우 폭발적이었다. 인지언어학은 인지와 언어연구에 내재된 객관주의 패러다임의 오래된 폐단을 전면적으로 공격하였다. 메사추세츠공과대학교 컴퓨터학과 교수 Weizenbaum은 컴퓨터 은유의 신화를 무너뜨리고자

---

20 '인지주의'는 인지과학에서 인지를 추상적 기호 혹은 정보 가공의 연구 강령으로 삼았다. 인지주의는 객관주의를 추구한다. 인지언어학은 인지를 강조하고 있지만 인지주의와 다르다. 이에 독자는 글자에 근거해 오해하지 않기를 바란다. 오해를 일으키기 쉬운 또 다른 용어는 机能主义(functionalism)이다. 인지과학에서는 이러한 관점이 정신의 컴퓨터와 긴밀한 관련 즉, 인간의 두뇌와 컴퓨터 기능은 동형성이 있다고 여긴다. 이에 대해 인지언어학은 동의하지 않는다. 혼란을 피하기 위해 이 책에서는 functionalism을 功能主义로 번역하였다.

하였다. 캘리포니아주립대학교 생물물리학과 Sejnowski, 신경과학자 Churchland는 기호가공모델이 소프트웨어(정신)와 하드웨어(대뇌, 신체)를 분리시킴으로써 하드웨어가 중시되었다고 주장하였다. 캘리포니아주립대학교 철학과 교수 Haugeland와 Chruchland는 'GOFAI (Good Old-Fashioned Artificial Intelligence)'라는 구호와 고별을 선언하였다. 사회학자 Cicourel은 인공지능학계 지식공학연구의 잘못된 인식을 지적하면서 지식에 함양된 문화와 신앙을 중시해야 한다고 강조하였다 (Baumgartner & Payr 1995). 둘째, 비판적 견해를 지닌 학자들이 구체적 행동을 하면서 학과마다 새로운 연구모형이 탄생하였다. 언어학계는 비객관주의 철학에 기반한 인지언어학이 탄생하였고 심리학자 Neisser은 인지에 기초한 생태학과 사회적 근원의 새로운 이론 방향을 제시하였다 (孙小礼 1995). 인지과학과 심리학자 McClelland와 Rumelhart 등은 유명한 연결주의 모형을 제시하였다(Rumelhar et al. 1986, Rumelhart & Gluck 1990, 晏懋思, 王志军 1997). 이런 모형은 학문적 배경, 연구 방법, 책략이 다르지만 기본원칙과 인지관은 유사하다. 과학사의 시각에서 살펴보면, 새로운 시대적 상황에 부합하는 인지과학 이론의 출현이라 할 수 있다. Lakoff는 이를 '2세대 인지과학'이라고 불렀으며(Baumgartner & Payr 1995), 통합 과정에서 고전적 패러다임을 초월하거나 대안을 마련하고자 하였다. Baumgartner & Payr(1995)이 만났던 20명의 인지과학자 중에서 인공지능과학자 Simon, Newell, Winograd와 철학자 Dennett, Fodor를 제외하고 대부분은 고전적 패러다임을 비판하였다. 이러한 변혁은 인지과학계에서 일어났으므로 이를 '제2차 인지혁명'으로 부르는 것은 일리가 있다. 인지언어학이 새로운 세대에 부합하는 인지과학과 밀접한 연관이 있는 것은 당연하다. Lakoff는 캘리포니아대학교 버클리분교 인지과학센터에서 종사했으며, Langacker가 교편을 잡은 캘리포니아주립대학교 샌디아고분교는 새로운 인지과학의 주요 발원지이다. Rumelhart는 이곳에 인지과학연구소를 설립하였고 그와 McClelland 등이 제시한 연결주의 이론은 여기서 만들어졌다.

　인지언어학은 언어와 인지의 기본적 개념에서 형식주의 언어학의 정의와 구분된다. 다음 장에서는 이론의 경험적 기초와 인지언어학의 주요한 연구를 살펴보겠다. 이 책에서는 범주화이론, 은유, 영상도식을 집중적으로 다룰 것이다.

02
인지언어학의 경험적 기초

제1절 범주화

   인지적 측면에서 범주화(categorization)는 인지활동의 기본적인 능력이며, 분별되는 다양한 사물을 유사성을 근거로 동일하게 처리하는 것을 의미한다. 이로부터 세계 만물은 분류되고 나아가 개념과정과 능력이 형성된다. 만일 천차만별의 현실에서 범주화 능력이 없으면, 생활환경에서 감지되는 복잡한 현상을 이해할 수 없을 것이다. 또한, 경험에 대해 처리, 구성, 기억하지 못하고, 추론을 할 수 없으며 상대방과 자신의 경험을 나누지 못했을 것이다. 이러한 점에서 범주화 문제는 인지언어 연구의 주된 과제이다. 언어학자는 범주화의 중요성은 다양한 측면에서 나타난다고 하였다. 언어적 측면에서 범주화는 언어를 사용해서 세계의 사물을 분류하는 과정을 가리킨다. 언어의 의미 형성과 이에 대한 인식은 세계에 대한 범주화 결과를 반영하고 있다. 따라서 범주화는 의미론의 주요 연구 대상이며, 언어는 세계의 일부분으로 언어학자가 의식적으로 분류하는 대상이다. 언어학에서 사용되는 자음, 음절, 형태소, 어휘, 통사구조, 품사, 문장의 적격성 등은 모두 범주화와 관련된다. 따라서 '언어의 범주화(linguistic categorization)'는 두 가지 사실을 함의하고 있다. 첫째, 언어사용자는 언어를 사용하여 비언어적 세계를 객체로 분류

한다. 둘째, 언어학자는 언어 자체를 객체로 분류한다. 첫 번째는 의미론에 속하고 두 번째는 언어학의 각 분지에 속한다. Labov(1973)는 언어학은 범주에 대한 연구라고 하였다. 인지언어학에서 범주화는 또 다른 의미를 지니고 있다. Lakoff는 일찍이 범주화 문제의 새로운 발견은 자신을 생성학파에서 인지언어학파로 전향하게 된 중요한 계기였다고 언급한바 있다. 따라서 인지언어학이 범주와 범주화를 자신의 주된 연구대상으로 여긴 것은 조금도 이상하지 않다. 인지기능 측면에서 범주화 문제를 다룬 저서와 논문집은 Lakoff(1987), Talyor(1989), Tsohatzidis (1990), Corrigan, Eckman & Noonan(1989), Craig(1986) 등이 있다.

인지언어학의 범주화 연구는 고전 범주화 관념에 대한 반성에서 출발하였다. 고전범주이론의 전통적 관념은 고대 그리스로 거슬러 올라간다. 아리스토텔레스는 형이상학적 측면에서 본질과 형상에 대한 이분법적 구분을 하였다. 고전이론에 의하면 개념적 부류는 객관세계의 범주에서 연원하며 범주화 주체와 관련이 없다. 범주는 개념의 본질적 속성에 의해 결정된다. 고전이론은 다음과 같은 기본적 가정을 두고 있다.

1. 범주는 필요충분조건의 합에 의해서 정의된다.
2. 자질은 이원적(binary)이다.
3. 범주의 경계는 명확하다.
4. 범주의 모든 구성원은 동등한 지위를 갖는다.

고전이론에 의하면 범주는 절대적, 이산적으로 정의된다. 이러한 관념은 오랫동안 절대적 진리로 받아들여졌다. 이는 현대언어학에도 영향을 미쳐 현대언어학은 상당히 정밀해졌다. 예컨대, 언어를 분해 불가한 추상적인 특정 원소로 분석했으며 특정 집합에 근거해 언어 범주에 대한 정의를 내렸다. 음위, 의미 단위, 품사 등이 이에 속한다. 고전범주이론에 근거한 언어 분석은 상당한 성과를 거두었다. 그러나 인지언어학 연구를 통해 개념적 범주와 언어적 범주를 고전이론으로 설명할 수 없음이 밝혀졌다. 이는 더 정밀한 인지와 언어연구에서 새로운 범주화 이론의 요구하고 있음을 보여준다.

2.1.1 색채 범주화 : 개념범주는 객관적 실재의 추상적 기호가 아니다.

구조주의 언어학에 의하면 색채어는 기호의 자의성과 관련이 있다. 다양한 언어에서 색채범주는 연속변차선에 대한 분절에서 기인한다. 이에 따르면 색채어는 임의적으로 결정되며 체계 외적 요소와 무관하며 색채어 간의 지위는 동등하다.

심리학자 Berlin & Kay(1969)는 98개 언어를 살펴본 결과 많은 언어에서 11개의 '기본적인 색채어'[1]를 선택한다는 사실을 발견하였다. 기본적인 색채어는 초점 색채(focal color)와 비초점 색채로 구분된다. 두 계층 간에는 함축적 위계(implicational hierarchy)를 이루고 있다.

검은색/흰색 〈 빨강색/노랑색/녹색 〈 파랑색 〈 갈색 〈 보라색/분홍색/
주황색/회색

위에서 x 〈 y는 '어떤 언어에 y 색채어가 있으면 반드시 x 색채어가 있다'라는 것을 함의한다. 즉, 〈 표시된 오른쪽 색채어의 기본적인 함의는 왼쪽에 어떤 색채어가 있음을 전제한다. Berlin & Kay는 함축적 위계

---

1 기본 색채어는 대체적으로 형태소로 표현하며, 범위는 다른 색채어의 범위를 포함하지 않으며, 소수의 물체에 제한된 색채에 국한하지 않는다. 예컨대 중국어의 '빨강색, 녹색, 노랑색'은 기본적인 색채어이고, '진홍색, 초록색, 커피색'는 기본적인 색채어가 아니다.

를 토대로 다양한 실험을 수행한 결과, 초점 색채는 지각적, 인지적 현저성이 있어서 비초점 색채보다 기억하기 쉽고 아동이 더 빠르게 습득한다고 하였다. 색채범주는 다음의 요인에 의해 결정된다. 1. 신경생리기제 : 눈 부위 색채가 두드러진 구조와 작용방식 및 눈과 대뇌 신경 간에 연관이 있다, 2. 보편적인 인지기제 : 수용된 자극에 대한 감각처리와 인지적 연산이다, 3. 특정 문화의 보편적인 인지기제에 의해 선택된다. 이와 같이 범주는 현실에 대한 피동적 반응이 아니라 신체와 정신을 통한 능동적 반응이며, 생리적, 심리적, 문화적 요인과 관련된다. 한편, 색채 중심영역의 존재와 색채 보편성은 범주 구성원 간의 지위가 동등하지 않음을 말해준다. 색채영역의 중심부는 주변부에 비해 더 많은 원형적 보기를 지니고 있다. 이러한 발견은 심리학자와 언어학자가 범주화의 원형이론(prototype theory)을 제시하는데 기여하였다.

2.1.2 범주화의 원형이론

Lakoff(1987)는 고전범주이론을 그릇은유 즉 '범주는 그릇이다'라는 은유적 표현으로 설명하였다. 그에 의하면 정의적 특징을 지닌 개체는 그릇 안에 담겨있고 비정의적 특징을 지닌 개체는 그릇 밖에 있다고 하였다. 이러한 현상은 아래의 그림 (Ⅰ)에서 볼 수 있다. 철학자 Wittgenstein(1953)은 개념적 범주를 고전모형으로 설명하기 어렵지만 가족유사성(family resemblance)으로 설명 가능하다고 하였다. 가족유사성을 이룬 범주 구성원은 하나 또는 그 이상의 공통자질을 지니고 있지만, 하나의 특징을 모든 구성원이 공유하지 않고, 유사성을 통해 하나의 부류로 연결된다. 그림 (Ⅱ)에서 소문자는 구체적 속성을 나타내며, 연결된 부류의 개체에서 중첩된 부분은 공통적 속성을 나타낸다. Wittgenstein은 게임(독일어의 Spiel, 영어의 game)을 예로 들었으며, 바둑, 트럼프, 구기

종목, 올림픽을 모두 '게임'으로 불렀다. 그들의 활동은 어느 정도 경쟁력
이 있고, 승자가 있으며 오락적 요소가 있고 기술과 운에 의존한다. 하지
만 이러한 특징은 모든 게임이 공유하는 하나의 특징은 없다. 그에 의하
면, 이러한 개념은 상호 교차되는 유사성의 망으로 정의된다고 하였다.

70년대 초부터 심리학자 Rosch와 언어학자 Labov는 컵, 새, 과일 가
구, 채소, 장난감, 차, 의류 등의 개념에 대해 정량 실험을 한 결과 범주
의 중요한 작용은 인지적으로 부각되는 '원형'이라는 사실을 발견하였
다. 이러한 현상은 그림 (Ⅲ)에서 보여주고 있다(Givón 1986).

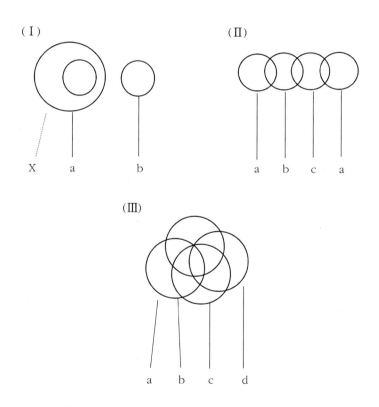

위의 연구에서 원형이론은 다음과 같은 함의를 지닌다. 첫째, 개체

범주의 근거는 기본적 자질(essential features)이 아니라 속성(attributes)이다. 속성은 사물 성질의 심리적 체험, 인지와 현실의 상호모형과 밀접한 관계가 있다. Lakoff는 이를 상호 속성(interational properties)이라고 불렀다. 기본적 자질은 사물의 본유적 특성으로 이해되며, 인지주체와 무관하며, 객관적, 독립적으로 존재하고 있음을 가리킨다. Labov(1973)의 실험에 의하면, '사발'은 그릇이 넓고 얕으며, '컵'은 넓이와 깊이가 대체로 비슷하고, '꽃병'은 좁고 깊다. 하지만 만일 형태가 비전형적인 그릇에 음식물을 담으면 이를 사발로 부르며, 꽃을 꽂으면 깊지 않더라도 꽃병으로 부른다. 이 경우 확정된 속성을 인지주체와 무관한 사물의 객관적 특징이라고 볼 수 없다. 둘째, 자연부류의 범주화는 고전이론의 정의적 특징으로 설명하기 어렵다. 예를 들어, 위의 제시한 게임이 그러하다. 또 다른 사례를 들어보자. Webster에 의하면 영어사전에서 가구는 'movable articles used in readying an area as a room or patio for occupancy or use'로 정의되지만 범주는 이 같은 필요충분조건의 합에 의해 분류하기 어렵다. 사전적 정의에 근거하면, 벽장, 전화, 담요도 가구로 분류해야 된다. Bolinger(1992)는 Wierzbicka(1990, 1992)와 논의를 통해 고전이론으로 이 낱말의 정의적 특징을 찾을 수 없다고 하였다. 셋째, 자연부류의 경계는 불분명하며, 인접 범주는 항상 엄격한 경계로 구분되지 않으며 주변적 구성원은 다른 부류와 교차된다. 이는 Labov 실험의 컵과 사발의 실례에서 확인할 수 있다. 넷째, 자연부류의 구성원 지위는 동등하지 않다. 범주 구성원은 원형적 구성원과 주변적 구성원으로 나뉜다. 새의 원형범주에서 로빈과 참새는 원형적 구성원이며 타조와 펭귄은 주변적 구성원이다. 가장 좋은 구성원은 가장 높은 원형성(prototypicality)을 지닌 구성원이다. 원형적 구성원과 가장 열등한 구성원의 위상은 동등하지 않다. 다섯째, 범주에서 원형성이 더 높은 구성원은 동류 구성원과 더 많은 속성을 공유하고 있으며 주변적 구성원과 공유하는 속성이 적다. 다시 말해서, 원형적 구성원은 기타 범주 구성원과 속성에서 최대한도 구별된다. 비원형적 구성원은 이와 달리 동류 구성원과 공유하는 속성이 적으며, 주변적 범주와 속성을 공유하고 있다. Rosch가 제시한 새의 범주에서 원형적 구성원인 로빈은 원형성 보기 목록에서 10개의 속성을 모두 가지고 있으며, 비원형적 구성원인 타조는 몇 개의 속성만을 가지고 있다, 여섯째, 개체에 대한 원형적 구성원과 비원형적 구성원에 대한 평가는 게슈탈트 지각(gestalt perception)과 관련된다. 즉, 범주화 대상의 주요 기능과 시각적으로 현저되는 부분이 하나의 전체시각 - 심리적 표상으로 통합되는 것이다. 예를 들어 '의자'의 현저한 부분은 기능적으로 중요한 몇 개의 부품, 즉 등과 팔을 지탱하는 등받이와 네 개의 다리, 부품 간의 비례이다. 이렇게 형성된 원형적 의자의 형태는 그림 (a)에서 보여준다. 그 외의 그림 (b) (c) (d)는 비전형적 의자의 형태이다(Ungerer & Schmid 1996).

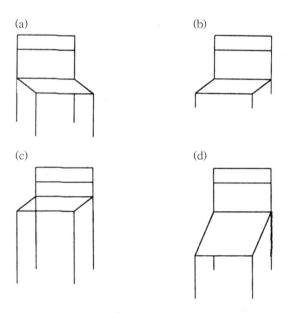

범주 내에서 원형은 가장 이상적이지만 더 중요한 것은 범주 핵심의 도식화된 심리적 표상(mental representation) 또는 인지적 참조점이다. 이런 점에 가장 이상적인 구성원은 원형적 보기(instantiation)에 속한다.

고전범주이론은 수학적, 논리적이며 과학적 부류에 대해 타당한 설명력을 제공하고 있다. 고전이론에서 객관적 규칙을 설명하거나 추상적 이론모형을 구축할 때 필요충분조건은 이산적, 동질적 범주를 구성하기 위한 필수적 요소이다. 고전범주이론에 근거하여 인위적으로 확정된 범주, 예컨대 전문기술 개념과 법률 개념은 합리적인 설명이 가능하며, 동물학자와 가구 제조업체 역시 고전이론을 통해 새와 가구의 부류를 확정할 수 있다. 하지만 고전이론은 자연언어의 일상적 개념범주를 설명하기에는 부족한 점이 있다. 이런 경우 원형이론을 적용하는 것이 효율적이다. 원형이론은 범주 간의 경계가 불분명하고 모든 구성원의 공통적 속성을 쉽게 찾을 수 없는 경우 타당한 설명력을 지닌다. 또한 경계의 명확성과 공통적 속성으로 정의되는 범주의 특징을 깊이 인식하는데 도움을 준다. 수학자에게 수 개념은 고전범주에 속하지만 일상생활에서 숫자는 원형적 부류에 속한다. Wittgenstein(1953)은 수를 가족 구성원으로 보았으며, Lakoff(1987)는 Amstrong, Gleitman의 실험을 통해 일반인이 생각하는 홀수 개념은 원형구조(10 이내의 홀수)가 존재한다고 하였다. 이로부터 일반적 개념에서 자릿수와 십진법의 우위와 관련된 인지적 기초를 반영하고 있음을 알 수 있다. Lakoff(1987)는 원형이론을 근거로 어머니(mother)를 설명하였다. 어머니는 원형구조가 있으며, 원형은 영어 사용자의 인지적 능력과 문화모형에 의해 결정된다. 아래서는 '새' 개념을 예로 들어 범주화 과정에서 원형효과의 지위에 대해 살펴보겠다.

새의 개념은 경계가 명확한 범주로 새의 모든 범주 구성원은 다음과 같은 속성을 공유하고 있다. a. 알을 낳는다, b. 부리가 있다, c. 양 날개와 두 다리가 있다, d. 깃털이 있다. 고전이론에서는 이러한 속성을 새의

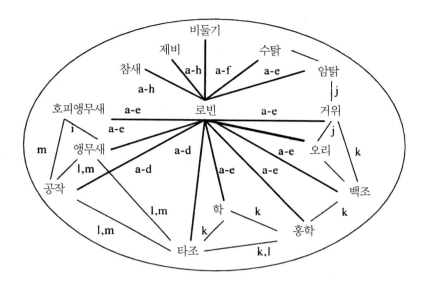

필요충분조건으로 간주하여 새를 범주화시켰지만 새 범주의 원형효과
는 설명하지 못했다. 가장 원형적 구성원 로빈과 비원형적 구성원 타조
를 고전이론으로 설명할 수 없는 이유는 그들의 지위가 동등하지 않기
때문이다. Ungerer & Schmid(1996)는 새 범주는 아래의 속성을 지니고
있다고 하였다. e. 날 수 있다, f. 체격이 작고 가볍다, g. 지저귀면서
노래한다, h. 다리가 가늘고 짧다, i. 새장에 가둬서 기른다, j. 고기, 달
걀, 깃털을 사용하기 위해 사육한다, k. 기다란 목을 지니고 있다, l. 장식
깃털을 가지고 있다, m. 기이하고 아름다운 색깔을 가지고 있다. 위의
다양한 속성은 가족유사성에 의해 연결된다. 원형성이 강한 구성원은
더 많은 속성을 지니고 있고 비원형적 구성원은 범주의 지위는 가족의
유사한 속성에 의해 지지된다. 비원형적 구성원인 타조는 깃털이 있고
알을 낳을 수 있기 때문에 새의 범주로 분류된다. 홍학이나 황새는 기다
란 목을 지니고 있으며 공작은 화려한 깃털을 지니고 있으며 앵무새는
알록달록한 색깔의 깃털로 덮여있다. 아래의 그림은 새 범주의 원형구

조를 나타낸 것이다. 원형적 구성원인 로빈 간의 연결은 굵은 선으로 나타냈으며 기타 구성원은 가족유사성에 근거하여 가는 선으로 나타냈다. 공유하는 속성과 가족유사성은 교차되어 복잡한 망을 이루고 있으며, 동시에 범주의 경계에 작용을 한다(Ungerer & Schmid 1996).

위의 현상은 두 가지 사실을 명시하고 있다. 첫째, 고전이론으로 설명할 수 있는 부류 역시 원형효과가 존재한다. 둘째, 자연범주는 본질적 속성으로 정의되는 집단이 아니라 인지적으로 현저한 속성의 집단이 공통적으로 작용한 결과이다. 이른바 비본질적 속성은 범주 구성원의 지위를 결정할 때 중요한 의미를 지닌다.

2.1.3 기본층위 개념

범주화는 계층관계를 이루고 있다. 범주화의 체계성은 과학적 분류에서 충분하게 구현되고 있다. 생물분류학에서 생물은 문, 강, 목, 과, 속, 종의 층위로 나뉘며 각기 층위를 세분하면 아류로 나눠진다. 과학연구는 객관적이고 정밀한 목표를 추구하며 주관성은 개입되지 않는다. 인지인류학자 Berlin이 통속분류학과 생물분류학을 대조한 결과는 자연언어의 개념적 분류와 다르다. 많은 언어에서 생물을 분류할 때 초점은 속(genus, generic) 층차의 개념에 두며, 그 명칭은 풍부하고 형태가 간단하며 명확하게 구별된다(Lakoff 1987, Ungerer & Schmid 1996). 심리학자 Rosch(1977, 1978)는 실험을 통해, 개념층위에서 가장 중요한 것은 상위 층위인 '동물, 가구, 교통도구'와 하위 층위인 '페르시아 고양이, 손잡이 의자, 무개차'가 아니라, 일상에서 쉽게 불려지는 '고양이, 의자, 차'라고 하였다. 이 층차의 범주는 인지적으로 기본적 지위를 지니고 있기 때문에 '기본층위범주(basic-level categories)'라고 부른다.

기본층위범주가 '기본'인 이유는 다음과 같은 원인에 기초를 두고 있다.

첫째, 지각적 측면이다. 이 층위의 범주 구성원은 지각적으로 유사한 형태이며 전체 부류가 반영된 단일 심상이 형성되어 부류의 속성이 빠르게 판별된다. 예컨대, 의자와 고양이의 형태는 대체로 비슷해서 눈을 감더라도 그들의 단일 영상은 쉽게 형성된다. 하지만 가구와 동물은 다양한 형태를 이루고 있어서 단일 영상을 표상하기 어렵다. 우리는 하나 또는 일련의 기본층위범주를 위주로 표상하고 있다.

둘째, 기능적 측면이다. 이는 근육운동 프로그램과 관련된다. 인간은 동일 부류 구성원에 대해 유사한 운동반응을 일으킨다. 예컨대, 의자와 관련된 운동반응은 의자 위에 앉는 행위이다. 반면, 가구와 같은 최상위 범주는 공통된 운동반응이 생성되지 않는다. 고양이의 상호행위는 쓰다듬기, 놀리기이지만 하위범주인 페르시아 고양이는 반드시 일치하지 않으며 고양이와 구분되는 행위모형이 존재한다.

셋째, 의사소통 측면이다. 이 층위의 범주는 간단하고 흔히 사용되며 특정 언어 환경과 독립적이며, 중성 낱말로 표현된다. 기본층위에 속하는 낱말은 역사적으로 이른 시기에 생성되었으며 아동 언어습득 과정에서 가장 빠르게 습득된다.

넷째, 지식의 조직적 측면이다. 인간의 지식은 대부분 기본층위에서 조직된 것이다. 만일 자동차에 대한 질문을 받으면 이를 명확하게 설명할 수 있지만 상위어인 교통도구에 대한 질문을 받으면 명확하게 설명하기는 어렵다. 하위어에 속하는 페라리차에 대한 질문을 받았을 때 그에 대한 취미를 가졌더라도 자동차를 설명할 때보다도 훨씬 어렵게 느껴질 수 있다.

심리학, 인류학, 언어학 연구에 의하면, 기본층위는 현실 세계를 가장 정밀한 층위로 분류한 것이다. 더 높은 층위의 범주('가구')는 모든 구성원이 공유하는 속성이 적고, 하위 층위의 범주('컴퓨터 탁자')는 비교적 많으며 인접한 기타 범주('책상')와 공유한다. 심리학 용어에 의하면, 기본층위범주는 최대의 단서 유효성(cue validity)[2]을 지닌다. 흥미로운 것은 이산적이고 경계가 명확하며 필요충분조건으로 정의되는 고전이론의 범주 실례가 탁자, 의자, 고양이와 같은 기본층위범주에 속한다는 사실이다. 이러한 범주는 모든 구성원의 속성을 최대로 지니고 있다. 다시 말해서, 그들은 강력한 원형성을 지니고 있다. 우리가 사용하는 대부분의 개념은 기본층위범주에 속한다. 고전 범주이론이 성행한 원인은 기본층위범주의 개념적 부류가 명확하고 이산적이기 때문이다. 그러나 상위범주의 존재(이 부류의 범주는 가족유사성에 의해 연결된다)하고, 기본층위범주에 원형효과가 존재하기 때문에 주관적 경험과 인지적 경향을 벗어날 수 없다. 이런 현상은 고전범주이론으로 논증하기 어렵다.

　　인지과학의 기본층위범주에 대한 연구에 의하면, 인간의 사고는 대부분 기본층위에서 전개된다. 따라서 인지언어학에서 기본층차 개념에 대한 연구는 중요하다.

2.1.4 인지모형과 범주화

　　범주화의 주된 대상은 의미범주이다. 인지언어학자는 범주화 이론이 언어형식에 부여된 의미 형성을 타당하게 설명할 수 있을 것으로 여겼다. 의미의 범주화 과정은 신체구조, 기능, 인지능력과 관련되며, 화자가 살고 있는 세계에 대한 지식, 즉 자연계, 문화, 사회 환경, 지식, 믿음과 밀접하게 관련된다. 이런 요소를 배제한 의미분석은 언어 지식과 백과

2　단서유효성은 일종의 척도이다. 이는 범주와 관련된 속성은 출현빈도에 따라 증가하며, 기타 범주와 관련된 속성은 출현빈도에 따라 감소한다.

사전식 지식을 확연하게 구별한 것이기 때문에 의미에 대한 정밀하고 깊이 있는 인식에 이르지 못하게 된다.

이러한 점에서 Lakoff(1987)는 이상화된 인지모형(idealized cognitive models, ICM)을 통해 자연언어에 대한 개념-의미범주와 개념적 구조의 연구 방법을 제시하였다. 이 이론에 의하면, 단순형식(단순어)의 의미는 고전범주이론의 의미분석을 통해 명확하게 확정할 수 없으며, 복잡형식(통사구조)의 의미(개념구조) 역시 형식의미론의 의미자질과 연산방식으로 이해할 수 없다. 의미의 기초는 인지영역(cognitive domains)과 관련된 배경지식의 복잡한 인지구조를 바탕으로 이루어졌다. 인지영역은 정신에 반영된 물리적 세계 즉, 시ㆍ공간영역, 물질적 속성을 포함하며, 특정 언어사회에서 사람과 환경의 상호작용으로 규약된 행위모형, 심리적 상태, 문화적 편재, 사회제도 등을 포함한다. ICM은 이러한 인지영역에서 구축된 인지구조의 통합체(게슈탈트)이며 추상화된 결과이다. 이에 따라 이를 '이상화된' 모형이라고 부르고 있다. ICM은 특정한 사회문화 환경에 놓인 화자는 어떤 영역의 경험에 대한 이상화된 이해를 반영하고 있다는 것이다. 개념범주는 어떤 인지모형의 구성원과 대응한다. 엄격히 말하면, 인지모형의 어떤 구성(configuration)이 특정한 방식으로 묘사된 윤곽(profile)[3]에서 기인한다. 구조원칙에 따라 ICM은 다음의 네 가지 유형을 이루고 있다.

명제모형

명제모형은 의미범주와 관련된 인지영역의 배경지식과 신념을 설명하며 다수의 지식으로 구성된 망체계이다. 지식은 특정 대상에 대한 성분, 속성 및 이와 관련된 인식을 포함한다. 명제모형은 Fillmore(1987)의

---

3 이는 Langacker가 사용한 용어이다. 명사로 쓰일 때 沈家煊은 '윤곽'으로 번역하였고, 동사로 쓰일 때 '기술하다, 묘사하다'로 번역하였다.

틀(frame) 개념과 대응된다. 의미범주가 활동과 관련될 경우 컴퓨터 과학자 Schank & Abelson(1977)이 제시한 스크립트(script) 개념과 유사하다. 즉, 언어 공동체의 특정 활동에 속하는 식당가기, 문병안하기, 빨래하기는 순차적으로 진행된다. 이는 시간과 인과관계로 연결된 표준화, 이상화된 사건, 상태의 체계, 또는 '구조화된 시나리오(structured scenario)'라고 불린다. 대부분의 지식은 명제모델 형식으로 존재한다.

영상도식 모형

영상도식은 탄도체, 가늘고 넓은 형태, 그릇으로 구현된다. 위치 이동(trajectory), 가늘고 얇은 형태, 그릇 등이 이에 속한다. 촛불에 대한 지식은 길고 가는 물체도식과 관련된다.

은유모형

명제모형이나 영상과 같은 도식모형은 어떤 인지영역에서 다른 인지영역에 대응되는 구조로 사상된다. 이를 은유모형이라고 한다.

환유모형

은유모형을 기초로 어떤 구성원이 다른 구성원과 연결되는 것을 환유모형이라고 한다. 예를 들어 어떤 부분과 전체는 함수관계가 존재할 가능성이 있으므로 부분은 전체를 대표할 수 있다.

심리학자는 범주화의 원형효과는 단지 하나의 현상이기 때문에 비본질적이라고 하였다(Rosch 1978). Lakoff(1987)는 원형효과의 연원을 ICM에서 찾고 있다. 위의 인지모형은 범주의 내부구조와 원형효과 및 범주의 원형적 구성원에 대해 명확히 설명해준다. 이 책의 하편에서 위의 인지모형을 근거로 朱德熙(1956)에서 논의된 일음절 형용사가 한정어로 쓰였을 경우 제약조건을 살펴보겠다. 위에서 제시한 다양한 개념은 다음 절에서 자세하게 살펴보기로 하고 여기서는 Fillmore와 Lakoff가 명제 모형을 토대로 낱말 의미를 분석한 두 가지 실례를 소개하겠다.

먼저 Fillmore(1982, 1987)의 인지모형[4]을 가지고 독신남(bacholar)에 대한 의미분석을 살펴보자. 전통 의미론에서 독신남은 [+성인] [+남성] [+미혼]의 의미자질로 나타냈다. 이런 의미자질은 독신남의 개념을 확정하는 필요충분조건이다. 생성학파 Katz의 분해의미론은 최근까지 유사한 의미표지(semantic marker)를 통해 독신남을 분석하였다. 그런데 다음과 같은 유형도 독신남으로 제시될 수 있다. a. 가톨릭 신부, 불교에 출가한 승려, b. 여자와 동거하는 미혼 남성, c. 동성과 동거하는 남성, d. 어려서 숲에 버려져서 성년이 될 때까지 사회와 접촉하지 않은 남성 등이다. 이들은 모두 성인 미혼 남성에 속하지만 영어사용자는 독신남으로 부르기를 주저한다. 이 밖에 본처와 혼인하지 않은 상태에서 첩을 들인 전통의 중국남성, 아이를 부양할 의무가 있는 이혼 남성, 아이를 입양한 미혼 남성, 식물인간 상태의 성인 남성, 이혼을 했거나 배우자와 사별한 남성 역시 독신남으로 부르기를 주저하고 있다. 만일 Lakoff에 의해 경계어(hedges)로 불리는 범주의 경계가 모호한 어구 loosely speaking, technically 등을 부가해서 대상을 지칭하면 위의 유형 역시 독신남으로 수용될 수 있다. 따라서 "Technically, John Paul II is a bacholar"라는 표현이 가능하다. 위에서 보듯이 독신남은 전형적 구성원을 중심으로 한 원형적 범주이며, 이 경우 의미분석법으로 설명하기 어렵다.

인지언어학적 측면에서 독신남은 다음과 같은 특정한 틀이나 이상화된 사회 인지모형[5]을 참조하여 확정할 수 있다. a. 이성과 연애한다, b.

---

4 Fillmore는 '틀(frame)'이라고 불렀다.
5 Fillmore(1982, 1987)은 BACHOLARHOOD라고 표기하였다.

혼인은 일부일처제이다, c. 일정한 연령에 도달하면 결혼해야 한다, d. 한 명의 결혼 상대와 혼인 관계를 유지한다, e. 결혼한 남자는 아내를 부양한다. 독신남은 이 다섯 가지 틀과 인지모형에 대응되는 미혼 성인 남성이다. 이러한 모형에서 종교적 원인으로 결혼을 할 수 없거나, 이혼, 동성연애 등은 배제된다. 이들은 현실 세계의 상황과 부합하지 않기 때문이다. 이상화된 모형이라고 부르는 이유가 바로 여기에 있다. 이러한 인지모형을 기초로 정의한 독신남은 범주의 원형적 구성원이다. 현실 사회에서 언급되는 다양한 조건의 남성은 이 모형에 포함되지 않기 때문에 그들은 독신남이 될 수 없다. 하지만 사람마다 특별한 이해와 요구에 따라 이상화된 모형의 어떤 측면을 제거하거나 수정하면 독신남 범주에 들어갈 수 있다. 이 경우 그들은 비전형적 구성원에 속한다. 가령 위에서 c를 제거하면 교황은 독신남 범주에 들어가며 d를 제거하면 이혼남은 독신남 범주에 들어간다. 독신자 개념의 원형효과는 이상화된 인지모형의 현실세계의 차이에서 비롯된다. 현실세계가 이상화된 인지모형과 완전히 부합하면 경계가 명확한 부류가 되기 때문에 그 내부는 다른 층위의 원형효과가 존재하게 된다. 다음의 예를 보자.

(1) John is a bacholar. That's why he likes to hang out in single bars. / That's way he doesn't like children.
   (존은 독신남이다. 그래서 독신자바에 가는 것을 좋아한다./ 그것이 아이들을 좋아하지 않는 이유이다.)
(2) ?John is a bacholar, so he likes children.

(1)은 자연스럽지만 (2)는 어색하다. 위의 화용적 상황은 독신남에 대한 인식에 고정관념(stereotype)이 있음을 시사하고 있다. 일반적으로 독신남은 남성주의적이고, 아이를 좋아하지 않으며, 가사 일을 좋아하지

않고, 여자를 구애하지 않으며, 독신자 술집을 배회한다고 생각한다.[6] 이런 고정관념은 특정 언어공동체의 ICM을 근거한다. 위의 ICM에서 (e) 와 그와 관련된 '가정생활'의 인지영역에서 '아이를 예뻐하지 않는다', '가 사를 좋아하지 않는다', 심지어 '경제 조건이 좋다'라는 고정관념이 도출 될 수 있다. 고정관념은 범주 구성원에 대한 기대치이므로 이에 부합하 면 범주의 강력한 원형적 구성원이 되고 그렇지 않으면 비전형적 구성원 이 된다. 이는 가사 일을 좋아하고 아이를 예뻐하는 남성이 왜 독신남 같지 않은지를 말해준다. Lakoff(1987)는 이 층위의 원형효과는 환유모 형이 작용한 결과라고 하였다. 환유는 인지적으로 현저한 부분, 쉽게 이해하거나 충분히 이해되는 부분을 가지고 전체를 인식한다는 의미이 다. 다시 말해서, 우리는 이미 충분하게 이해한 부분을 통해 전체를 이해 하고 있다. 이러한 점에서 비교적 전형적 구성원(고정관념에 부합하는 가장 원형적 독신남)을 통해 전체 독신남의 범주를 이해하고 있음을 알 수 있다. 위의 분석에서 보듯이, 인지모형에 기초한 분석은 낱말 의미에 대한 이해를 심화시키고, 범주구조와 원형효과를 효율적으로 설명해 주 는 반면, Katz 등의 의미성분분석법은 그렇지 못하다. 물론 수정이나 첨 가를 통해 [+결혼해야 하지만 아직 하지 않음]의 특징을 부가할 수 있다. 그러나 객관주의 방법론은 이런 방식을 용인하지 않는다. 수정과 첨가 는 의미에 대한 원자식 분석법이 아니므로 언어지식과 백과사전식 지식 을 엄격하게 구분하는 교조주의에 위배되기 때문이다. Fillmore(1987)에 앞서 Bolinger (1965) 등은 의미성분분석의 한계에 주목하였다. 그는 *He became a bacholar은 성립되지 않으므로[7] [+Non-becoming(불변성)]

---

6 낱말의미 배후의 고정관념은 사회문화 배경과 관련이 있다. 따라서 유사한 개념에 대해 언어, 심지어 커뮤니티의 고정관념은 다를 수 있다. 여기서는 미국의 영어사회 에서 bacholar에 대한 고정된 인식을 기술하였다. 중국어 사회에서 '单身汉(독신남)' 에 대한 고정관념은 '경제적 조건이 좋음'('钻石王老五', '不修边幅) 등이 있다.

7 중국어에서 '单身汉'의 개념은 영어의 'bacholar'에 비해 느슨하므로 "我刚刚离婚, 又

의 의미특징을 첨가해야 된다고 주장하였다.[8] 그러나 첨가해야 할 백과
사전식 지식이 많아지면 전통 의미론과 모순된다.

다음에서는 Lakoff(1987)가 제시한 어머니(mother)에 대한 의미분석
을 재차 살펴보자. 의미론에서 어머니를 [+부모] [-남성]의 의미자질로
[부모]를 생육관계로 분석하였다. 이처럼 어머니는 아이를 낳고 기르는
여성으로 정의된다. 이런 분석은 낱말의 개념을 명확하게 확정하는 것
처럼 보이지만 얼마 지나지 않아 독신남의 의미분석과 같은 난관에 봉착
하게 된다. 예를 들면 양모는 아이와 생육관계를 이루지 않지만 어머니
범주로 귀속될 수 있다. 따라서 "입양되어서 낳아준 어머니가 누군지
모른다"라고 말할 수 있다. Lakoff는 이런 개념은 복잡한 ICM을 기초한
다고 설명하였다. 이는 개별적 인지모형이 통합되어 이루어진 집합
(cluster)이다. 이와 관련된 어머니 모형은 다음과 같다. 1. 유전모형 :
유전자를 제공한다, 2. 생식모형 : 아이를 낳는다, 3. 양육모형 : 아이를
부양해야 한다, 4. 족보모형 : 가장 직접적인 여성 조상이다, 5. 혼인모형
: 아버지의 배우자이다. Talyor(1989)는 Lakoff(1987)의 논의를 바탕으로
'아버지(father)'에 대한 의미분석을 하였으며, 이는 어머니 인지모형과
일부 교차되며, 6. 유전모형, 7. 책임모형 : 일을 해서 아내의 생활을
보장해야 한다, 8. 권위모형 : 가정의 중심이다, 9. 족보모형, 10. 혼인모
형을 포함한다.

Lakoff에 의하면, 위의 모형에서 어머니는 범주의 원형에 부합하지만
현실사회에 이상모형의 집단과 정밀하게 부합되는 경우는 드물다. 만일,
3에 부합하면서 1, 2, 4에 부합하지 않은 경우 양모이다. 5에 부합하지
않은 경우 독신 양모이다. 3, 5에 부합하고 다른 모형에 부합하지 않을

变成单身汉了(나는 막 이혼해서 또 다시 독신남이 되었다)"라고 표현할 수 있다.
이는 인지언어학이 개념범주와 문화, 사회모형과 관련된다는 것을 의미한다.
8 Bolinger는 이런 특징을 잠재적 자질(latent marker)이라고 불렀다.

경우 계모이다. 1에만 부합할 경우 비전형적 어머니이다. 따라서 "네 분의 어머니가 있는데 한 분은 유전을 제공한 난자 공급자이고 한 분은 나를 낳아준 사람이고 한 분은 나를 길러준 사람이고 한 분은 아버지의 아내이다"라고 말할 수 있다. 위의 인지모형에 근거하면 어머니의 범주 구성원은 원형적 구성원과 주변적 구성원에 속하는 계모, 대리모, 양모, 생모, 난자제공자로 구분된다. 상기의 인지모형에 환유모형을 더하면 원형성이 더욱 강력해진 원형적 어머니로 해석되는데 Lakoff는 이를 '주부 고정관념'이라고 불렀다. 즉, 가장 좋은 원형적 어머니는 직업이 없는 전업주부이다.[9] 이런 고정관념은 ICM 중에서 '양육모형' 즉, ICM 집단에서 현저된 항목을 전체 범주로 투사한 것이다. 한편, 다양한 은유모형을 부가하여 확장의미를 이끌어 낼 수 있다. necessity is the mother of invention에서 어머니의 확장의미는 생식모형의 은유적 투사에서 비롯된다. he want his girlfriend to mother him라는 확장의미는 양육모형의 투사에서 비롯된다. 언어학에서 수형도의 상위 교점을 어머니 교점 (mother node)이라고 부르는 것은 족보모형의 투사에서 비롯된다.

객관주의적 측면에서 살펴보면 위의 분석이 전통의 의미분석만큼 효율적이지 못하며 다양한 인지모형의 필요성과 완결성에 대한 의문이 제기된다. 또한, 이러한 분석은 끊임없이 철학적 논쟁을 유발하며 수학적 정밀성에 대한 요구가 컴퓨터과학에 못 미칠 수 있다. 이러한 비판적 견해는 다음의 세 가지 측면에서 해소될 수 있다. 첫째, 효율적 측면에서 어머니를 [+부모] [-남성]의 의미자질로 분석하는 것은 사전적 정의를 중복한 것에 불과하다. 이런 방식은 낱말 의미를 해석하는데 극히 제한적이어서[10] 비전형적 어머니의 지위를 설명할 수 없으며, 어머니의 확장의미를 체계적으로 설명하기 어렵다. 둘째, 경험적 측면에서 위의 다섯

---

9 이는 전통사회에서 전형적인 상황에 속한다.
10 "he is my mother"은 배제된다.

가지 인지모형은 철학적 사변이 아니라 언어자료에 대해 경험적, 실증적으로 분석한 결과이다. 이러한 인지모형은 화용론의 함축분석과 심리실험을 거쳐 독립적으로 추론할 수 있다. 아래의 예문은 어머니의 의미를 모른다는 전제로 작성되었다.

(3) a. She is mother of five, but she hasn't been married.

她生了五个孩子, 却还没结婚。

(그녀는 아이를 다섯 명 낳았지만 결혼하지 않았다.)

b. ?She is a mother of five, but she has been married.

?她生了五个孩子, 却已经结了婚。

(4) a. She is a working mother.

她是个工作母亲。[11]

(그녀는 일하는 엄마이다.)

b. ? He is a working father.

?他是个工作父亲。

(5) 我真是又当爹又当妈。

(나는 정말로 아버지이면서 어머니이다.)

(6) 你看你, 哪像个做妈妈的！

(네가 보기에 어디를 봐서 엄마 같니!)

(3)의 a와 b의 대립은 결혼한 여성이 어머니라는 낱말의 배경 함축을 설명하고 있다. 중국어와 영어는 미혼모('unwed mother')라고 표현하지만 결혼한 어머니('married mother')라는 표현이 없는데 이는 어머니 개

---

11 원문에서는 '她是个工作母亲'으로 번역되었다. 이 책의 저자는 중국어는 'working mother' 개념과 그에 대응되는 낱말이 없기 때문에 우회적 번역 역시 영어에 내재된 함의를 표현할 수 없음을 밝혔다.

념의 혼인모형을 반영한 것이다. (4a)는 성립되고 (4b)는 부자연스러운 것은 어머니 개념의 양육모형과 아버지 개념의 책임모형과 관련된다. 즉, 어머니는 아이를 돌보고 직업을 갖지 않아야 하며, 아버지는 직장을 다녀야 하지만 반드시 아이를 직접적으로 돌봐야 하는 것은 아니다. (5)는 책임모형과 양육모형 간에 갈등을 나타낸다. 예문 (5)로부터 다음과 같은 사실을 추론할 수 있다. 만일 화자가 남자인 경우 어머니가 부담해야 할 가사 일('양육모형')을 자신이 하고 있다는 불만을 토로한 것이다. 만일 화자가 여자인 경우 아버지가 부담해야 할 책임('권위모형', '책임모형')을 자신이 감당한다는 불만을 토로한 것이다. (6)에서는 중국인의 인식 속에 있는 어머니 역할에 대한 고정관념을 쉽게 유추할 수 있다. 셋째, 위의 언어자료와 어머니 은유를 통해 생물학적 어머니('biological mother')로부터 위의 다섯 가지 인지모형을 추론할 수 있다. 이런 점에서 인지모형을 근거한 어머니의 의미특징은 충분한 설명력을 지니고 있다고 할 수 있다. 반면, [+부모][-남성]의 의미분석은 그렇지 못하다.

인지언어학적 측면에서 위의 분석은 기술의 완결성으로 인해 진일보된 형식적 토대가 되었다. 이와 달리, 의미특징 분석은 어머니의 의미를 정확하게 이해하기 어렵다. 수학적 엄밀성은 특히 컴퓨터 과학에서 요구된다. 자연언어처리연구는 [+부모] [+남성]과 [+부모] [-남성]의 의미자질로 아버지, 어머니의 낱말의미를 기술하고 있기 때문에 컴퓨터에서 我又是爹又是妈를 해독한 결과는 예측 가능하다. 실제로 ICM 이론은 컴퓨터과학의 분석방법에 의존하고 있다. 이는 범주화가 개념적 층위에서 지식을 조직하는 문제와 밀접하게 관련되기 때문이다. 최근 몇 년 동안 연구에서 컴퓨터 과학자는 자연언어연구의 근본적인 문제가 인지조직, 지식 표현(knowledge representation)에 있음을 발견하였다. 그러나 이러한 측면에서 언어학자가 수행한 연구 성과는 많지 않으며, 단지 낱말과 문장에 표층의미 이외에 지식체계를 구축하였다. 그들은 특정한 상황에 대한 이해를 기초로 지식의 규약화된 명제구조를 제시하였다. 예를 들어, Minsky (1975)의 틀이론(frame theory)이다. 결함틀(frames with defaults) 개념은 Fillmore이 틀의미론을 제시하는데 일정정도 역할을 하였다. Schank(1973)와 Schank & Abelson(1977)은 개념종속이론(Conceptual Dependency Theory)을 토대로 스크립트 개념을 통해 자연언어의 추론을 해석하여 SAM 체계를 구축하였다. 이들은 모두 인지언어학에 직접적인 영향을 미쳤다. 하지만 Lakoff(1987)는 인공지능학계이 개념 형성의 상상력 기초를 소홀히 다뤘으며 은유모형과 환유모형을 구축하지 않았다고 여겼다. 이에 Lakoff는 이러한 방법을 참고한 동시에 자신과 Johnson이 수행한 상상모형에 대한 연구를 수용했으며, 인지과학자 Rumelhart(1975)의 도식이론과 Fauconnier(1985)의 정신공간 연구를 참고하였다. 실제로, Lakoff가 제안한 이상화된 인지모형 개념에서 인지모형의 측면은 컴퓨터 과학자의 틀이론으로 거슬러 올라가며, '이상화된' 측면은 자신의 은유이론에 근거한 인지모형을 보충한 것이다. 전통의 의미분석과 비교해서 ICM 이론은 자연언어의 의미를 기술하는데 진일보한 성과를 보여주고 있다.

2.1.5 다의 범주

언어에서 형식과 의미는 일대일보다는 일대다 대응으로 나타나는 경향이 훨씬 우세하다. 이른바 다의성(polysemy)은 언어의 보편적 현상으로 어휘 층위, 통사 층위, 운율 층위에서 나타난다. 이에 따라 다의성에 대한 분석과 해석은 언어이론을 점검하는 척도로 이해할 수 있다. 범주의 원형이론과 인지모형은 다의 범주를 분석하는데 전통 의미론에 비해 효율적이다. 다의 범주를 공통의 의미특징과 특정 집합으로 설명하기 어렵다는 점에서 그러하다. 부차적 범주(subcategory)에는 핵심적 부차범주가 존재하고 있지만, 기타 부차범주는 상하위 관계가 아닌 가족유사성에 의해 연결되어 의미연쇄를 이룬다. 상호 연결된 인접 교점 간에 의미 확장(은유나 환유를 통한 투사)으로 인해 일부 속성을 공유하고 있는 반면, 인접하지 않는 교점일수록 공통된 속성은 불분명하다. Lakoff(1987)는 이렇게 형성된 범주를 '방사형 범주(radial category)'라고 불렀으며 Taylor(1989)는 '가족유사범주'라고 불렀다. Fillmore(1982)의 논의를 바탕으로 Taylor(1989)는 영어 동사 climb의 의미를 분석하였다.

(1) The boy climbed the tree.
   (그 소년은 나무에 올라갔다.)
(2) The locomotive climbed the mountainside.
   (기관차는 산을 올랐다.)
(3) The plane climbed to 30,000 feet.
   (비행기는 3만 피트까지 올라갔다.)
(4) The temperature climbed into the 90s.
   (온도가 90까지 올라갔다.)
(5) The boy climbed down the tree.
   (그 소년은 나무를 내려왔다.)
(6) John climbed out of his clothes.
   (존은 옷에서 기어 나왔다.)
(7) He climbed to the top position.
   (그는 최고의 위치에 올랐다.)

(1)에서 climb은 전력으로 사지를 움직여서 수직 이동했음을 나타낸다. Fillmore에 의하면, climb의 핵심의미는 a. [ascend](상승하다), b. [clamber](전력을 다해 기어오르다)이다. 이에 따르면 (1)은 climb의 전형

적 의미이다. (2)의 climb는 a의 의미를 보유하면서 b의 의미로 확장되었다. (3)에서는 b의 의미가 거의 나타나지 않는다. 비행기와 매는 상승하기 위해 강력한 동력이 필요하기 때문에 climb으로 표현하지만, 공을 위로 던지거나 물이 펄펄 끓는 주전자에서 수증기가 상승할 때 강력한 동력이 필요하지 않으므로 climb으로 표현하지 않는다. (4)는 a를 함의하며 공간 의미에서 수치등급의 의미로 확장되었다. b에서 '전력적으로'라는 함의는 또 다른 수반적 특징인 '점진적으로'라는 의미로 확장되었다. (5)는 b을 함의하고 있다. 운동 방향은 climb 뒤의 전치사에 의해 표현된다. (6)은 (5)와 유사하지만 b의 속성을 완전히 계승하지 않았다. 즉, 기어오른다는 의미가 상실되면서 '전력으로 운동하다'라는 의미로 확장되었다. (7)은 수치등급에서 사회등급으로 의미가 확장되었다. 위의 예문에서 (1)의 climb는 [ascend]와 [clamber]의 속성을 나타내므로 원형적 구성원에 속한다. (2-6)의 climb는 a와 b의 두 속성 중의 어떤 측면을 나타내거나 혹은 은유 기제에 의해 복잡한 방사형 범주를 이루고 있다.

다의어 분석은 문법체계와 관련된 양사, 전치사 등의 다의 범주를 분석하는데 유용하게 적용할 수 있다. Craig(1986)이 편집한 「명사 부류와 범주화」에 수록된 20편의 논문은 대부분 양사를 다뤘다. 이 논문집에서 Lakoff(1986)는 일본어 양사 本이 주로 공기하는 명사는 가늘고 긴 물체인 막대기, 지팡이, 연필, 촛불, 나무, 죽은 뱀, 건어물이라고 하였다. 이 밖에도 양사 本과 공기하는 사물은 다음과 같다. 1. 검, 막대기를 사용한 무술경기, 2. 야구의 안타, 3. 농구의 슛, 배구의 서브, 탁구의 일대일 겨루기, 4. 유도경기, 5 선종도사들의 심인선어(心印禪語)로 상대방을 괴롭히는 경기, 6 말아놓은 끈, 7. 전화 (한 통), 8. 편지 (한 통), 9. 방송, 텔레비전 프로그램 (하나), 10. 영화 (한 편), 11. 주사 (한 차례) 등이다. 이처럼 차이가 큰 사물이 양사 本과 공기하여 하나의 부류를 구성하는 것은 규약화된 결과이다. 하지만 분석을 통해 이들은 자의적이 아니며 동기 부여된 규약성(motivated convention)을 통해 범주가 확장된다는 것을 발견할 수 있다. 일부 구성원은 확장을 통해 예측할 수 없는데, 이는 규약적 측면이다. 한편, 소부류는 가늘고 긴 물체와 관련이 있는데 이는 동기성 측면이다. 동기성은 환유, 은유, 영상도식 전환과 규약화된 심리적 영상의 네 가지 측면에서 구현된다. 위의 1에서 무술경기에 사용되는 검과 막대기는 가늘고 긴 견고한 물체이다. 이들이 양사 本과 공기하는 것은 무술경기에서 주요한 기능적 사물로 인식되기 때문이다. 무술경기에서 부각되는 기능적 부분과 양사 本의 사용은 환유적 확장에 속한다. 2는 환유와 영상도식에 의해 동기 부여되었다. 야구경기에서 부각되는 기능적 사물은 가늘고 긴 야구방망이며, 이는 本을 사용할 수 있는 원형적 구성원이므로 환유적 확장에 속한다. 야구경기에서 부각되는 또 다른 기능적 사물은 야구공이다. 타격 후 야구공의 운동 궤적은 가늘고 기다란 선으로 구현된다. 이러한 확장은 영상도식의 전환과 관련된다. 야구방망이의 가늘고 긴 물체도식(本 범주의 원형도식)과 야구공의 운동으로 형성된 가늘고 긴 형태의 탄도체(trajectory) 도식은 전환과 관련되며, 이는 안타가 양사 本과 공기할 수 있는 동기 부여를 제공해 준다. 3 역시 운동경기이다. 공의 운동 궤적은 가늘고 긴 형태의 궤선도식과 부합하며, 이는 영상도식의 전환에 의해 동기 부여된 것이다. 4와 5에서 제시된 운동경기와 검과 막대기를 이용한 무술경기는 일본문화의 경험영역에 속하므로 양사 本의 범주가 더욱 확장된 것이다. 6은 관습적 영상은 동기 부여된 것이다. 끈(녹음기, 녹음테이프)에 대한 관습적 영상은 보관할 때 말린 형태와 사용할 때 풀려진 형태를 포함하고 있다. 풀린 끈은 기능적 부분이며 가늘고 긴 형태이다. 11의 주요 기능적 사물은 주사에 사용되는 가늘고 긴 바늘이다. 이는 양사 本 범주의 원형적 구성원이므로 환유적 확장에 의해 동기 부여된 것이다. 7은 다양한 동기성에 의해 확장되었다. 전화를 걸때 관습적 영상은 전화기에서 부각되는 기능적 사물인 전화기와 전화선이다. 두 사물은 모두 가늘고 긴 형태이며 양사 本의 영상도식과 부합하며, 환유적 확장에 의해 동기 부여된 것이다. 전화를 사용한 통신행위는 Reddy(1979)가 제안한 '수도관 은유(Conduit Metaphor)'를 통해 설명할 수 있다. 수도관 은유의 내적구조는 다음의 세 가지로 이루어졌다. a. 관념은 물체이다, b. 표현형식은 그릇이다, c. 송신은 발송이다. 발송자가 관념('물체')을 표현형식('그릇')에 넣어 수도관을 따라 수용자에게 전달하면 수용자는 그릇에서 관념을 꺼낸다. 수도관은 추상적인 가늘고 긴 물체도식으로 확장할 수 있는 동기 부여를 제공한다. 8의 서신은 원거리 통신행위로서 수도관 은유로 설명할 수 있다. 서신은 범주 확장 연쇄에서 더욱 확장된 것이다. 고대 일본 사회에서 서신은 가늘고 길게 말은 두루마리 형태이다. 이런 이미지는 현대에 이르기까지 서신의 관습적 영상으로 보전되어 관련 기능에 동기 부여를 제공한다. 서신의 관습적 영상에서 부각되는 기능적 도구는 가늘고 긴 모양의 펜과 관련된다. 이는 서신과 本의 공기에 동기 부여를 제공한다. (9), (10)은 (8)을 토대로 확장했으며 일정한 거리의 통신과 관련되므로 수도관 은유로 설명할 수 있다. 6은 本과 공기하는 필름이다. 필름은 끈에서 확장되어 영화에 동기 부여를 제공한다.

위에서 보듯이 양사 本 범주의 원형적 구성원은 대부분 기본층위에 속하는 사물이다. 예를 들어, 막대기, 연필 등의 범주 확장 방향은 기본 층위 사물에서 기타유형의 사물로 향한다. 이는 기본층위 개념이 중심적인 지위를 가지고 있음을 설명해준다. 한편, 범주의 중심(가늘고 긴 모양의 물체)에서 주변 구성원의 확장은 공통된 속성이 아니라 동기 부여된 것이다. 이들은 영상 전환, 은유, 환유 방식을 통해 중심과 연결된다. 위에서 언급했듯이 동기성의 작용은 범주의 확장을 결정하는 것이 아니며 촉진한다. 따라서 위의 분석은 예측이 불가능하다. 동기성은 특정한 설정(ad hoc)을 할 수 없기 때문에 반드시 독립적인 검증을 거쳐야

한다. 위에서 언급한 가늘고 긴 실체와 가늘고 기다란 사선 간의 영상도
식 전환의 실례이다. 이는 자연언어 범주 확장에 기초적인 전환관계를
제공해 주고 있다. Lakoff(1986)는 영어에서 몇 가지 실례를 들었다. the
man ran into the woods와 the road ran into the woods을 비교해 보자.
전자의 run은 가늘고 긴 탄도체('달리다'의 궤적)와 관련되고 후자는 가
늘고 긴 실체('도로')와 관련된다. the rocket shot up과 the lamp was
standing up 역시 영상도식 전환과 관련된다. 전자의 up은 사선의 가늘
고 긴 형태(로켓이 상승하는 궤적)이고, 후자의 up은 실체의 가늘고 긴
형태(입식 등의 형태)이다. 좀 더 직접적인 검증은 양사 분석에서 볼
수 있다. Tai(1994)와 Tai & Wang(1990)은 중국어 방언과 표준중국어
양사 연구에서 중국어 양사 범주가 일본어 양사 本의 확장 방식과 유사
하다고 하였다. 중국어 양사 条에서 원형적 구성원('一条腿', '一条鱼')에
서 추상적 형태('一条新闻', '一条法律')로의 전환은 통신의 수도관 은유,
규약화된 영상(서면 형식의 법률조항은 가늘고 긴 영상)과 관련된다. 张
敏(1996)이 제시한 양사 张의 의미 확장을 살펴보자. 원형적 구성원은
2차원 평면 형태('一张纸', '一张地图', '一毛毯')이며 기타 구성원은 3차
원 입체 형태('一张桌子', '一张床')이다. 후자는 3차원 형태이지만 부각
되는 기능적 부품은 2차원(탁자와 침대의 기능적 부품은 탁상과 침상이
다)이다. 기능적 부품은 전체를 대표하는 환유적 확장에 속한다.

이제 전치사를 재차 살펴보자. 전치사는 의미적으로 매우 복잡한 품
사이다. 전통문법에서 전치사에 대한 분석은 체계성이 결여되었다. 그
당시 형식문법으로 명확한 규칙을 세우기 어려웠기 때문에 전치사 연구
는 복잡한 상황을 해석하기보다는 용법을 설명하는데 치중하였다. 인지
언어학은 범주화 원리에 대한 통찰력을 가지고 예리하게 분석함으로써
전치사의 본질적인 특징을 규명하기에 이르렀다. 인지언어학의 다의 범
주 연구는 다음과 같다. Brugman(1981), Lakoff(1987)은 영어 전치사

over를 연구하였고, Vandeloise(1984)는 프랑스어 공간 전치사를 전면적으로 논의하였다. Hawkins(1984)는 영어 공간 전치사 체계를 분석하였으며, Herskovits(1986, 1988)는 영어 공간 표현형식을 범과학적으로 연구하였으며, Svorou(1993)는 범언어적으로 공간 전치사에 대한 대조연구를 하였다. Zelinsky-Wibbelt(1993)은 십 여 편의 논문에서 어휘화, 의미부류, 자연언어처리 등의 다양한 시각에서 전치사 연구를 하였다. 다음은 Taylor(1989)가 Brugman과 Lakoff의 연구를 토대로 전치사 over를 분석한 것이다.[12]

OVER가 공간 관계를 나타낼 때 적어도 17개의 용법으로 사용된다.

(8) a. The lamp hangs over the table. (등이 탁자 위쪽에 걸려 있다.)

　　b. The plane flew over th city. (비행기는 도시 위로 날아갔다.)

　　c. He walked over the street. (그는 길을 걸었다.)

　　d. He walked over the hill. (그는 언덕을 걸었다.)

　　e. He jumped over the wall. (그는 벽을 뛰어 넘었다.)

　　f. He turned over the page. (그는 페이지를 넘겼다.)

　　g. He turned over the stone. (그는 돌을 뒤집었다.)

　　h. He fell over a stone. (그는 돌에 걸려 넘어졌다.)

　　i. He pushed her over the balcony. (그는 그녀를 발코니 너머로 던졌다.)

　　j. The water flowed over the rim of the bathtub. (물이 욕조에 넘쳤다.)

　　k. He lives over the hill. (그는 언덕 너머에 산다.)

　　l. Come over here. (여기로 오세요.)

---

12 여기서 over는 전치사이다. over의 중심적 용법은 전치사이지만 부사로 쓰이는 경우도 있다.

m. Pull the lamp down over the table. (등을 탁자 너머로 끌어 내리세요.)

n. He walked all over the city. (그는 도시를 두루 다녔다.)

o. The child threw his toys (all) over the floor. (아이는 장남감을 마루 아무데나 던진다.)

p. He laid the tablecloth over the table. (그는 탁자보를 테이블에 깔았다.)

q. He put his hands over his face. (그는 두 손으로 얼굴을 가렸다.)

위의 예문에서 over의 의미는 서로 다르다. (a), (g), (l)의 의미는 가족 유사성에 의해 연결된다. 먼저 (a)를 살펴보자. (a)에서 탁자는 특정한 인지공간의 참조물이다. Langacker(1987)에 의하면 이는 지표(landmark, LM)에 해당한다. 등은 윤곽부여된 실체로 탄도체(trajector, TR)에 해당한다. (a)에서 over는 TR이 LM에 위치하며 접촉이 없는 상태를 나타낸다. (b)에서 TR은 LM의 경로를 초월한 동태적 관계를 나타낸다. (c)는 TR과 LM이 대응되는 경로를 나타내며 이 둘은 접촉하고 있다. (e)는 활 모양으로 가로지르는 경로를 나타내지만 다른 성분이 추가된다는 점에서 (d)와 차이가 있다. (e)에서 LM은 장애물이다. TR은 장애물을 극복하기 위해 상승해서 LM을 넘은 뒤 아래로 떨어졌다. (f), (g)에서 TR 경로는 활모양으로 가로지르는 형태이며 LM은 축을 중심으로 180도 뒤집어졌다. (h)에서 활모양의 경로는 완전하지 않다. 즉, TR은 90도 뒤집혀져서 이동하였다. (i)에서 TR은 가로질러 아래로 향해 이동하였다. (j)에서 TR은 가로질러 아래쪽으로 향하며 (i)처럼 점이 아닌 면을 따라 이동하였다. (k)에서 over는 관찰자가 TR이 있는 곳에 도달하고자 하는 경로의 종점을 나타낸다. (l)은 (k)의 확장으로 경로의 종점을 나타낸다. 여기서 경로는 추상적이다. 즉, 청자로서 화자가 있는 위치에 이르게 됨을 나타낸다. (p)에서 TR은 LM에 대한 덮기 의미이며, 그 연원은 (c)로부터 (n)과 (o)의 중개에서 찾을 수 있다. (c)에서 TR은 LM에 대한 덥기 의미를 암시하고 있으며 선형에 따른 경로를 나타낸다. (n)에서 TR은 LM의 덮기 범위가 전 영역으로 확장되었다. (n)은 (o)의 확장을 촉진시켜 덥기 의미는 더욱 강력해졌다. (p)까지 확장되면 덥기 의미가 철저해져서 LM은 보이지 않게 된다. (q)는 덥기 의미를 나타낸다. 앞의 몇 가지 실례에서 TR은 LM과 수직관계에 있으며 (q)는 수직관계가 아니다. 위의 예문에서 덥기 의미는 다른 경로로부터 (a)를 경유해 도출된다. TR이 수직 위쪽에 있음을 나타내는 over는 유사 의미인 above와 차이가 있다. over는 TR과 LM이 서로 가까운 거리에 있지만 접촉은 이루어지지 않는다. TR과 LM의 거리적 인접은 일정한 조건에서 LM에 영향을 미칠 수 있음을 시사한다. 이에 반해 above는 이러한 함의를 가지고 있지 않다. TR은 LM의 영향으로 (m)의 의미가 도출된다. 여기서 등을 아래쪽으로 당기는 행위는 TR이 LM에 강력한 영향을 미치기 위한 것이다. 따라서 이 문장에서 over를 above로 바꿀 수 없다. 이러한 사실은 over에 함축된 TR과 LM 간에 내재된 상호 속성을 설명해 주고 있다. TR과 LM 간에 인접 관계는 덥기 의미를 도출하기 위한 선결 조건으로 볼 수 있다.

Taylor(1989)에 의하면 over의 17개 의미는 앞에서 언급한 climb처럼 하나의 핵심의미에서 도출된 것이 아니라 네 개의 핵심의미가 집합을 이루고 있다고 설명하였다. 집합마다 원형구조를 가지고 있으며 이들은 가족유사성에 의해 연결된다. 네 개의 핵심의미는 다음과 같다. 1. 탄도체는 어떤 방식으로 지표와 상대적인 위쪽 관계를 구현함, 2. 탄도체와 지표 간의 덥기 관계, 3. 가로지르는 운동 경로, 4. 경로의 종점. 이 네 개의 의미는 (1)→(2)→(3)→(4)의 순서로 연결되면서 over는 복잡한 의미 범주를 이루게 된다. over의 17개 의미범주는 기본적으로 공간 개념이지만 다수의 비공간 개념으로 의미가 확장되었다. 예를 들면, He has no authority over me(그는 나에 대해 권위를 가지고 있지 않다)는 a에서 구현된 수직의 공간은유이다. He got over his parents' death(그는 부모의 죽음을 극복했다)에서 over는 (e)처럼 공간 장애 극복 은유에 속한다. The lesson is over(수업이 끝났다)에서 over는 경로의 종점을 나타내는 (k)에서 기인한다.

인지언어학의 다의 범주 분석 방법은 역사언어학 연구 특히 낱말의 의미 확장, 내용어, 기능어 분석에 중대한 영향을 미쳤다. 통시적 측면에서 Sweetser(1990)는 의미변천의 은유적 확장을 연구했으며, Heine, Claudi & Hunnemeyer(1991)은 문법화 과정에 내재된 인지적 요인을 연구하였다. Jurafsky(1996)은 복사 범주에 대한 분석을 토대로 원시 인구어의 애칭 형식을 구축하였다. Lakoff(1987)는 일본어 양사 本의 통시적 연원을 밝히는데 기여했지만 이는 본질적으로 공시적 연구에 속하므로 역사적 과정과 일치하거나 불일치하는 양면성이 존재한다고 지적하였다. 가령 역사적 과정과 일치하지 않더라도 공시적 측면에서 범주 내부의 구조적 재구(restructuring)의 산물로 이해할 수 있다.

2.1.6 언어 객체의 범주화

원형이론 위주의 새로운 범주화이론은 최초로 심리학자가 개념 부류를 연구하는데 사용하였다. 이 이론은 언어학에서 받아들이고 발전한 후 초기에는 주로 의미범주를 분석하는데 사용하였다. Hopper & Thompson(1980)은 80년대 초 원형이론을 통해 '타동성(transitivity)' 범주를 내부적으로 지위가 동등하지 않은 원형범주라고 설명하였다. 이후 Bybee & Moder(1983)는 자연언어에 대한 범주화 방식과 자연과 문화영역에 대한 범주화 방식은 동일하다고 하였다. 이는 언어행위를 지배하는 원리와 인간의 행위를 지배하는 원리가 유사하다는 것을 말해준다.[13] 인지언어학에 의하면, 언어 객체 범주는 음성 측면의 음위, 음소, 음절과 형태론 측면의 낱말, 접사, 접어(clitics) 등에서 통사론의 품사, 구('영속 구조' 등), 문장('타동문, 피동문' 등) 및 기능, 통사, 의미범주의 주어, 행위자, 주제 등에 이르기까지 다양한 원형효과를 구현하고 있다. 범주 구성원 간에는 경계가 불명확하고, 원형적 구성원과 주변적 구성원 간에 지위가 동등하지 않으며, 범주구조는 인지적, 의미적, 기능적, 화용적 요소의 제약을 받는다(Lakoff 1987, Taylor 1989, Givón 1995). 여기서는 품사의 개념범주에 대해서만 살펴보겠다.[14]

품사의 문법범주에 원형효과가 있다는 사실은 인지언어학에서 새롭게 발견한 것은 아니다. 전통문법학자는 위의 술어로 설명하지 않았지만 이런 현상을 인식하고 있었다. Crystal(1967)은 품사 간 경계가 불명확해서 원형적 구성원은 가장 많은 품사적 특징을 가지고 있는 반면, 비원형적 구성원은 공유하는 특징이 적다고 하였다. Quirk 등(1985)이 집필한 영어 종합문법은 특히 품사의 하위 속성을 강조하였다. 중국어 문법학자도 이러한 현상을 인식했지만 기준에 근거한 품사 구별을 쉽지 않다. 桌子와 打는 전형적인 명사와 동사로 대응되는 품사이다. 桌子는 주어, 한정어, 중심어의 문법기능을 하고 양사의 수식을 받는다. 打는 시태조사 了, 着, 过와 공기할 수 있으며 중첩이 가능하다. 礼节와 可能은 명사와 동사의 특징이 일부 결여되어 있다. 礼节는 양사의 수식을 받을 수 없고, 可能은 시태조사와 공기할 수 없으며 중첩이 불가능하다. 따라서 두 낱말은 품사 범주에서 원형성은 비교적 낮다. 중국어 문법학자는 이러한 현상을 모호 집합(fuzzy set)과 연속체(conitinuum) 개념으로 설명하였다(陈宁萍 1987).

---

13 廖秋忠(1991).
14 Taylor(1989), 廖秋忠(1991).

인지언어학자는 원형효과를 하나의 현상으로 인식하여 품사의 불명확성과 경계의 모호성에 주목하지 않았다. 그들은 연속체 개념과 Zadeh 모호 집합론에 관심을 두기보다는[15] 어떤 요소가 원형 현상을 촉진하는지에 주목하였다. 품사의 통사적 특징의 전형성은 의미적, 기능적 전형성과 밀접한 관련이 있다. 이에 원형효과는 의미 기능에 의해 촉진되며, 품사에 대한 의미 연구는 매우 중요하다고 볼 수 있다. 품사 범주화이론은 일반적인 '모호'과 '연속'의 새로운 의미와 구별된다.

Lakoff와 Ross는 품사의 불규칙 현상을 고찰한 후 동일 품사에 속하는 낱말이 동일한 통사구조에서 다르게 구현되는 사실을 발견하였다. Lakoff(1987)는 명사 toe, breath, way, time를 가지고 이런 현상을 설명하였다. 위의 명사는 주어, 목적어, 중심어 위치에 올 수 있지만 엄격한 문법기준을 적용하면 차이가 나타난다. '동사+one's+명사' 형식에서 네 낱말은 to stub one's toe(비틀거리다), to hold one's breath(숨을 죽이다), to lose one's way(길을 잃다)와 to take one's time(서두르지 않다)으로 표현할 수 있다. 그런데 위의 형식에 통사적 변환을 시도하면 네 낱말은 다음과 같이 구별된다. (I) 대사화 : 후속구에서 선행구 명사를 대신해 it을 사용하는 것을 가리킨다. 이러한 변환은 I stubbed my toe, but did't hurt *it*(나는 발가락을 찧었지만, 다치지 않았다), Harry lost his way, but found *it* again(해리는 길을 잃었지만 다시 찾았다)에 적용된다. time의 경우 *Harry took him time, but wasted *it*은 부적격하다. (II) 공소화 (gapping) : 두 번째 병렬구조에서 앞서 출현한 동일 동사를 생략한다. 이는 toe와 breath에 적용되어 I held my breath, and she hers(나는 숨을 죽였고 그녀도 숨을 죽였다)에서 후속구 breath는 생략되었다. (III) 복수화 : toe의 복수화는 필수적이다. Betty and Sue stubbed their toes(베티와

---

15 Lakoff, Ross 등은 70년대 초 생성문법을 제안했을 당시 모호한 문법, 연속체 개념에 대해 주목했지만 이후 드물게 언급되었다.

수는 비틀거렸다)에서 toe는 단수로 바꿀 수 없다. breath는 Betty and Sue held their breaths/breath(베티와 수는 숨을 죽였다)에서 breath는 단복수 모두 가능하다. way와 time은 복수화가 불가능하므로 *Betty and Sue lost their ways는 부적격하다 (Ⅳ) 피동사의 수식 : toe에만 적용되어 A stubbed toe can be very painful(채인 발가락은 매우 아플 수 있다)은 가능하지만 다른 세 낱말은 불가능하다. 따라서 *Held breath is usually fetid when released는 부적격하다. 지금까지 논의를 근거로 toe, breath, way, time의 특성을 다음의 도표로 나타내었다.

	toe	breath	way	time
Ⅰ	+	+	+	-
Ⅱ	+	+	-	-
Ⅲ	+	+/-	-	-
Ⅳ	+	-	-	-

위의 도표에서 명사 특징의 문법제약은 toe 〈 breath 〈 way 〈 time의 순서로 배열되며, 전형적인 명사성(nouniness)은 점차 감소된다. 의미적 측면도 구문제약 위계와 동일한 순서로 나타난다. toe는 구체적, 가시적 실체이며 breath는 다소 추상적 실체이며 way는 더욱 추상적인 실체이며 time은 고도로 추상화된 실체이다. Ross(1973)가 제창한 '이중 상승(double raising)' 규칙[16]은 특히 지인명사구에 적용된다. 예를 들어, It is likely to be shown that John has cheated→*John* is likely to be shown to have cheated(존이 속였다는 것이 알려질 것 같다)는 가능하지만 It is likely to be shown that no *headway* has been made(진전이 없었다는

---

16 '상승'은 어떤 성분이 낮은 층위의 내포문에서 더 높은 층위의 문장으로 이동하는 것을 가리킨다. 이중 상승은 두 차례 이동과 관련된다.

것이 알려질 것 같다)→*No *headway* is likely to be shown to have been made는 불가능하다. Bates & Whinney(1982)는 논증을 통해 가장 원형적인 핵심명사는 구체적, 가시적, 접촉 가능한 3차원 공간의 이산적 실체이며 특히 인간이 이에 속한다고 하였다. 원형성이 가장 강력한 동사는 구체적, 가시적이며 사건참여자가 다른 사건참여자에게 영향을 미치는 동작을 가리킨다. 원형에서 멀어질수록 통사적 제약은 강력해지는 반면 품사적 특성은 약화된다.

품사의 원형효과에 대해 Hopper & Thompson(1984)은 명사성과 동사성은 각각 구체적, 가시적 실체와 동작의 의미적 속성을 나타내며 특히 의사소통의 담화기능과 관련된다고 하였다. 즉, 실제 상하문에서 구체적 사물과 동작을 지향한다. 그들은 다양한 어족의 언어 현상을 고찰한 후 담화는 참여자가 사건을 보고하는데 목적이 둔다고 하였다. 명사는 담화 조작적 참여자(discourse-manipulable participant)의 언어형식으로 기호화 또는 어휘화(lexicalize)되며, 동사는 보고되는 사건(reported event)으로 기호화된다. 형식류(class form)는 담화 기능의 직접적인 결과이며 참여자가 담화에서 개체적, 이산적일수록 완전한 명사(full noun)로 기호화된다. 사건 역시 담화에서 개체화될수록 완전한 동사(full verb)로 기호화된다. 바꿔 말해서, 담화에서 특정한 명사와 동사의 작용이 원형적 기능에 가까울수록 품사적 형태로 구현되고 통사적 특성도 쉽게 실현된다. 반면, 품사적 특성이 약화되면 '범주적 해체(decate-gorialization)'가 유발되어 품사적 형식표지가 부가되는 능력은 상실된다. 예컨대, 많은 언어에서 명사는 수 변화를 겪고 관사의 제약을 받으며 형용사, 지시대사의 수식을 받을 수 있고 격표지와 공기를 이루며, 동사는 시제, 상, 양상의 변화를 겪는다. 만일, 담화에서 명사나 동사가 특정한 개체 또는 동작을 실현하지 않을 경우 이 낱말에서 품사적 대립은 중화(neutralized)된다. 다음의 예문을 보자.

(1) Early in the chase the hounds started up an old red *fox*, and we hunted him all morning.

(사냥을 시작하자 사냥개들은 늙은 붉은 늑대를 추격했고, 우리는 그를 오전 내내 추적했다.)

(2) We went *fox*-hunting in the Berkshires.

(우리는 Berkshirefh 늑대사냥을 갔다.)

(3) 他在图书馆读书 → 他在图书馆读一本有趣的书/那本书。

그는 도서관에서 책을 읽는다→그는 도서관에서 재미있는 책을 읽는다 / 그 책을)

(4) 他在大学读书 → *他在大学读一本书 / *他在大学读那些书。

(그는 대학교에서 공부한다)

(1)에서 fox는 담화에서 부각되는 실체로 관사와 형용사의 수식을 받을 수 있고 복수로 변환이 가능하다. (2)에서 fox는 늑대사냥 활동을 나타내므로 복수로 변환할 수 없으며('*foxes-hunting'), 관사, 형용사의 수식을 받을 수 없다. 이는 중국어도 마찬가지이다. (3)에서 书는 구체적 실체로 수량사, 지량사의 수식을 받을 수 있다. (4)에서 读书는 하나의 실체로 응결되어 학습의 의미를 나타낸다. 따라서 书는 전형적 명사처럼 관사나 형용사의 수식을 받을 수 없다. Hopper & Thompson은 범언어적 논의를 통해 이를 언어 보편성으로 설명하였다. 어떤 낱말이 담화에서 구체적 사물로 지시되지 않을 때 단독명사로 표현되지 않고 다음과 같은 형식으로 구현된다. 첫째, 동사 어근과 통합하여 복합어를 구성한다. 학습 의미인 读书가 이에 속한다. 둘째, 사격과 동사가 결합하여 형식적 독립성이 상실되거나 동사성 어근을 핵심으로 하는 복합어를 이룬다. 이 밖에 사격(obliques)과 동사가 통합되면, 형식적 독립성이 상실되거나 명사성 어근을 핵심으로 한 복합어(Chomskyan Paradigm)로 융

합된다. 구체적 사물도 계속되는 담화에서 그 지위가 부각되지 않으면 대사와 같은 조응(anaphora) 형식으로 표현된다. 형식적 측면에서 대사의 명사성은 원형명사에 미치지 못한다. 동사가 담화에서 구체적 동작을 지시하지 않는 경우 원형적 동사로 출현하지 못한다. 예를 들면, 상태를 나타내는 정태동사는 상표지와 공기할 수 없다(영어 know와 중국어 知道는 지속태와 공기할 수 없어서 be knowing이나 知道着로 표현할 수 없다). 만일 담화에서 구체적 동작이 독립적인 특징을 지니지 못할 경우 원형적인 동사로 출현하지 못한다. 이 경우 명사화 또는 복합동사로 사용되며 더 나아가 동사의 특징이 상실된다(중국어 拉开는 *拉了开, *拉过开 형태로 쓰이지 않는다). Hopper & Thompson의 연구는 새로운 시각에서 품사의 형식적 원형성이 의미적, 기능적 원형성과 밀접한 관련이 있음을 보여준다.[17]

형식은 의미와 기능에 의해 촉진되므로 인지기능학자는 의미적 측면에서 품사를 설명하였다. Givón(1979, 1984)은 의미 본체론을 토대로 품사 범주를 구분하였다. 그는 주요한 문법형식은 시간적 안정성(temporal stability)에 차이가 있다고 하였다. 시간 안정성 척도에서 한쪽 끝은 상대적으로 안정된 경험, 현상적 집합(phenomenlogical clusters)이 위치하며, 다른 한쪽 끝은 변화상태의 경험적 집합이 위치한다고 하였다. 이 척도에

---

17 Hopper & Thompson(1984)은 명사, 동사와 같은 품사범주의 대립은 존재하지 않는다고 하였다. 다시 말해서 언어형식이 만일 담화의 운용에서 벗어나면 이들은 명사, 동사로 논할 수 없다. 품사의 구별은 담화의 필요에 의해서 도출된다는 것이다. 이는 기존 문법의 기본적인 입장으로 강력한 기능주의의 경향을 대표한다. 대다수의 인지언어학자는 이런 극단적인 주장에 동의하지 않는다. 예컨대 Croft(1991)은 Hopper & Thompson이 언급한 현상은 사실상 범주성(categoriality)의 크기와 관련되며, 품사 구성원의 예속 정도는 관련되지 않는다. 이러한 범주성의 상실에 근거해서 그들이 독립된 통사단위와 의미적 속성을 부인할 수 없다. Croft는 Hopper & Thompson이 명사와 동사에 '담화 기능'의 정의는 본질적으로 의미적 속성과 관련된다고 하였다.

서 양 극단은 명사와 동사가 위치하고 중간상태는 형용사가 위치하고 있다. Langacker(1987a, 1987b)는 인지적 원리에 근거해서 내용어의 의미 모형을 제시하였다.[18] 그에 따르면 품사는 관습적 영상을 기초로 분류할 수 있다. 영상은 반드시 인지영역에서 기술해야 된다. 인지영역은 의미단위를 기술할 때 관련된 개념적 영역을 의미한다. 영상분석에서 기저(base)와 윤곽(profile)는 중요한 개념이다. 서술(predication)의 기저는 인지영역, 즉 서술이 전제하는 인지구조이다. 기저의 하부구조가 인지적으로 현저되면 지시되는 대상(designatum)이 되는데, 이는 곧 기저에 대해 기술하는 윤곽(부조에서 돌출된 부분)이다. [원형]과 [활모양]의 두 서술에서 [원형]의 기저는 2차원 공간의 인지영역이며, 윤곽은 인지영역에서 점집합으로 기술된다. 이는 각각의 점은 중심과 거리가 있음을 특징으로 한다. [활모양]의 서술은 [원형]의 구성을 기저로 한다. 다시 말해서, 원형적 개념은 선결조건 또는 전제이며, 이를 기초로 윤곽을 기술한다. Langacker에 의하면, 품사의 의미 차이가 발생하는 이유는 서로 다른 측면의 윤곽을 기술하기 때문이라고 하였다. 예를 들면, 명사 표지는 '사물'이고 동사 표지는 '과정(process)'인 반면, 형용사 표지와 부사 표지는 비시간적 관계(atemporal relations)이다. 이제 명사성 서술을 살펴보자. 여기서 언급된 '사물'은 낱말 의미와 동일하지 않다. 명사성 서술은 고도로 개념화된 [THING] 도식으로 인지영역 내의 영역(region)으로 정의된다. 여기서 '영역'은 상호 연결된(interconnect) 실체(entity)의 집합을 가리킨다. '실체'는 이산적, 구체적 사물뿐 아니라 감지된 사물, 관계, 감각, 점, 등급을 포함한다. 즉, 실체의 집합은 특정한 차원에서 유계적(bounded)으로 제한된다. 즉, 관련된 실체는 특정한 차원에서 제한적이다. 명사성 술어는 감지된 실체 간의 상호 연결을 전제로 하며, 이러한

---

18 沈家煊(1994).

상호 연결로 형성된 영역을 기술한다. 이와 대응되는 '관계적(relational)' 술어는 실체 집단을 전제로 하며, 실체 간의 상호 연결을 기술한다. 다음에서 명사성 술어 group과 관계적 술어 together를 살펴보자. 양자의 개념적 함의는 일치하며, 이는 그림 (1a)로 나타낼 수 있다. 사건참여자를 세 개의 개체로 설정했을 경우 아래의 그림에서 [e₁][e₂][e₃]은 각각 개체에 영향을 미치는 인지사건을 나타낸다. 이들 간의 가는 실선은 상호 관계를 나타낸다. 부사 together는 관계적 술어를 나타낸다. 이는 [e₁][e₂][e₃]에 대응되는 실체를 전제로 이들의 상호 관계를 기술하며, 그림 (1b)로 구현된다.(구성된 윤곽은 굵은 선으로 표시하였음). 반면, [e₁][e₂][e₃]은 상호관계에 따라 영역을 기술하며, 그림 (1c)로 구현된다. 이는 명사 group이 기술한 영역이다. 그림 (1c)에서 실체 간의 상호 연결은 기저에서 기술되지 않은 부분이므로 가는 선으로 나타냈다. 세 개의 실체는 개별적으로 기술(따라서 점선으로 표시하였음)하지 않고 하나의 집합으로([[e₁][e₂][e₃]]) 기술했으며, 집합에 현저성(salience)이 부여된다. 따라서 그림 (1c)는 실체를 하나로 묶어 굵은 선으로 나타냈다.

(1) (a)   (b)

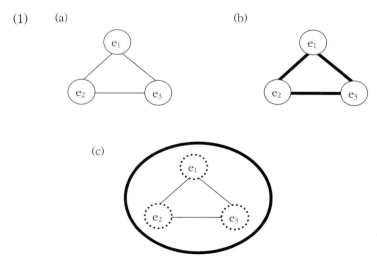

(c)

이제 동사적 서술이 기술하는 '과정'을 재차 살펴보자. 동사적 술어는 관계적 술어이며, 처리시간의 위상에서 각각의 점으로 기술된다. 그림 (2a)에서 보듯이 가는 선의 화살표는 처리시간의 축을 나타낸다. 이런 분석 방법은 전통문법에서 원만하게 해석할 수 없었던 explode, explosive, explosion의 의미 차이를 설명할 수 있다. 이들은 각각 동사, 형용사, 명사로 구분되며 그림 (2a) (2b)와 (2c)로 나타낼 수 있다. 이들은 개념적 함의에 공통점이 있지만 기술된 윤곽은 명백한 차이가 나타난다.

(2)

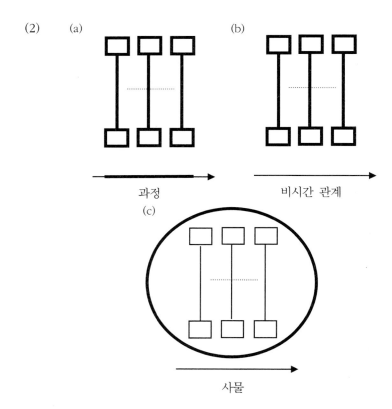

과정

비시간 관계

사물

위에서 보듯이 Langacker는 모든 구성원에 적용되는 공통의 의미 속성을 가지고 품사 분류를 하였다. 이런 방법은 원형이론과 모순되는 것처럼 보이지만 실제로 그렇지 않는데 그 이유는 다음과 같다. 첫째, 원형이론은 범주 구성원 간에 공통된 속성이 존재할 가능성을 부인하지 않는다. 하나의 범주는 공통적 속성으로 확정되고, 경계가 명확하더라도 그 내부는 원형효과가 존재한다. 둘째, Langacker(1987)는 자신의 분석을 원형분석과 통합할 수 있다고 하였다. Taylor(1989)에 의하면, 명사는 우선적으로 3차원 속성의 이산적, 구체적 실체(3차원 공간 인지영역 내의 유계적 영역)를 나타낸다. 이러한 [THING] 도식은 은유적 투사를 거쳐 구체적인 공간영역에서 추상적인 인지영역으로 전이된다. 예를 들면, 색채영역, 시간영역, 감정영역과 복잡한 복합 인지영역은 원형성이 약한 명사성 술어를 설명할 수 있다. 실제로, Langacker는 명사는 비교적 원형적인 가산명사에서 점차적으로 물질명사('water'), 집합명사('archipe-lago', 'team'), 심리활동 명사('love', 'envy')로 확장되고 심지어 동사에서 전이된 명사('arrival', 'explosion')로 확장된다고 하였다. 확장 후 구성원 간의 공통적 속성은 적어지고(Langacker는 단지 '윤곽 영역'만을 가진다고 분석하였다) 고도로 추상화된다. 원형적 구성원은 속성 외에 전체구성원이 공유하지 않는 것이 상당히 많지만 광범위한 속성으로 분포된다. 비원형적 구성원은 원형적 구성원이 가지고 있는 속성이 결여되어 있다. 예를 들어, 불가산 물질명사는 유계적 속성이 없으며 다른 품사가 공유하는 속성은 원형적 구성원에 비해 많다. 예를 들면, arrival과 동사가 공유하는 속성은 원형명사 table에 비해 많다. 이로부터 Langacker의 의미 개괄 방법과 원형분석이 통합할 수 있음을 확인할 수 있다.

인지언어학은 의미적 측면에서 문법범주를 확정하기 때문에 구조주의 영향을 받은 중국어 문법학자의 오해를 유발시킬 수 있다. 이는 몇 가지 측면에서 규명할 필요가 있다. 50년대 품사에 대한 논의를 거쳐 현재 품사 분류 기준은 형식적 기준('분포')과 형식적, 의미적 기준으로 구분된다. 이 두 견해를 지지하는 학자는 전통문법이 불분명한 의미에 과도하게 의존한다고 비판했지만 전통문법이 의미만을 중시했다고 볼 수는 없다. 품사의 의미는 주로 해석을 통해 정의되며 이는 구체적인 분류 기준이 될 수 있다. Jesperson에 의하면, 형식은 주로 형태이며, 이는 매우 제한적이라고 하였다. 예를 들어, 중국어에 적용하기 어렵다. 이 밖에, 중국어는 형식을 통해 품사를 분류하기 어렵다. 전통문법은 상식적 본체론(commonsense ontology)에 의존해 의미를 확정하는데, 이는 경험적 효율성이 결여되었다. 의미에 의존한 품사 분류의 관행이 오래되면 직관에 부합하게 된다. 이에 형식주의 이론(상황의미론, 몽테규문법, 범주문법)은 의미 확정을 위해 다시 주목을 받기 시작하였다. Langacker에 의하면 의미는 의미는 촉진된다. 이는 의미 확정이 부류적 기준에 근거하기보다는 해석적이라는 사실을 말해주고 있다. 내부기준에 의한 분포는 명백히 우세하지만 여전히 다음의 세 가지 측면에서 부족하다. 첫째, 만일 분포 분석의 원칙이 엄격하면, 다음과 같은 두 가지 현상에 직면하게 된다. a. 동류사의 문법기능은 완전히 같지 않다, b. 이류사 간에 동일한 기능이 있다. 전자는 하위분류이고 후자는 겸류사에 속한다. 문제는 하위분류 간의 관계와 겸류사, 비겸류사의 관계를 합리적으로 설명할 수 없다는 것이다. 이러한 현상은 인지문법의 원형 효과로 설명이 가능하다. 둘째, 품사의 하위분류는 분포 분석으로 설명하기 어렵다. 예를 들면, 타동사와 자동사의 구분, 타동성 개념, 타동성 위계는 의미와 관련되므로 순수한 통사론이 아니다(Hopper & Thompson 1980). 셋째, 통사적으로 분류된 품사는 개별언어와 관련되며, 범언어적인 유비성을 지니지 못한다. 언어유형학적 측면에서 적어도 두 개의 품사(명사와 동사)는 보편적으로 존재한다. 하지만 이러한 현상이 반드시 형식으로 구현되는 것은 아니다. Dixon(1982)에 의하면, 형용사는 형식적, 의미적 측면에서 범언어적인 보편성이 존재하지만 형식적 분포를 통해 이러한 현상을 설명하기 어렵다고 설명하였다.

인지언어학은 형식 범주에서 동기성을 찾기 위해 형식과 의미의 상호관련성(correlation)을 강조하였다. 이 방법은 형식과 의미의 결합에 조작 가능한 틀을 제공해 준다. Croft(1991)는 문법범주의 보편성을 설명하기 위해 언어의 내적성분('구조적 측면'), 외적성분(기능, 의미, 화용적 측면)을 구분하기보다는, 두 성분을 통합해서 분류하면 보편적인 문법범주 체계 속에 숨겨진 원리를 찾을 수 있다고 하였다. 그는 구체적 형식은 개별언어를 초월하기 설명하기 어렵다는 점을 인식하여 유형학적 모형인 표지이론(markedness theory)을 통해 내부구조의 기준을 마련했으며, 동시에 원형이론을 적용하였다. 언어 외적성분은 표현기능(지시, 진술, 수식), 의미 부류(물체, 속성, 행위 등), 의미 속성(결합가, 안정성, 지속성, 등급성)을 포함한다. Croft는 이 모형에 근거해서 많은 언어의 다양한 특징의 상호관련성을 고찰하였다. 또한 통계 분석을 통해 규칙의 강력한 상관성이 있음을 발견하였다. 품사의 특징은 서로 다른 관련 유형이 있다. 예를 들면, 명사는 지시, 수식, 진술을 표현한다. 하지만 이러한 관련성을 강력한 표지를 구현하거나 표지성이 약하거나 무표지적이다. Croft에 의하면, 특징 간의 무표지는 원형성과 관련되며, 원형성은 형식적 무표지와 대응한다고 하였다. 이에 개별언어의 품사적 특성은 완전히 같지는 않지만, 품사의 원형은 무표지적 측면에서 상당히 일치한다고 정의 내릴 수 있다. 명사는 사물의 의미 속성과 지시 기능이 무표지적이면 구조적 특징도 무표지적 특징으로 나타난다. 반면, 행위를 나타내면서 지시적이거나 혹은 사물을 나타내면서 '진술'의 명사인 경우 구조적 특징은 유표적 특징으로 나타난다. Croft의 분석 방법은 문법범주의 보편적인 현상에 설명력을 제공한다. 이는 다양한 층위의 특징 간에 근거하므로 형식이 결여된 개별언어의 품사를 분석하는데 적합하다. 최근 연구에서 이와 유사한 방법이 중국어 품사의 복잡한 현상을 효율적으로 설명할 수 있음이 확인할 수 있다(戴浩一·张敏 1998).

제2절 개념적 은유와 은유적 개념 체계

인지언어학의 또 다른 중요한 이론적 토대는 은유[19]에 대한 새로운 인식에서 비롯되었다. Lakoff가 생성학파에서 인지언어학파로 전향한 중요한 계기는 Reddy(1979)의 수도관 은유와 관련된다(Baumgartner & Payr 1995). 이후, Lakoff는 모든 논저에서 수도관 은유를 사용하였다. 인지언어학과 관련된 은유 연구의 성과는 풍부하다. Lakoff 외에 대표인물은 Kövecses(1986, 1990), Turner(1991), Goossens(1993), Croft(1993), 철학자 Johnson(1987), 심리학자 Gibbs(1994) 등이 있다. 이들 중에서 Lakoff & Johnson(1980)의 저서는 영향력이 크다.

전통적으로 은유에 대한 주된 관심은 문학가, 수사 학자에게 있었다.[20] 언어학자가 이에 대해 관심이 적었던 이유는 은유를 특수한 수사적 수단으로 인식했으며, 일상 언어와 시 언어는 다르다고 여겼기 때문이다. Lakoff의 연구는 전통적인 '은유의 수사관'에서 나아가 '은유의 인지관'을 제시하였다. 그는 은유의 인지관에 대해 다음의 세 가지 측면으로 결론을 내렸다. 첫째, 은유의 보편성. 은유는 일상 언어에서 보편적으로 사용된다. Lakoff & Johnson(1980)은 영어의 대략 70%가 은유적 표현

---

19 인지언어학에서 사용되는 '은유'는 은유와 환유의 개념을 포함한다. 은유의 규칙은 일반적으로 환유에도 적용되기 때문이다. 이 경우 수사상에서 사용하는 '비유(figurative)'와 유사하지만 figurative의 의미는 더 광범위해서 다양한 수사격으로 범용된다.
20 이후 철학자와 기호학자도 은유에 주목하였다. 이와 관련된 논의는 Noth(1990)를 참조하기 바란다.

92

을 사용한다고 하였다. 전통적 은유관이 이러한 점을 찾지 못했던 것은 은유란 인지적으로 가장 활발하고 명확하게 의식되는 것이라는 잘못 가정했기 때문이다. 따라서 외재적 비유 또는 어휘화된 '화석화 은유'('山脚')에 관심을 기우렸다. Lakoff & Turner(1989)는 이와 반대로 은유는 생명력이 강하고 효율적이며, 오랫동안 자주 쓰여서 힘을 들이지 않고 무의적으로 표출된다고 하였다. 따라서 가장 중요한 은유는 오랫동안 형성된 규약화를 통해 은연중에 일상 언어에 진입한 무의식적 은유이다. 둘째, 은유의 체계성. 은유는 개별적, 즉흥적으로 이루어지기보다는 일정한 체계를 가지고 있다. 은유는 다양한 연결을 통해 구조화된 은유 집단을 이루고 있다. 셋째, 은유의 개념성. 은유는 일종의 사고방식이다. 다시 말해서, 사고과정 자체가 곧 은유이다. 우리의 사고와 행위의 개념 체계는 은유 방식으로 구조되고 확정된다. 위에서 세 번째 항목이 가장 근본적이다. 인지언어학에서 은유는 언어형식뿐 아니라 언어표현에 반영된 은유적 개념(metaphorical concept) 또는 개념적 은유(conceptual metaphor)를 의미한다.

개념적 은유의 관념은 Lakoff & Johnson(1980)가 제시한 TIME IS MONEY[21]의 은유의 예로 설명할 수 있다. 영어와 중국어의 '시간은 금이다'[22]의 표현은 시간을 돈으로 비유했을 뿐만 아니라 돈을 통해 시간을 인식하고 있다. 개념적 은유에서 근원(source) 범주인 '돈'을 통해 목표(target) 범주인 '시간'을 이해한다. 즉, 근원 범주는 다양한 구조모형을 제공해 준다. 이는 일상생활 용어에서 나타난다.

(1) You're *wasting* my time. (너는 나의 시간을 낭비하고 있다.)

(2) Can you *give* me a few minutes?

---

21 원문에는 개념적 은유의 예를 +로 표시하였다. 예를 들어, +TIME IS MONEY+ 이다.
22 중국어는 '一寸光陰一寸金'이라는 표현을 쓰기도 한다.

(제게 시간 몇 분 내주시겠어요?)

(3) How do you *spend* your time?

(당신은 시간을 어떻게 보냅니까?)

(4) We are *running out of* time.

(우리는 시간을 다 써버리고 있습니다.)

(5) This gadget will *save* you hours.

(이 장치는 시간을 절약시켜 줄 겁니다.)

(6) Is that *worth* your while?

(그것은 당신에게 가치가 있습니까?)

(7) Do you *have* much time *left*?

(당신에게 시간이 많이 남아 있습니까?)

(8) You need to *budget* your time.

(당신은 시간을 아껴 써야 합니다.)

(9) *Thank you for* your time. (시간을 내주셔서 감사합니다.)

위에서 보듯이 시간은 낭비, 절약, 계획을 세우는 대상으로 이해하고 있다. Lakoff & Johnson은 위의 예문은 TIME IS MONEY, TIME IS A LIMITED RESOURCE, TIME IS A VALUABLE COMMODITY의 개념적 은유를 함의한다고 하였다. 여기서 시간은 돈('spend', 'budget', 'cost', 'profitably', 'invest'), 자원('use', 'use up', 'have enough of', 'run out of'), 상품('have', 'give', 'lose', 'thank you for')으로 은유되었다. 현대사회에서 시간은 제한된 자원이고, 제한된 자원은 가치가 있기 때문에 위의 세 가지 개념적 은유는 밀접한 관계가 있다. 위의 개념적 은유는 순차적으로 함의(entailment) 관계가 있으며, 시간의 개념체계를 이루고 있다. 위의 예문을 통해 중국어가 이러한 점에서 영어와 기본적으로 동일하다는 것을 알 수 있다.[23]

또 다른 좋은 실례는 Reddy(1979)가 제시한 '수도관 은유'이다. Reddy
에 의하면, 기본적인 통신행위- 의사소통 -의 개념화는 세 가지 상호 관
련된 은유로 구성된다. 다음의 예문을 보자.

(10) a. Try to *pack* more *thoughts into* fewer words.

　　 b. 试图用更少的词语负载更多的想法。

　　 (더 적은 낱말을 사용하여, 더 많은 *생각을 실어* 보려고 한다.)

(11) a. The *sentence was filled with emotion.*

　　 b. 这句话充满了感情。

　　 (이 문장은 *감정으로 충만했다.*)

(12) a. Try to *get your thoughts across* better.

　　 b. 试着把你的想法传达得更好。

　　 (당신의 *생각을 잘 전달해* 보세요.)

---

23 Lakoff & Johnson은 특히 개념적 체계와 특정 문화 배경과는 관련이 있으며, 어떤
문화에서는 시간을 돈, 유한한 자원이나 가치있는 상품으로 이해하지 않을 가능성
이 있다고 하였다. 이러한 견해는 일리가 있다. 중국사회는 영미권 사회처럼 시간
제 근무, 시간의 가치적 관념이 엄격하지 않다. 이는 영어에서 비교적 자주 쓰이지
만 중국어는 그렇지 않다. 예컨대 "I've invested a lot of time in her."로 표현되지만
중국어에는 이와 대응해서 '투자'로 표현하지 않는다. 근대중국어의 상황을 살펴보
면, 위의 예문에서 중국어가 영어와 일치되는 표현이 늦게 사용되었음이 발견된
다. 상품경제가 발달하지 않은 중국의 고대 농업사회 역시 '惜时'의 은유적 표현은
적지 않게 사용하였으며, 일부 발달이 덜 된 사회의 민족 언어('소수민족 언어'를
지칭) 역시 유사한 현상이 있다. 보편성의 관점에서 살펴보면, Lakoff & Johnson이
세 개의 언어 중에 '돈' 은유는 비교적 중요하다고 했지만 이는 확실하지 않다.
중국어는 '时间作为有限资源(시간은 유한한 자원으로 간주된다)'를 더 기본적인 은
유로 간주하고 있다. 이는 두 가지의 기본적 상황에서 기인한다. 첫째, 재료(자원)
를 가공하려면 시간이 필요하므로 시간은 자원이다. 둘째, '人生有限(인생은 유한
하다)'의 은유에서 인생은 시간으로 이루어졌으며 시간은 제한적이다. 이로부터
'절약, 낭비, 소비하다, 시간을 쓰다'가 생성되었으며, 이는 '자원 또는 재료를 절약
한다'의 의미와 유사하다. 이러한 해석은 돈, 상품을 언급할 필요가 없으므로
더 보편적이고 효율적이다. 이에 대해 추후에 상세하게 논의하고자 한다.

(13) a. None of Mary's *feelings came through* to me.

　　 b. 我一点也没有觉出玛丽的感受。

　　　 (나는 조금도 메리의 *감정을 알아채지* 못했다.)

(14) a. Let me know if you *find* any good *ideas* in the *essay*.

　　 b. 你若在这篇文章找出任何好见解的话，就告诉我。

　　　 (당신이 만일 *에세이에서* 어떤 좋은 생각을 *발견한다면*, 나에게 알려주세요.)

(15) a. I don't *get* any *feelings* of anger *out of his words*.

　　 b. 他的话没让我生一点气。

　　　 (나는 그의 말에 조금도 *화가 나지* 않는다.)

　　(10), (11)은 은유적 표현이며, 생각, 관념, 감정을 낱말이나 문장에 담은 것으로 사물을 그릇에 담은 상황과 유사하다. (12), (13)는 언어의 전달을 설명하고 있다. 즉, 사물(관념)을 그릇(어구)에 넣어 전달하는 것을 나타낸다. (14), (15)는 의사소통 과정에서 수용 과정을 설명하고 있다. 수용자가 사물을 그릇에서 꺼내는 것처럼, 의사소통의 전 과정은 소포 발송 과정과 유사하다. 발송자(화자)가 사물을 그릇(어구)에 넣어 수용자(청자)에게 보내면 수용자는 그것을 그릇에서 꺼내는 과정은 수도관 은유를 통해 구현할 수 있다. Reddy에 의하면, 수도관 은유를 통해 생성되는 영어 표현방식은 적어도 100여개가 넘는다고 하였다. 예를 들면, put ideas into words, the contents of an essay, empty words, the sentence contain 등이 있다. 중국어 역시 유사한 상황으로 나타난다. 중국어의 또 다른 용례로 你话里的意思我听不出来(네 말속에 뜻을 나는 알아채지 못했다), 这些话里包含了很深刻的内容(이 말에는 깊은 뜻이 포함되었다)과 같은 표현이 있다. 수도관 은유를 통해 하나의 범주에서 다른 영역의 범주로 확장하거나 범주 간에 연결 관계를 설명할 수

있다는 점은 매우 중요하다. 따라서 IDEAS ARE OBJECT, WORDS ARE CONTENTS와 같은 단순한 은유는 충분하지 않다. 더 중요한 것은 '출발과 접수된 사물'과 '의사소통'의 두 개념 간의 대응관계이다. 위의 몇 가지 개념은 체제적인 구성 성분에 불과하다.

　은유와 은유의 연결, 즉 은유의 체계성은 수도관 은유에서 논의된 '관념' 범주로 설명할 수 있다. 영어에서 관념과 관련된 은유는 IDEAS ARE FOOD가 있으며 이 은유의 실례는 *half-baked ideas*, *raw fact*, There are too many facts here for me to *digest* them all(내가 모두 소화하기에는 너무나도 많은 사실이 있습니다), I just can't *swallow* that claim(나는 정말로 그 주장을 받아들일 수가 없다), He *devoured* the book(그는 그 책을 탐독했다), What he said *left a bad taste in my mouth*(그가 말한 것은 씁쓸한 뒷맛을 남겼다) 등이 있다. 이는 수도관 은유와 관련되며 IDEAS ARE OBJECT를 근거한 은유를 구체화시킨 것이다. 관념을 물체로 간주하면 그것을 몸(그릇)에서 꺼낼 수 있게 된다. 이 은유 역시 MIND IS A CONTATINER를 전제로 사물(낱말에 담긴 관념)을 그릇(대뇌)에 담아서 보낸다는 것을 의미한다. 我的话他听不进去(내 말을 그는 듣지 않는다), 老师的话你一点也不放在脑子里(선생님 말씀을 하나도 머리속에 넣지 않는구나)의 은유적 표현이 이에 속한다. 마음과 신체는 전체-부분 관계이므로 BODY IS A CONTAINER와 身体是个容器의 은유적 표현이 가능하다. 은유적 표현을 수도관 은유와 연결하면 복합적 은유로 확장된다. IDEAS ARE OBJECTS THAT COME INTO THE MIND의 은유적 표현은 음식물이 몸 안으로 들어오는 것과 대응된다. IDEAS ARE FOOD의 수도관 은유는 MIND IS A CONTAINER의 은유를 기반으로 이루어졌다. 이 은유는 직접적 관찰과 감지할 수 없는 관념을 이해하고, 감지된 개념적 측면의 속성을 이해하는데 경로를 제공해 준다. 즉, 관념은 음식물처럼 섭취하고 맛보고 소화할 수 있는 실체와 같다. 이 밖에, Lakoff & Johnson은 관념과 관련된 다양한 유형의 은유를 제시하였다. 예를 들면, IDEAS ARE PEOPLE, IDEAS ARE PLANT, IDEAS ARE PRODUCTS, IDEAS ARE COMMODITIES, IDEAS ARE RESOURCES 등이다. 이는 동일한 개념에 속하지만 다른 개념적 은유로 표현되었다. 이들은 상보적이며, '관념'의 개념적 은유체계를 이루다. 유사한 예를 좀 더 살펴보자. '이해'의 개념은 UNDERSTANDING IS SEEING, UNDER-STANDING IS GRASPING이 있다. 구체적 사물을 감지할 때 시각과 촉각을 통해 관찰하면 그에 대한 인식은 더욱 깊어지게 마련이다. 이 같은 방법을 이해모형에 투사하면 위의 두 가지 개념적 은유를 이룬다. 이 두 개념적 은유는 중국어에 다량으로 존재한다. 예를 들어, 他的意思难道你看不出来?(그의 의미를 행여 네가 알아차리지 못했겠니?), 这一层意思我看不透(이 의미를 나는 간파하지 못했다), 我看出他不安好心(나는 그가 좋지 않은 마음을 품었음을 알아냈다), 这个要点我没有抓住(이 요점을 나는 잡지 못했다), 很难把握其中的规律(그중의 규칙을 파악하기 어렵다), 掌握了这个情况(이 상황을 파악했다) 등이 있다.

다음으로 Lakoff & Turner(1989)가 제시한 구조적 은유(structural metaphor)인 LIFE IS JOURNER를 살펴보자. 인간의 생명주기는 다음의 세 단계의 여행으로 나눌 수 있다. a. 이 세상에 **도착한다**('*arrive in* the world'), b. 인생을 **경험한다**('*go through life*'), c. 죽으면 **떠난다**('*leaving or departing* at the time of one's death'). 각 단계마다 하나 또는 그 이상의 은유가 존재한다. a 단계는 BIRTH IS ARRIVING, c 단계는 DEATH IS DEPARTING이다. b 단계는 인생의 주요한 부분이므로 은유적 표현도 아래와 같이 풍부하게 나타난다.

(16) THE PERSON LEADING A LIFE IS A TRAVELLER
    (인생을 주도하는 사람은 여행자이다)

98

예) She *went through* life with a good heart.
(그녀는 착한 마음씨로 인생을 보냈다.)

(17) HIS PURPOSES ARE DESTINATIONS
(그의 목표들이 목적지이다)

예) He knows *where he is going* in life.
(그는 자신이 어디로 갈 것인지 안다.)

(18) THE MEANS FOR ACHIEVING PURPOSES ARE ROUTES
(목표를 달성하는 수단이 경로이다)

예) I don't know which *path* to take.
(내가 어느 길로 가야되는지 모르겠다.)

(19) DIFFICULTIES IN LIFE ARE IMPEDIMENTS TO TRAVEL
(삶의 역경은 여행의 장애물이다)

예) He worked his *way* around many obstacles.
(그는 많은 장애물들을 극복하며 살아왔다.)

(20) PROGRESS IS THE DISTANCE TRAVELLED
(진보란 여행한 거리이다)

예) He made his *way* in life. (그는 뜻을 이뤘다)

(21) THINGS YOU GAUGE YOUR PROGRESS BY ARE LANDMARKS
(당신의 진척을 측정하는 것이 지표물이다)

예) Then he came to *a point in his life* where he had to make a difficult decision.
(그 때 그는 어려운 결정을 해야 하는 인생의 전환점에 도달했다.)

(22) CHIOCES IN LIFE ARE CORSSROADS
(인생의 선택은 교차로이다)

예) There were *two paths* open to him.

(그에게는 두 개의 선택이 열려있다.)

개념적 은유는 구조적 사상(mapping) 방식을 통해 이루어진다. 다시 말해서, 우리는 근원모형 '여행'의 구조를 목표모형 '인생'에 사상하면, 근원영역 내의 다양한 점은 목표영역 내의 다양한 점과 대응을 이룬다. 두 영역의 점은 각각 연결되어 하나의 체계를 이룬다.

위의 개념적 은유는 Lakoff & Johnson(1980)이 제시한 은유 유형인 구조적 은유(structural metaphor)를 나타낸다. 구조적 은유는 하나의 개념을 통해 다른 개념을 설명하는 것으로 정의내릴 수 있다('인생'과 '여행은 각각 하나의 개념이다). 이 두 개념의 인지영역은 다르지만 구조는 보전된다. 즉, 각각의 구성성분은 규칙적인 대응이 존재한다. 위의 TIME IS MONEY는 구조적 은유에 속한다. 좀 더 복잡한 실례는 Lakoff & Johnson 이 분석한 [ARGUMENT]이다. 여기는 네 가지의 주요 성분을 포함한다.

1. ARGUMENT IS JOURNEY
2. ARGUMENT IS WAR
3. ARGUMENT IS CONTAINER
4. ARGUMENTS ARE BUILDINGS

각 단계마다 논쟁의 어떤 부분이 두드러지고 있다. 예를 들어, 여행 은유는 과정이 부각되며, 전쟁 은유는 방법과 결과가 부각되며, 그릇은 유는 내용이 부각되며, 건축물은 질이 부각된다. 이들은 각각 구조적 은유에 속한다. ARGUMENT IS WAR의 은유에서 전쟁은 각 부분마다 논쟁과 관련된다.

a. 적의 최초 위치 : They drew up their *battle lines*.

100

(그들은 전선을 구축했다.)

b. 공격 : She *attacked* every weak point in my argument.

(그녀는 내 주장의 모든 약점을 공격했다.)

c. 방어 : They *defended* their position ferociously.

(그들은 자신의 입장을 격렬하게 방어했다.)

d. 후퇴 : He *withdrew* his offensive remarks.

(그는 공격적인 발언을 철회했다.)

e. 반격 : I *hit back* at his criticism.

(나는 그의 비판을 되받아쳤다.)

f. 승부 : O.K., you *win*. (됐어, 네가 이겼어.)

g. 휴전 : Let's call a *truce*.[1] (우리 여기서 휴전하자.)

구조적 은유가 하나의 개념을 가지고 다른 개념으로 비유하는데 사용
된다면 도대체 어떤 개념이 어떤 개념으로 비유되는가? 어떤 요인에 의
해 결정되는가? 이와 관련하여 Ungerer & Schmid(1996)은 지금까지 논
의된 실례를 아래와 같이 정리하였다.

목 표	근 원
'화(anger)'	'위험한 동물(dangerous animal)'
'논쟁(argument)'	'여행(journey)'
'논쟁(argument)'	'전쟁(war)'
'의사소통(communication)'	'발송(sending)'
'죽음(death)'	'떠나다(departure)'
'관념(ideas)'	'식물(plants)'
'일생(lifetime)'	'하루(day)'
'사랑(love)'	'전쟁(war)'
'이론(theories)'	'건축물(buildings)'

---

1 赵艳芳(1995).

목 표	근 원
'시간(time)'	'돈(money)'
'이해(understanding)'	'관찰(seeing)'
'낱말(word)'	'동전(coin)'
'세계(world)'	'무대(theater)'

위의 목표개념과 근원개념을 비교하면 구체적 개념(근원영역)에 의존해서 추상적 개념(목표영역)을 이해하며, 형태가 없는 추상적 개념은 형태는 간단한 구체적 개념을 통해 이해하고 있음을 알 수 있다. 구체적 개념은 일상생활에서 만나는 사람, 일상용품, 보고 듣는 행위, 사건의 기본적인 경험에서 비롯된다.

다음에서 방향적 은유(orientational metaphor)을 살펴보자. 방향적 은유는 위아래, 안밖, 앞뒤, 깊음 얕음, 중심 주변의 공간 방위를 기초로 이루어졌다. 공간 방위 감지 능력은 인간의 기본적 능력이며, 공간 경험은 성장 과정에서 비교적 일찍 획득되는 기본적 경험이다. 이는 심리학자가 공통적으로 인식하고 있다(Clark 1973). 따라서 이러한 기본적 경험에 의존해 정서, 감각 등의 추상적 상황을 이해하는 것은 자연스럽다. 다음의 표는 위, 아래, 높이 차원의 방향적 은유를 나타낸 것이다.

방향적 은유	용 례
(a) 즐거움은 위다; 어려움은 아래다.	I'm in *high* sprirts.(나의 감정은 고조되었다.) I'm feeling *up*.(나는 기분이 매우 좋다.) I'm feeling *down*.(나는 기분이 좋지 않다.) My spirits *sank*.(나는 정서적으로 침체되었다.)
(b) 의식은 위다; 무의식은 아래다.	Wake *up*.(잠에서 깨.) He *sank* into a coma.(그는 의식불명에 빠졌다.)
(c) 건강, 생존은 위다; 병, 사망은 아래다.	He's in *top* shape.(그는 건강이 매우 좋다.) He *fell* ill.(그는 앓아누웠다.)
(d) 지배력은 위다; 수용력은 아래다.	His power *rose*.(그의 권력은 상승하였다.) He is *under* my control.(그는 나의 통제 아래 있다.)
(e) 많은 것은 위다;	My income *rose* last year.(나의 작년 수입은 올랐다.)

방향적 은유	용　례
적은 것은 아래다.	Turn the heat *down*.(온도를 내려라.)
(f) 위쪽에 위치한 것은 위다;	She rose to the *top*.(그녀는 고위층에 올랐다.)
아래쪽에 위치한 것은	She *fell* in status.(그녀의 지위는 떨어졌다.)
아래다.	
(g) 좋은 것은 위다;	Things are looking *up*.(상황이 나아지고 있다.)
나쁜 것은 아래다.	It's been *downhill* ever since.(그 후로는 내리막길이었다.)
(h) 도덕적인 것은 위다;	He is *high*-minded.(그는 고결한 마음씨를 갖고 있다.)
도덕적 부패는 아래다.	I wouldn't *stoop* to that.(나는 그렇게까지 타락할 수 없다.)
(i) 이성은 위다;	The discussion *fell* to the emotional level, but I raised it
감성은 아래다.	back *up* to the rational plane.(토론이 감정적인 측면으로
	빠지자, 나는 그것을 이상적인 차원으로 다시 끌어올렸다.)

　　방향적 은유에서 근원영역과 목표영역의 관계는 다음의 두 가지 측면
과 관련된다. 첫째, 신체적 경험과 물질적 경험에 대한 은유는 많은 언어
에서 일치하고 있다, 둘째, 특정 사회에서 형성된 문화적 경험에 따라
은유의 구체적 형식은 사회와 언어에 따라 달라질 수 있다. Lakoff &
Johnson에 의하면, 위의 은유는 다음과 같은 기초를 두고 있다. a. 낮은
자세는 슬픔과 억압과 대응하고, 직립 자세는 긍정적인 정서 상태와 대
응한다, b. 잠을 잘 때는 눕고, 잠에서 깨면 일어난다, c. 중병에 걸리면
눕고, 죽으면 영원히 눕는다, d. 부피는 힘과 정비례한다. 싸움에서 이긴
자는 위쪽을 차지한다, e. 그릇에 사물을 많이 넣을수록 평면은 높아진
다, f. 지위와 권력은 상관성이 있으며 지배력은 위이다, g. 기쁨, 건강,
생명, 통제력은 좋은 것이므로 위이다, h. 사람에 대해서 '좋은 것은 위이
다'는 다른 은유에서도 자주 쓰인다. 즉, '사회는 개인이다'는 도덕적으로
사회적 건전성과 안녕 유지에 도움이 되므로 위에 놓인다, i. 서양문화에
서 인간은 자존감이 있으며 자연환경을 통제할 수 있다고 여기는데, 이
는 인간만이 이성을 지닌다는 인식에서 비롯된다. 따라서 '지배력은 위
이다'는 '사람은 위이다' 은유를 근거하며 나아가 '이성은 위이다'의 은유
로 확장된다.

위에서 보듯이 인간의 기본적 개념은 공간은유를 토대로 이루어졌다. 공간은유의 내부는 체계적, 일치하며, 다른 은유와 연결 간에 체계적 연결이 존재한다. 예컨대 '위'는 '좋음'과 연결되며, '좋음'은 기쁨, 건강, 생명, 지위가 있다. 이런 공간은유와 관련된 개념의 연결은 기본적이고 긴밀하다. 예컨대, '사회적 지위'가 영어와 중국어에서 높이를 통해 구성된다.

마지막으로 존재적 은유(ontological metaphor)를 살펴보자. 인간은 실체와 물질적 경험을 바탕으로 추상적인 사건, 행위, 감각, 관념을 이해하고 있으며, 이들을 유형적 실체로 간주하여 추론을 하고 있다. 존재적 은유는 '인플레이션'의 실례를 들어 살펴보겠다. 존재적 은유에서 IN-FLATION IS AN ENTITY처럼 인플레이션을 하나의 실체로 간주하여 *Inflation is bowering* our standard of living(인플레이션이 우리의 생활수준을 낮추고 있다), *Inflation is backing us* into a corner(인플레이션은 우리를 코너로 물러서게 하고 있다)의 추상적 실체로 확장 가능하다. 이러한 은유 작용은 다음과 같다.

(a) 지시 : *My fear of insects* is driving my wife crazy.
(곤충에 대한 나의 공포는 아내를 참을 수 없게 했다.)

(b) 양화 : There is *so much hatred* in the world.
(세상에는 증오가 너무 많다.)

(c) 확인 : The *ugly side of his personality* comes out under pressure.
(그의 추악한 일면은 압박을 받을 때가 나온다.)

(d) 원인 확정 : The *pressure of his responsibilities* caused his break-down. (책임감의 압박이 그를 붕괴시켰다.)

(e) 목표 확정, 행위 촉진 : She was getting married as *the solution to her problem*. (그녀는 문제를 해결하는 수단으로 결혼을 했다.)

이러한 은유는 다량으로 존재하지만 일반적으로 이들이 은유라는 것을 인식하지 못하고 있다.

존재적 은유도 구체적으로 나타낼 수 있다. 예를 들어, THE MIND IS AN ENTITY의 은유에서 이 실체는 기계가 될 수 있다. 즉, THE MIND IS A MACHINE의 은유의 예는 My mind just isn't *operating* today(나의 마음이 오늘은 정말 작동하지 않습니다), I'm a little rusty today(나는 오늘 약간 심기가 불편하다)가 있다. 이들도 깨지기 쉬운 물체, 즉 THE MIND IS A BRITTLE OBJECT의 은유가 있어서 Her ego is very *fragile*(그녀는 자존감이 매우 약하다), I'm *going to pieces*(나는 허물어질 것이다)의 표현이 가능하다. 이 두 은유는 '정신'의 어떤 성질을 부각시켰다. 전자는 물체를 생산할 수 있는 능력을 갖췄으며, 내부적 기제가 존재하고 있음을 나타내고, 후자는 심리적 속성을 나타낸다.

존재적 은유는 그릇은유이다. 이 은유의 본질적 기초는 명백하다. 신체는 하나의 그릇이며, 피부를 경계로 외부세계와 분리된다. 우리는 사물('공기', '음식물', '물')을 끊임없이 그릇 안에 넣고 외부로 배출('땀', '배설물', '혈액')한다. 일상생활에서 그릇은 어디든 존재하고 있다. 우리는 어떤 방에서 다른 방으로 들어가며, 상자에서 연필을 꺼내고, 손을 주머니에 넣고, 휴지를 휴지통에 넣으며, 신체를 차에 넣는다. 외재 환경에서 그릇으로 간주되는 방, 상자 등은 자연계의 3차원 실체이며 경계가 있다. 예를 들어, 숲('숲에서 나온다'), 인위적으로 구획한 경계인 구(區), 현(縣), 국가뿐 아니라 물과 같은 차원이 없는 물질도 그릇으로 이해할 수 있다. 예를 들어, 만일 유영지에 뛰어들면 우리는 연못이나 물속에 있게 된다. 연못과 물은 모두 그릇이다. 전자는 그릇 실체(container object)이고, 후자는 그릇 물질(container substance)이다. 바꿔 말해서, 윤곽부여된 물리적 공간은 모두 그릇이 될 수 있다. 만일 그릇의 개념을 더 추상적 영역으로 투사하면 다양한 그릇은유가 구현된다. 그릇에 대한 경험은 가장 기본적이며 풍부하기 때문에 그릇은유는 매우 보편적이다.

예컨대 시야를 개념화된 그릇으로 간주하면 시야의 경계는 곧 그릇으로 이해할 수 있다. 이에 따라 The ship is *coming into* view(배가 시야에 들어오고 있다)의 표현이 가능하다. 존재적 은유를 통해 사건, 행위, 활동, 상태는 실체로 간주하여 시·공간을 경계로 윤곽부여하면 이들 모두 그릇으로 이해할 수 있다. 예컨대 달리기를 실체로 인식하면 Did you see the race?(너는 경주를 봤니?)의 표현이 가능하다. 달리기는 일정한 시간과 공간에서 일어나는 사건으로 시작과 끝의 명확한 경계가 있다. 이에 따라 RACE AS CONTAINER OBJECT 은유의 예는 He's *out of* the race now(그는 경주선상에서 벗어난 상태이다)와 進入決賽(결승에 진출하다), 在比賽当中(경기 중이다), 比賽里面出了很多怪事(경기 도중에 괴이한 일이 많이 일어났다) 등이 있다. 활동을 그릇으로 이해한 은유적 표현은 *Outside of* washing the windows?(창문을 닦은 것 외에 또 무엇을 했습니까?), what else did you do?(나는 창문을 닦는 것에 매우 만족한다), I *get a lot of satisfaction out of* washing window(나는 창문을 닦는 것에 매우 만족한다)가 있으며, 상태를 그릇으로 이해한 예는 He's *in* love(나는 사랑하고 있다), He's *coming out of* coma(그는 혼절에서 깨어났다), He *fell into* a depression(그는 우울증에 빠졌다) 등이 있다.

 본 절은 다량의 실례를 통해 은유가 일상 언어의 표현방식에 나타나며, 개념을 형성하고 추론에 기초가 될 수 있음을 살펴보았다. 인지언어학에서 은유 연구는 언어기제와 인지과정을 이해하는데 새로운 역할을 했지만 적지 않은 문제를 안고 있다. 이중에 중요한 문제는, 사고와 언어활동 과정에서 이러한 은유는 어떠한 심리적 표현을 지니는가, '그릇', '경로'의 은유와 같은 공간은유를 운용할 때 마음속에 그릇이나 경로의 이미지가 구현되는가이다. 인지언어학자는 이에 대해 부정적이다. 그들은 이러한 은유의 심리적 기초와 은유적 표현은 시각적 영상이 아니라 추상적 영상과 영상도식이라고 하였다. 다시 말해서, '그릇'은유는 '안밖'

관계의 추상적 '그릇'도식을 기초로 하며, '경로'은유는 '한 점에서 다른 점' 관계의 '경로'도식을 구현하고 있다.

제3절 영상과 영상도식

영상과 영상도식은 인지언어학에서 중요한 핵심 개념이다. 이 두 개념의 형성은 심리학과 인지과학의 발전과 관련이 있다. 60년대 후반 심리학은 대뇌에서 수행되는 정보의 가공 과정을 집중적으로 연구하였다. 그중에서 심상(mental imagery)에 대한 연구는 상당한 성과를 거뒀으며 Shepard(1971)의 심적 회전(mental rotation) 연구, Kosslyn(1975)의 심적 주사(mental scanning) 연구, Paivio(1975)의 이중기호이론 등이 있다. 일부 학자는 지각을 직접 객체와 사건을 체험하지 않더라도 두뇌에도 지각과 유사한 표상할 수 있음을 발견하였다. 예컨대, 어떤 입방체에 대해 상상력을 통해 80도 회전하는 영상을 표상할 수 있다. 이에 그들은 심상을 지각(특히 '시각')이 대뇌에서 추상적 유추(abstract analog)를 표상하는 것으로 간주하여,[2] 이를 지각의 기능과 등가라고 여겼다. 이러한 연구는 몇 가지 측면에서 인지언어학에 영향을 미쳤다. 첫째, 정보는 추상적 기호와 명제로 표상되지 않으며, 유추의 심상은 독립적 심리표상으로 인지활동에 중요한 작용을 한다. 둘째, 심상은 감지된 현실의 도상이 대뇌에서 복사되는 것이 아니라, 더 추상적이고 고도의 구조를 지니고 있으며 가역적이다. 셋째, 대뇌는 어떠한 외부자극이 없을 때 심상을 통해 시각적 정보와 공간적 정보를 가공하며, 전환, 변형 등의 심리적 조작이 가능하다. 이들은 실제적 공간 조작과 유사하다. 넷째, 심상의 구축은 기본적 인지 예를 들어, 운동지식에 제약을 받는다. 다섯째, 심상

2 Anderson(1980).

은 지각 형태를 초월해 통일된 구조를 가지고 있다. 예를 들어, 단선(斷線)의 선(시각)과 단선의 음향(청각)에서 추상적인 단선 영상이 형성된다(Johnson 1987, Gibbs & Colston 1995).

인지언어학의 영상과 영상도식은 인지심리학의 심상과 밀접한 관련이 있지만 완전히 동일하지는 않다. Langacker(1987)와 Johnson(1987)은 두 개념에 대해 서로 견해가 다르지만 기본적 정신은 일치한다. 이에 대해서는 아래에서 살펴보겠다.

2.3.1 Langacker의 영상(image, imagery)

Langacker의 영상 개념은 의미구조와 이를 투사한 통사구조를 설명하기 위해 설정하였다. 그는 의미구조를 규약화에 의해 제약된 개념적 산물로 보았기 때문에 의미 분석은 개념화 과정, 심리적 경험, 인지처리의 측면에서 진행되었다. Langacker는 인지능력에 대한 논의는 언어와 같은 고도의 인지활동에서 고찰하였으며, 이는 심리학 이론과 연관되지 않는다고 하였다. 그러나 심리적 경험에 대한 분석은 인지심리학의 일반적 견해와 부합한다. 예컨대 정신을 심리과정으로 간주했으며, 사고(thought)를 복잡한 신경활동의 사건으로 간주했지만, 최종적으로 전기화학 활동이라는 결론을 내렸다. 사건은 어느 정도 복잡한 인지활동으로 정의를 내렸다. 어떤 사건이든 재현(recurrence)에 도움이 되는 신경화학 흔적을 남긴다. 재현은 점진적인 강화효과가 있어서 여러 차례 지속된 재현은 하나의 사건 유형으로 고착된다. 만일 고착이 심화되면, 하나의 통합체로서 환기하기 쉬워진다. 이런 사건유형은 단위 지위를 지니게 된다. 이 경우 사건은 이미 확립된 일상적 순서가 있는데, 일단 촉발되면 그 순서는 자동적으로 진행된다. 이러한 일상적 순서가 실현되는 것을 활성화(activation)라고 한다. 일상적 순서의 활성화는 인지사

108

건에 해당한다. 심리적 경험은 이처럼 연속된 사건으로 이루어졌다. 동시에 활성된 이상적 순서는 더 높은 층위의 일상적 순서를 조화롭게 형성할 수 있다. 경험은 이런 방식으로 점차 복잡한 구조를 형성한다.

Langacker에 의하면 심리과정의 활성화, 구조적 특징은 지각적 측면에서 구현된다. 복잡한 지각적 사건 유형은 비교, 주사, 선택, 중첩, 재인식 등이 있다. 문제는 대부분 정신활동이 지각적 자극, 외재적 객체와 직접적 관련이 없으며, 관련 없는 지각이 유입됐을 때 유사한 지각이 발생한다는 것이다. 이때 형성되는 것이 영상이다. 영상은 심리학자 Shepard와 Kosslyn에서 논의한 심상을 말한다. 영상에 대해 Langacker는 제한적 한정어를 더한 것이라고 하였다. 예를 들어, 지각영상(시각영상, 청각영상 등을 포함)을 말한다. 그는 자극에 의해 유발된 지각적 표현과 이에 상응하는 지각영상은 실제로 동일한 사건 유형의 두 개의 다른 개형(token)이라고 하였다. 전자는 후자에 기초를 제공하며, 후자는 고급한 인지활동에 더 중요한 역할을 한다. 그는 이를 등가의 인지사건, 즉 자주적(autonomous) 인지사건과 주변적으로 연결된(peripherally connected) 인지사건으로 구분하였다. 이들은 각각 지각영상의 형성과 직접 자극으로 유발된 지각활동을 가리킨다. 전자가 자주적인 이유는 직접적 자극이 없고 주변으로 연결되는 사건('감정', '추상적 개념')이 없기 때문이다. 일부 주변적 사건은 외재적 감각기관과 관련이 없다. 예컨대 근육활동은 동력 신호에서 유발된다. 이와 유사한 중요한 영상인 운동영상(motor image)이 존재한다. 운동 영상은 직접적 자극하는 동력신호가 없고 실제 운동반응이 일어나지 않아도 대뇌에 유사하게 표상되는 자주적 사건을 인출할 수 있다. 예를 들어, 전신마비와 언어 능력을 상실한 사람도 소리의 청각과 발음지식이 있으며, 소리를 내는 운동영상을 형성할 수 있다. Langacker는 운동영상은 의미구조와 음성구조를 설명할 때 중요하다고 하였다. 음성적 측면에서 인간의 발음 행위는 청각, 운동,

운동감각의 일상적 순서에 지배를 받는다. 이러한 일상적 순서는 주변적으로 연결된 사건과 자주적 사건을 활성화시킨다. 여기서 도 근본적인 것은 자주적 사건이다. 의미적 측면에서 걷기, 차기, 던지기와 대응되는 운동 영상은 동사 '걷다' '차다', '던지다'의 의미를 포함하고 있다.

Langacker의 영상에 대한 위의 해석은 심리학의 심상 개념과 유사하다. 이를 '영상1'이라고 부를 것이다. 하지만 Langacker는 통상적인 상황에서 언어현상을 분석할 때 만일 특정적 지시(특정한 수식어)가 아닌 경우 영상개념은 자기 특질적(idiosynchratic)이라고 하였다. 이를 '영상2'라고 부를 것이다. 영상2는 사고와 표현을 위해 다른 방식(다른 영상의 구성을 통해)으로 감지된 상황을 이해하는 능력을 의미한다. 우리는 동일한 장면에 대해 서로 다른 속성을 통해 선택주의를 하고, 이 속성의 현저성(salience)을 조정하여 다른 시각(perspective)에서 관찰하고 구체화할 수 있다. 아래의 예문은 동일한 장면이지만 서로 다른 영상을 이루고 있다.

(1) a. The clock is on the table. (시계는 탁자 위에 있다.)

b. The clock is lying on the table. (시계가 탁자 위에 눕혀져 있다.)

c. The clock is resting on the table. (시계가 탁자 위에 놓여져 있다.)

d. The table is supporting the clock. (탁자가 시계를 지탱하고 있다.)

(1)에서 a가 가장 자연스럽다. a는 개괄적 장면을 제공하며, 그 아래 세 개의 예문은 윤곽에 차이가 있다. b는 시계와 탁자의 수평축과 직선으로 배열된 관계를 강조하며, c는 공간관계의 정태적 상황을 강조하며, d는 탁자가 시계에 가하는 힘에 대한 장애를 강조한다. Langacker는 의미구조의 기초는 '규약화된 영상'이라고 하였다.

영상2는 다른 방식으로 장면을 이해하는 능력을 강조하며, 다른 방식이 영상이 기술하는 중점이 되는지를 기술한다. Langacker는 심리학적 개념인 주의, 초점 조정, 시점, 추상, 기저-윤곽, 관할, 모습-배경, 탄도체-지표 등을 통해 영상을 분석하였다.[3] 이중에서 일부는 이미 소개하였고, 기타 상황은 沈家煊(1994)을 참고할 수 있다. Langacker는 영상도식을 통해 위의 개념에 근거한 영상을 분석한 결과를 보여주었다. 아래의 그림(2)는 Langacker가 영어 *enter*, *into*, *in*의 낱말에 대한 술어성을 분석한 것이다.

(2) a. *enter*

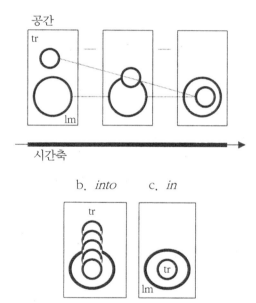

b. *into*   c. *in*

a와 b의 공통적 배경은 물체가 그릇에 들어가는 상황을 다른 방식으로

---

3 이중의 일부는 논의하였으며, 그 외는 沈家煊(1994)의 논문을 참조하기 바란다.

나타낸 것이다. a에서 동사 *enter*의 [ENTER] 과정 술어에 대한 공간 구분이다. 지표(큰 원)와 대응하는 탄도체(작은 원)는 일정 시간 동안 그와 관계는 [*tr* OUT *lm*]에서 [*tr* IN *lm*]으로 변화하였다. 이들 간에는 무수한 성분 상태(component states)가 존재하지만, 기술의 편의를 위해 세 개의 사각 틀로 나타냈다. 상태마다 공간영역의 지표와 탄도체 관계로 이루어진다. 지표 간에 점선은 상태가 동등하지 않음을 나타내며, 탄도체 간에 점선 역시 그러하다. 그림에서 지표와 상대적 위치에 있는 탄도체는 상태 변화가 초래되며, 지표 위치는 변하지 않는다. 각각의 상태의 점선은 이들 간의 관계를 나타낸다. 즉, 순차적 연쇄 방식에 따라 시간영역에 투사된다. 모든 상태는 시간영역에 투사되어 [ENTER] 과정의 시간 윤곽(temporal profile)을 이루며, 이는 시간 축에 굵은 선으로 표시하였다.

b는 전치사 *into*의 의미를 나타낸다. *into*와 *enter*의 장면은 동일하지만 주사방식은 차이가 있다. 주사는 비교기준과 대상을 연결시켜 그들 간의 차이를 기록하는 방식이다. 이는 눈으로 날아가는 새의 흔적과 오솔길의 방향을 추적하는 방식과 유사하다. 주사 방식은 일괄주사(summary scanning)와 순차주사(sequential scanning)로 나뉜다. 일괄주사는 순차적으로 연결된 성분 상태가 누적된 방식으로 균등하게 활성화되어 복잡한 장면의 모든 측면을 동시에 관찰하는 방식이다. 각각의 모든 장면을 조합해서 관찰하면 통합된 게슈탈트로 감지된다. 순차주사는 성분 상태를 연결해서 관찰하는 방식이다. 이러한 상태는 동시에 획득된 것이 아니라 순차적으로 처리된 결과를 구현하므로 순차주사는 시간적 과정으로 정의된다. 일괄주사는 마치 정지된 사진과 같고 순차주사는 영화를 보는 방식과 유사하다. a의 동사 *enter*는 과정을 기술하며 순차주사의 결과를 나타내며, b의 전치사 *into*는 관계를 기술하며 일괄주사의 결과를 나타낸다.

c의 전치사 *in*이 나타내는 윤곽은 관계이며 일괄주사의 결과이다. c의

탄도체는 정태적이며 b와 a의 탄도체는 동태적이다. b와 a은 하나의 틀이지만 단지 하나의 상태가 아니라 여러 상태의 중첩을 나타낸다. 만일 a의 각 상태를 투명필름으로 기술하면 다섯 개의 상태로 나타낼 수 있으며 그들은 순차적으로 중첩되어 b 도식을 이룬다. c의 도식은 정태적 그림을 기술하기 위해 투명필름을 중첩한 것으로 볼 수 있다.

위의 그림은 시각도식의 특징을 지니기 때문에 실제 영상과 차이가 있다. Langacker이 위의 도식을 영상으로 보지 않는 이유는 대뇌의 영상을 간단한 방식으로 모화(摹畵)하기 어렵다고 여겼기 때문이다. 만일 영상2의 구체적 실현 방식을 영상3이라고 부른다면, Langacker(1987)에 근거한 영상은 적어도 다음과 같은 특징을 지니고 있다. 첫째, 영상은 시각영상이 아니라 기타 유형의 지각영역과 운동감각능력이다. 영상은 반드시 지각영역과 직접적 관련되지 않는다. 둘째, 영상은 세부적인 '심적 사진'이 아니라 추상적 결과이며 도식적, 개괄적이다. 셋째, 시각영상은 어떤 경우 기술할 수 있지만 도식화하기 어렵다. 예컨대, '삼각형'의 시각영상을 그릴 수 없지만 등변 삼각형이나 부등변 삼각형은 그릴 수 있다. 칸트 이후, 철학자와 심리학자는 추상적인 삼각형이 존재하는지에 대해 견해를 달리하고 있다. Langacker는 영상을 인지사건으로 인식하였다. 따라서 직선의 시각영상은 (A 〉 B 〉 C 〉 D) 형식의 주사가 연쇄된 것이다. 삼각형 영상은 세 개의 주사가 연쇄된 통합, 즉 [(X)-(Y)-(Z)]이다. 등변과 부등변 삼각형 영상은 진일보한 인지사건과 관련된다. 예를 들어 길이의 비교이다. 만일 비교 결과 X〉Y=0, Y〉Z=0, Z〉X=0이면, 등변삼각형의 영상을 이룬다. 반면, 비교적 긴 인지사건은 출현할 수 없기 때문에 도식화된 추상적 삼각형 영상은 가능하다. 이로부터 Langacker의 영상 관념은 상호 관련된 핵심을 포함하고 있음을 알 수 있다. 하나는 영상을 다른 방식을 통해 장면을 구성축하는 주관적 능력이고, 다른 하나는 영상을 동태적 인지사건으로 간주하는 것이다.

구체적 분석에서 사용한 인지개념 즉, 윤곽, 주사, 현저성은 중요하다.

Langacker가 영상 분석에서 제시한 탄도체, 지표, 윤곽과 그림(2)의 도식은 인지언어학자가 언어의 다양한 영상과 구조를 분석하는데 사용하고 있다. 특히 공간관계를 기술할 때 유용하다(Sinha 1995). Langacker와 달리 인지언어학자는 분석 결과를 '도식', '영상도식'으로 불렀으며 이 두 용어는 서로 호환가능하다. Ungerer & Schmid(1996)는 영상도식은 우리의 일상생활과 세계에서 상호 경험한 간단하고 기본적인 인지구조로 정의를 내렸다. 이 책의 3.1.5절에서는 Taylor(1989)가 Brugman(1981)과 Lakoff(1987)의 논의를 바탕으로 전치사 *over*의 분석을 소개하였다. 이 중에서 각 의미는 서로 다른 영상과 관련된다. Ungerer & Schmid(1996)는 아래의 그림을 통해 *over*의 두 가지 의미를 나타내었다.

(3) a. fly *over* the house

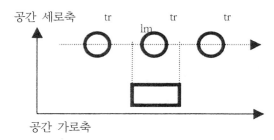

b. drive *over* the bridge

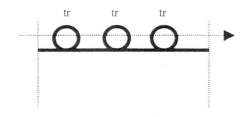

위에서 *over*는 동태적 의미이며 점선의 화살표는 탄도체가 운동한 경로를 나타낸다. a에서 탄도체와 지표는 접촉하지 않았으며 b는 접촉을 이룬다. Lakoff(1987)의 *over*에 대한 분석은 위와 유사한 도식을 통해 영상도식을 구현하였다. Dewell(1994)은 Lakoff의 다의 범주에 대한 분석 과정이 매우 복잡하며, 도식은 불필요한 특징을 기술했다고 지적하였다. 예를 들어, 지표의 형태와 부차적 도식에 대해 간단하고 통일적인 수정 방안을 제시하였다. 이 방식의 중점은 탄도체 경로를 활모양으로 변화시키는데 있다. 아래의 그림은 *over*의 세 가지 의미를 분석한 것이다.

(4) a.   b.

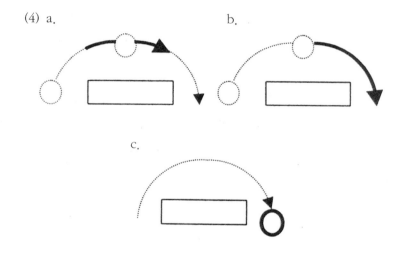

            c.

Dewell의 도식에서 탄도체는 경로를 가로질러 지표를 넘고 있다. 이 도식을 바탕으로 *over*의 다양한 도식을 기술할 수 있다. (4a)는 중심도식을 기저로 탄도체의 중심영역을 기술했으며 (3a)의 의미를 나타낸다. (4b)는 탄도체가 아래쪽으로 향하는 중간 단계를 기술했으며, *over*는 Sam fell *over* the cliff(샘은 절벽 아래로 떨어졌다)의 의미로 해석된다. (4c)는 탄도체가 종점을 기술했으며 Sam lives *over* the bridge(샘은 다리

저편에 산다)으로 해석된다.

영상도식의 관념은 Langacker가 제시하지 않았지만 기본 사상은 Langacker와 일치한다. 영상도식은 인지과정에서 중요한 작용을 하는 비명제적 지식이며 이는 영상과 관련된다. 영상도식은 구체적 도상이 아니라 추상적 인지구조이며, 이는 '도식'의 일면이다. Johnson(1987)과 Lakoff(1987)는 이러한 개념에 대해 상세하게 논의하였다. 실제로 두 학자의 주장에는 커다란 차이가 없다. Johnson는 영상의 주관적 인지과정과 능력을, Lakoff는 영상의 신체적 기초를 강조하고 있다.

2.3.2 Johnson과 Lakoff의 영상도식

Johnson과 Lakoff의 영상도식 개념은 다음과 같은 인식을 바탕으로 설명할 수 있다. 인간은 자연계와 연결된 신체를 지니고 있으며 의식과 이성 역시 환경과 상호관계를 맺고 있다. 따라서 신체적 경험은 매우 중요하다. 영상도식은 신체적 경험을 토대로 이루어진 인지구조이며 지각과 이성을 연결하는 교량이다.

Johnson(1987)은 유의미적, 상호 관련된 경험을 지니고 이를 이해하고 추론하기 위해, 인간의 행위, 감각, 지각활동에는 일정한 모형과 규약화가 존재한다고 하였다. 영상도식은 상기의 활동이 재차 출현한 모형, 형태, 규칙이다. 이는 유의미하게 조직된 구조로 주로 공간에서의 신체적 운동에서 나타난다. 영상도식은 우리의 경험에 일치성과 구조성을 부여한다. 신체적 기반을 강조하기 위해 Johnson은 영상도식을 '신체적 내포(embodied) 도식'이라고 불렀다. Johnson은 칸트의 도식에 대한 인식을 수용해서, 도식은 개념이 생기기 이전에 존재했으며, 개념과 독립이고 그 구조는 일반적 개념을 수용해서 다양한 영상을 생성할 수 있다고 하였다. 그는 영상도식의 동적(dynamic) 특징을 강조했기 때문에 영상도식을 '영상과 유사한 추상구조의 기능을 지닌 일종의 **동태모형**이라고 정의 내렸다. 영상도식은 확실한 구조가 있지만 고정된 정태적 영상으로 볼 수 없다. 영상도식의 동태적 특성은 두 가지 측면으로 제시된다. 첫째, 연속적 활동의 구조이다. 우리는 이런 활동을 근거로 경험을 조직하고 이해하고 있다. 둘째, 유연성이 있다. 이에 다양한 상황을 여러 가지 형식으로 구현할 수 있다.

다음의 경로도식(FROM-TO 혹은 PATH)을 통해 영상도식의 기본적 특징을 살펴보기로 하자.

(1)   A   B

전형적인 경로도식은 성분과 관계를 포함한다. 즉, 성분의 수량이 적을수록 관계는 간단하다. '경로'도식은 한 가지 특징이 있으며, 출발점 A, 종점 B와 경로의 세 가지로 이루어졌다. 여기서 관계는 A에서 B로 이동하는 동력의 양적 관계이다. 이 도식은 재차 출현하는 구조를 나타내며, 서로 다른 사건으로 구현할 수 있음을 나타낸다. 예를 들어, a. 한 장소에서 다른 장소로 이동하는 행위, b 공을 상대편에게 던지는 행위, c. 누군가를 주먹으로 때리는 행위, d. 누군가에게 선물을 주는 행위, e. 얼음이 물로 용해되는 사건 등이다. 이처럼 사건은 천차만별이지만 그들의 기본적 부분과 관계는 동일하다. 이 도식에서 e는 은유적이다. 즉, A와 B는 물체의 고체와 액체 상태를 나타낸다. 이를 통해 영상도식의 다음과 같은 특징을 알 수 있다. 첫째, 영상도식은 심리학자가 언급한 심상에 비해 일반성과 추상성을 더한 것이다. 심상은 환경과 관련된 구체적 영상이며 의식적 노력이 있어야 형상화시킬 수 있지만,[4] 영상도식은 특정 환경과 무관하며 의식적 노력을 기울일 필요가 없다. 영상도식

은 Lakoff(1987)이 제시한 '규약화된 풍부한 영상'에 비해 추상적이다. 심상은 마음속에 있는 컵, 말, 코끼리, 범선과 같은 사물 영상과 이탈리아 피자를 먹는 행위의 영상을 가리킨다. 이들은 환경과 무관하지만 의식적으로 출현하는 영상이다. 하지만 영상도식에 비해 구체적이고 지식의 제약을 받는다. 반면, 영상도식은 특정한 사회문화 지식과 독립적이다. 둘째, 영상도식은 특정한 지각을 초월해서 독립적으로 존재하며, 주로 감각운동(sensorimotor)에 부여되며, 공간 위치, 운동, 형태의 감수성과 관련된다. 따라서 Lakoff(1987)는 이를 '운동감각적(kinaesthetic) 영상도식'이라고 불렀다. Gibbs & Colston(1995)은 심리학적 용어를 사용하여 '공간 관계와 공간 위치의 동태적 추론 표상(dynamic analog representation)'으로 불렀다. 이들은 시각적, 청각적, 운동감각적, 촉각적이라고 할 수 있다. 셋째, 영상도식은 판별되는 부분과 관계로 구성된다. 이는 게슈탈트 특성을 지니고 있으며, 내부적으로 일치한 유의미적 통합체이다. 영상도식은 의미구조를 획득하는 주요 방식이다.

Johnson은 인간의 이해와 추론은 영상도식에 근거하며 다양한 도식이 교차된 경험의 과정이라고 하였다. Johnson과 Lakoff는 기본적인 영상도식 목록을 다음과 같이 제시하였다.

그릇, 평균, 충동, 장애, 반작용, 제한적 재고, 무력화, 매력, 불가산 물질-가산 물질, 경로, 연결, 중심-주변, 순환, 부분-전체, 합병, 분열, 가득함-비어있음, 공기, 중첩, 반복, 접촉, 과정, 표면, 물체, 집합

Lakoff(1987)는 위의 도식 목록을 토대로 몇 개의 주요한 도식을 중점적으로 분석하였다. 그는 도식이 신체적 경험, 구조적 성분, 기본적 논리,

---

4 Sherpard 등의 실험에서 특정한 도형이 피험자의 마음속에서 다른 각도로 뒤집어진 심상을 형상화했다고 한다.

은유 등으로 확정된다고 하였다. 그릇도식은 신체적 경험과 관련된다. **그릇도식**의 예를 들어 보자. 그릇도식의 구조는 내부, 외부 경계의 세 부분으로 이루어졌다. 기본적 논리는 내부구조의 배치방식 또는 배열에서 기인하며 다음과 같이 기술할 수 있다. 물체가 그릇 안이나 밖에 있을 때 논리구조는 'P 이거나 혹은 P가 아니다'이다. 만일 그릇 A가 그릇 B 안에 있고 X가 A 안에 있으면, 논리구조는 'X 역시 B 안에 있다'이다. 다시 말해서, 포용관계는 전달되며 이는 Boolean 논리에서 부류 또는 집합 개념의 기초를 둔다. 그릇 배열에 대한 경험은 도식의 논리적 함축을 추론할 수 있다. 가령 포함관계에서 안에 담긴 내용물은 외부 힘으로부터 보호를 받는다. 그릇 안에서 이루어지는 행위는 경계의 제약을 받아 내용물은 그릇의 고정된 위치에 있게 된다. 이처럼 그릇은 내용물에 대한 관찰에 영향을 미칠 수 있다(Johnson 1987). 자연언어에 다량의 그릇은유가 존재하고 있음은 앞 절에서 논의하였다. 예를 들어 '시야는 그릇으로 간주된다'가 이에 속한다. 이 밖에 영어에서 인간관계를 그릇으로 간주한 trapped in a marriage, get out of it이라는 은유적 표현이 있다. 이 은유는 그릇도식을 기초로 인지영역이 변화했지만 도식의 기본적 논리는 유지된다. 다음에서 Lakoff(1987)의 분석에 근거한 중요한 도식을 소개하겠다.

부분-전체도식

신체적 경험 : 신체는 부분으로 구성된 통합체이다. 우리는 신체의 통합성과 부분의 존재를 의식하고 있으며 그 일부를 조작할 수 있다. 생존을 위해 신체의 부분-전체 구조를 의식해야 한다.

구조적 성분 : 전체, 부분

기본 논리 : 부분-전체도식은 비대칭적이다. 만일 A가 B의 부분이면 B는 A의 부분이 아니다. 따라서 원래 상태로 환원할 수 없다. 이들은 재귀적이지 않아서, 즉 A는 A의 부분이 아니다. 전체가 존재하면서 부분

이 존재하지 않는 상황은 불가능하다. 만일 부분이 특정한 배열로 존재하면 이 경우 전체로 존재한다. 부분이 전체로 존재하더라도 반드시 전체를 구성하지 않는다. 만일 부분이 훼손되면 전체도 훼손된다. 전체가 P 위치에 있으면 부분은 P에 위치한다. 이 도식은 빈번하지만 필수적 속성은 아니다. 부분은 인접해있다.

기본적 논리 : 이 가정('사회구조')은 부분으로 구성된 전체이다. 결혼은 전체(가정)이며, 부부는 부분이다. 이혼은 분리이다.

중심-주변도식

신체적 경험 : 몸은 중심(몸통과 내장)과 주변(손, 발가락, 머리카락)으로 구성되었다. 줄기는 나무의 중심이고 가지, 잎은 주변에 속한다. 중심이 주변보다 중요한 이유는 중심부분이 훼손되면 주변부분이 훼손된 것보다 심각한 결과를 초래하여 생명이 위험해질 수 있기 때문이다. 중심을 통해 개체를 확인하는 것은 주변을 근거로 확인하는 것보다 효율적이다. 나무에서 잎이 떨어져도 동일한 나무이며, 머리카락을 자르거나 손톱을 잘라도 동일한 사람이다. 주변은 의존적이고 중심에 의해 결정된다. 몸통의 순환체계는 머리카락 건강에 영향을 미칠 수 있지만 머리카락을 잘라도 순환체계에 영향을 미치지 않는다.

구조적 성분 : 실체, 중심, 주변

기본 논리 : 주변은 중심에 의해 결정되며 중심은 이와 상반된다.

은유의 예 : 이론은 중심원칙과 주변원칙이 있으며 중요한 것이 중심으로 간주된다.

연결도식

신체적 경험 : 태아의 탯줄은 모체와 연결되어 있다. 영아기와 유아기에는 부모에게 안기고 물건을 자신의 위치로 고정시키기 위해 안거나

잡는 행위를 한다. 두 개의 사물을 연결시키기 위해 끈과 같은 매개물을 사용한다.

구조적 성분 : A와 B 두 실체는 연결 관계이다.

논리적 구조 : 만일 A가 B에 의해 연결되면 A는 B에 지배를 받고 B에 의해 결정된다. 이 관계는 대칭적이다. 만일 A와 B가 연결되어 있으면 B도 A와 연결되어 있다.

은유의 예 : 사회와 인간관계는 연결로 이해된다. 영어는 make connections, family ties와 같은 관습적 표현이 있으며, 중국어에서 사회와 인간관계는 纽带, 노동은 束缚, 자유는 无拘无束, 松绑, 解脱의 관습적 표현이 있다.

영상도식은 인간의 이해와 추론을 제약하고 규정하고 있으며, 언어적 측면에서 의미의 형성은 영상도식의 측면에서 설명할 수 있다. 최근 인지언어학은 영상도식과 은유적 개념을 통해 다의성을 설명하고 있다 (Svorou 1994, Zelinsky-Wibbelt(1993). 위에서 언급한 학자들은 *over*에 대한 분석에서 경로도식이 다의범주의 핵심적 지위임을 알 수 있다. Johnson(1987)은 Lindner의 영어 600개 낱말에 출현하는 *out*에 대한 동사 연구에서 원형의 도식구조를 통해 의미를 해석할 수 있다고 하였다. pick *out*, spread *out*, leave *out*, pass *out*의 은유적 표현이 그것이다. Lindner는 *out*을 세 개의 핵심의미로 분류하였는데 이를 그릇과 경로도식의 조합과 변형으로 분석할 수 있다.

(2a)에서 *out*은 John went *out* of the room(존은 방을 나갔다), Pick *out* the best theory(가장 좋은 이론을 선택하다)의 표현에 구현되는 의미를 나타낸다. (2b)는 Pour *out* the beans(콩을 쏟다), send *out* the troops (군대를 파견하다)에서 Hand *out* the information(정보를 배포하다)으로 설명할 수 있다. (2c)는 The train started *out* for Chicago(기차는 시카고

로 향해 출발했다)로 설명할 수 있다.

(2)

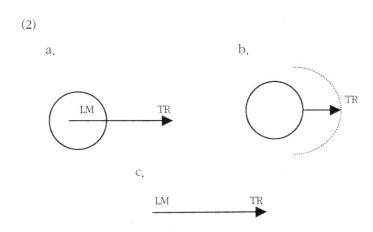

a.

b.

c.

Johnson과 Lakoff는 영상도식을 통해 개념과 의미구조를 설명할 때 영상도식 통합과 영상도식 전환에 주목하였다. Johnson(1987)은 '힘 (force)'과 같이 일상생활에서 자주 볼 수 있는 현상인 게슈탈트 구조를 분석하였다. 우리의 감지능력에 의하면 이러한 행위와 상호 관련된 요소는 상호관계, 운동, 운동 경로, 힘의 원천과 대상, 힘의 강도, 원인관계의 구조적 순서와 관련된다. Johnson은 힘의 구조를 강제, 장애, 반작용, 전환(diversion), 힘의 제거, 흡수 등의 영상도식으로 분류했으며, 이들은 고도로 구조화된 영상도식 게슈탈트(image-schematic gestalt)를 이룬다. 이러한 게슈탈트는 경험구조뿐 아니라 can, may, must, could, might 등의 양상체계에 타당한 설명력을 제공해 주고 있다. 예를 들어, must의 기본적 함의는 주체가 어떤 행위를 하도록 강제하는 힘을 나타내며, 강제도식과 부합한다. may의 기본적 함의는 내적, 외적 저항력이 존재하지 않는 것으로 이해되며, 제거도식과 부합한다. can의 기본적 함의는 행위자가 어떤 행위를 하도록 하는 잠재력, 적극적인 능력을 나타내며,

사동(使能)도식과 부합한다. 더 나아가 양상동사의 발화행위 구조 역시 영상도식으로 설명할 수 있다.

Lakoff(1987)은 영상도식 간에는 자연스러운 관계로 인해 다수의 다의 현상이 촉진된다고 하였다. 그는 이를 '의미도식 전환'이라고 불렀으며 복사범주 현상에 중요한 작용을 한다고 설명하였다. 위의 절에서는 전환의 실례를 논했으며 아래서는 유형에 따라 살펴보겠다.

(3) 경로 ↔ 경로 종점

    a. Sam walked *across* the street. [경로]

      (샘은 길을 건너갔다.)

    b. Sam lives *across* the street. [종점]

      (샘은 길 건너편에 산다.)

    c. Harry walked *through* that doorway. [경로]

      (해리는 출입구를 지나갔다.)

    d. The office is *through* the doorway. [종점]

      (사무실은 출입구를 지나서 있다.)

(4) 복수 ↔ 불가산

    a. *All* men are mortal. [복수]

      (모든 사람은 영원할 수 없다.)

    b. *All* gold is yellow. [불가산]

      (모든 황금은 노랗다.)

    c. The wine *spilled* out over the table. [불가산]

      (포도주가 탁자 위에 넘쳐흘렀다.)

    d. The fans *spilled* out over the field. [복수]

      (운동장에 팬들로 넘쳐났다.)

e. He coughed *throughout* the concert. [복수]
   (그는 음악회 내내 기침을 했다.)

f. He slept *throughout* the concert. [일차원]
   (그는 음악회 내내 잤다.)

(5) 영차원 ↔ 일차원

   a. Sam ran *through* the forest. [영차원]
      (샘이 숲을 가로질러 뛰어갔다.)

   b. There is a road *through* the forest. [일차원]
      (길이 숲을 가로질러 있다.)

   c. Sam walked *across* the street. [영차원]
      (샘은 그 길을 건너갔다.)

   d. There was a rope stretched *across* the street. [영차원]
      (밧줄이 길 저쪽까지 이어져 있었다.)

(6) 재귀적 ↔ 비재귀적

   a. He stood *apart* from the crowd. [비재귀적]
      (그는 군중과 떨어져 서있다.)

   b. The book fell *apart*. [재귀적]
      (책이 파손되었다.)

   c. He rolled *over* me. [비재귀적]
      (그가 내 위로 나뒹굴었다.)

   d. He rolled *over*. [재귀적]
      (그는 나뒹굴었다.)

(3a), (3c)에서 전치사의 의미초점은 경로이며 (3b)와 (3d)에서 전치사

가 표현하는 윤곽은 경로의 종점이다. 다의성은 보편적 경험을 기초로 한다. 우리의 눈은 경로에 따라 위치 이동하는 사물이 정지할 때 까지 추적하는데 이 경우 주의초점은 종점에 두고 있다. 이 밖에 물체가 경로를 따라 이동하는 것은 종점에 도달하기 위해서다. 일상생활의 보편적 현상은 종점으로 이동하는 도식이 의미 확장기제로 전환된 것이다, 기타 예문도 마찬가지이다. (4)에서 '복수'는 개체 사물의 수량적 속성을 나타내며, 이를 가산명사라고 부른다. 셀 수 없는 것은 불가산 물질(물, 술)의 특징을 나타내며, 불가산명사라고 부른다. (4a)와 (4b)는 전환의 전형적 실례에 속한다. (4c)와 (4d)는 액체 운동을 나타내는 동사와 관련되며 셀 수 없는 물질(가득찬 술)과 셀 수 있는 물질(넓게 분포된 축구팬) 간의 관계를 나타낸다. (4e)와 (4f)는 전환의 특별한 횟수를 나타내며, 그중에서 가산 물체는 일련의 점(연속된 기침)이고 불가산 물질은 1차원 탄도체(계속되는 수면상태, 즉 연속선)이다. 이러한 전환은 언어에서 자주 볼 수 있다. 중국어에서 진행을 나타내는 在, 着와 영어의 -ing는 지속('他在想问题(그는 문제를 생각하고 있다)')과 반복('他在眨眼睛(그는 눈을 깜빡이고 있다)')을 나타낸다. 이들의 경험적 기초는 식별 가능한 여러 개의 개체로 구성된 집단으로, 멀리서 보면 일련의 점은 선으로 감지된다. 연속된 점만 일차원 선으로 전환되는 것이 아니라 (5)처럼 이동하는 영차원 점도 일차원 선으로 전환된다. 연속으로 이동하는 물체(0차원의 탄도체)를 감지할 때 심안과 육안을 통해 그것이 남긴 흔적(1차원의 선형 탄도체)에 주목하게 된다. 따라서 이러한 전환은 매우 자연스럽다. (6)의 '재귀적' 역시 그러하다. 도식은 두 개의 구조 성분이 하나의 관계를 구성되는데 만일 이런 관계에서 두 개의 성분이 존재하지 않고 어떤 성분과 그 자신이 존재하면 이 도식은 재귀적이고, 그렇지 않으면 비재귀적이다. 이 두 도식의 전환은 다음의 경험에서 비롯된다. 두 개의 독립적 실체인 탄도체와 지표 간에 감지되는 관계가 존재하거나 동일한 실체의 선후 두 개가 서로 다른 위치에 존재하면, 동일한 실체의 다른 부분 또는 위치는 지표와 탄도체로 나뉜다. 위의 실례를 통해 영상도식 전환은 자의적이 아니라 지각, 운동 감각, 공간적 경험이 직접적으로 반영된 결과임을 알 수 있다.

인지언어학에서 제시된 영상도식 개념은 많은 측면에서 심리학의 심상 개념과 다르다. 따라서 관련 논의는 언어학으로 제한할 것이다. 그러나 최근 캘리포니아대학교 심리학자 Gibbs는 영상도식과 영상도식 전환이 심리적 현실과 관련된다는 증거를 제시하였다. Gibbs(1994)는 동사 *stand*를 가지고 심리적 실험을 한 후 다의 현상은 반복적으로 출현하는 신체적 경험에 의해 촉진된다고 하였다. Gibbs & Colston (1995)은 심상에 관한 논문에서 표정 운동량(representational momentum)의 실험연구를 영상도식 전환을 통해 설명하였다. 이 밖에 심리학 연구는 영아가 언어를 이해하기 전 이미 복잡한 신체 능력과 공간 추리 능력이 갖춰져서 물리와 공간 관계에 대한 이해('유생성', '무생성', '사동성', '포함')를 영상도식으로 구현할 수 있음을 밝혔다. 9개월에서 12개월 된 영아는 감각 경험을 통해 추상적인 유사성을 찾아낼 수 있으며 단선적 시각자극과 단선적 음성의 청각 자극 모형을 통해 위로 향한 화살과 아래로 떨어지는 음성의 관계를 감지할 수 있다. 이러한 사실은 지각을 초월한 추상적 영상도식이 초기 경험에 이미 존재하고 있음을 말해준다. Gibbs & Colston은 다양한 직·간접적인 실험은 영상도식과 영상도식 전환의 분석과 부합한다고 하였다.

2.3.3 항구성 가설과 형식의 공간화 가설

위에서 보듯이 은유와 영상도식은 인류의 개념체계와 언어체계에 다량의 규칙을 효율적으로 설명해 주고 있다. 이를 기초로 Lakoff(1990)는

'항구성 가설(the Invariance Hypothesis)'을 제시하였다. 이 가설의 기본적 내용은 다음과 같다. 근원영역에서 목표영역으로의 은유적 투사는 단지 일부분이지만 과거를 투사한 부분에 근원영역의 인지토폴로지구조(cognitive topology)가 보존되면 곧 영상도식 구조가 된다. 투사된 후, 항구적 불변을 인지토폴로지구조라고 부른다. 근원영역의 영상도식은 도출된 추론모델에 의해 결정되며 추론은 투사 과정에서 보전된다. 추론 모형은 은유방식으로서 추상의 추론모델로 투사된다. 이는 추상적 추론이 영상적 추론의 은유 형식이라는 것을 의미한다.

다양한 실례에서 보듯이 의미론은 기본적으로 추상적 개념이다. 따라서 수량, 상태, 시간, 변화, 동작, 목적, 수단, 원인, 상태, 범주 등은 은유방식으로 이해할 수 있다. 이러한 은유를 통해 근원영역을 개념화한 구조는 영상도식의 기초를 이루고 있다. 따라서 항구성 가설의 개념적 추론은 영상을 기초로 한다. Langacker는 이러한 개념을 영상의 측면에서 분류하였다. 만일 항구성 가설이 성립되면 Langacker의 방법과 Lakoff, Johnson의 은유 연구를 연결할 수 있다. 아래에서 시간개념을 통해 이 가설이 지닌 함의를 살펴보겠다.

시간개념은 많은 언어에서 공간개념을 기초로 구현된다. 언어학자들은 이에 주목했으며(Anderson 1971, Lyons 1977), 중국어에 이러한 현상이 있음을 논의하였다(Tai 1989, 游順钊 1994, Alverson 1994). 심리학자는 아동의 언어습득 순서가 시간개념보다 공간개념이 선행한다는 것에 착안하여 인지에서 공간조직이 중심 지위를 차지한다고 하였다(Clark 1973, Miller · Johnson-Laird 1976). 영상도식은 주로 공간 관계와 공간 이동의 특징을 지니고 있다. 따라서 시간을 공간은유로 표현하는 현상은 영상 작용을 설명하는 절대적 증거가 될 수 있다. Lakoff(1990)는 영어의 이런 현상에 대해 다음과 같이 분석하였다.

1. **본체론** : 시간은 사물(실체와 위치)과 그 운동을 참조해 이해한다.
2. **투사** : 시간은 사물이다. 시간의 흐름은 운동이다. 미래 시간은 관찰자 앞에 있고 과거시간은 그 뒤에 있다. 하나의 사물이 운동하고 있으면 다른 하나는 정지된다. 정지된 실체는 직시적(deictic) 중심이다.
3. **논리적 함축** : 운동은 연속적, 일차원적이다. 시간의 흐름 역시 연속적이고 일차원적이다.

　사물은 공간에서 운동하고 있으며, 대부분 언어는 공간 어휘로 시간을 표현한다. 이런 현상은 시간의 공간은유라고 할 수 있다. Clark(1973)과 Tai (1989)는 영어와 중국어의 시간 어휘를 분석한 후 공간과 시간의 대응은 근원영역의 구조적 특징을 보여준다고 설명하였다. 예를 들면, 시간을 표현하는 공간 어휘는 일차원적 속성을 지니고 있다. 영어 long-short, far-near와 중국어 長-短, 远-近('远古', '最近', '近年')이 그러하다. 高-低, 宽-窄류의 2차원적, 3차원적 속성을 내재한 어휘는 그렇지 못하다. 시간은 방향성이 있고 비대칭적이기 때문에 시간표현을 나타내는 공간 어휘는 비대칭적이다. 예를 들어, front-back, before-after, ahead-behind, 前-后 등이 그러하다. 반면, 대칭을 나타내는 左右는 그렇지 못하다. 시간의 비대칭적 속성은 Lakoff(1990)이 제시한 은유의 논리적 함축을 분석할 수 있었는데 그 자신은 오히려 이러한 속성을 누락하였다. 공간에서 운동하는 물체는 고전 역학이 기술한 것처럼 장애가 없거나 외부 힘의 영향을 받지 않을 경우 단일 방향으로 끊임없이 운동하며 되돌아오지 않는다. 이러한 운동은 정향적, 비대칭적이다.
　Lakoff는 시간을 사물, 운동, 방향 등의 관념을 통해 은유를 이해했기 때문에 생리적 속성과 관련된다고 여겼다. 우리의 시각체계는 운동과 물체/방위에 대한 감각기가 있지만 시간을 감지하는 기관은 가지고 않다. 따라서 운동 등에 의존해 시간을 감지하는 것은 자연스럽다.

Lakoff는 공간은유의 두 가지 투사 방식을 제시하였다. 첫 번째 방식은 관찰자의 위치는 고정적이고 시간은 운동하는 실체이며 시간은 운동 방향을 향한다. 이로부터 생성된 논리적 함축은 다음과 같다. 만일 시간1이 시간2를 후행하면 시간1은 시간2와 상대적으로 미래에 위치한다. 시간이 관찰자가 소재한 위치에 있으면 현재이다. 관찰자에 의하면 시간은 속도를 가지고 있다. 이런 투사방식은 다음을 설명할 수 있다. 다음은 Clark(1973)의 예문에서 가져온 것이다.

(1) The time for action has arrived.
    (행동해야 할 때가 왔다.)
(2) The time has long since gone when...
    (...할 때가 오래 전에 가버렸다.)
(3) Thanksgiving is coming up on us.
    (추수감사절이 다가오고 있다.)
(4) On the preceding day, ...   (전날에, …)
(5) Time is flying by.   (시간이 날아가고 있다.)
(6) Friday arrived before we knew it.
    (우리가 깨닫기도 전에 금요일이 왔다.)

Clark(1973)은 이런 투사방식을 '이동하는 시간은유(the moving time metaphor)'라고 불렀다. 영어 come, go, here, follow, precede, ahead, behind, fly, pass와 중국어 到, 过, 来, 来临, 之前, 之后의 시간적 함의는 움직이는 시간은유이다. 두 번째 방식은 시간 위치는 고정적이고 관찰자가 움직인다. 논리적 함축은 다음과 같다. 시간은 넓이가 있고 측량할 수 있으며, 펼쳐진 시간은 공간의 한 지역과 같으며 유계적 구역으로 감지된다. Clark은 이를 '이동하는 자아 은유(the moving ego metaphor)'

라고 불렀다. 다음의 예문을 보자.

(7) There's going to be trouble down the road.

　　(앞으로 곤란한 문제가 생길 것이다.)

(8) He stayed there for ten years.

　　(그는 십년동안 거기에 머물렀다.)

(9) We're getting close to Christmas.

　　(크리스마스가 가까워지고 있다.)

(10) I'll be there in a minute.

　　　(나는 거기에 곧 도착할 것이다.)

　영어 down the road, for, long, over, come, close to, within, in, pass 등의 시간적 함의는 이동하는 자아은유이다.

　Lakoff는 이 두 가지 은유 방식이 서로 일치하지 않지만 오히려 동일한 언어에 공존한다고 하였다. 이 현상에 대해 Clark(1973)과 Tai(1989)는 Lakoff 보다 앞서 관심을 기우렸다. 영어와 중국어는 동시에 두 개의 은유를 사용한다. (3)과 (9)를 비교해보자. The time has passed와 He passed the time는 영어와 중국어에서 서로 다른 은유로 표현된다. 중국어의 星期五到了와 到了星期五는 서로 호환이 가능하다. Tai는 중국어가 영어처럼 두 은유 방식이 가능하지만 중국어는 시간이 이동하는 은유를 선택하고, 영어는 스스로 이동하는 은유를 선택하는 경향이 나타난다고 하였다. 중국어 前天, 前半天, 后天, 后半天 등은 영어에서 사용하지 않는 표현이다. 이처럼 중국어와 영어는 시간은유 방식에 차이가 있으며, 이는 두 언어가 인지적 책략에서 공통성과 개별성이 있음을 알 수 있다.

　위에서 보듯이 항구성 가설은 적어도 세 가지 측면을 내재하고 있다.

첫째, 은유적 투사는 기본적 기능은 보존된다. 예를 들면, 시간개념은 공간의 위치 이동과 관련된 1차원적, 정향적, 동태 구조의 속성을 보전하고 있다. 둘째, 추상적 사고의 기초는 구체적 영상 사고이다. 추상적 사고는 구체적 영상 사고의 특례로 볼 수 있다. 셋째, 은유적 투사가 보존되는 것은 추상적 구조이다. 따라서 어떠한 방식으로 사상을 실현하고, 목표영역의 추상적 구조에 어떻게 구체적 요소를 보충할지는 인지적 책략에 의해 선택된다. Brugman(1990)의 항구성 가설은 고려해볼만한 문제를 제시했지만 완벽한 답은 기대할 수는 없다. 가령 항구성 가설이 제시하는 인지토폴로지구조는 어떻게 확정되는지, 근원영역의 어떤 속성이 영상도식 구조로 들어가며 목표영역에 투사되는지, 추상적 추론이 영상적 추론으로 귀결될 수 있는지에 대한 답은 추후의 연구 성과를 기다린다.

만일 추상적 사고가 영상과 영상구조에 근거하고, 문법구조가 개념구조에 직접적으로 대응하면, 자연언어의 형식적 구조는 추상적 사고의 산물로서 더 구체적인 영상구조로 간주될 수 있다. 이에 Lakoff(1987)은 형식의 공간화 가설(the Spatialization of Form Hypothesis, SFH)을 제시하여 통사구조의 형성과 실질을 설명하였다. 이 가설은 추상적 개념구조가 물리적 공간에서 개념적 공간은유로 투사된 결과를 반영하고 있다. 다시 말해서, 공간구조는 개념구조에 투사되며, 공간구조는 이성과 추론을 통해 영상도식을 구현하고 있다. 따라서 영상도식은 추상적 개념이 투사된 개념구조를 이루고 있으며, 나아가 통사구조의 기초를 이루고 있다. SFH에서 보듯이 복잡한 개념구조와 통사구조는 이상화된 인지모형(ICM)의 개념으로 설명할 수 있음을 보여준다. ICM은 상징부(symbol)로 이루어진 구조이다. 복잡한 구조는 건축물 블록 구조(building-block structure)와 게슈탈트 구조(gestalt structure)로 나뉜다. 만일 구조성분이 독립적으로 존재하고 구조 전체 의미가 성분의미의 함수이면 건축물은 블록 구조에 속한다. 만일 하나의 구조가 (a) 그 성분이 전체로 존재할 수 없거나 (b) 전체 의미가 부분의미와 부분의미의 조합방식으로 간단하게 도출할 수 없으면 게슈탈트 구조에 속한다. Lakoff는 일반적인 기호체계에서 기호는 내부구조가 없는 간단한 실체 또는 블록구조를 지닌 복합체의 상징체계는 게슈탈트 구조를 지닌다고 하였다. 유의미한 상징부는 모두 게슈탈트 구조이다. 예를 들어, 그릇 영상도식은 내부, 외부, 경계의 세 가지 성분으로 구성되었으며, 그중에 어떤 성분 예컨대 '내부'가 그릇의 게슈탈트를 벗어나면 아무런 의미가 없다. Lakoff에 의하면 통사구조는 개념구조와 마찬가지로 게슈탈트 구조의 ICM으로 기술할 수 있다. SFH에 의하면 통사구조는 아래의 방식으로 영상도식에서 은유적 투사를 거쳐 이루어진다.

1. 문법의 층차 구조(성분구조)는 **부분-전체**도식으로 설명할 수 있다. 모절은 전체에 속하고 하위절은 부분에 속한다.
2. 중심어, 수식어 구조는 **중심-주변**도식으로 설명할 수 있다.
3. 문법관계와 동시지(coreference) 관계는 구조적으로 **연결**도식을 나타낸다.
4. 문법적 '거리'는 **선형**도식으로 설명할 수 있다.
5. 문법범주는 기타 다양한 범주와 마찬가지로 그 **구조**는 **그릇**도식으로 설명할 수 있다.

Lakoff는 이 가설을 구체적인 통사 분석에 사용하지 않았다. 이 가설을 토대로 체계적인 통사이론을 제시하여 실제적인 문제를 해결한 학자는 Deane(1991, 1992)이다.

Deane(1992)는 SFH의 가치는 통사규칙에 대한 예측능력에 달려있다고 하였다. 만일 통사구조가 공간 형식 구조에서 도출되면 공간의 인지적 속성에 근거해 문법적 특징을 예측할 수 있다. 문제는 공간구조의 속성이 문법에서 어떤 역할을 하는지를 설명해야 한다는 것이다. 공간화 가설에 이에 대해 두 가지 가능성을 제시하고 있다. 첫째, 문법의 처리는 외현적인 공간은유와 직접 관련된다. 다시 말해서, 대뇌에서 문법구조를 처리할 때 공간개념이 활성화된다. Langacker(1988)는 이러한 해석은 분명히 모순이 존재한다고 하였다. 그는 증거를 통해 복잡한 운동감각 순서는 층차 구조가 있다고 하였는데, 이는 언어의 성분구조와 유사하다. 공간구조를 통해 이러한 순서를 기술하는 것은 부적합하다. 바꿔 말해서 어떤 구조를 공간구조의 측면에서 이해할 수 있다는 것은 실제 공간구조로 처리되는 것과 동일하지 않다. 이 밖에 언어활동과 관련된 심리과정은 층차가 낮은 신경활동인데, 이런 과정 역시 공간구조와 직접 관련되는지 확인하기 어렵다. 이런 점에서 Deane (1992)는 SFH에 대한 두 번째 해석을 제시하였다. 즉, 문법은 암묵적 공간은유가 투사된 것이고 하였다. 다시 말해서, 문법지식은 반드시 공간지식과 직접적 관련될 필요는 없지만 두 지식 간에는 직접적인 동형관계(isomorphism)가 존재한다. 이들은 동일한 특정 신경기제에서 처리하기 때문에 동일한 표상 형식(representational format)을 지니고 있다. 문법지식과 공간지식 간에 내재된 유비관계는 동일한 격식의 논리함축으로 볼 수 있다. 여기서 두 지식의 은유적 표현이 가능하므로 문법형식과 공간형식은 더 추상적인 층위에서 평행관계를 이룬다. 이에 따라 통사구조는 공간구조에 근거해 기술할 수 있다.

위에서 보듯이 언어능력은 대뇌의 특정 영역에서 수행되는 언어정보 처리를 근거로 하며, 대뇌의 일부 주요 기능은 공간구조, 즉 추상적 공간 도식을 처리한다. 다시 말해서, 공간정보를 처리하는 신경구조가 만일 다른 방식으로 연결되면 문법지식을 포함한 추상적 개념을 처리할 수 있다. 이에 따라 Deane(1992)는 대뇌 두정엽 가설(the Pariental Hypothesis)을 제시하였다. 이 가설에 따르면 문법능력은 대뇌의 특정 영역에서 이루어진다. 이 영역의 주요 기능은 신체도식과 고차원적 영상도식으로 표상되며, 시각, 청강, 운동감각 및 기타 감각기관으로부터 정보를 취합하고 통합하는데 있다. 신경언어학과 신경생리학에 의하면 이 영역은 대뇌피질의 하위 전두엽에 존재한다고 하였다. 이 가설에 의하면 언어능력에서 비교적 추상적인 문법은 두정엽에서 이루어지며, 추상성이 비교적 약한 청각과 발성은 베르니케 영역과 브로카 영역에서 이루어진다.

두정엽의 주요 기능은 감각을 제어하는데 있다. 두정엽이 신체 지각 영역, 지각적 언어 중추, 시각적 언어 중추로 구분되는 것은 신경과학계에서 이미 알려진 사실이다. 그런데 언어능력을 대뇌 피질 전두엽(브로카 영역)으로 확정한 사실에 대해 두정엽 가설이 전통적인 견해를 위배하고 있다는데 문제가 있다. Deane는 최근 신경과학의 연구 성과를 고찰한 후 두정엽 가설이 해부 및 실험적 검증을 통해 합리적인 결과가 도출될 수 있음을 발견하였다. 신경생리학자 Geschwind(1965)는 일찍이 유사한 주장을 했으며 그 증거는 신경해부학에서 찾을 수 있다. 대뇌 피질과 연결된 영역은 신경섬유를 통해 하위 전두엽까지 연결되어 있는데 이러한 조직은 인간보다 저급한 동물에는 존재하지 않는다. 일반적으로 포유동물의 대뇌에서 감각 형태 정보를 초월한 통합은 대뇌 하부의 주변 영역에서 발생한다. 이 영역은 음식과 성(sex)과 같은 원초적인 감각에 대해 고도로 민감하다. 이러한 사실에서 Geschwind는 인간 특유의 언어의 명칭기능이 하위 두정엽에서 조정된다는 사실을 제기하게 하였다. 왜냐하면 두정엽은 대뇌피질에 있으며 모든 감각 형태로부터 온 방대한 양의 정보가 동시에 출현할 수 있는 유일한 영역이기 때문이다. 임상증거를 통해 이 영역이 손상되면 이름을 부르는데 어려움을 겪는다는 사실이 발견되었다. Deane의 가설은 문법 능력도 이 영역에서 이루어진다고 하였다. 이에 대한 증거는 여러 가지 측면에서 나타난다. 최근 실어증 연구에 의하면 하위 두정엽은 신체도식과 물체도식을 책임지는 영역이며, 신체적 감각이 통합되는 영역이다. 이 영역이 손상되면 문법 능력에 장애를 일으킬 수 있다. [Deane의 연구는 80년대 말에서 90년대 초에 이루어졌으며 그는 이후에 이루어진 신경과학의 발전 상황에 대해서는 확인하지 않았다. 90년대 중엽에 신경생리학자와 심리학자의 주된 관심은 전두엽에서 두정엽 피질로 바뀌었고 두정엽 피질의 기능에 대해서 많은 논의가 있었다. 영국의 심리학자 Carey(1998)에 의하면 두정엽 피질의 연구가 성행하는 원인은 전통적인 견해와 상당히 다른 새로운 이론과 증거가 제시되었기 때문이라고 하였다. 공감각적 지각, 운동, 인지능력은 두정엽과 관련된다. Husain (1997), Mattingley(1998)은 두정엽 피질이 손상된 환자의 '공간 무시(spatial neglect)' 증상에서 새로운 결론을 도출하였다. 즉, 두정엽이 동시에 감지와 운동의 두 가지 기능을 한다. 이 연구에서는 언어현상을 논하지 않았지만 두정엽 기능이 본질적으로 Deane의 두정엽 가설과 유사하다는 사실을 확인시켜 주고 있다.]

이러한 인식을 바탕으로 Deane(1992)는 공간화 가설을 다음과 같이 수정을 하였다. 그는 이 가설의 기본 내용을 간단하게 '언어단위는 추상적 물체이다'라는 표현으로 설명하였다. 여기서 물체는 물체도식을 나타내며 그 구조는 언어단위에 투사된다. 물체도식은 연결도식, 부분-전체 도식, 중심-주변도식을 포함한다. 현실세계에서 원형적 물체는 부분으로 전체를 감지할 수 있으며, 상호 연결된 관계가 있으며, 전체는 중심부분과 주변부분을 포함한다. 예를 들면, 몸통은 신체의 중심부분이며 머리, 맥박, 다리는 주변부분에 속한다. 손은 중심부분(손바닥)과 주변부분(손가락, 관절)으로 연결되어 있다. 통사적 측면에서 구의 중심어는 핵심부분에 속하며 특정한 방식으로 주변부분인 부가어(adjuncts)와 연결된다. Deane는 통사구조를 위의 세 개의 공간 영상도식 구조로 간주하였다. 이 중에서 연결도식은 가장 기본적 도식으로 더 높은 층위의 도식이 형성되는 과정에서 결정적인 역할을 하고 있다. 부분-전체 도식은 성분 간의 상호관계로 이루어졌으며 중심-주변 관계는 부분이 전체로 통합한 상호 연결된 관계망으로 이루어졌다. 이와 같이 통사구조는 근본적으로 연결도식이 문법영역으로 투사된 것으로 볼 수 있다.

　Deane는 Lakoff(1987)의 연결도식에 대한 설명이 과도하게 개괄적이라고 여겨서 다음과 같은 명확한 설명을 요구하였다. 먼저 Lakoff의 연결도식은 대칭적이며 불확실하다고 여겼다. 의복과 장신구는 다양한 방식으로 신체와 연결되지만 그들의 관계는 대칭적이지 않다. 신체가 이동하면 부착물도 함께 이동하지만 부착물의 이동은 반드시 신체 이동을 유발하지 않는다. 물론, 일부 물체 간의 연결 관계는 대칭적인데, 이는 방향이 상반된 두 개의 연결 관계를 분석하는데 적합하다. Deane는 연결도식을 운동감각과 관련된 동태도식으로 보고 다음과 같이 설명하였다. a. 두 성분 하나는 의존 성분으로 특정한 배열을 통해 독립 성분과 연결된다, b. 성분 간은 배열은 실제로 접촉하는 경우도 있다, c. 연결체는 성분 간의 관계를 결정하는 요소로 부착이며, 의존 성분에 배열적 관성(configural inertia)을 부여한다. 즉, 연결체와 독립 성분 간에 내재적 관계가 존재한다. 한편, 연결 강도가 외부 힘을 극복하거나 제어할 수 있는지는 매우 중요하다. 옷과 신체처럼 유연성이 약한 연결은 다양한 상호 행동을 용인하기 때문에 순서적 배열이 달라지거나 파괴될 수 있는 반면, 다리처럼 유연성이 강한 연결은 자유 활동이 허용되지만 활동 범위는 제한된다. 연결이 강력하고 견고한 경우 의존성분에 강력한 제약을 하게 된다. 연결은 Lakoff가 언급한 것처럼 전달성이 있지만 간접 연결은 강도와 견고성이 쉽게 상실된다. 간접 연결에 다수가 연결되면 연결부분이 많아지면 체인에 고리가 많아지는 것처럼 상호관계는 유연해진다.

　이처럼 복잡하고 고도로 조직된 연결도식은 수학의 함수와 같이 추상적 구조를 이룬다. 즉 어떤 매개변수는 다른 매개변수에 의해 결정된다.

이러한 의미에서 연결도식은 전달되며 대칭적이지 않다. Deane는 문법관계는 이러한 정의에 근거한 연결도식으로 설명할 수 있다고 하였다. 연결도식을 연결 관계로 간주하면 네 가지 부류로 나뉜다. (a) 공동 의존관계(cooccurrence dependence)는 간단하게 'C-연결(C-link)'로 부를 것이다. GB이론에서 논의되는 부차적 범주와 격표지 모형을 포함한다. 영어의 주어가 [+TENSE]의 속성인 INFL를 가지는 것은 C-연결의 좋은 실례이다. (b) 서술관계(predication)는 'P-연결(P-link)'로 부를 것이다. 이는 행위자 논항과 수동자 논항의 빈자리 메우기를 의미한다. GB이론의 의미역 부여와 비슷하다. (c) 함의적 의존관계(sense dependence)는 'S-연결(S-link)'로 부를 것이다. 어떤 낱말의 함의는 다른 낱말에 함의에 결정된다는 것을 의미한다. 조응어와 비슷하다. 예를 들어, 문중 대사 'one'이 함의하는 조응어에 대한 확인이다. (d) 지시적 의존 관계(reference dependence)로 'R-연결(R-link)'로 부를 것이다. 어떤 언어단위의 지시가 다른 단위를 제약하는 관계를 의미한다. 지시에 대한 조응어 확인과 유사하다. 이 네 가지를 위에서 언급한 세 개의 공간 영상도식의 방식으로 조직하고, 기타 원칙과 제한조건을 가하면 직접성분구조, 층차구조, 타동성, 관계구의 통사개념에 대해 설명할 수 있다. 가령 성분구조는 부분-전체도식으로 구현되는데, 이로부터 통사적 예측을 할 수 있다. 즉, 두 개의 문법단위는 동일한 성분에 속하며, 그들은 서로 연결된다. 예를 들어, 동사 V와 직접목적어 NP에서 V와 NP는 서술관계이다. 즉, V에서 NP의 P-연결이 존재하며, 동시에 NP는 V에 의해 부차적 범주화된다. 문중의 NP 출현은 V에 의해 허가(license)된 것이다. 따라서 이들 간에 C-연결이 존재한다. 이처럼 이들은 상호 연결되어 하나의 성분을 이루고 있다.

표면적으로 위의 분석은 GB이론과 유사하며, 그 용어와 분석결과를 참고했지만 실제로는 커다란 차이가 있다. 영상도식을 통해 문법구조를 세운 것 외에 형식문법과 또 다른 중대한 차이는 문법관계를 인지적 처리로 간주했다는 것이다. Deane(1991, 1992)는 인지심리학자 Anderson (1983)이 제시한 주의(attention) 이론을 채용하였는데, 이 이론의 핵심 개념은 Collins & Loftus(1975)가 제창한 의미처리의 확산적 활성(speading activation)이다. 이 개념은 지금 새로운 연결주의 이론에서도 중요시된다. 활성은 어떤 개념이 부각되는 정도의 차원(量度)을 가리킨다. 인지과정에서 개념은 고도로 활성화되어 현저되고, 활성 수준이 낮으면 비활성적이며, 그 중간은 활성적이다. 활성은 개념의 국부적 연결을 통해 확산되며, 인지적 조작은 활성적 개념에서 연결된다. Deane(1991)는 이를 기초로 통사구조는 확산적 활성 대상이며, 활성 분포는 영상도식 구조를 통해 예측할 수 있다는 기본적 주장하였다. 구체적으로 만일 A와 B의 두 지각이 인접한 개념인 경우, A가 고도로 활성화되면 A의 활성은 B까지 확산되어 B 역시 부각되거나 인접관계의 영향으로 활성적 수준에 이른다. 그렇지 않으면, B의 타성으로 인해 영향을 미치지 않아 비활성적 상태에 놓인다. 통사구조와 개념구조 모두 층위가 있기 때문에 활성화된 층차모형을 이루고 있다. 가장 간단한 개념 층차 구조는 속성과 인지영역이다. 만일 주의 초점이 속성에 집중되면 그 인지영역은 주의의 중심이 되는 반면, 인지영역에 집중되면 활성수준이 반드시 속성에 전달되는 것은 아니다. 하지만 만일 서로 연결된 경우 활성은 전달될 수 있다. 활성의 확산모형은 다음과 같이 나타낼 수 있다.

(11) a.   b.

속성의 활성	영역의 최소 활성	영역의 활성	속성의 최소 활성
현저	현저	현저	활성
활성	활성	활성	비활성
비활성	비활성	비활성	비활성

위의 도표를 근거로 속성-영역 관계 구조의 활성이 확산 상황을 추산할 수 있다. 아래는 부분-전체도식의 통사구조에 근거한 확산적 활성을 분석한 것이다. 먼저 (12a)를 살펴보자.

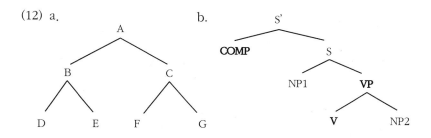

(12) a.

b.

만일 교점 C가 현저되면 이는 C 전체 부분이므로 C의 속성에 해당한다. (11a)에 의하면 C 또한 현저된다. C는 F 교점의 영역이므로 F는 활성화된다. 이에 따르면, 활성은 C에서 A로 확산되어 A는 현저되고 B 역시 활성화되는 반면, D와 E는 활성화되지 않음을 추론할 수 있다. 위의 수형도에서 기술된 활성모형과 생성문법의 C-통어(c-command) 모형은 놀랄 만큼 유사하다. 이는 생성문법의 통사구조에 대한 기술이 개념구조에서 예측 가능하다는 것이다. 이제 (12b)를 살펴보자. 이는 70년대 생성문법 WH 위치이동을 분석했을 때 제시한 전형적인 수형도를 나타낸다. 중심-주변도식이 통사구조에 투사된 것에 근거하면, 구의 중심어(핵심)는 중심부분이다. 인지심리학의 활성이론에 따르면, 전체가 부각되면 중심부분 역시 현저된다. 하지만 중심부분이 연쇄된 부분의 핵심일 경우, 만일 각 부분이 통합되어 고도의 활성수준에 이르러 활성 상태로 변화되면 중심이 '수렴 활성(converging activation)' 효과로 인해 고도로 활성화되어 현저된다. 이 현상은 심리학의 실험연구와 인지언어학의 은유연구에서 논증되었다. 따라서 전체에서 중심의 활성적 확산은 (11a)에 따라 연산된다. (12b)에서 COMP는 S'의 핵심(각 충차의 핵심은 진하게 표시했다.)이고, S는 V의 최대 투사이다. 만일 COMP 교점이 현저되면 활성은 그 영역으로 확대된다. 즉, S'은 현저되고 다시 S'는 S로 전달되어 S를 활성화시킨다. VP와 V는 각각 S와 VP의 핵심이므로 활성 상태가 되는 반면, 두 개의 NP는 비핵심부분이므로 비활성화된다. 생성문법에 의하면 (12b)의 NP1과 NP2는 모두 WH 이동을 거쳐 성공적으로 COMP 의 위치로 추출된 것이다. 이러한 규칙은 위의 활성모형에서 도출된다. Deane(1991)에 의하면, 추출의 필수조건은 추출된 성분의 위치와 추출된 모체가 동시에 주의(attention)를 받는 것이다. 즉, 활성화된다. (12b)에서 추출된 부분의 소재지 COMP는 활성화된다. 추출 성분이 NP1인지 NP2인지와 관계없다. WH 어휘항은 부차적 범주화 특징과 연동되고, 이러한 특징은 각각 VP와 V 소재지에서 구별되며, 또한 이들은 활성화된다. 따라서 추출 요구를 만족시켜 WH 위치 이동은 성공적으로 실현할 수 있다. 만일 동시에 활성 조건을 만족하지 못하면 (12b)의 NP2를 전치사 P에 NP를 부가한 전치사구로 바뀐다. 활성모형을 살펴보면, 활성은 COMP에서 전치사구 교점으로 전달할 수 없기 때문에, 이 중에서 NP를 추출할 수 없다. 이는 생성문법에서 설명한 금지구역 현상이다. Deane (1992)의 연구에서 보듯이, 생성문법이 제시한 금지구역 조건과 영속조건은 위의 방식으로 도출되며, 인지의미적 측면에서 설명이 가능하다. 흥미로운 것은 생성문법을 가지고 다양한 예외 현상을 일관적으로 설명하기 어렵지만 인지문법으로 설명 가능하다는 것이다. 이 책의 1장 제2절에서 논의한 심층 추출은 인지문법 이론으로 설명할 수 있다. 1장에서 논의한 섬 제약의 다양한 예외 현상은 기능적, 의미적 공통점, 즉 추출된 모체는 초점 위치이며, 잠재적 화제 성분을 포함하고 있다. 그들이 예외인 이유는 수형도에서 추출된 모체의 위치가 너무 깊고, 활성적 확산의 정상적 경로에 따라 전달할 수 없어서 추출할 수 없기 때문이다. 그러나 초점은 정보가 응집된 곳으로 고도의 활성상태가 되면 일반적 경로는 주의를 받을 수 있다. 잠재적 화제는 활성 수준이 높지 않지만 수렴 활성 효과를 통해 현저한 수준에 도달하면 주의를 받을 수 있다. 문장의 화제는 담화 화제와 동등하거나 담화와 밀접한 관계에 있으며, 진술은 새로운 정보로서 자연스럽게 활성화된다. 다음에서 '프랑스 국왕'을 화제로 삼은 담화의 실례를 살펴보자.

(13)

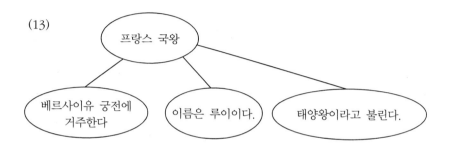

(13)은 중심-주변도식을 구현하고 있다. 이는 화제가 모든 부분을 연결하는 성분이기 때문이다. 주변부분인 평언은 새로운 정보가 담겨있으며, 적어도 활성 상태에 있다고 할 수 있다. 위의 수렴 활성 모형에 의하면 화제는 현저한 활성 수준에 이를 수 있다.

위에서 Deane의 인지구문문법 이론의 일부 내용을 살펴보았다. 이 이론은 주로 섬 제약을 분석했지만, Deane는 다양한 문법현상을 해석할 수 있는 잠재력이 있다고 여겼다. 이 이론은 기본적 영상도식을 통해 문법체계(순수 형식 원칙)을 설명했으며, 인지능력(공간 추론 능력)과 인지기제(주의, 활성의 확장)를 사용해 문법능력을 설명하였다. 이는 인지언어학이 점차 실증적 연구에 주목하고 있음을 보여준다. 가령 아동이 어떤 조건에서 언어를 이해할 수 있는지 등이다. 만일 영상도식을 기초로 문법범주로 구축되면 이 문제는 또 다른 답을 가지게 된다.

Deane의 인식(대뇌 구조) 또는 Johnson과 Lakoff의 인식(신체적 구조)에 의하면, 아동의 공간 운동감각 영상도식에 대한 이해는 유아기에 고도로 발달하기 때문에 언어 학습은 상상하는 것보다 첨예하지 않을 것이다. 이 밖에 위의 연구는 심리학, 신경과학 연구의 이론적 개념과 분석방법을 채용했으며, 형식언어학의 연구 성과를 수용하였다. 인지언어학자 Langacker, Lakoff, Tai 등은 대부분 생성문법 진영에 있었으며 형식언어학 발전에 공헌하였다. 중국어의 인지언어학 연구는 초보단계지만 괄목할만한 성과를 거뒀다. 謝信一의 구성 인지문법(Hsieh 1992, 謝 1998)[5]은 언어표현의 영상적 특성을 중시했으므로 본질적으로 인지와 관련된다. 동시에 형식문법의 분석의 우세를 갖춰서 '문법 도상성 원리와 추상성 원리의 상호 경쟁'하는 문법모형으로 통합되었다. Huang & Li(1996)에 의하면, 중국어 문법학계의 형식주의와 기능주의가 결합하려는 노력을 하고 있으며, ……이 중에 가장 주목할 만한 것은 謝信一가 제창하고 同仁发가 발전시킨 '상호이론'이라고 하였다. Huang & Li의 다음의 견해에서 중국어 형식주의 언어학과 인지언어학이 공감대를 형성하고 있음을 확인할 수 있다. "만일 철저하게 중국어 문법과 일반적인 의미의 문법을 인식하려면, 형식적, 기능적 속성뿐 아니라 두 속성의 상호 작용에 대한 전면적인 고찰이 필요하다."

---

5 謝信一(1989, 1998).

O3
—
문법 도상성
—

    인지언어학 연구에서 도상성은 중요한 과제이다. 언어 도상성은 형식과 언어 성분, 구조 간에 유사성을 의미한다(Dotter 1995). 다시 말해서, 언어의 형식(기표)과 내용(기의) 간에 관계가 비자의적, 논증적이라는 것이다.

    언어 도상성 관념은 고대 그리스 철학자의 말과 대상의 관계가 성질인지 규정인지에 대한 논쟁과 중국 선진시기 철학자의 명제와 실상에 대한 논의로 거슬러 올라간다. 철학자와 기호학자(Nöth 1990)는 오랫동안 도상성 연구에 주목했지만 소수의 언어학자(Behaghel, Jakobson, Bolinger)를 제외하고 이에 대해 부정적인 태도를 지녔다. 언어학에서 소쉬르의 자의성 원리가 오랫동안 절대적인 우위를 차지하면서 도상성에 대한 인식은 단편적인 것에 불과했기 때문이다. 도상성은 우연적이며 전체 체계에 영향을 미치지 않는 의성어, 소리의 상징 현상(sound symbolism) 등에서만 구현된다고 여겼지만, 최근 연구에서 이 같은 상황에 변화가 생겼다. 언어체계의 유기적인 부분 - 문법-에 상당한 정도의 문법 도상성이 내재되어 있다고 한다. 도상성은 인류 언어의 중요한 특성이라 할 수 있다.

    도상성 연구의 발전은 세 가지 측면에서 기인한다. 첫째, 기능학파의 발전으로 언어관에 변화가 생겼다. 기능주의 언어학자는 언어를 더 이상 자의적이고 단순한 형식체계로 간주하지 않았다. 따라서 형식 배후에 숨어 있는 의미와 기능적 동기성을 탐색할 필요가 있다고 여겼다. 둘째, 언어유형학의 발전으로 다량의 언어에서 귀납된 공통적 규칙을 근거로 도상성을 해석하기 시작하였다. 이 경우 친족관계가 없을 것이라고 확신했던 언어에서 유사한 형식-의미의 공기관계가 있음이 쉽게 발견된다. 셋째, 인지언어학의 탄생은 도상성 연구를 촉진시켰다. 인지언어학의 기본적 주장은 언어구조가 경험 구조와 대응한다는 것인데, 도상성은 이에 대한 강력한 증거로 제시될 수 있다.

이러한 배경을 전제로 본 장에서는 도상성 특히 문법 도상성에 대한 연구를 간략하게 소개하겠다. 도상성은 자의성과 상대적인 개념이기 때문에 제1절에서는 이에 대한 견해와 향후 발전 추세를 살펴볼 것이다. 제2절에서는 도상성의 함의와 유형에 대해 자세하게 살펴보기로 한다. 또한, 범언어적 증거를 통해 몇 가지 주요한 도상성을 설명할 것이다.

제1절 개괄 : 언어의 자의성과 도상성

위에서 언급했듯이 언어는 다양한 방식으로 사고와 외재적 현실을 반영하고 있다. 이러한 관념은 고대 그리스 철학자 플라톤의 「대화록」(Cratylus)에서 두 가지 견해로 설명하고 있다. 하나는 명칭과 사물은 연결되어 있으며 정확한 명칭은 현실의 본질적인 속성을 모사(imitate)하고 있다는 것이다. 다른 하나는 명칭과 사물의 연결은 인간에 의해 규정되었다는 것이다. 플라톤이 남긴 유명한 'Problem of Cratylus'는 세계에 대한 경험이 어떻게 전화되었으며, 언어에 어떻게 반영되었는지 묻고 있다. 후대 철학자 역시 오랜 세월동안 이를 사색하고 논구했지만 별다른 해결책을 내놓지 못했다. 실제로 이러한 논쟁은 지금까지 계속되고 있다. Simone(1995)는 전자를 플라톤 패러다임으로 후자를 아리스토텔레스 패러다임으로 불렀다. Leibniz, Vico 등은 플라톤 패러다임을 옹호했지만 아리스토텔레스 패러다임이 명백한 우위를 차지했다.

언어학에서 아리스토텔레스 패러다임은 '언어 기호의 자의성'이 자명한 진리임을 보여주고 있다. 이는 특히 소쉬르의 공헌이 지대하다. 그는 「일반언어학강의」에서 언어 기호의 특징에 대해 두 가지 기본 원칙을 제시하였는데, 그 중 하나의 원칙은 '기호의 기표와 기의는 자의적이며 규약화된 것'이다. 소쉬르에 의하면, 이 원칙은 소쉬르 이전 언어학계서 반대하는 이가 없었다고 한다. 소쉬르 사상의 직접적 연원은 미국언어학자 Whitney이다. 그는 '낱말과 관념 간에는 필연적인 관계가 존재하지 않는다'(Thibault, 1997)라고 하였다. 15세기 철학자 로크 역시 자의성을 언급하였다. 그는 낱말의 지시성은 '순수한 자의성 강조(perfect arbitrary imposition)'를 통해 나타난다고 하였다(Nöth 1990). 소쉬르는 이 문제에 대해 Whitney 등 많은 후속 연구자보다 신중한 태도를 유지했다. 소쉬르에 의하면 '자의성'은 논증 불가능(immotivè)하다[1]. 그는 「일반언어학강의」에서 자의성 개념에 대해 '기호는 상대적으로 논증 가능한 것'(소쉬르는 방점 부호로 표시했음) 으로 보았으며, 절대적 자의성과 상대적 자의성을 명확하게 구분해야 한다고 주장하였다. 동기 부여되지 않았거나 논증할 만한 기호가 없는 경우 절대적 자의성이며, 프랑스어 vingt'20'와 같은 수사가 이에 속한다. 동기 부여된 기호는 상대적 자의성이며 프랑스어 dixneuf'19'와 같은 수사가 이에 속한다. 따라서 dixneuf'19'는 dix'10'에 neuf'9'를 더한 것으로 생각할 수 있다. 그는 더 나아가 자의성의 논증 가능성은 성분 간의 통합관계와 계열관계를 포함한 것으로 제한시켰으며 심지어 절대적 자의성은 분해 불가한 어휘적 속성인 반면, 상

---

[1] 자의성에 대해서는 許国璋(1988)을 참고하기 바란다.

대적 논증 가능성은 문법적 속성이라고 하였다. 소쉬르의 견해는 표면적으로 인지언어학의 문법 도상성과 유사한 일면이 있다. 인지기능언어학은 도상성을 분해 불가한 단일 기호적 특징으로 간주했으며 기호의 통합관계와 계열관계에서 이러한 특징을 찾아 볼 수 있다. 소쉬르는 논증 가능성을 언어 조직의 순서와 규칙으로 간주하고 상대적 자의성의 실제와 기원에 대한 심층적 분석은 하는 않았다(Tai 1993, 沈家煊 1993, Thibault 1997).

소쉬르 이후 구조언어학 역시 '상대적 자의성'에 대한 관념은 발전하지 못했지만, 절대적 자의성 관념은 크게 발전 하였다. Hockett는 '비도상성'을 사소통의 특징 중 하나라고 하였으며, Bloch와 Trager는 의성어에 대한 비자의성을 부인하였다(Pharies 1985). 자의성 관념은 촘스키의 천부설에 의해 더욱 강조되었다. 촘스키(1981)는 「On Representation of Form and Function」에서 '세계에 대한 이해는 일부 정신구조에서 파생된 표현 체계에 근간하며 직접적인 방식으로 사물과 형식을 반영하지 않는다'라고 하였다. 이는 언어 형식과 사물 간에는 관련이 없다는 것이다. 촘스키에 의하면, 동물의 의사소통은 본질적으로 도상적이며, 인간의 언어기제와 완전히 다르다고 하였다. "인간의 언어로 어떤 구절을 말할 때, ……, 언어 차원에서 한 점을 선택하는 것은 그와 관련된 비언어적 차원에서 하나의 점을 대표하는 것은 결코 아니다."(Chomsky 1972) 이에 따르면 기표와 기의 간의 관계는 자의적이며, 순차적으로 조합된 언어구조와 그와 관련된 비언어적 차원 간에 관계 역시 자의적이다. 언어구조에서 외재적 동기성을 찾을 수 없으면 해석기제는 내재적일 수밖에 없으며, 언어능력은 정신의 독립적 속성으로 간주된다. 천부설은 이러한 인식의 연장이라 할 수 있다. 이에 현대언어학은 이론(특히 문법이론)의 초점을 자연언어 대수적 특징인 추상성에 두었다. 이러한 사상적 기반이 주류로 형성되면서 도상성 연구는 거의 이루어지지 않았다. Pharies(1985)는 오랫동안 미국 언어학계에서 비자의성 연구는 조롱의 대상이었다고 한다.

한편, 기호학에서는 플라톤 패러다임에 대한 지속적인 연구가 이루어졌다. 기호학자는 종교, 문학, 예술 등의 인문 활동과 동물의 의사소통의 기호적 행위를 광범위하게 연구했으며, 이러한 기호에서 기표와 기의 간에 도상관계는 쉽게 찾아볼 수 있다(Bouissac 외 1986, Nöth 1990). 기호학에서 언어 연구가 이루어졌으며 예를 들어, Genette(1976, 1994)는 의성어를 고찰한 후 분석 불가한 단일기호에 복잡하고 보편적인 비자의적 관계가 내재하고 있음을 밝혔다. 그러나 언어학자가 주목한 것은 기호학자가 문법 도상성의 관념을 제시했다는 사실이다. 퍼스(1932, [1902])는 도상부에 대한 경계를 확정한 후 이를 토대로 문법은 규약화된 규칙을 도와주는 논리적 도상부(icon)가 존재한다고 하였다.

기능주의가 성행하기 이전 예리한 통찰력을 지닌 언어학자는 문법 도상성에 주목하였다. 독일 언어학자 Bahagel은 1932년에 독일어에서 언어적 거리는 개념적 거리에 의해 촉진된다는 문법 규칙을 발견했으며 이를 제1법칙(the first law)이라고 불렀다(Haiman 1985a). 미국 기능주의 선구자 Bolinger(1952, 1965)는 어순 배열에는 자연적 원칙이 존재한다고 하였다. 그는 Jokobson (1965)이 제시한 케샤르의 명언 veni, vidi, vici(왔노라, 보았노라, 이겼노라)의 사례를 통해 이를 설명하였다. 이러한 관찰은 Greenberg(1966)의 언어 보편성 연구를 지지하는 것이다. Jokobson은 만일 인류 언어의 조건이 동일하면 서술되는 순서는 사건 순서와 동일할 것이라고 하였다. 이에 언어학자가 언급한 언어구조의 배열은 개념영역의 구조에 의해 결정되며, 이는 문법 도상성과 관련된다. 계열관계의 문법 도상성은 일찍이 주목을 끌었다. Haiman(1985a)에 의하면 Benveniste이 1946년에 흥미로운 현상을 소개하였다. 많은 언어에서 단수 3인칭 대사는 1인칭 대사, 2인칭 대사와 불평등 관계에 있다.

형가리어와 뉴기니 Hua어에서 단수 1인칭과 2인칭은 인칭접사를 부가하지만 3인칭 대사에는 부가하지 않는다. 비영형식과 영형식의 대립에서 비3인칭과 3인칭은 개념영역에서 대립되는데 이는 1인칭과 2인칭은 대화참여자인 반면, 3인칭은 그렇지 않기 때문이다. 고대 아랍어학자는 세 가지 명칭에 대한 실질에 반영하여 1인칭을 화자('al-mutakallimu')로 2인칭은 청자('al-muhatabu')로 불렀으며 3인칭은 결석자('al-ya'ibu')로 불렀다. 3인칭 대사의 접사 '결석'은 개념 영역에서 대화에 참여하지 않는 제3자의 결석을 도상성으로 반영한 것이다. 상고시기와 중고시기의 중국어도 유사한 현상이 있었는데 '결석'된 것은 접사가 아니라 3인칭 대사였다. 郭锡良(1980)은 중고중국어는 1, 2인칭만 있었고 진정한 3인칭 대사는 없었다고 하였다. 3인칭 지시를 하려면 彼, 其, 之 등의 지시대사를 차용하였다. 근대중국어의 3인칭대사 他는 육조시기 이전에는 '기타' 의미로 쓰였다. 이에 따라 다음과 같은 보편적인 의미가설을 제기할 수 있다. 어떤 언어의 인칭대사 체계에 '세 개 중의 하나가 결여'되는 현상이 존재하면 결여되는 것은 3인칭대사이다. 이 같은 현상은 많은 언어에서 나타난다. 일본어, 한국어, 몽고어의 3인칭대사는 지시대사에서 기원했으며 지금까지도 지시대사와 동일한 형태로 쓰이고 있다(郭锡良 1980). 프랑스어, 러시아어의 3인칭 대사와 영어의 3인칭 대사의 복수형식은 지시대사에서 기원하였다(徐丹, 1989).

만일 언어구조가 개념구조와 대응되는 비자의성을 구현하면, 비자의성은 어느 정도인지, 대응되는 방식은 어떠한 등의 문제는 기능주의 언어학과 언어 유형학의 주된 관심 대상이다. 도상성에 대한 연구는 이에 따라 전면적 발전의 새로운 단계에 진입하였다. 문법 도상성을 다룬 서적, 학술지, 논문집은 Haiman(1985a, 1985b), Hirage & Radwanska-Williams(1994), Landsberg(1995), Simone(1995) 등이 있다. Wescott(1971), Bolinger(1975, 1977)는 도상성 용어를 사용해 언어기호의 비자의적 현상을 설명하였다. Bolinger는 「The Sign Is Not Arbitrary」(1949) 이후 자신이 편집한 학과 교재에서 도상적 기호를 전면적으로 다뤘으며, 언어의 본질적 특징을 '언어는 자의적이며 비자의적'이라고 수정하였다. (Bolinger 1968, 1975). 그의 사상은 젊은 언어학자에게 반향을 일으켰다. Bolinger(1982, 1985)는 '형식과 의미는 대응한다'는 도상성 원칙을 제시했으며 언어 도상성 측면에서 수행한 연구에서 문장의 강세 형식에 대한 명확한 해석을 제시하였다. Anttila(1972)는 역사언어학연구에 도상성을 도입하여 음성과 문법 변천에 도상성과 비도상성의의 대립이 있음에 주목하였다. 이후 도상성은 역사언어학자가 변천기체를 해석할 때 자주 언급되는 요소가 되었다(DeLancey 1985, Traugott 1985, Heine et al, 1991, Ramat 1995). 통사구조의 도상성은 퍼스 이래 끊임없이 논의되었지만 최근의 '통사적 도상성(syntactic iconicity)'의 개념을 적용한 학자는 Cooper & Ross(1975)이다. 이후 관련 연구는 급속하게 발전하였다. Haiman(1980, 1983, 1985a)은 문법 도상성을 전면적으로 연구한 최초의 학자이다. 그는 문법 도상성을 체계적으로 연구한 방법을 자연통사론 (natural syntax)라고 불렀다. Givón(1985, 1990, 1991, 1995)은 문법 도상성에 대해 전면적으로 논의하였다. 그는 통사론에서 비자의적 기호 방식과 관련된 일련의 문제를 제기하였는데, 동형 원리, 도상적 기호화된 생물기초와 인지기초 등을 포함하고 있다. Croft(1990)는 언어유형학과 표지이론에서 문법 도상성 문제를 논의하였다. Hopper & Thompson (1984, 1985)은 담화분석에서 명사, 동사의 도상성을 논증하였다. Thompson & Koide(1987), Thompson(1995)는 도상성을 통해 영어에서 간접목적어의 위치 이동이 이루어진 차이를 설명하였다. Slobin(1985)은 심리언어학 측면에서 아동언어의 도상성을 연구하였다. 그는 Simone (1995)와 Landsberg(1995)이 편집한 두 편의 논문집에 수록된 논문은 공시적 측면에서 어순, 표지성, 지시대사, 초점, 범주화를 도상성을 다뤘다. 또한 화용론, 담화분석, 역사문법, 언어습득의 측면에서 문법 도상성을 논의했으며 좀 더 시야를 확대해서 생물심리기초, 인지조작과 도상성, 연결주의 모형과 도상성, 실어증과 도상성, 손짓언어의 도상성 등을 논의하였다.

중국어 언어학에서 문법 도상성 연구의 선구자는 戴浩一이다. 戴浩一(Tai 1985)는 중국어의 중요한 도상성 원리는 시간순서원리라고 하였다. 최근 연구에서 중국어 문법과 관련된 도상적 동기성을 전면적으로 분석했으며, 범주화, 공간관계 측면에서 중국어 문법의 도상적 특성을 다뤘다(Tai 1992a, 1992b, 1993a, 1993b). 謝信一(Hsieh 1978, 1989)는 중국어 통사적 증거를 바탕으로 '중국어는 도상언어'이라는 관념을 제창하였다. 도상성 원리에서 중국어에 내재된 시간개념과 영상을 고찰한 후 了의 위치를 도상성 원리와 추상성 원리의 상호경쟁으로 설명하였다. 최근 들어 많은 학자가 중국어 문법 도상성 원리를 연구하고 있다(Zhou 1993, Hu 1995, Zhang 1994, 1996a, 1996b, 1997, 张敏 1996, 1997).

도상성은 의성어, 어휘 및 통사구조에 광범위하게 존재하면서 공통적 규칙을 지니고 있다. 하지만 자의성을 간단히 부정할 수는 없다. 언어의 본질적 특성을 규명하기 위해 두 가지 속성을 고찰해야 한다. 기능 언어학자는 자의성을 부정하지 않았지만 자의성의 과도한 확대는 우려하고 있다. 먼저 분석 불가한 언어기호의 규약성과 자의성을 부인하면, 동일한 사물을 언어마다 다른 명칭으로 사용하는 것에 대해 설명하기 어렵다. 형태소는 가장 높은 자의성과 가장 낮은 도상성을 지니며, 이는 소쉬르의 주장과 유사하다(Haiman 1985a). 복잡한 기호의 조합은 고도의 추상성을 지닌다. 사실상 구조규칙에 영향을 미치는 요소는 도상성 원리 뿐 아니라 경제성 원리, 자의적 추상성 원리를 포함한다. 도상성 외의 다양한 요소는 언어기호를 기호화하고 해석하는데 효율적이다. 한편, 도상성을 구현하는 언어성분은 규약화되었으며 일정정도 자의성을 포함하고 있다. 이에 대해 기능 언어학자 제시한 도상성 원리에 대해 정확한 인식이 필요하다. 도상성 원리는 언어형식을 **결정**하는 것이 아니라 **촉진**하며, **형식**적 규칙이 아니라 동기성을 **해석**하기 위한 요인이다.

　기능 언어학의 도상성 연구는 언어의 본질적 속성에 대한 인식을 심화시켰다. 흥미로운 것은 생성문법학자가 도상성 연구에 관심을 갖기 시작했다는 점이다. 생성학자 Newmeyer(1992)는 기능주의적 분석에 대해 비판했지만 도상성을 생성문법에 도입하려는 시도를 하였다. 그는 기능 언어학이 발견한 현상이 생성문법의 관념과 결코 모순되지 않는다고 여겼다. 이는 촘스키 초기의 급진적 태도에 비해서 훨씬 온건해진 것이다. 이로부터 기능학파의 도상성 연구는 이론언어학에 기여했음을 알 수 있다.

제2절　도상성의 함의와 유형

　위에서 도상성 개념과 연구 상황을 소개하였다. 본 절에서는 도상성의 개념적 함의와 유형에 대해 살펴보겠다. Haiman(1985a)은 도상성 개념에 대해 다음과 같은 정의를 내렸다. 언어표현은 길이, 복잡성, 구조성분 간의 상호관계가 기호화된 개념, 경험, 의사사통 전략과 대응될 때 언어표현은 도상성을 지닌다.

　도상성 개념은 퍼스가 19세기 말 최초로 소개한 후 기호학자 Morris, Sebeok, Eco 등이 다양한 측면에서 분석하였다. 퍼스는 기호와 대상 간에 다음의 세 가지 관계가 존재한다고 하였다. 첫째, 기호와 대상 간에 유사성이 있으면 도상관계(iconic relation)이다. 지도는 실질적인 지형을 대표하는 기호로서 형태와 실제지도 모형은 유사하다. 이러한 관계를 도상성이라 한다. 둘째, 기호가 대상과 연결되고('시공간에서의 인접관계', '인과관계') 그 대상을 지향하면 지표관계(indexical relation)이다. 파랑 무늬 수병복과 수병의 신분 간에는 실질적인 유사성이 존재하지 않는다. 그럼에도 수병복이 수병의 신분을 대표하는 것은 그들이 함께 출현하기 때문이다. 젖은 도로를 보고 비가 내렸다고 하는 것은 인과관계가 존재하기 때문이다. 셋째, 기호와 대상 간에 연결이 관습에 의존하면 상징관계(symbolic relation)[2]이다. 영어 book과 중국어 书와의 관계가 이에 속한다. 퍼스는 이를 근거로 기호를 도상부, 지표부, 상징부로 분류하였다(Pharies 1985, Sebeok 1994).

퍼스의 도상부에 대한 분석은 다음의 세 가지 측면에서 인지언어학의 주장과 유사하다. 첫째, 도상성에서 '닮음(likeness)'은 객관적, 논리적 기초가 아니라 심리적 사실(mental fact) 즉, 감지된 유사성을 말한다. 퍼스는 '어떤 사물이라도 도상부를 대표할 수 있으며, 서로 닮을 경우 사물의 기호로 쓰일 수 있다'라고 하였다(Nöth 1990). 둘째, 어떤 측면에서 도상부과 지표부로 상징부의 부차적 부류이다. 이는 기호가 규약화된 결과이기 때문이다. 퍼스에 의하면 기호와 대상 간에는 해석자(interpretant)가 존재한다. 셋째, 도상부와 상징부 간에 경계는 절대적이 아니라 일정 정도 차이가 있다. 도상부와 대상이 완전히 닮은 '순수한 도상부(pure icon)'는 현실에 존재하지 않는다. 이러한 의미에서 모든 도상부는 완전하지 않다. 퍼스는 이를 '부차적 도상 기호(hypoicon)'이라고 불렀다. 퍼스의 기화에 대한 분류는 '자연성(naturalness)'에서 세 가지 정도를 반영하고 있다. 즉, 자연성이 가장 높은 도상부에서 자연성이 다소 낮은 상징부, 자연성이 결여된 지표부이다. 기호가 지시 대상에 대해 세부적일수

---

2 저자는 퍼스의 'symbol', 'symbolic'를 '지표', '지표적"이라고 번역하고 '상징'으로 번역하지 않은 이유는 소쉬르의 'symbolic'이 '상징'을 의미하기 때문이라고 하였다. 이 책에서는 이를 언어학계에서 통상적으로 사용하는 '상징', '상징적'으로 번역했음을 밝힌다.

록 도성성은 강력해진다. 도상성이 완전히 상실되면 지표부가 된다. 기호체계의 역사적 발전에서 '비도상성'과 '관습화(conventionalization)' 사례는 어렵지 않게 찾아볼 수 있다. 중국의 상형문자는 도상성이 매우 강력하다. 예서를 거쳐 도상성이 약화된 해서로 발전한 것은 도상적 관습화의 사례에 속한다.

퍼스는 도상부를 복잡성에 따라 영상, 도식, 은유의 세 가지로 구분하였다. 영상은 기호와 대상이 어떤 속성에서 유사한 것을 의미하며 사진이 이에 속한다. 도식은 기호와 대상이 구조적, 관계적으로 유사한 것으로 지도가 이에 해당한다. 은유는 어떤 사물과 다른 사물의 대응을 통해 지시된 사물의 특정한 기호를 반영하고 있다(Liszka 1996).

최근 인지언어학은 퍼스의 기호의 도상성 관념을 확대, 심화시켰다. Haiman은 자연언어의 도상부는 영상과 도상이며 특히 도상적이라고 하였다. Haiman(1980)에 의하면, 영상 도상부(imagic icon)는 사물과 기호의 유사성을 의미하며, 사진, 조소, 회화, 상형한자가 이에 속한다. 영상은 간단한 사물을 대표하는 도상부이다. 도식적 도상부(diagrammatic icon)는 복잡한 사물과 개념의 기호를 가리킨다. 도식과 그것을 대표하는 사물 혹은 개념은 구성성분을 포함하고 있다. 도식의 구성성분은 지시대상의 구성성분과 반드시 유사하지 않다. 다시 말해서, 도식의 구성성분은 지표일 수 있지만 도상부는 그렇지 않다. 도식의 성분 간의 관계는 지시대상의 성분 간의 관계와 유사하다. 공예도, 지도 및 지사, 회의방식으로 구성된 한자가 이에 속한다.

다음에서는 수 체계를 통해 도식적 도상성(diagrammatic iconicity)의 함의를 살펴보겠다(Haiman 1985a). 원시 조각 계산체계는 도상성을 지닌 수 체계이다. 선으로 표시한 숫자와 사물을 셈하는 숫자는 완전히 대응된다. 로마숫자 I, II, III과 조각 기록 방법은 도상적인 반면, 50의 L은 도상성이 없으며, 지표부에 속한다. 아라비아 숫자는 도상성이 없으며, 지표부이다. 만일 도로의 건축물을 아라비아 숫자가 쓰인 팻말을 사용해서 순서를 표시하면 상황은 달라진다. 아라비아 숫자가 도상성이 없는 지표부이지만 배열 방식은 도식적 도상성을 반영하기 때문이다. 이 경우 건축물 위치와 팻말에 쓰인 숫자는 순서적 위치에 대응된다. 45호는 44호와 46호 사이에 있으며, 이는 아라비아숫자 45가 44와 46 사이에 있는 것과 대응된다. 45와 48 사이의 거리는 이들과 118호 사이의 거리보다 가깝다. 35와 48의 거리적 차이는 118의 거리적 차이보다 훨씬 작다. 언어적 측면에서 단수(아라비아숫자)는 자의적 지표부이지만 그들이 조직되는 문법 예컨대 건축물 팻말에 번호를 부여하는 규칙은 도식적 도상성을 반영하고 있다. 물론 단수도 도상부가 될 수 있다. 의성어는 영상적 도상부에 속하며, 음성 형식과 이를 대표하는 개념은 유사성을 지닌다. 그러나 언어적 측면에서 영상적 도상부는 많지 않고 언어체계의 유기적인 부분도 아니다. 따라서 문법에서 구현되는 도식적 도상성이 언어 도상성의 주요형식이라 할 수 있다. 이런 점에서 Haiman은 '언어 유사 도식'의 관념을 제시하였다.

Haiman(1980, 1985a)은 도상성을 동형성(isomorphism), 유사성(auto-morphism), 동기성(motivation)의 세 가지로 구분하였다.

'동형성'은 도식적 도상부의 기표와 기의 간에 일대일 대응을 의미한다. 도식의 각 점은 그것을 대표하는 구조의 각 점과 대응을 이룬다. Hombolt는 이를 '최적성(optimality) 원리'로, Vendryes는 '단의성(uni-vocability) 원리'로, Bolinger(1977)은 '언어의 자연적 상황'이라고 불렀다. 하지만 언어에서 동형성에 위배되는 사례는 자주 발견된다. Haiman은 예외 상황을 다음과 같이 정리하였다. (1) 공형태소 : 하나의 형식은 영('0')과 대응한다. (2) 영형태소 : 영형식이 하나의 의미와 대응한다. (3) 동의 현상 : 여러 개의 형식이 하나의 의미와 대응한다. (4) 동형 현상(다의 현상 포함) : 하나의 형식은 여러 개의 의미와 대응한다.

Haiman은 이런 현상은 설명 가능하며, 이를 근거로 위의 도상성을 부정할 수 없다고 하였다. 그는 '동형가설'을 제시했는데, 이는 형식이 다르면 의미와 의사소통의 기능이 다르다는 것을 함의한다. 반면, 만일 동일 형식이 다른 문법범주에 재차 출현하면 형식적 동일성은 의미나 의사소통 기능의 유사성을 반영한다. 이 가설의 첫 부분은 완전하고 절대적인 동의어와 동의적 표현은 존재하지 않으며, 동의어 간에는 다소 차이가 있다고 설명하고 있다. 두 번째 부분은 동형 현상과 다의 현상에 대해 설명하였다. Haiman(1985a)은 이러한 비대칭 현상, 즉 언어의 동형 현상은 보편적이고 동의 현상은 드물다고 하였다. 그는 동의 현상이 풍부한 것은 경제성 원리의 결과이며, 다의 형식이 풍부하고 동의 형식이 결여된 것은 경제성 원리에 도상성 원리를 더한 결과라고 하였다. 도상성 원리는 형식과 의미의 일대일 대응을 요구하지만, 언어와 같은 개방적 기호체계에서 절대적인 일대일 대응은 기호의 수량을 과도하게 확대시킨다. 이 경우 언어사용자에게 부담을 주며, 효율적인 의사소통을 달성하기 어렵다. 도상성 원리와 경제성 원리는 상호작용, 상호경쟁하면서, 결국 두 가지 측면이 구현된다. 하나는 자연언어에서 절대적 형식과 내용의 일대일 대응은 존재하지 않는다. 다른 하나는 비일대일 대응의 상황 역시 동기성을 지닌다. 동의 형식은 경제성 원리와 도상성 원리에 부합하지 않기 때문에 두 원리가 작용하면 동의 형식이 결여된다. 다의 현상은 경제성 원리의 요구에 부합하고, 도상성 원리에 부합하지 않는다. 두 원리는 상호 경쟁 속에서 타협을 하면서 다의 현상이 발생한다. 한편, 영형태소는 경제성 원리에 의해 촉진되며 비어있는 것이 아니라 화용적 의미를 지니고 있다. 역사적 증거에 의하면, 공형태소는 본래 명확한 의미를 지닌 형태소에서 연원한다. Greenberg(1991)는 연구를 통해 공형태소가 의미를 완전히 상실하면, 의미가 소실되거나 새로운 기능을 획득한다고 하였다.

동형성은 일대일 대응관계가 기호의 기표와 기의 간에 존재하는 것을 말한다. Haiman(1985b)은 '도상성 원리'를 제시하여, 만일 기타 조건이 동일하면, 기호화된 경험은 쉽게 저장되고, 처리하며, 이를 사용하여 언어소통을 하며, 이런 기호는 최대한 기호화된 경험의 동형 방식을 채용한다는 정의를 내렸다. Greenberg(1985)는 다량의 언어에서 지시사는 시간, 공간, 담화를 지시하며 그들 간에 엄격한 대응관계가 존재한다고 하였다. 예를 들면, 동일 형식으로 1인칭을 지시할 수 있으며 담화자와 밀접한 관계를 나타낼 수 있으며 가까운 미래를 지시할 수 있다. Greenberg는 동형성에 대해 공간에서 감지되는 구조를 도상적 방식으로 공간에서 실제시간과 발화시간에 투사한 결과라고 하였다.

세 번째 유형인 동기성은 매우 중요한 개념이다. 동기성은 기호의 특성을, 도식의 구성 원소 간에 관계는 지시되는 구성 원소와의 관계와 동일하다는 것을 의미한다. 다시 말해서, 동기성은 언어구조의 구성성분 간의 관계는 도식적 도상성 방식으로 의미와 개념구조의 원소 간에 관계를 반영하고 있다. 간단히 말해서 동기성은 성분 간의 대응을 말한다. 언어의 동기성에 대한 이해와 명칭에는 학자 간에 이견이 분분하다. 동기성 개념은 본래 소쉬르가 제시한 개념으로, Haiman은 이를 좁은 의미에서 상기의 관계와 관계 간에 대응으로 이해하였다. Givón(1985, 1990), Croft(1990)는 동기성을 '동형성'의 일종으로 이해하였다. Givón(1985)은 '도상성 원리'를 제시하여, '만일 조건이 동일하면 기호화된 경험은 쉽게 저장되며, 이를 사용하여 의사소통을 한다. 이런 기호는 기호화된 경험과 동형의 방식'이라고 정의 내렸다. 이에 따르면, 위에서 원소 간 대응과 여기서 언급한 관계 간 대응은 동형의 일종이며, 언어의 경제성 원리 또한 도상성으로 간주된다. Croft(1990)는 '동형성'은 수학 용어에서 연원하며, 두 가지 특성의 대응관계를 포함한다고 하였다. 동기성은 도상성과 경제성을 포함하는 반면, 경제성 기제는 비도상적이다. 이 책에서는

Croft의 관점에 동의하지만, 편의를 위해 Haiman의 개념을 적용하였다. 그가 언급한 동기성에 도상성을 더해 기타 유형의 동기성과 구분하였다.

　도상적 동기성은 다양한 측면에서 구현된다. 인지언어학은 복잡성, 독립성, 거리, 순서, 대칭, 중첩, 범주화 등의 동기성을 논의하고 있다. 이중에서 거리 도상성은 하편에서 논할 것이다.

제3절　복잡성 도상성

　언어유형학적 측면에서 살펴보면 다양한 언어에서 어떤 개념은 단순한 문법형식(간단 형태소, 단순어, 단문)으로 표현하고, 어떤 개념은 복잡한 문법형식(복잡 형태소, 복합어, 복문)으로 표현하고 있다. 언어는 하나의 경향성이 있는데 단순한 개념은 단순한 형식으로 복잡한 개념은 복잡한 언어구조로 표현된다는 것이다(Croft 1990). 이러한 경향은 언어의 구조와 이를 나타내는 외부세계와 개념 세계의 구조적 대응을 반영한 것으로 도상성의 표현이라 할 수 있다. 언어형식의 복잡성은 개념적 복잡성을 반영하는데, 이러한 관념은 표지이론에서 중요하다. 유표지적 언어는 구조적, 의미적 측면에서 무표지 형식보다 복잡하다. 언어형태의 복잡성은 형태가 풍부한 언어에서 충분하게 구현되며, 다양한 언어에서 많은 증거를 찾을 수 있다(Bybee 1985, Battistella 1990).

　Jakobson(1965)은 인구어에서 형용사의 원급, 비교급, 최상급 형태소의 음절수가 점차 증가하는 것에 주목하였다. 영어에서 형용사의 세 등급 음절수는 0, 2, 3(-0, -er, -est)이다. 한장어에도 이러한 상황이 있다. 장면어족의 락파어는 인구어 형용사와 유사한 세 등급인 영형태소, yong, yongjup으로 표현된다. 묘요어족의 묘어에서 형용사는 증음(增音) 변화를 한다. 원형은 단순한 성질을 나타낸다. 제1변형식은 원래

모음을 고모음 u로 바꾸고 다시 원래의 음절로 돌아가서 '단순하지 않은' 이라는 성질을 나타낸다. 제2변형식은 제1변형식을 기초로 두 음절이 부가되며, 세 번째 음절은 일음절의 중복이고 네 번째 음절은 ta이다. 다음에서 (1)은 형태가 복잡해질수록 정도가 점점 심화되고 있음을 나타 낸다(王輔世 1985).

(1) nga (干) '방패'
    ngu nga (不太纯的干) '순수하지 않은 방패'
    ngu nga ngu ta (非常驳杂不纯的干) '잡박하고 순수하지 않은 방패'

일부 중국 남방방언에서 형용사 중첩은 정도의 등급과 상응한다. 사현 객화(四縣客話)의 형용사는 A, AA, AAA의 세 가지 형식이 있으며, 형식 이 중복될수록 정도가 점증됨을 나타낸다. 예를 들어, ton(짧다), ton ton (매우 짧다), ton ton ton(아주 아주 짧다)의 형식이 있다(罗肇锦 1988). 개념적 측면에서 정도를 포함하지 않는 성질은 비교적 단순하다. 다시 말해서, 정도가 높고 부가되는 의미가 많을수록 개념은 점차 복잡해진 다. 상기에서 형용사의 형태 변화는 개념적 차이에 대한 도상성이 반영 된 것임을 알 수 있다.

다양한 언어에서 단복수 형식과 의미의 일반모형 역시 도상성을 구현 하고 있다. Greenberg(1966)는 복수는 모든 언어에서 비영형태소로 나 타나고 단수는 일부 언어에서 영형식 형태소로 나타나며 짝수와 삼수 (三數)는 거의 영형식을 취하지 않는다고 하였다. 범언어적으로 복수형 식이 단수형식보다 긴(형태소 포함) 언어는 있어도, 단수형식이 복수형 식보다 긴 언어는 존재하지 않는다. 영어, 터키어에서 단복수의 대립은 이러한 원칙을 반영하고 있다. 영어의 단수 명사는 'book+0'의 영형태소 로 나타내며 복수는 'book+s'로 나타낸다. 여기서 어떤 X와 영(0) 간의 형식적 대립은 개념으로 대립되는 도상성을 반영하고 있다(Haiman 1985a). 라트비아어에서 단복수는 각각 형태소로 나타내지만, 복수표지는 단수표지보다 훨씬 더 복잡하다. 이런 언어에서 복수 형태소가 포함된 음소는 단수 형태소에 비해 많거나 같지만 더 적은 것은 없다(Mattthews 1991). 러시아어와 라틴어도 마찬가지이다. 다음의 용례는 라틴어 puella('여자아이')의 변격 형식을 나타낸 것이다.

(2)   단수   복수
    주격   puella   puellae
    목적격   puellam   puella:s
    속격   puellae   puella:rum
    여격   puellae   puelli:s
    탈격   puella: puelli:s

이처럼 단수와 복수가 대립할 때, 단수가 개념적으로 복수보다 단순하기 때문에 간단 형식으로 표현하는 것은 언어의 보편적 특징이라고 할 수 있다.

복잡 개념과 복잡 형식의 대응은 형태적, 통사적 측면에도 반영된다. 어떤 언어에서 X가 A를 수식하면, XA는 개념적으로 A보다 복잡하고, XYA는 XA에 비해 복잡하고 XYZA는 XYA보다 복잡하다. 예를 들어, 河流 〈 最长的河流 〈 中国最长的河流의 순서는 형식적, 의미적으로 성립된다.

제4절 독립 도상성

Haiman(1983)의 정의에 의하면, 독립 도상성은 언어 형식의 분리성과

이를 나타내는 물체 또는 사건은 개념적 독립성에 대응한다고 설명하고 있다. 그는 이를 '분리성 동기성(separateness motivation)'이라고 하였다. 이는 언어 형식화의 개체화(individuation)와 개념적 개체화가 서로 대응된다는 것을 의미한다. Haiman은 이 기제를 다음의 두 개의 명제로 분석하였다. 첫째, 낱말은 실체를 나타내며, 점착형태소는 그렇지 않을 가능성이 있다. 둘째, 문장은 명제를 나타내며, 긴축문은 그렇지 않을 가능성이 있다.

먼저 첫 번째 명제를 살펴보자. Haiman(1983)과 Mithun(1984)은 '명사 융합' 연구를 통해 독립명사와 융합된 낱말을 명사성 성분으로 간주해 비교했을 때, 전자가 개념적으로 독립성이 더 강하다는 것을 발견하였다. 이는 다양한 측면에서 구현된다. 예를 들어, 전자는 독립된 개체로 초점과 강조의 중심이 될 수 있지만 후자는 그렇지 못하다. 또 다른 예를 들면, 동목구와 동목 복합어는 형식적, 개념적으로 현저하게 구분된다. 동목 복합어의 명사성 목적어는 비지시적이며 초점성분, 강세가 될 수 없다. 중국어가 이러한 언어에 속한다. Hopper & Thompson(1984)와 戴浩一(1993)는 다음의 예문을 통해 이러한 현상을 설명하였다.

(1) a. 我在图书馆学系读书。(나는 도서관학과에서 공부한다.)
    b. 我在图书馆读书。(나는 도서관에서 공부한다.)
(2) a. *我在图书馆学系读一本书。
    b. 我在图书馆读一本书。(나는 도서관에서 책 한 권을 읽는다.)
(3) a. *书我在图书馆学系读了。
    b. 书我在图书馆读了。(책은 내가 도서관에서 읽었다.)
(4) a. *我在图书馆学系把书又读了一篇。
    b. 我在图书馆把书又读了一篇。(나는 도서관에서 책 한편을 또 읽었다.)

(5) a. *我在图书馆学系读了读的是书。

　　b. 我在图书馆读了读的是书。(내가 도서관에서 읽은 것은 책이
　　　다.)

　读书는 (1a)에서는 복합어이고 (1b)에서는 구이다. (a)의 书는 복합어에서 분리될 수 없고 화제가 될 수 없으며 강조될 수 없다. 따라서 (2a-5a)는 부적격하다. 이는 복합어로 구성된 명사성 성분은 독립성이 결여되었음을 말해준다. 개념적 측면에서 (a)의 '书'는 지시성이 없다. 이와 달리 (b)는 모두 성립한다. 구에 출현하는 명사성 성분은 형식적으로 독립적이며, 개념적 측면에서 지시성이 있으며 화제가 될 수 있고 강조될 수 있다. 이는 개념적 독립성이 형식적 독립성과 대응된다는 사실을 말해준다.

　형태가 결여된 중국어에 비해 위의 'V#O'과 'V+O'의 대립은 형태가 풍부한 언어에서 충분하게 구현된다. Hopper & Thompson(1984, 1985)은 다량의 언어를 통해 명사구가 독립명사에 비해 독립성이 약하다고 하였다. 복합어는 전형적 명사에 부여되는 격, 수표지, 한정표지, 수식표지 등을 부가할 수 없다. 이처럼 명사의 특징이 약화나 상실된 것은 담화 상에서 구체적 개체로 지시되지 않기 때문이다. 즉, 담화 상에서 '탈개체화(de-individuation)'는 문법적 특징인 '탈범주화(de-categorization)'를 결정한다. 이에 대해서 2장에서 논의하였다.

　다음에서 Haiman이 제시한 두 번째 명제를 살펴보자. Givón은 이런 방면에서 다수의 창의적 연구를 시도하였다. Givón(1990)은 도상성 원리를 관찰한 후 독립적 사건은 독립적인 문장으로 기호화되는 경향이 있다고 하였다. 예컨대 F(x) & F(y) ↔ F(x & y)와 같은 논리적 규칙을 사용하여 명사 병렬형식을 분석한다. 즉, John and Mary are tall과 Mary is tall, and John is tall은 논리적으로 동등하기 때문에 호환 가능하다.

Givón은 문중의 진술이 시간성의 고유한 속성이 없을 경우 이러한 분석은 성립된다고 하였지만, 사건을 기술할 때 이런 병렬 추출기제는 작용하지 않는다. 예를 들어, John and Mary left in a Cadillac과 John left in a Cadillac, and Mary left in a Cadillac은 호환이 불가능하다. 전자는 단순 사건(존과 메리가 함께 차를 타고 갔다)을 나타내고 후자는 독립적 사건(존과 메리는 각자 차를 타고 갔다)을 나타낸다. 독립절은 독립 사건으로 기호화하는 경향이 있다.

Givón(1980)은 또 다른 연구에서 보충어 삭제 정도는 진리치가 모구에서 함축된 정도와 상응한다고 하였다. 보충어가 표현하는 명제의 진리치가 만일 언어 환경에서 함축된 것이면 함축 정도가 낮을수록 절은 완벽해진다. 여기서 명제의 개념적 독립성은 도상적 방식으로 절의 형식적 독립성을 반영하고 있다. Haiman은 개념적 독립성을 함축(en-tailment) 개념으로 정의 내렸다. P1과 P2의 명제를 정의할 때 만일 P1이 참이고 P2가 참이면 P1은 P2를 함축한다. P2가 P1을 함축했을 때 P1의 개념적 독립성은 P1이 P2를 함축하지 않을 때보다 작다. 이러한 정의로부터 Haiman은 한국어의 사역식을 고찰하였다. 어떤 언어는 사역식이 다양한 형식으로 표현되고 형식적 거리가 작은 것에서 큰 순서로 이루어진다. 이러한 형식이 함축의 측면에서 의미와 구별되면, 도상성에 근거해 언어형식의 융합 정도가 함축의 정도에 대응된다는 것을 예측할 수 있다. 영어는 이러한 언어가 아니기 때문에 두 사역식에 내재된 함축을 구분할 수 없다. 예를 들어 I caused the tree to fall과 I felled the tree는 모두 '나무가 넘어졌다'는 명세가 참이라는 것을 함축하고 있다. 반면, 한국어는 이러한 언어에 속한다. 한국어 사역구조는 '동사 # ha-(게 하다)'와 '동사 + I(시키다)'로 구성된다.

(6) Ku-ka(그-주격)   na-eykey(나-간접격)   kimchi-lul(김치-목적격)

mek-key(먹다-보조격) ha-ess-ta(게 하다-과거시제-진술)

(그가 나에게 김치를 먹게 했다.)

(7) Ku-ka(그-주격)   na-eykey   (나-간접격)   kimchi-lul(김치-목적격)

mek-I-ess-ta(먹다-시키다-과거시제-진술)

(그가 나에게 김치를 먹였다.)

(6)의 후속절에 '그러나 나는 먹지 않았다'을 부가할 수 있다. 즉, 사역
동사 ha-는 뒤의 보충어가 참이라는 것을 암시하지만 이를 함축하지 않
는다. (6)은 부득이 김치를 먹어야 하는 상황에 처해 있지만 나는 먹지
않은 방법을 생각하겠다는 의미로 해석할 수 있다. (7)은 후속절에 '그러
나 나는 먹지 않았다'를 부가할 수 없다. 사역표지 'I-'가 뒤의 명제가
참이라는 것을 함축하기 때문이다. 이로부터 언어의 형식적 융합은 개
념적 융합을 의미하며, 언어의 형식적 독립은 개념적 독립을 반영하고
있음을 알 수 있다.

제5절 순서 도상성

시간순서 관념은 인지구조에서 매우 중요하며, 가장 근본적인 관념
중의 하나이다. 외부의 물질세계와 인간의 개념세계에서 상호 관련된
사건 간에 첫 번째 관계는 발생한 시간 또는 감지된 시간의 선후 연속된
관계이다. 인간의 음성언어는 시간 축에서 단일방향으로 전개된다. 언
어구조의 순서적 배열이 그것이 나타내는 개념적 순서와 대응하는 것은
자연스러운 상황이다. Jakobson(1965)은 S1과 S2의 조합체(synatagm)에
서 S1, S2의 순서는 그들이 묘사하는 사건의 시간관계와 대응한다고 하
였다. Greenberg(1966)는 유형학적 증거를 통해 언어의 성분 순서는 물

리적 경험의 순서 또는 사건을 인식하는 순서와 대응된다고 하였다. Haiman은 이를 시간 도상성(tense iconicity)이라고 불렀으며 Givón은 선형 순서 원리(the linear order principle)라고 불렀다. 담화에서 문장 구성성분의 순서는 사건 출현의 시간순서와 대응한다. 戴浩一(1985)는 중국어 순서는 '시간순서원리(the principle of temporal sequence, PTS)'를 준수하며 두 개의 문법단위의 상대적 순서는 개념적 영역에서 상황의 시간순서에 의해 결정된다고 하였다. 여기서는 상기의 학자들이 언급한 기제를 '순서 도상성'이라고 부를 것이다.

순서 도상성은 언어의 다양한 측면에서 표현된다. 외재적 표지가 없는 병렬복합구에서 첫 번째 구는 먼저 발생하는 사건이고 두 번째 구는 뒤이어 발생한 사건이다. 다음의 예문을 살펴보자.

(1) a. Mary bought some motor oil(S1) and went to the super-market(S2).

玛丽买了一些机油, 去了超级市场。

(메리는 자동차 오일을 사고 슈퍼마켓에 갔다.)

b. Mary went to the supermarket(S1) and bought some motor oil(S2).

玛丽去了超级市场, 买了一些机油。

(메리는 슈퍼마켓에 가서 자동차 오일을 샀다.)

(2) a. She got married(S1) and had a baby(S2).

她结了昏, 生了孩子。

(그녀는 결혼하고 아이를 낳았다.)

b. She had a baby(S1) and got married(S2).

她生了孩子, 结了昏。

(그녀는 아이를 낳고 결혼했다.)

위의 예문은 사건 S1이 사건 S2 보다 앞서 발생했음을 나타낸다. 생성 언어학파 Newmeyer(1992)는 위의 예문을 문법 외적 요소인 화용원리를 통해 분석했으며, Grice(1975)는 담화의 협력원리를 통해 위의 현상을 설명하면서 구조적 도상성을 부인하였다. 그에 의하면, (1a)에서 Mary가 차량용 오일을 구매한 후 슈퍼마켓으로 가는 순서는 역전될 수 있다고 하였다. 여기에 '-but not in that order'를 부가하면 된다. 따라서 시간순서 의미는 담화함축(conversational implicature)이지 구조에 함축된 의미가 아니다. 다시 말해서, (1a)에서 'Mary가 먼저 시장을 간 후 차량용 오일을 샀다'라는 사실이 허용되는 것은 담화원리를 시간순서 방식으로 해석하려는 경향 때문이다. 다음은 Newmeyer가 제시한 중국어 예문이다.

(3) 张三买了一些机油, 并且去了商店, (可是他先去商店)。
   (장싼은 자동차 오일을 샀고, 상점을 갔다. (그런데 그는 먼저 상
   점에 갔다.))
(4) 我出门前, 一定关好门窗。
   (나는 외출 전에 반드시 창문을 닫는다.)

Newmeyer에 의하면 영어와 마찬가지로 (3)의 시간순서는 취소될 수 있다. 만일 (4)처럼 병렬문에 시간사 前을 첨가하면, 절의 순서는 시간순서를 위배하는 것이 일반적이다.

사실상 Newmeyer의 논증은 고려되어야 한다. 중국어 연동구조는 좀 더 강력한 증거로 제시된다. 중국어의 연동구조에서 함축된 시간순서는 역전되거나 취소될 수 없기 때문이다. 아래는 戴浩一(1985)가 제시한 예문을 통해 설명해 보기로 한다.

(5) 张三到图书馆拿书。(장싼은 도서관에서 가서 책을 가져온다.)

(6) 张三拿书到图书馆。(장싼은 책을 가지고 도서관에 간다.)

Newmeyer는 위와 같은 현상을 설명하기 어렵다는 점을 인정하였다. 그는 중국어는 이러한 화용원리를 문법화한다고 설명하였다. 중국어에 왜 이러한 문법화가 발생하는지는 생성문법으로 설명하기 어렵다. 중국어에서 (3), (5)의 선후 순서 함의가 취소되는지는 독립 도상성으로 설명 가능하다(Zhang 1994). 다음의 예문을 비교해 보자.

(7) a. 他去了(一趟)图书馆, 还见了(一个)朋友。(S1≠S2)
    (그는 도서관에 (한 번) 갔고, 친구 (한 명)을 만났다.)
  b. 他去图书馆见朋友。(VP1≠VP2)
    (그는 도서관에서 가서 친구를 만났다.)

두 사건은 시간순서에 따라 출현하고 있다. (7a)에 '但他是先见的朋友'를 부가하면 시간순서는 취소되지만 (7b)는 함축적이므로 순서를 바꿀 수 없다. 두 문장의 형식적 차이는 (a)는 병렬항 간에 휴지가 있는 두 개의 절이고, (b)는 휴지가 없는 하나의 문장이라는 점이다. (a)의 병렬항 S1과 S2은 독립성이 강력하며 개념적으로 대응되는 두 개의 독립 사건을 나타낸다. (b)에서 VP1과 VP2는 독립성이 약하며 개념적으로 두 개의 사건으로 구성된 단일 사건을 나타낸다. (a), (b)는 독립성은 부정형식과 부정범위에서 차이가 있다. 만일 (7b)를 부정하려면 한 개의 부정사가 필요하며 부정범위는 'VP1 ≠ VP2' 전체('他没去图书馆见朋友')이다. 만일 (7a)를 부정하려면 두 개의 부정사가 필요하며 부정범위는 S1 또는 S2에 제한('他没去图书馆, 也没见那个朋友')된다. 두 사건을 나타내는 병렬구는 개념적으로 이중성을 지니며 시간 축에서 순서적으로 배열되어야 한다. 따라서 언어의 순서기제는 사건을 선후 관계로 표현되는 경향이 있다. 이들의 구조적 대칭성은 개념영역에서 대칭성으로 나타난다. 따라서 두 사건이 시간순서에 따라 출현한다는 함의는 취소될 수 있다. 동일한 사건에서 다른 단계에 있는 두 동사구는 개념적으로 밀접하다. 따라서 상대적 순서는 순서기제에 의해 결정된다. 중국어에 있는 연동구조는 영어에 존재하지 않는다. 이는 중국어가 영어에 비해 더욱 강력한 순서적 도상성이 구현되는 원인 중 하나라고 할 수 있다.

Newmeyer이 제시한 예문 (4) 역시 순서적 도상성의 반례로 볼 수 없다. 前, 后를 부가한 시간사 구조는 유표적이다. 개념적 영역에서 그들의 순서는 시간표지에 의해 명시되므로 시간순서와 일치하지 않을 수 있다. 이는 영어도 마찬가지이다. 무표적 병렬문이 나타내는 사건은 대체로 시간순서를 함의하고 있지만 before, after, then 등의 시간표지가 부가되면 어순은 자유로워진다. 중국어와 영어는 이러한 점에서 차이가 나타난다.

(8) a. 我出门前, 一定关好门窗。(나는 외출 전에 반드시 창문을 닫는다.)

    b. *我一定关好门窗, 在出门前。

      a'. I must close the door and window before I go out.
        (나는 외출 전에 반드시 창문을 닫는다.)

      b'. Before I go out, I must close the door and window.
        (외출 전, 나는 반드시 문과 창문을 닫는다.)

(9) a. 看见红绿灯之后, 往右拐。
      (신호등을 본 후에 우회전하세요.)

    b. *往右拐, 看见红绿灯之后。

      a'. After you see the traffic light, turn right.
        (신호등을 본 후에 우회전하세요.)

b'. Turn right after you see the traffic light.

(신호등을 본 후에 우회전하세요.)

중국어에서 前, 之前, 以前 등이 부가된 절은 반드시 시간순서에 따라 배열되지 않지만 后, 之后, 以后 등이 부가될 경우 시간순서에 따라 배열된다. 이러한 비대칭성은 중국어에서 시간사가 부가될 경우 다른 원리이 작용하고 있다는 것을 보여준다. 예문 (8), (9)과 아래의 (10), (11)를 비교해 보자.

(10) a. 昨天他走了。(a'. Yesterday he left.) (어제 그는 떠났다.)

b. *他走了昨天。(b'. He left yesterday.)

(11) a. 你不在的时候, 他走了。(a'. When you were not here, he left.) (당신이 없을 때 그는 떠났다.)

b. *他走了, 你不在的时候。(b'. He left, when you were not left.)

위에서 보듯이 중국어에서 시간표지는 시간명사이든 시간부사구이든 반드시 주요 동사 앞에 출현한다. 戴浩一(1985)는 (8-11)의 어순 현상을 또 다른 독립적 근거인 '시간범위원리(the Principle of Temporal Scope, PTSC)'로 설명하였다. 이 원리는 중국어에서 거리적으로 짧은 성분이 시간적 거리가 긴 성분 뒤에 배열되는 것을 요구한다. (9), (10)에서 往右拐의 개념적 상태는 看见红绿灯之后의 범위 내에 출현하기 때문에 往右拐는 반드시 看见红绿灯之后의 뒤쪽에 위치한다. 他走了의 상태는 昨天의 범위에서 출현하므로 昨天 뒤에 위치해야 한다. 이에 따라 Newmeyer에 의해 도상성을 부정하는 데 사용했던 예문이 동기성을 지지하는 증거임을 확인할 수 있다.

위의 논의를 통해 순서 도상성은 영어에 비해 중국어에서 훨씬 더 많이 구현되고 있음을 확인할 수 있다. 戴浩一(1985)는 중국어 어순을 전면적으로 고찰한 결과 시간순서원리(PTS)로 설명할 수 있다고 하였다. 아래의 예문에서 숫자로 나타낸 사건 또는 상태의 출현 순서와 그를 표현하는 문장성분의 순서가 모두 일치하고 있음을 나타낸다.

(12) 你给他钱[1], 他才给你书[2]。

네가 그에게 돈을 주면[1], 비로소 그는 너에게 책을 준다[2]

(13) 张三上楼[1]睡觉[2]。

장싼은 위층으로 올라가서[1], 잠을 잔다[2]

(14) 我们开会[1]解决问题[2]。

우리들은 회의를 열어[1], 문제를 해결한다[2]

(15) 他打[1]死[2]了一只苍蝇。

그는 파리 한 마리를 때려[1], 죽였다[2]

(16) 他从旧金山[1]坐长途公共汽车[2]经过芝加哥[3]到纽约[4]。

그는 샌프란시스코에서[1], 고속버스를 타고[2], 시카고를 거쳐[3], 뉴욕에 도착했다[4]

(17) 他往南[1]看[2]。

그는 남쪽을 향해[1], 바라본다[2]

(18) 他用筷子[1]吃了那碗饭[2]。

그는 젓가락을 사용해서[1], 그 한 그릇의 밥을 먹었다[2]

(19) 小猴子在马背上[1]跳[2]。

새끼 원숭이가 말 등에서[1], 뛰고 있다[2]

(20) 小猴子跳[1]在马背上[2]。

새끼 원숭이가 뛰어올라[1], 말 등에 있다[2]

(새끼 원숭이가 말 등으로 뛰어 올라갔다.)[3]

(21) 他病了[1]三天了[2]。

　　　그는 아픈지[1], 3일 되었다[2]

(22) 他累[1]得不能说话了[2]。

　　　그는 피곤해서[1], 말을 할 수 없었다[2]

위에서 제시된 예문은 병렬복합문, 연동구조, 결과보어구조, 상태보어 구조, 전치사-동사부사어구조, 동사-전치사 술보구조로 구성되었다. 이들의 어순은 시간순서원리(PTS)로 설명할 수 있다.

위의 어순은 戴浩一가 제시한 '시간범위원리(PTSC)'를 구현하고 있다. 戴浩一는 이에 대해 '만일 통사 단위 X가 나타내는 개념상태가 통사단위 Y의 개념상태의 시간 범위에 있으면 어순은 YX이다'라는 정의를 내렸다. 사실상 PTSC는 중국어의 보편적인 원칙을 반영한 것이다. 戴浩一는 중국어에서 큰 범주 성분이 작은 범주 성분에 앞선다고 하였다. 우리의 시각에서 세상은 다차원적이지만 언어의 의미는 일차원적 시간에서 전개된다. 따라서 일상생활에서 어떤 사람에게 길을 가르쳐줄 때 자신이나 상대방이 시간순서에 따라 진행한다고 가상하고 이 순서에 따라 대답해준다. Linde & Labov(1975)의 실험에서는 설문지에 주소쓰기 방식을 기술하도록 요구했는데 응답자 97%가 '가상 여행' 방식으로 공간적 구도를 시간관계로 기술하여 그들의 거주지를 표현하고 있음을 발견하였다. 이러한 인식을 바탕으로 우리는 '시간범주원칙'으로부터 중국어의 공간 개념의 표현 역시 유사한 순서를 준수하고 있음을 추론할 수 있다. 즉, 큰 범위에서 작은 범위의 순서로 표현하고 있다.

(23) 1994年12月24日上午10点。

---

3 예문 (20)을 의역한 것임을 밝힌다.

170

10 am, Dec. 24, 1994

(1994년 12월 24일 오전 10시)

(24) 美国, 俄亥俄州, 哥伦布市, 四九街, 63号

63 W 9th Ave., Columbus, Ohio, USA

(미국, 오하이오주, 콜롬버스시, 49가, 63W 번지)

(25) 在厨房里的桌子的上面的盒子里(有一本书)。

There is a book in the box on the top of table in the kitchen.

(주방 탁자 위의 상자 안에 (책 한 권이 있다.))

(26) (书)在厨房里的桌子的上面的盒子里。

The book is in the box on the top of the table in the kitchen.

((그 책은) 주방 탁자 위의 상자 안에 있다.)

(23)과 (24)은 중국에서 시간과 주소를 보고할 때 유일하게 수용되는 어순이다. 큰 범위의 성분이 작은 범위의 성분에 앞서 배열되었다. (25)와 (26)은 중국어에서 언어성분이 공간구조를 묘사하는 또 다른 유사 책략을 반영하고 있다. 즉, 전체가 부분 앞에 놓이며, 포용자(수식어)가 피포용자(피수식어) 앞에 놓인다. 戴浩一(1989)는 두 명사성 성분이 전체-부분 관계에 있으면 전체에 속하는 명사성 성분이 부분에 속하는 명사성 성분에 앞선다고 하였다. 여기서 개념성분을 조직하는 원리는 큰 범위에서 작은 범위로 배열된다. (23-26)에서 보듯이 영어는 중국어와 상반된다. 영어는 시·공간적 측면에서 작은 범위가 큰 범위보다 선행하며 부분, 피포용자가 전체, 포용자에 선행하는 경향으로 나타난다. 이는 중국어와 영어의 시·공간적 배열은 도상성을 근거하지만 인지적 책략이 다르기 때문이다. 시·공간적으로 크고 작은 범위, 부분과 전체, 포용자와 피포용자의 관계는 전체와 부분의 관계이다. 전체와 부분은 시·공간 관계에서 매우 중요하다. 만일 시간과 공간을 인지하는 과정에서 '상

상여행'을 가상하면 중국어와 영어는 여행 방식이 다르다는 사실을 발견하게 된다. 중국어는 '이동하는 자아(moving-ego)'[4]를 선택하며, 이는 신체를 이동해 다른 객체로 접근한다는 것을 의미한다. 객체는 그 객체보다 더 큰 객체에 위치하기 때문에 우리는 더 큰 객체에 접근한 후에 작은 객체로 접근하게 된다. 즉, 국부적인 것을 경험하기 전에 전체적인 것을 경험한다는 것이다. 예를 들면, 주방에 들어와서 탁자를 찾고 탁자 위에 초점 대상인 책을 찾는 방식이다. 영어는 이와 상반되는 '이동하는 객체(moving-object)'의 인지적 책략을 따른다. 즉, 목표 객체 스스로 그것을 포용하고 있는 더 큰 객체에서우리를 향해 걸어오거나 혹은 목표 객체를 점차적으로 더 큰 객체로 이동시키는 것을 가리킨다. 다시 말해서, 비교적 작은 부분을 경험한 후 비교적 큰 전체를 경험한다는 것이다 (Tai 1989, Hsieh 1989). 동일한 객체세계에 직면해서, 두 언어는 동일한 현상에 대해 다른 인지적 책략을 사용하며, 이로부터 표층적인 언어형식의 순서를 구성하고 있다. 문제는 두 어순의 원칙이 왜 도상성인지를 설명해야 한다. 이에 대한 답은 Haiman(1985)이 제시한 '재차 출현한 유사성' 원칙에서 찾아볼 수 있다. 어떤 언어가 인지적 책략을 통해 일종의 관계를 인식한다고 가정하면, 이 언어의 형식적 순서와 인지적 순서의 대응은 우연적이다. 이러한 가정은 언어에 도상성이 내재하는지 단정하기 어렵다. 그런데, 만일 언어에 이러한 대응이 체계적으로 반복된다면, 형식적 순서는 인지적 도상성의 순서를 반영한다는 근거가 될 수 있다. 중국어는 대-소 시간관념, 대-소 공간관념, 전체-부분, 그릇-내용, 소유자-피소유자의 관계에서 상당한 일치를 보이며 이러한 인지과정과 어순 배열은 대응을 이룬다. 흥미로운 것은 순서적 도상성이 객관적 사물의 순서와 어순의 대응이 아니라 인지적 순서 - 즉, Greenberg이 언급

---

4 Clark(1973).

한 '사물에 대한 인지적 순서' -와 어순이 대응된다는 사실이다. 위의 기준으로 가늠하면 영어의 도상성은 중국어에 미치지 못한다. 영어는 시·공간 순서의 배열에서 '소-대'의 원칙을 준수하지만 중국어처럼 일관적으로 일치하는 경향은 보이지 않는다. 예를 들면, 영어는 A's B('table's top')와 B of A('top of table')의 두 가지 방식으로 전체와 부분 관계를 표현할 수 있다. Hsieh(1989)는 어순 배열은 추상적 원리에 의해 결정된다고 보았다. 하지만 Deane(1992)와 Tylor(1995)는 두 어순 선택은 개념적 근거에 의한 것이라고 하였다. 예를 들어, 유생성이 높은 구체적 사물의 전체와 부분 관계는 앞의 어순으로 표현하고, 유생성이 낮은 추상적 실체는 뒤의 어순('table's top'은 억지스럽다)으로 표현하는 경향이 나타난다.

순서 도상성은 어순 및 시간순서/인지적 순서와 일치할 뿐 아니라 다른 측면에서도 구현된다. 예를 들어, 많은 언어에서 문장성분의 순서와 의미의 관할구역 크기는 상응한다. Jackendoff(1972)는 영어에서 만일 논리양사 또는 부정성분이 다른 성분 앞에 출현하면 그것은 더 큰 관할지역을 지닌다고 하였다. 沈家煊(1985)는 중국어 역시 유사한 경향이 존재한다고 하였다. Givón(1985) 역시 유사한 현상에 주목하였다. 크롤어는 어원이 무엇이든지 동사의 시태표지는 다음과 같은 어순으로 배열된다.

(27) (완료태) (양태) (지속태) 동사

위의 표지 중에서 지속태의 의미 관할구역은 가장 좁으며 동사에만 작용한다. 양태표지의 관할구역은 그보다 넓으며 관할구역은 전체 명제이다. 완료태는 가장 넓으며 관할 구역은 '담화-화용적 관할구역'이다. 관할구역이 넓을수록 앞쪽에 위치하며 동사에서 멀어진다. 이는 거리 도상성과 순서 도상성으로 설명할 수 있다.

다량의 언어에서 종속복문은 원인절이 결과절보다 앞서 출현하고, 조건절이 결과절 또는 함축된 절보다 앞서 출현하는 순서 도상성을 구현하고 있다(Greenberg 1966, Haiman 1978). Greenberg(1966)의 언어 보편성에 의하면 '조건을 나타내는 진술문에서 조건절이 결과절보다 앞에 출현하는 것은 범언어적으로 정상적 어순'이라고 하였다. 이러한 어순이 시간순서에 부합하는 이유는 개념영역에서 원인과 결과가 선후 배열되기 때문이다. 아래의 제6절에서는 이러한 현상을 계속해서 논할 것이다.

제6절 대칭 도상성

대칭 도상성은 개념과 형식이 대응된다는 것을 의미한다. 언어에서 대칭적 개념은 주로 상호관계, 동시 사건, 상호 의존 사건, 교체 출현 사건을 표현하고 있다. 하지만 언어에 본질적 특징이 있다고 말할 때 대칭성은 특히 구어에서 도상적 방식으로 표현하기 어려운 개념 중의 하나이다. 대칭성은 소쉬르의 제2원리에 속하는 언어의 선형성 원칙과 유사하다. 언어의 매개인 소리는 시간적으로 단일방향으로 전개된다. 언어 매개의 이러한 제약은 도상성 방식으로 비대칭적 개념을 표현하기 쉽다. 두 언어형식이 선후관계를 이루면 시간순서, 인과순서, 전체-부분, 중요성-부차성의 순서로 배열된다. 언어형식은 본질적으로 비대칭적이기 때문에 동시에 두 사건을 보고할 수 없다. 언어형식의 비대칭성을 극복하기 위해 도상성 방식으로 대칭관계를 표현할 수 있는지 살펴보자.

Haiman(1985a, 1985b)은 우리의 상상과 달리, 선형성의 제한은 있지만, 일반적으로 개념적 대칭관계는 도상성 방식으로 표현한다고 하였다. Haiman은 대칭성에 대한 개념을 아래와 같이 정의를 내렸다.

(1) A, B, C는 개념성분이고 r은 그들 간의 관계이다. 만일,

　　a) A r B와 B r A가 동시에 참이거나, 또는

　　b) A r C와 B r C가 동시에 참이면

즉, 개념 간의 관계는 대칭적이다.

아래의 예문에서 표현된 개념관계는 모두 대칭적이다.

(2) 张三和李四各自打了对方。(=张三打了李四, 李四也打了张三。)

　　장싼과 리쓰는 서로 상대방을 때렸다.

　　(= 장싼은 리쓰를 때렸고, 리쓰도 장싼을 때렸다.)

(3) 张三和李四同时离开了。(=张三离开了, 同时, 李四也离开了。)

　　장싼과 리쓰는 동시에 떠났다.

　　(=장싼은 떠났고, 동시에 리쓰도 떠났다.)

(4) 张三和李四长相相似。(=张三长得像李四, 李四长得像张三。)

　　장싼과 리쓰는 서로 닮았다.

　　(=장싼은 리쓰를 닮았고, 리쓰는 장싼을 닮았다.)

　　다시 말해서, 두 절이 표현하는 사건이 교체적, 동시적, 상호 의존적이면 개념적으로 대칭을 이룬다. 형식적 측면에서 언어의 대칭성은 음악의 대칭성처럼 구조적 대응을 이루며 왼쪽에서 오른쪽으로 동일하거나 유사한 구조가 중복된다. 이는 베토벤 제5교향곡의 앞의 두 악장('3331', '2227')과 같다. 이러한 대칭성은 병렬구조에서 현저하게 출현하며, 병렬되는 성분은 형식적, 의미적으로 대응된다. 하지만 순서 도상성은 앞뒤 출현의 언어성분을 시간의 선후관계 또는 인과관계와 같은 비대칭적 관계로 설명하는 경향이 있다. 그렇다면 상반되는 이 두 기제는 어떻게 조화를 이루는가? Haiman에 의하면 통상적으로 형태, 통사론, 운율 등

의 표지를 사용하여 대칭성/비대칭성을 강화 또는 상쇄시킨다고 하였다. 이러한 표지는 대칭의 병렬관계와 비대칭의 병렬관계를 구별할 수 있게 해준다. Haiman은 S1과 S2의 두 병렬구를 설정하여 세 가지 결합방식을 제시하였다.

(5) S1 x   (and)S2 y
(6) S1   (and)S2
(7) S1 x   (and)S2 x

x와 y는 수의적 형태표지(동사의 어미)이다. 어떤 언어가 (5-7)과 유사한 형식이 있으면 (7)로 대칭관계를 표현하고, (5)로 비대칭관계를 표현한다. 여기서 (비)대칭성은 개념적 (비)대칭성과 대응을 이룬다. (6)은 중간의 형식으로 선형적 순서로 유발된 형식적 비대칭성은 S1과 S2을 조건(전제, 가설, 원인, 선행사건)과 결과(후속사건)로 해석하는 경향이 있다. 그러나 S1과 S2는 형식적으로 평행하며 두 사건은 개념적으로 대칭적이다. 이는 형태변화가 발달하지 않은 언어에서 특히 명백하게 나타난다.

먼저 간단한 병렬구조 (6)을 살펴보자. 언어에서 병렬형식은 상호 모순된 '이중격'이 존재한다. 이들은 대칭적 관계와 비대칭적 시간순서 관계를 표현할 수 있다. Haiman(1985)은 병렬은 대칭관계의 표현 방식이라고 하였다. Schachter(1977)은 '병렬구성제약(Coordinate Construction Constraint)'을 제시하여 병렬구조 성분은 반드시 동일한 문법범주에 속하고 동일한 의미기능을 지닌다고 하였다. 이 제약은 실제로 병렬구조를 구성하는 기본적인 요구이며, 병렬성분은 통사적, 의미적으로 평행해야 한다. Schatcher에 의하면, 병렬구성제약은 Ross(1967)가 제시한 병렬구조제약(Coordinate Structure Constraint)으로 설명할 수 있는 문제와 병렬구조제약으로 설명하기 어려운 문제를 설명할 수 있다고 하였다. 일부 비합리적인 병렬 삭제식이 합리적이지 못한 이유는 병렬구조제약으로 원만하게 해결할 수 없는 문제를 병렬구성제약을 통해 쉽게 설명했기 때문이다. 예를 들면, across-the-board violation과 *It's John who likes Mary and Bill hates이 있다. 이러한 삭제방식은 병렬성분의 의미적, 통사적 대칭성을 파괴할 가능성이 있어서 합리적이지 못하다. Haiman은 Schatcher의 연구에서 병렬삭제의 다양한 상황을 고찰하였다. 병렬구조 AxBx가 ABx로 삭제되었을 때 전통이론은 삭제된 구조를 대칭적 즉 (AB)x로 분석하였다. Haiman은 삭제는 어떤 경우 (A)(Bx)처럼 비대칭적 구조를 유발한다고 하였다. 특히 AxBCxD를 AxBCD로 삭제했을 때 비대칭적인 (AxB)(CD)로 분석된다. 그는 개념적, 형식적으로 대칭되는 AxBx가 (A)(Bx)로 삭제될 때 형식적 비대칭성은 개념적 측면에서 비대칭적 관계를 반영한다고 하였다. 예컨대, 많은 언어에서 삭제식 동사는 통상적으로 유사 조동사가 되어 유사 부사나 격표지에 작용한다. 이러한 사실은 병렬구조가 개념적 대칭관계를 반영하고 있음을 보여준다. 문제는 S1과 S2와 같은 병렬복문이 개념적 비대칭성으로 나타나는데 있다. (1-3)에서 보듯이 병렬복문의 두 절의 순서는 시간순서를 반영한다. 이 밖에 영어, 중국어, 베트남어, 스페인어, 프랑스어에서 병렬구조의 선행성분은 조건을 나타내고 후행성분은 결과를 나타낸다. 조건-결과의 관계는 개념적 비대칭 관계이다. 다음의 예문을 보자.

(8) 중국어 : 他不来, 我不去。(=要是他不来, 我就不去。)
　　　　　　그가 오지 않으면 나는 안 갈거야.
　　　　　　(=만일 그가 오지 않으면, 내가 가지 않겠다.)
(9) 영어 : You're so smart, you fix it. (你厉害, 你来修。)
　　　　　당신은 매우 똑똑하니까, 그것을 고치세요.

(10) 스페인어 : Se enfada el, me enfado yo. ([如果]他生气, 我也生
     气。)

　　　(만일) 그가 화내면 나도 화 낼거야.

　Haiman은 시간적 비대칭성은 심지어 병렬문과 종속복문을 구분하는
특징이라고 하였다. 종속복문의 두 절은 많은 언어에서 위치를 조정할
수 있으며, 기본의미는 변하지 않는다. 반면, 병렬구의 두 절의 위치를
조정하면 의미는 크게 변화된다. 다음의 예문((11-12)는 병렬문이며 a와
b의 의미는 완전히 동일하지 않다. (13)와 (14)는 종속복문이며 a와 b의
의미는 대체로 동일하다.

(11) a. 人不犯我, 我不犯人。

　　　(남이 나를 건들지 않으면, 나도 남을 건들지 않는다.)

　　 b. 我不犯人, 人不犯我。

　　　(내가 남을 건들이지 않으면, 남도 나를 건들지 않는다.)

(12) a. The more he eats, the fatter he gets.

　　　(많이 먹을수록 살이 더 찐다.)

　　 b. The fatter he gets, the more eats.

　　　(살이 찔수록 더 많이 먹는다.)

(13) a. 因为他很听话, 大家都喜欢他。

　　　(그는 말을 잘 듣기 때문에, 모두 그를 좋아한다.)

　　 b. 大家都喜欢他, 因为他很听话。

　　　(모두가 그를 좋아한다. 왜냐하면 그가 말을 잘 듣기 때문이다.)

(14) a. He will come if you ask him.

　　　(네가 그에게 요구하면 그는 올 것이다.)

　　 b. If you ask, he will come.

178

(네가 요구하면 그는 올 것이다.)

Haiman에 의하면 일반적으로 병렬문은 시간 도상성을 지니며, 절의 순서는 개념적 사건이 출현하는 순서에 대응한다. 이와 달리, 종속복문은 반드시 시간 도상성을 지니는 것은 아니다. 병렬절은 선형순서에서 비대칭적인데 이는 사실상 개념적 대칭의 결과이다. 그들은 시간 축에서 자연적 순서로 배열되며, 유일한 조건은 그들이 개념적으로 동등한 등급이라는 것이다. 바꿔 말하면 병렬문이 유일하게 나타날 수 있는 비대칭성은 상대적 순서이며, 기타 측면에서는 개념적 대칭을 이룬다.

일반적인 병렬구조의 '이중격'은 대칭성을 표현하기 위한 적절한 형식은 아니다. 많은 언어는 다양한 방식을 통해 통사적, 형태적 변화를 하며 시간적 비대칭성을 취소시킴으로써 개념적 대칭관계의 기능을 부각시키고 있다. 영어는 융합과 삽입 방식으로 S1, S2의 대칭관계를 표현하고 있다.

(15) a. Max hit Harry and Harry hit Max.

　　　 (막스는 해리를 때리고, 해리는 막스를 때렸다.)

　　 b. Max and Harry hit each other.

　　　 (막스와 해리는 서로를 때렸다.)

(16) a. John changed the tire, and Mary washed the car.

　　　 (존은 타이어를 교체했고 메리는 세차했다.)

　　 b. John and Mary changed the tire and washed the car, respectively.

　　　 (존과 메리는 각자 타이어를 교체하고 세차했다.)

위의 a는 간단한 병렬복문으로 두 개의 절은 사건의 시간순서를 암시하고 있으며 b는 이러한 함의가 없다. (15b)는 (15a)의 두 개의 절을 하나로 융합했으며 시간순서는 함의하지 않는다. (16b)의 방식은 좀 더 미묘하다. (16a)에서 두 절의 직접성분은 [NP1 VP2] and [NP2 VP2]이며 (16b)는 'NP1 and NP2 VP1 and VP2, respectively'이다. 두 절의 직접성분은 상호 교차가 가능하지만 S1 S2의 선형적 특징은 파괴되었다. 이처럼 선형적 배열로 도출된 시간순서의 함의는 자연스럽게 회피할 수 있다. 중국어도 이러한 두 방식을 사용하여 대칭관계를 표현할 수 있다. Haiman은 거의 모든 언어는 이와 유사한 each other 형식으로 상호관계를 표현함으로써 병렬방식으로 열거하는 방식을 회피한다고 하였다. 이는 분명히 선형순서가 지닌 시간순서 함의를 취소하기 위한 암시이다. 형태가 풍부한 언어는 이런 방식보다는 외재적 표지를 사용한다. Haiman은 도상성 원리로 다음의 가설을 제시하였다.

(17) 병렬성분 A와 B에 임의적 형식 또는 운율부가표지 x와 y를 설정했을 때, 만일 AxBy와 AxBx가 모두 성립하면 AxBy구조는 A, B 간의 개념적 비대칭성을 나타내고, AxBx 구조는 항상 A, B 간의 개념적 대칭성을 나타낸다.

위의 가설은 다량의 언어에서 논증되었다. SOV 언어에서 S1 S2의 비대칭성은 형식표지에 의해 강화된다. 파푸아뉴기니의 각종 언어에서 S1의 동사(문중 동사 또는 의존동사)에 부가된 접미사와 S2의 동사(구말동사, 독립동사)에 부가된 접미사는 다르다. 즉, 병렬복합구는 항상 AxBy 형식으로 출현한다.

(18) Kobon어 : [A-em B-in]
　　　yad be gau am-em kaj pak-nab-in.

我-森林-那里-去-일인칭 문중 접미사-猪-打-장래시-이인칭 문말
접미사

我要到林中去杀一头猪。

(나는 숲에 가서 돼지 한 마리를 죽이려고 한다.)

(19) Gende어 : [A-xo B-i]

ya tuvi-xo ya pixo t-i.

삼인칭-坐下-삼인칭 문중 접미사-삼인칭-故事-讲-삼인칭 문말 접미사

他坐下了, 她就讲了一个故事。

(그가 앉자, 그녀는 이야기를 했다.)

(20) Hua어 : [A-ga-na B-e]

ebgi-ga-na ebgi-e.

打-삼인칭 문중 접미사-삼인칭 미래 접미사-打-삼인칭 문말 접미사

他打了另一个之后, 另一个打了他。

(그가 또 다른 사람을 때린 후 또 다른 사람은 그를 때렸다.)

AxBy가 표현하는 개념적 비대칭성은 영어의 병렬복합구에 비해 훨씬
분명하다. 그들은 동위관계 외에 순차적 사건, 원인과 결과, 조건과 결과
를 나타낸다. 이처럼 모호성이 없는 비대칭적 구조는 모호성이 없는 비
대칭적 개념을 나타낸다. 예컨대 영어에서 before, after가 포함해 복문의
의미를 나타내는데 일부 언어 역시 이런 구조로 표현하고 있다. 영어에
서 Many are called; few are chosen와 같은 병렬복문으로 표현하는 대칭
개념은 AxBy로 사용할 수 없다. 이런 언어에서 대칭 개념인 상호관계,
동시 발생사건, 교체 출현 사건 등은 AxBx의 대칭 형식을 사용한다. 예
들 들면, Kate어는 두 표현의 상호 동작을 표현하는 방식이 있다. 하나는
(AA)-e 형식으로, 동사를 중첩하거나 부분 중첩 후 뒤에 범의 동사 -e(원
의미 '하다', '말하다')를 부가하는 방식이다. 다른 하나는 A-ng B-ng 형식

으로, 동사를 중첩해서 두 개의 동일한 접미사 -ng를 부가하는 방식이다.
이 두 형식은 대칭적이다.

> (21) bafi'ke(돕다): ba-bafi'e(서로 돕다)
>
> sope'ke(저주하다): sosope'e-(서로 저주하다)
>
> (22) (ga)pe-(따르다[너]): na-pe-ng ga-pe-ng e-(서로 따르다)
>
> (너) 跟从: 일인칭 단수 목적어 대사 접두사-跟从-ng-너-跟从
> -ng-하다
>
> (ga)le-(주다[너]): na-le-ng ga-le-ng e-(각자 상대방에게 주다)
>
> (너)주다: 일인칭 단수 목적어 대사 접미사-주다-ng-너-주다-ng-
> (하다)

Kewa어에서 동시 발생 사건은 A-0 B-0의 대칭 형식인 A-te B-te을 사
용한다. 즉, A, B 두 절에 각각 동일한 영접미사를 부가한다.

> (23) saa eta no-0 agaa lo-0 pi-pa
>
> 1인칭 쌍수-음식물-먹다(영접미사)-이야기하다(영접미사)-앉다-1
> 인칭 짝수/완성태(우리 둘은 줄곧 함께 밥을 먹고 수다를 떨었다.)

Tauya어에서 동시 발생 사건과 중복 발생한 동일 사건은 A-te B-te
혹은 A-pa B-pa 형식을 사용한다.

> (24) Pename-ne' ufiya fei-a-te' eresiya ni-a-te'ai-i'a.
>
> Pename-능격-음식물-끓이다-3인칭-다른 주어의 접미사-Keresiya-먹다
> -다른 주어 접미사(Pename와 Keresiya는 각자 밥을 먹고 밥을 끓였다.)

Hua어에서 상호 동작은 A-ro B-ro 형식을 사용한다. 중복 발생 사건은 A-ro-na B-ro-na 형식을 사용하며 두 형식은 대칭적 구조를 이룬다.

(25) Hua어 : [A-ro B-ro]

　　 d-go-ro k-go-ro hu'e

　　 나-보다-ro-너-보다-ro-우리/둘이서/하다

　　 (나와 너는 각각 상대방을 보고 있다.)

(26) Hua어 : [A-ro-na B-ro-na]

　　 u-ro-na o-ro-na hi-e

　　 가다-ro-na 오다-ro-na-하다-3인칭문말접미사

　　 (그는 두리번거리고 있다.)

병렬구 역시 대칭적, 비대칭적의 두 가지 형식이 존재한다. 많은 언어에서 아래와 같이 영어와 대응되는 표현법이 있다.

(27) a. both　　　　NP and NP

　　 b.　　　　　　NP and NP

(28) a. either　　　NP or NP

　　 b.　　　　　　NP or NP

영어의 both는 두 가지 의미 기능이 있다. 하나는 뒤의 두 명사성 성분이 의미적으로 하나의 집합으로 귀속시키는 기능이다. 예를 들면, Tom and Dick은 두 사람을 가리키고, both Tom and Dick은 특정 담화환경에서 결정되는 특정한 집합에 속하는 두 사람을 가리킨다. 다른 하나는 두 병렬성분의 지각적 또는 등급적 비대칭을 감소시키는 기능이다. Greenberg(1966)와 Jakobson(1966)는 the President and the Secretary of

State와 같은 병렬구조에서 두 병렬항 순서는 상대적 중요성을 반영하기 때문에 the Secretary and the President는 어색하다고 하였다. both the Secretary of State and the President의 경우 자연스럽다. 국무총리와 대통령의 중요성이 거의 평등해 보이기 때문이다. 분명히, 영어의 a와 b를 비교했을 때 전자가 표현하는 개념은 대칭적이다. 하지만 개념적 대칭성이 명확하지 않은 것은 both, and, either, or이 형식적으로 다르기 때문이다. 헝가리어, 프랑스어, 터키어, 후아어의 경우 개념적 대칭성은 형식적 대칭과 대응한다. b에 상응하는 형식은 'A x B(혹은 ABx)'의 비대칭적 형식이며, a에 상응하는 형식은 A x B x(혹은 xA xB)와 같은 대칭적 형식이다. 예를 들어, 프랑스어 (26a)에 상응하는 형식은 et A et B(A et B와 상대적임)이며 터키어는 A da B da(A B da와 상대적임)이다. a와 b의 대립은 Hua어에서 명백하게 구현된다.

(29) a. Numugarma' Norope-gi' vie
　　　　Numugama-Norope-수행-가다/3인칭 단수 문말 접미사
　　 b. Numugama-gi Norope-gi va'
　　　　Numugama-와-Norope-와-가다/2,3인칭 짝수 문말 접미사

여기서 비대칭적 개념(영어의 NP with NP에 상응함)은 형식적 비대칭적 격식인 (29a)로 표현되며, NP NP-gi 구조는 비대칭적이다. 그 중의 동사는 단지 하나의 명사성분과 일치관계를 이룬다. 대칭적 개념(예를 들어, 영어의 both NP and NP)은 형식적 대칭 형식인 (29b)로 표현되며, NP-gi NP-gi는 대칭적이다. 동사와 두 명사성 성분 모두 일치관계를 이룬다.

위에서 완전한 대칭관계를 표현하는 형식(대칭적)과 비대칭관계를 표현하는 형식(비대칭적)이 존재하고 있음을 논의하였다. 또한, 대칭적 관

계도 표현되고 비대칭적 관계도 표현되는 형식이 존재한다. Haiman(1985a)은 위의 상황에 근거해 언어에서 대칭관계와 비대칭관계의 표현은 다음의 두 가지 방식으로 전개된다고 하였다. 하나는 시간의 연속성 또는 동시성이고, 다른 하나는 현저성이다. 대칭의 중성화 표지를 부가한 병렬구조('AxBx' 구조)는 동시에 시간성과 현저성의 대칭관계를 표현한다. 이러한 표지를 부가하지 않거나 비대칭 표지를 부가한 병렬구조(AB와 AxBy)는 시간적 측면에서 비대칭적 관계를 표현하며 동시에 현저성 측면에서 대칭적 관계를 표현한다. 종속구조(Ab, aB)는 현저성 측면에서 비대칭성을 함의하지만, 시간적 측면에서 반드시 대칭성뿐 아니라 비대칭성을 함의할 필요는 없다. 그러나 현저성 측면에서 비대칭성은 어떤 경우 동시적 관계를 암시하기 때문에 종속표지는 동시성 표지로 사용할 수 있다. 반면, 사건의 동시성은 동시 발생한 사건에 중요한 의미가 암시한다. 따라서 동시성 표지는 종속표지로 사용할 수 있다. Hopper & Thompson(1980)은 동사의 지속태 또는 동시태는 배경절을 나타내는 표지라고 하였다. 영어 -ing 분사와 동명사 형식은 사건의 동시성과 종속관계를 나타내며, -ing가 포함된 절은 배경을 표현할 때 사용된다. 이는 중국어도 마찬가지이다. 戴浩一(1992)는 중국어 연동구조의 첫 번째 동사에 지속태 着를 부가하면 두 개의 동사는 동시 출현하는 사건을 나타낸다고 하였다. 여기서 첫 번째 성분은 두 번째 성분에 종속되어 배경정보를 나타낸다.

(29) 他吃着饭看书。([배경]-전경)
　　　(그는 밥을 먹으면서 책을 본다.)
(30) 他看着书吃饭。([배경]-전경)
　　　(그는 책을 읽으면서 밥을 먹는다.)

이 밖에, 중국어에서 종속복문 S1时, S2에서 S1과 S2는 동시에 발생하는 사건을 나타낸다. 吃饭时不要说话(밥 먹을 때 말하지 말아라)가 이에 속한다. 근대중국어에서도 흥미로운 현상을 찾을 수 있다. 원래 동시관계를 나타내는 'S1时, S2'은 또 다른 종속관계인 가정관계를 나타낼 수 있다. 다음의 예문을 보자.

(31) 你既往北京去时, ……你好歹拖带我作伙伴去。(老乞大)
    (당신이 대도로 가신다면, …우리는 동행인으로 같이 데리고 가 주면 좋지 않아요?)

(32) 每日这般用心弄他时, 虫子怎么蛀的。(朴通事)
    (매일 이렇게 신경써서 다뤘으면 어찌 좀이 슬었겠는가?)

종속관계에서 S1은 S2 사건의 배경을 나타낸다.
다음의 그림은 Haiman이 제시한 (비)대칭관계 표현에서 두 차원 간의 관계를 나타내고 있다.

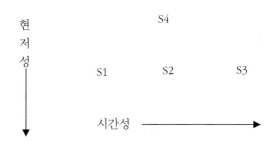

S1, S2, S3은 현저성이 동등하며 시간순서를 준수하고 있다. S4는 사건의 배경을 나타내며, 현저성은 S1, S2, S3과 동등하지 않다. S4는 S1, S2, S3 중에서 어떤 하나가 나타내는 사건이 동시 발생한 사건임을 나타낸

다. 동시성과 배경이 S4를 시간 축에서 이동시키는 기능을 지니면, 이들
은 언어에서 동일한 형식으로 표현된다.

제7절 중첩 도상성

중첩 도상성은 戴浩一(Tai 1992)가 중국어의 언어 현상을 고찰한 후
제시한 개념이다. 현실 생활에서 둘 또는 그 이상의 동일한 사물은 하나
의 분류가 될 수 있으며, 일정 시간동안 동일 동작을 반복하거나 정도가
심화되는 것을 표현할 수 있다. 조어법이나 중첩, 중복을 사용하여 이러
한 의미를 표현하면 도상성을 구현할 수 있다. 戴浩一는 중첩 도상성에
대해 다음과 같은 정의를 내렸다.

(1) 언어 표현 형식의 중첩(중복)은 개념영역의 중첩(중복)에 대응한다.

인지언어학에서 중첩 도상성이라는 용어는 사용하지 않지만 많은 학
자들이 이에 대해 주목하였다. 사피어(1921)는 중첩에는 '증명 안 된 상
징성'을 내재한다고 하였다. Moravcsik(1978)은 이를 '형식기제의 도상적
용법'이라고 불렀으며, Friedrich(1979)는 중첩에는 지표성과 상징성이
내재한다고 하였다. He ran and ran and ran and ran(他跑啊跑啊跑啊
跑)과 He ran(他跑了)에서 전자의 동작량이 훨씬 크며, He is very very
very tall(他非常非常非常高)와 He is very tall(他非常高)에서 전자의 정
도성이 훨씬 강력하다(Lakoff & Johnson 1980). Lakoff & Johnson은 많은
언어에서 명사가 중첩되면 단수는 복수나 집합 개념으로 바뀌고, 동사는
동작의 지속, 완성을 나타내며, 형용사는 상태의 정도를 나타낸다고 하
였다. Hiraga(1994)는 이에 근거하여 중첩을 수량 도상성(quantity ico-

nicity)으로 인식하였다.

중국어는 풍부한 중첩 현상이 있다. 여기서는 중국어의 문법수단이 어떻게 도상성을 구현하는지 살펴보겠다. 중국어 양사(양사 기능이 있는 명사 포함), 형용사, 동사는 중첩 형식이 있으며, 이러한 형식이 나타내는 의미는 공통점이 있다. 형용사 중첩식은 명백한 양적 특징을 지니고 있다. 주지하다시피 이러한 형식은 복잡성 도상성5과 중첩 도상성6으로 구현된다.7 여기서는 양사와 수량구조의 중첩형식을 살펴보겠다. 단일양사 중첩식은 每('매양, 마다')의 의미를 나타내며 个个都很好, 次次都参加에서 个个와 次次가 이에 속한다. 수량구조 중첩식은 '점차적으로'라는 의미를 나타내며 一首一首地唱, 一口一口地吃에서 一首一首地와 一口一口地가 이에 속한다. 어떤 경우 동작 횟수의 중복(부사어 '一趟一趟一趟地去')과 수량의 많음(한정어 '一串串葡萄')의 의미를 나타낸다.

중국어에서 동사 중첩은 동작량을 나타낸다. 동작량은 연속 시간동안 이뤄지는 동작과 반복 횟수로 구별되며, 이들은 각각 시간량('一会儿', '一天')과 동작량('一次', '一遍')으로 불린다(朱德熙 1982). 동사 중첩은 시간량이 짧고 동작량이 적음을 나타낸다. 다음의 예문에서 (2), (3)은 시간량이 짧음을 나타내며 (4), (5)는 동작량이 적음을 나타낸다.

---

5 중첩식이 표현되는 관념은 비중첩식에 비해 복잡하다.
6 중첩식은 형식적으로 동일 성분의 양적 증가이며, 의미적으로 양적 관념을 포함하고 있다.
7 중국어 형용사 중첩식은 양의 증가와 양의 감소를 나타낸다. 이 문제에 대한 논의는 張敏(1997)을 참고하기 바란다. 여기서는 표준중국어와 방언의 형용사 중첩식을 자세하게 분석하였다. 또한 동류가 중복 출현하는 도식을 사용하여 이에 대한 설명을 하였다.

188

(2) 陪我聊聊天。(=聊一会儿天)

　　나와 잡담을 좀 하다.

　　(=잡담을 좀 하다.)

(3) 晚上我一般只看看电视，听听音乐。(=看一会儿电视/听一会儿音乐)

　　밤에 나는 보통 텔레비전을 좀 보고, 음악을 좀 들을 뿐이다

　　(=텔레비전을 좀 보다/음악을 좀 듣다)

(4) 你试试这个。(*试一会儿这个/试一次这个)

　　이것을 입어보세요.

　　(이것을 한 번 입어보다.)

(5) 这顶帽子太小了, 你戴戴看。(*戴一会儿帽子/戴一次帽子)

　　이 모자는 너무 작으니 (이것을) 써 보세요.

　　(모자를 한 번 써보다.)

　동사 중첩이 시간량과 동작량을 표현할 수 있는지, 중첩이 불가능한지는 개념영역의 시상(phase)과 관련된다. 개념적 측면에서 동작은 다음의 세 가지 부류로 구별된다. 첫째, 연속, 반복 동작 吃, 看, 睡, 坐, 学, 洗 등이다. 둘째, 연속되지 않고 반복 가능한 순간동작 眨, 关, 碰, 见, 插, 摔 등과 짧은 시간에 동작이 완성되고 그 결과 상태가 지속되거나 유사 동작이 재차 출현하는 동작 戴 등이다. 셋째, 연속되지 않고 짧은 시간에 반복 출현할 수 없는 동작, 예를 들어, 순간적으로 완성되며 한 차례 발생하는 동작 死, 上吊, 结(婚), 发现, 순간적으로 상태 변화가 이루어지는 동작 懂, 忘, 明白, 批准, 发现, 결과의미를 포함한 동작 看见, 打开, 缩小 등이다. 중첩 불가능한 동사는 세 번째 부류에 해당한다. 따라서 *死死, *上上吊, *跳跳河, *忘忘, *懂懂, *看见看见, *回去回去는 부적격하다. 연속과 반복을 나타내는 동작동사는 통상적으로 중첩이 가

능하다. 두 번째 부류의 중첩식은 대체로 동작량을 나타낸다. 예를 들어, 眨眨眼睛 등이다. 첫 번째 부류의 중첩식은 시간량과 동작량을 나타내며 예를 들어, 你在这儿坐坐(시간량), 她只能洗洗衣服, 做做饭(시간량), 这张椅子很硬, 你坐坐就知道了(동작량), 她只能洗洗衣服(시간량), 这件衣服很薄, 洗洗就洗破了(동작량)이 있다.

위에서 보듯이 중첩은 동작의 연속, 반복과 밀접한 관련이 있다. 동작의 연속과 반복은 개념적으로 차이가 있지만 인지영역은 분명히 공통점이 있다. Langacker(1987b)의 인지모형을 통해 연속동작과 반복동작의 특징을 다음과 같이 나타낼 수 있다.

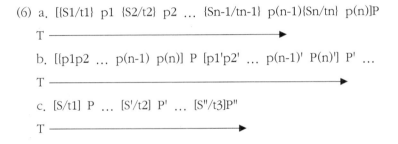

(6) a. [{S1/t1} p1 {S2/t2} p2 … {Sn-1/tn-1} p(n-1){Sn/tn} p(n)]P
    T ⟶

  b. [{p1p2 … p(n-1) p(n)] P [p1'p2' … p(n-1)' P(n)'] P' …
    T ⟶

  c. [S/t1] P … [S'/t2] P' … [S''/t3]P''
    T ⟶

위에서 t는 감지된 시간(conceived time)을 나타내며, T는 인지과정에서의 처리시간(processing time)을 나타낸다. P는 감지할 수 있는 경계의 과정(출발점과 종점)을 나타내며 p는 감지할 수 없는 경계의 과정을 나타내며, [ ]는 경계를 나타낸다. Langacker에 의하면, 사건을 인지할 때 시간 축 T에서는 감지된 시간 t에서 발생한 관계에 대해 순차적으로 주사한다. 이와 같이 연속된 동작 P1은 (6a)으로 나타낼 수 있다. 처리시간 T1에서 우리는 시간 t1에 출현한 어떤 상태 S1을 감지할 수 있다. 또 다른 처리시간 T2에서 우리는 또 다른 시간 t2에 출현한 어떤 상태 S2을 감지할 수 있다. 이 순서에 따르면 시간 Tn에서 시간 tn에 출현한 어떤 상태 Sn을 감지할 수 있다. S1에서 Sn은 동일한 경계 범주 내에 출현하기 때문에 시간 t에 출현한 상태 S는 완전한 과정 P의 하위 과정 p를 구성하고 있음을 감지할 수 있다. 과정의 내부는 동질적(homogenous)이다. 연속동작의 반복은 (6b)나타낼 수 있다. 몇 개의 과정 (p1…pn)으로 구성된 P의 중복 출현은 P'으로 나타낸다. P와 P'의 감지된 경계에 의해 막혀있지만 이들은 상호 동질적이다. 연속 불가능한 동작의 반복은 (6c)로 나타낼 수 있으며, 이 경우 감지되는 과정은 동질적이며 감지된 경계에 의해 막혀있다.

연속동작과 반복동작은 동질적 과정의 반복 출현을 나타낸다는 공통점이 있다. 차이점은 연속동작의 반복 출현되는 과정 간에 감지된 경계가 없는 반면, 반복동작은 감지된 경계에 의해 막혀 있다는 것이다. 이러한 현상은 중국어의 문법현상을 설명하는데 유용하다. 예를 들어, 동사가 연속이나 반복을 나타낼 때 着('他眨着眼睛……', '他看着书……')는 不停, 不断, 一直 등의 지속을 나타내는 낱말의 수식을 받을 수 있다. 형식적 측면에서 동사 중첩식의 본질은 동질 형식의 중복 출현이며 하나의 동사가 연속해서 두 차례 출현한다는 점이다. 이에 언어 형식의 구조는 도상성 방식으로 개념적 구조와 대응하고 있음을 확인할 수 있다.

동사와 관련된 중첩 도상성은 동사중출(verb-copying)에서도 나타나는 현상이다(Tai 1993). 중국어 생성문법학자는 지배결속이론의 틀에서 他吃饭吃了一整天의 동사중출을 설명하였으며(Ernst 1988, Huang 1988, Li 1990), 이중에서 黃正德가 제시한 구구조 조건(Phrase Structure Condition)이 주목을 받고 있다. Tai(1993)은 순수한 통사적 제약으로 동사중출을 충분히 설명할 수 없다고 하였다. 그는 이와 관련해서 아래와 같은 세 가지 증거를 제시하였다. 첫째, 만약 VP가 상태변화의 동작행위인 경우 동사중출은 금지되며 (7)이 이에 속한다. 둘째, 많은 상황에서 동사중출은 의미 차이를 유발하며 이는 (8a)와 (8b)에서 보여준다. (8a)에서 지속시간 一个月는 동작 이후 경과된 시간을 나타내므로 写는 재차 출현하지 않아도 된다. (8b)에서 一个月는 동작이 지속된 시간을 나타내므로 동사가 중복 출현할 수 있다. 셋째, 일부 동사의 경우 동사중출 이후 동작의 빈도를 나타내는 보충성분이 출현할 때 (9)는 적격하지만, 지속시간 지속의 보충 성분이 출현한 (10)은 부적격하다. 이러한 차이를 통해 동작 到는 세 차례 중복을 할 수 있지만 3년 동안 지속할 수 없다는 동사중출의 의미적 동기성을 설명할 수 있다.

(7) a. 他发现这件事很久了。

　　　(그가 이 일을 발견한지 오래되었다.)

　　b. *他发现这件事发现很久了。

(8) a. 我给他写信已经一个月了。

　　　(내가 그에게 편지를 써서 보낸지 한 달이 되었다.)

　　b. 我给他写信已经写了一个月了。

　　　(나는 그에게 편지를 쓰고 있는지 한 달이 되었다.)

(9) 他到美国到了三次。

　　(그는 미국에 세 번 갔다.)

(10) *他到美国到了三年。

戴浩一는 다음의 예문을 통해 동사중출을 설명하고 있다.

(11) 他跳水跳了三个钟头。

　　　(그가 다이빙을 세 시간 동안 했다.)

(12) *他跳河跳了三个钟头。

(12)는 통사적 측면에서 설명하기 어렵지만 개념적 측면에서 설명이

가능하다. 跳水는 지속이 가능한 동작인 반면 跳河는 순간적 동작이기 때문에 지속성도 없고 짧은 시간 동안 반복할 수도 없다. 여기에 개념영역의 원칙이 작용하고 있음을 알 수 있다.

마지막으로 동사와 형용사의 중첩형식 AABB를 중첩 도상성을 살펴보자. AABB에는 大大小小, 长长短短, 高高低低, 明明暗暗, 稀稀疏疏, 远远近近, 花花绿绿 등이 있다. A와 B의 의미는 상반되며, 가지런하지 않은 상태를 강조한다. 이러한 중첩식의 수식을 받거나 묘사된 사물은 두 개보다 많아야 한다. 따라서 明明暗暗的灯光은 등불이 많다는 것을 암시한다. 밝은 등이 하나이거나 어두운 등을 보고 있는 경우 灯光은 위의 수식을 받을 수 없다. 스위트룸에 큰방과 작은방만 있을 경우 这里的房间大大小小的라고 표현할 수 없다. 형식적 중첩이 개념영역에서 사물의 중첩을 반영하고 있음이 명백하다. 동사 AABB식은 来来往往, 说说笑笑, 哭哭啼啼, 摇摇摆摆, 打打闹闹, 进进出出 등이 있다. 이는 동작이 빈번하거나 연결되어 끊이지 않음을 나타낸다. 예를 들면, 我的办公室紧靠大门, 我们进进出出, 十分吵闹이다. 단지 한 차례 출입했으면 进进出出의 형식으로 표현할 수 없다.

중첩 도상성은 다른 언어에서도 볼 수 있는 현상이다. 특히 한장어 계열과 대만 민남어 계열의 언어에서 나타난다.[8] 자료에 따르면, 중국어와 유사한 형용사, 양사, 동사 중첩이 20여 개의 언어에서도 나타난다. 품사 분포가 가장 넓은 것은 형용사 중첩이다. 형용사 중첩은 哈尼语, 白语, 京语, 怒语, 畲语, 阿昌语, 苗语, 西纳语, 德昂语, 壮语, 佤语, 仡佬语, 黎语, 瑶语, 景颇语에서 나타나며 정도의 심화를 의미한다. 양사

---

8 중국어 방언의 체언(명사, 양사) 중첩식의 형식적, 의미적 공기 관계는 표준중국어보다 복잡하다. 张敏은 중국어 방언, 한정어 계열 언어와 기타 어족의 다량의 언어에서 체언 중첩식의 의미를 비교한 결과, 동류 중복 도식을 사용하여 그들의 공통점과 차이점을 해석할 수 있음을 발견하였다.

중첩은 毛难语, 白语, 京语, 怒语, 阿昌语, 苗语, 西纳语, 壮语, 瑶语, 佤语, 景颇语 등의 언어에서 나타나며 총칭적 지시를 의미한다. 수량구조의 중첩은 '점차적으로', '순차적으로'라는 의미를 나타낸다. 동사 중첩은 拉姑语, 白语, 京语, 畲语, 德昂语, 壮语, 景颇语, 瑶语 등에서 나타나며 AA, AABB 형식으로 구현된다. AA는 동작의 연속, 지속, 반복, 계속 진행을 나타내며 AABB는 동작의 반복 출현을 나타낸다. 이는 중국어에서도 나타나는 현상이다. 어떤 언어에서 중첩 기능은 중국어보다 훨씬 풍부하다. 哈尼语, 门巴语, 格曼语, 怒语, 阿昌语, 景颇语에서 의문대사의 중첩은 복수의미를 나타낸다.

> (13) khe khe khaba khaba ie tci gua ne? (怒语)
>   谁 谁 哪里 去 (조사)(조사)(조사)
>   哪些人到哪些地方去？
>   (어떤 사람들이 어디에 가니?)
> (14) nan hang hang hgolo ja? (巴门语)
>   你 什么 什么 买 (조사)
>   你都买些什么呀？
>   (너는 어떤 것을 살거니?)

怒语에서 일음절 형용사 중첩식 앞에 조사 dzi를 부가하면 '같은', '마찬가지로'의 의미를 지니게 된다. 이러한 중첩식은 일반적으로 두 사건의 성질에 대해 대조를 나타내는 문장에 출현한다. 예를 들어, 锅这两个 dzi 大大는 '두 솥의 크기가 같다'라는 의미를 나타낸다. 西纳语에서 동사 중첩은 동작의 지속이나 반복을 나타내지만 일부 동사는 중첩 후 '서로'의 의미가 부가된다. 예를 들어, la('打') : lala('打架'='互相打'), pu('赠送') : pupu('互赠'), sy('杀') : sysy('打仗'='互相杀')이다. 분명히 西纳语

194

의 동사 중첩은 중첩 도상성 기제를 반영한 것이다. 상호 동작은 개념영역에서 같은 동작의 반복이며, 서로 다른 주체에 의해서 실현된다. 景颇语에서는 더 많은 중첩 현상이 발견되었는데 그 중에는 중첩된 동작, 상태, 사물 간의 전환이 있다. 이 언어에서 형용사 중첩은 성질, 상태가 심화되었음을 나타내며 동사 중첩은 통상적, 습관적 동작행위를 나타낸다. 만일 형용사 중첩식과 동사 중첩식 사이에 명사화 접사 me를 삽입하면 所有……的의 의미를 나타낸다.

(15) tin me tin　　(所有跑的)
　　跑 (접사)　　　跑
(16) koi me koi　(所有弯曲的)
　　弯曲 (접사)　弯曲

　이 밖에 '큰직하다', '많다', '길다', '높다', '넓다' 등의 형용사 중첩 뒤에 접미사 ke를 부가하면 정도가 점점 심화되고 있음을 나타낼 뿐 아니라 지시된 사물이 다수임을 나타낸다. sik-kam ke i i(树-ke-粗大-粗大)는 나무가 특히 굵고 수량이 비교적 많음을 나타낸다.
　중첩 도상성은 특별한 방식으로 대만계 언어 壮语, 傣语, 泰语에서 나타난다. 대만 민남어계 언어의 동사, 형용사, 명사, 양사에 복잡하고 변화가 많은 후치사 음절을 부가할 수 있다. 이러한 후치사 음절은 원래 낱말의 주요 모음의 어음을 교체해서 이루어진다. 따라서 특수한 중첩 형식으로 볼 수 있다. 후치사 음절을 부가한 형식은 양적 증가를 나타낸다. 형용사의 경우 성질, 상태의 강화 및 지시된 범위의 확대를 나타낸다. 동사의 경우 서로 다른 측면에서 표현된 동작행위는 양적 변화를 나타낸다. 예를 들면, 동작의 지속과 반복은 동작의 강약 정도가 다르다는 것을 의미한다. 명사와 양사의 중첩은 사물 수량의 증가를 나타낸다.

이는 형식과 의미가 직접적으로 대응하는 도상성 관계를 나타낸다. 주목할 만한 것은 후치사 음절 역시 중첩이 가능하다는 것이다. 서로 다른 중첩 형식은 하나의 층차를 이루며, 의미 역시 이에 상응해서 하나의 층차를 이루고 있다. 아래에서 广西 柳江壮语에 나타나는 예문을 살펴보자.

(17) hjin (石头) '돌'

hjin hjan (很多石头) '많은 돌'

hjin hjan hjan (很多很多石头) '아주 많은 돌'

hjn hja hjin hjan (到处都是石头) '도처에 모두 돌이다'

(18) hjan (暖) '따뜻하다'

hjau hjut hjut (暖暖的) '아주 따뜻한'

hjau hjut hjut (暖烘烘的) '훈기가 있는'

hjau hja hjau hjut (暖暖烘烘的) '따뜻한 훈기가 있는'

동사와 형용사 후치형식에 모음교체가 일어날 수 있으며, 이를 통해 동작행위와 성질 상태의 수량, 크기, 무게 등을 구분할 수 있다. 예를 들어, 주요모음이 [i] [e]인 경우 동작은 약화되고 정도는 가벼워진다. [a] [u] [o]인 경우 동작은 강화되고 정도는 심화된다. [ɐ]인 경우 동작상태가 강하지도 약하지 않으며 가볍지도 무겁지도 않음을 의미한다. 이는 다음과 같은 규칙으로 귀납할 수 있다. (a) 전설모음과 전설모음을 비교하면 혀의 위치가 높을수록 의미의 정도는 약화된다([i]〈[e]〈[a]); (b) 전설모음과 후설모음과 비교하면 전설모음의 의미가 후설모음보다 가볍다; (c)후설모음 과 후설모음을 비교하면 고모음일수록 의미의 정도는 커지고 무거워진다([ɯ]〉[u]〉[o])(张公谨 1979, 刀承华 1984, 韦星郎 1983). 모음사각도를 살펴보면 이러한 규칙은 언어 도상성이 반영된 것임을 알 수 있다.

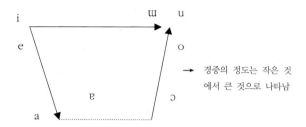

　　동작 폭의 크기와 상태의 크기는 혀의 높이, 앞뒤 위치와 대응되며
이는 소리의 상징적 현상을 반영한 것이다.
　　중첩 현상은 동남아의 한장어 계열에서 부터 남아시아의 드라비아어,
오스토로네시아어, 아프리카의 나일-사하라어, 북아메리카의 인디아어
에 존재하며 문법의미는 상당히 일치한다. 이는 중첩 동기성이 언어에
광범위하게 적용되는 도상성 기제라는 것을 말해 주고 있다(Moravcsik
1978, Abbi 1992, 张敏 1997).

제8절 범주화 도상성

　　동일한 범주의 언어단위가 어떤 개념으로 귀납되는지 살펴보면 하나
의 경향을 발견할 수 있다. 동일한 형식 범주에 속하는 언어단위는 인지
적으로 유사성이 있다. 품사는 전형적인 실례이다. 2천 년 전 그리스어
와 라틴어 문법학자는 의미를 사용해 형식적 기준을 근거로 품사에 대한
정의를 내렸다. 그들의 인식은 불분명했기 때문에 현대 문법학자 특히
구조주의 문법학자의 엄격한 비판을 받았다. 하지만 전통 문법학자는
형식범주와 의미범주 간에 명백한 대응을 이루고 있으며 사람들의 어감

이 일치하는데 주목하였다. 구조주의 언어학자는 문법범주의 엄밀성을 추구하여 순수한 통사적 분포를 통해 품사 분류를 해야 한다고 주장하였다. 하지만 의미적 측면에서 품사를 분류하기 어려웠기 때문에 형식류와 의미류의 도상관계는 소홀히 다뤘으며 언어범주에 내재된 해석은 포기하였다. 인지언어학자는 형식류에 대한 인지적 기초에 주목하고 있다. 그들의 연구는 언어유형학과 심리학에서 출발했으므로 전통문법과 본질적인 차이가 있다. 인지언어학 연구에서 동일한 인지적 특성의 개념을 문법범주로 귀납시켰다. 이는 언어의 보편적 특징이며 언어 도상성의 구현이라 할 수 있다. 따라서 주요 품사인 명사, 동사, 형용사는 개념적 기초가 있으며, 인지적으로 확정된다(Hopper & Thompson 1984, Langacker 1987).

전통적으로 논의되는 품사 외에 문법범주 역시 범주화 도상성 기제로 설명 가능하다. 예를 들어, 주어, 목적어는 개념적으로 행위자, 수동자와 대응된다. 이러한 경향은 세계의 다양한 언어에도 나타난다. 한편, 형태가 풍부한 언어에서 격의 구별은 의미적 구별과 대응된다. Haiman(1983)은 스페인어에서 다음과 같이 목적격과 여격의 최소대립이 나타난다고 하였다.

(1) Contestar la pregunta (명사 : 목적격, 동사 : 타동성)
(2) Contestar a la pregunta (명사 : 여격 동사 : 자동성)

(1), (2)의 기본적 함의는 '질문에 답변하다'이다. 구체적으로 (1)은 질문에 대해 원만한 대답을 했음을 나타내며, (2)는 질문에 답을 제공했음을 나타내지만 만족스러운 대답인지 확인할 수 없다. 격에 비해 동사와 목적어는 개념적으로 더 직접적인 관계를 이룬다.

범주화 도상성은 어휘범주에도 구현된다. 많은 언어를 살펴보면, 생물류를 명명하는 규칙이 범주화 도상성 기제를 반영하고 있다. 인지심리학자 Rosch(1978)는 개념체계에 기본적으로 지각범주가 존재하며, 이는 심리적으로 현저한 지위를 지닌다고 하였다. 예를 들면, 종(species) 층차의 생명 형식은 개념적으로 속(genera) 층차보다 훨씬 복잡하다. 종은 속 분류에 의존해 인식되기 때문이다. 지각영역의 이러한 구별은 도상적 방식으로 언어 범주에 반영된다. 많은 언어에서 속 개념은 단순어로 종 개념은 속과 구별적 특징의 복합어로 표현한다. 중국어 杉와 红杉을 비교해 보면 알 수 있다.

인지언어학의 범주화 문제를 통해 형식 범주는 개념 범주에 대응하며, 범주화 도상성으로 설명할 수 있음을 알 수 있다.

제9절 동기성의 경쟁과 도상성의 감소

언어에 도상성이 내재되어 있다는 것은 논쟁의 여지가 없는 사실이다. 기능주의 언어학자는 언어의 도상성을 강조하지만 언어의 비도상적 측면에도 관심을 기우리고 있다. 그러나 형식주의 언어학자와 달리 그들은 언어의 비도상적, 자의적 측면을 불분명한 유전적 기제의 결과로 설명하기 보다는 경제성 원리, 개괄원리, 연상원리가 작용한 결과로 이해하였다. 언어의 비도상성은 주로 도상성 원리와 경제성 원리의 상호 경쟁에 의해 유발된다. 기호체계를 구성할 때 만일 도상성 원리가 지배하면서 경제성 원리가 제약을 받으면 이러한 기호체계는 효율적이지 못할 가능성이 있다. 예를 들어, 기호체계가 극단적으로 도상적일 경우 기표는 기의의 완전한 거울 영상(mirror image)이 되어 기호마다 지시대상과 대응해야 한다. Borges의 환상소설「Funes the Memorious」에서 주인공 Funes는 이런 기호체계를 사용하였다. Funes는 신비한 사고에서 뇌진탕을 당해 비상한 기억력을 가지게 되면서 경험했던 세밀한 사항까지 정확하게 기억해냈다. 그는 기억력과 대응되는 기이한 언어를 사용하기 시작했으며 사물에 미세한 차이가 있는 경우 독단적으로 명명했다. 예컨대 동일한 개를 3시 14분에 개의 왼쪽을 봤을 때의 이름이 있고, 3시 15분에 개의 오른쪽을 봤을 때의 이름이 있다(Haiman 1985a). 기호체계의 도상성이 이와 같이 실현된다면 J. Swift의 소설 「걸리버 여행기」의 거인나라에서 사용하는 '언어'처럼 될 것이다. 거인들은 소리를 내지 않으며 세상의 모든 물건을 자루에 담아 짊어지고 있다. 그들이 '산'을 표현하려면 자루 안에서 '산'을 꺼내야 한다. 자루 안의 산을 가지고 현실세계의 산을 표현하는 방식은 강력한 도성성을 반영한다. 그러나 도상성이 과도하게 강조되면 결국 기호체계는 사라지게 된다. 거인이 사용한 것은 기껏해야 지시체계이기 때문이다. Funes의 '언어'는 사고적 측면에서 경제적이지 못하고, 거인의 '언어'는 육체적 측면에서 경제적이지 못하다. 인류는 거인처럼 큰 힘도 없고 Funes처럼 좋은 기억력도 지니고 있지 않으며, 간편하고 효율적인 기호체계를 사용해야 한다. 인간은 망각과 추상적 능력이 있어서 3시 14분에 봤던 개와 3시 15분에 봤던 개를 동일한 개로 인식한다. 추상화, 단순화, 규약화는 경제성 원리에 의한 것이다. Haiman(1985a)은 경제성 원리의 요구로 도상성이 감소된다고 지적하였다. 언어에서 외재적 표지는 도상성을 감소시키는데 이는 경제성 원리에 의해 촉진된다. 한편, 언어는 도형과 마찬가지로 도상성의 제약은 매개변수의 제약으로 손실을 입을 수 있다. 3차원 공간을 2차원으로 투사하면 상당한 변형을 초래하는데 다차원 공간이 1차원의 언어로 투사되는 것은 말할 나위도 없다. 이러한 제약은 최종적으로 경제성 원리에 의해 촉진된다. 하나의 제한된 도형 또는 기호체계를 이를 대표하는 무한하고 복잡한 개념체계와 비교했을 때 그들의 최대 가치는 간단성과 조작 가능성에 있다.

200

위의 인식을 기초로 Haiman은 언어에 내재된 다양한 비도상성을 광범위하게 고찰한 후, 도상성과 경제성은 다음과 같은 상관관계가 존재한다고 설명하였다. 언어는 두 가지 상황이 병존하는데, 도상성이 최대로 높아지거나 경제성이 최대로 높아지는 경향이다. 이는 언어표현에서 매우 중요한 동기성이며, 상호경쟁과 제약을 통해 언어체계에 영향을 미친다. 도상성이 과도하게 강력해지면 경제성 원리가 지배력을 발휘해 도상성을 약화시킨다. 피진어, 크레올어, 수화, 아동의 초기 언어구조에서 강력한 도상성이 구현된다. 이후 이런 구조는 점차 불분명해지는데 이는 경제성 원리가 작용한 결과이다. 경제성이 과도하게 강력해지면 도상성의 작용으로 규약화된 구조에 도상적 의미가 부여된다. 두 원리는 경쟁하면서 부침을 거듭한다. 동일 언어에서 나타나는 상이한 구조와 역시 시기에서, 경쟁은 다른 결과를 초래하며 이에 언어 유형학적 차이가 용인된다.

동기성의 경쟁은 언어의 비도상성에 설명력을 제공한다. 하지만 이는 설명은 다음과 같은 비판에 직면할 수 있다. A기제에 부합하지 않은 현상을 B기제에 전가해 설명하고, B기제에 부합하지 않은 현상을 A기제에 전가해 설명할 수 있다는 것이다. 인지언어학에 대한 이러한 비판은 중국과 해외 언어학계에서 있어 왔다(Croft 1990, 袁毓林 1994). 동기성의 상호경쟁에 근거한 해석은 유형학적 의미를 지닌 추측을 제공하며, 실제 언어 유형에서 독립적인 검증을 얻을 수 있다. Croft(1990)는 언어유형학적 측면에서 경쟁기제모형이 다음과 같은 조건을 다음과 같이 제시하였다.

(1) a. 동시에 두 기제를 만족시키는 것은 논리적으로 불가능하다(따라서 양자의 경쟁을 논의해야 한다).

    b. 논리적으로 가능한 유형은 하나의 기제가 작용한 결과이다.

    c. 다른 논리에서 가능한 유형은 다른 기제가 작용한 결과이다.

  d. 논리적으로 출현 가능하지만 실제로 출현할 수 없는 유형이
   금지되는 것은 그들이 두 기제에 대한 요구에 만족하지 않기
   때문이다.

 이 기준에 의하면 동기성 경쟁에 근거한 해석은 검증 가능하며 예측
성이 있기 때문에 신뢰할만하다. 도상성 원리는 개념마다 개별 낱말로
표현할 것을 요구하지만 경제성 원리는 어휘량을 최대한 감소시킬 것을
요구한다. 이 두 동기성이 충돌한 후 그중 하나의 원리가 우위를 차지하
면 다의 현상이 출현할 수 있다. 이런 해석은 다음의 논리적으로 가능한
유형을 배제시켰다. 동의 현상처럼 경제적이지도 도상적이지도 않은 유
형은 존재하지 않는다. 현대 언어학자는 절대적 동의 현상은 존재하지
않는다고 하였다. 또 다른 실례를 들어보자. '영형태소' 현상에서 논의했
던 표지이론은 상호 경쟁기제를 잘 설명해주고 있다. (a) (b) (c)의 논리
가능성에서 (a)와 (b)는 출현할 수 있으며, 이들은 경제성 원리와 도상성
원리 요구에 만족한다. (c)가 출현할 수 없는 이유는 두 원리를 만족시키
지 못하기 때문이다. 이러한 예측은 언어 보편성을 고찰하면서 검증되
었다. 상기 조건에 만족시키지 못한다는 해석은 틀렸다기보다는 진일보
한 유형학적 증명이 결여되었음을 의미한다.
 이제 도상성 원리와 경제성 원리가 서로 경쟁과 부침을 거듭하는 구
체적 상황을 살펴보자. Haiman에 의하면 피진어는 도상성이 상대적으
로 강력하다. 서로 다른 언어에서 기원하는 피진어는 공통적 특징을 지
니고 있다. 형태소 변화의 감소, 문법적 일치관계 표현방법의 상실, 조어
표지가 의미표지로 되는 경향, 기본 어휘량의 대량 감소 등이다. 또 다른
공통점은 도상성 증가이다. 피진어는 공통적 기원을 지니지 않았으며,
천부적인 보편적 특징을 반영하지 않는다. 피진어는 규약화된 체계가
결여된 반면, 강력한 도상성을 구현하고 있다. 따라서 피진어는 원언어

가 굴절어, 종합어에 속하더라도 중국어, 베트남어와 같은 고립어와 유사한 특징을 지니고 있다. 형태가 풍부한 언어인 경우 형태성분은 동일한 형태소의 변형으로 나타난다. 예를 들면, 인칭대사는 수, 격, 성에 따라 형식이 다르지만 피진어는 이러한 변형이 단일 형식으로 축소된다. 영어에서 기원한 뉴기니 피진어는 영어의 'he/him'은 'em'으로 'I/m'은 'mi'로 축소된다. 축소 후 형식과 의미는 일대일로 대응되는 도상성이 구현된다. 피진어는 통상적으로 원언어의 어순을 변형하거나 축소시킨다. SVO 언어에서 O가 대명사일 경우 SOV 어순으로 변화하며, 아프리카 스와질리아어가 이에 속한다. 스와질리아에서 기원한 케냐 피진어는 O가 대명사인 경우 어순이 SVO으로 바뀐다. Givón(1979)에 의하면, 피진어가 SVO 어순을 선택하는 이유는 기호체계에서 가장 쉽게 처리되는 유형이기 때문이다. 피진어는 원언어의 문법적 일치관계를 상쇄시키는데 이는 도상성이 작용한 것이다. 문법적 일치관계는 비도상적이기 때문에 하나의 의미가 동시에 여러 개의 형식으로 표현된다. 피진어의 또 다른 특징은 기본어휘의 대량 감소와 구조적 측면에서 도상성이 크게 증가한다는 점이다. 영어에서 의미적으로 연관되면서 형식적 연관성이 없는 낱말 agriculture, medicine, business 등은 뉴기니 피진어에서 wok('work')가 포함된 복합어 wok gaden ('agriculture'), wok dokta('medicine')로 표현된다. 위에서 보듯이 기원언어가 피진어로 변환되는 과정은 도상성 원리가 주요 작용을 하고 있다. 피진어에서 크리올어로 변환되는 과정에서 도상성은 상실되고 내용어는 기능어로 허화되며 형태소의 변형은 점차 증가한다. 문법적 일치로 새로운 표현을 획득함으로써 어휘량은 점차 증가되는 반면, 도상적 방식으로 구성된 복합어는 점차 응결되면서 도상성은 약화된다. Haiman은 이러한 변화의 주요 원인은 경제성 원리가 작용하기 때문이라고 하였다. Zipf(1935)의 언급처럼 우리는 최소한의 노력으로 언어표현을 하는 경향이 있으며, 이에 따라 출현빈도가 높은 성분의 길이는 점차 짧아진다. 독립적 낱말을 자주 결속해서 사용하다보면 그 성분은 점착형태소가 될 가능성이 크다. 어휘량 증가는 형태의 감소를 수반하는데 이는 단순 형식을 통해 개념을 표현하려는 경향을 반영한 것이다. 위의 고찰을 토대로 Haiman(1985a)은 어휘량 증가는 도상성의 약화를 초래하며 이는 경제성 원리에 의해 촉진된다고 하였다. 이에 도상성은 어휘량이 빈곤한 언어에서 강력하다는 것을 유추할 수 있다. 예컨대 많은 언어에서 반의어 간의 의미관계는 조어법에서 볼 수 없다. 영어 good/bad('好/坏'), agree/refuse('同意/反对')가 그러하다. 어휘량이 상대적으로 빈곤한 언어에서 이러한 관계는 형식적으로 명확하다. 예를 들면, 뉴기니 피진어는 good/bad를 gutpela/no gutpela라고 표현하며, Fanagalo어는 agree/refuse를 vuma/havi vuma('同意/不同意')라고 표현한다. 어휘가 빈곤한 언어는 유사한 정의적 방법으로 복합개념을 표현하고 있다. 단독 낱말과 비교했을 때 이런 방식에서 도상성은 강력하게 구현된다. 어휘량 증가는 복합개념의 표현방식을 많이 사용하고 있음을 의미한다. 축약어가 좋은 실례이다. 최근 몇 년 동안 축약어는 영어 상용어에 진입하면서 영어의 어휘량이 현저하게 증가되었다. radda('radio detection and raning'에서 기원한다), laser('light amplification by simulated emssion of radiation'에서 기원한다)와 같은 축약어는 원형의 도상적 특징을 제거하고 경제성 원리가 작용한 결과이다. 도상성 원리와 경제성 원리의 상호경쟁은 피진어, 축약어 등의 특수한 영역뿐 아니라 자주 사용되는 언어구조에서도 구현된다. Haiman(1985a)는 좀 더 많은 예를 들어 설명하였다. 재귀형식, 상호 형식적 삭제, 잉여적인 문법범주의 출현, 구의 합병, 단순화 등이 그것이다. 이중에서 가장 직관적인 실례인 병렬구조 삭제를 살펴보자. 많은 언어에서 병렬구조의 형식적 특징(구조적 대칭성, 부가표지의 대칭성 등)은 대칭 도상성이 반영되어 있다. 다른 측면에서 병렬구조 삭제는 어떤 경우 병렬구조의 도상성을 약화시키거나 제거시킨다. 만일 구조적으로 대칭되는 AxBx와 xAxB에 대해 병렬 삭제를 하면, '재조합(regrouping)'이 발생했을 때 (AB)x와 x(AB)로 구현되며 도상성은 감소하지 않는다. 만일 재조합이 발생하지 않을 경우 비대칭적인 AxB와 xAB으로 구현되며 도상성은 감소한다. 언어에 내재된 두 경향은 여기에서 동시에 작용하고 있다. 한편으로, 도상성 원리에 의해 형식은 최대한도로 개념적 대칭성을 요구하며, 다른 한편으로, 경제성 원리에 의해 중복 성분의 재현을 최대한 감소시킬 것을 요구한다. 이에 비도상적 현상은 경제성 원리에 의해 운용되고 있음을 알 수 있다.

위에서 논의했듯이 언어 도상성은 언어의 매개 제약으로 손실될 수 있다. 언어의 매개는 선형적 특징을 지니고 있으며, 의미적, 화용적 관계는 일차원적 시간 위상에서 형태소와 낱말의 배열로 전달된다. 이러한 경제적 전달 수단은 다양한 도상성 기제가 하나의 어순에서 경쟁을 초래할 가능성이 있음을 의미한다. 역으로 말하면, 어순은 도상성 기제와 관련된다. 하지만 이런 인식은 비판을 초래할 수 있기 때문에 원칙의 작용 범위를 엄격하게 제한하고, 유형학적 증거를 찾아야 한다. 이에 전형적인 도상성 기제가 상호 경쟁하는 예문을 살펴보기로 한다. Jesperson 이래 기능 언어학자는 계속해서 다음과 같은 어순 원칙을 제시하였다.

(2) a. 담화에서 구정보가 신정보를 선행한다.
    b. 긴밀한 관념은 함께 놓이는 경향이 있다.
    c. 화자의 의식에서 가장 중요한 내용은 먼저 말하는 경향이 있다.

(2a)가 도상성 원리인 이유는 담화성분의 순서는 화자가 전달하고자 하는 순서를 반영하기 때문이다. (2b)에 도상성이 반영되었다는 사실은

위에서 논의하였다. (2c)는 발화 성분 순서는 화자의 의식에서 중요한 순서를 반영한다는 점에서 도상성이 반영되어 있다. 하지만 정보는 화자의 의식에서 가장 전달하고자하는 성분이고, 담화에서 구정보는 가장 중요한 정보는 아니라는 점에서 (2a)와 (2c)가 모순된다. Haiman (1985a)는 (2b)와 (2c)도 모순된다고 하였다. 중요한 정보를 앞에 놓으면 개념적으로 긴밀한 성분이 분리되기 때문이다. 즉, (2b)는 함께 놓일 것을 요구하는 반면, (2c)는 분리될 것을 요구한다. 위의 세 가지 원칙이 동시에 구현되면 어떤 어순도 도상성 원리로 설명할 수 없을 것이다. Haiman은 어떤 원칙이 상호 경쟁하면 어순은 다양화되고 경쟁이 없을 경우 모든 어순은 일치한다는 예측하였다. 그에 의하면 (2c)는 초점성분에만 국한된다. 초점은 새로운 정보이며, 화자가 가장 중요하다고 인식하는 정보이다. 그는 더 나아가 다음과 같은 두 가지 가설을 제시하였다. 첫째, (2c)는 특지문 어순에 작용한다. 의문대사의 전치는 초점위치이기 때문에 문두 언어가 아닐 경우 초점위치에 있는 의문대사는 전치시킬 수 없다. 둘째, 관계대사는 일반적으로 의문대사와 동형이 아니지만, 초점의 소재지가 아니기 때문에 (2c)에 작용할 수 없지만(당연히 (2a)에도 작용하지 않는다), (2b)에는 작용할 수 있다. 이들은 관계절의 중심명사와 동지시되며 개념적 거리가 가까워서 중심명사 옆으로 유도될 수 있다. 바꿔 말해서, 특지의문문에서 (2c)가 통제하는 초점효과는 거리 도상성의 요구에 의해 덮일 수 있다. 반면, 관계절에서 초점 원칙이 작용하지 않기 때문에 (2b)는 자유롭게 운용된다. 위의 두 가설에서 언어유형학적으로 관계대사가 전치되지 않은 언어는 존재하지 않는다는 사실을 예측할 수 있다. 즉, 의문대사는 전달되지 않는다. Haiman은 가설과 예측을 통해 다음과 같은 언어적 사실을 증명하였다. 특지의문문의 의문대사는 기본적으로 초점위치에 출현하며, 관계대사는 전치되어 관계절 문두에 와서 동지시된 중심명사와 가까이 위치한다. 헝가리어에서 초점

위치는 동사 앞이며 의문대사는 동사 앞에 출현하고, 관계대사는 관계절 문두에 출현하며 중심명사와 가까이 위치한다. 언어유형학적 측면에서 살펴보면, 많은 언어에서 의문대사와 관계대사는 유사한 통사구조를 이루고 있다. 그러나 관계대사는 중심명사 옆에 출현하며 의문대사 위치는 언어마다 천차만별이다. 이들을 형식문법으로 설명하기 어렵지만 동기성의 상호경쟁에서 살펴보면 원인을 규명할 수 있다. 동기성의 경쟁으로 인해 초점위치는 언어마다 다르기 때문에 의문대사의 위치는 차이가 크다. 반면, 경쟁이 없으면 많은 언어의 어순은 일치하며, 관계대사의 위치는 다른 언어에서 일치성이 증명되었다. 유형학적 증거는 도상성 기제의 상호 경쟁을 해석하는데 매우 유용하다.

이제 도상성 기제의 경쟁에 대해 살펴보자. DuBois(1985)는 능격과 대격의 유형학적 모형을 분석한 후, 주격/대격과 주격/능격은 도상성 원리에 의해 촉진된다고 하였다. 행위자/주제와 동일한 형태로 표현되는 경향이 있으며, 대격은 또 다른 도상성, 즉 새로운 논항(담화에 새로운 참여자)에 공동 형태로 출현한다는 것이다. 하지만 이는 합리적이지 못하기 때문에 좀 더 세밀한 고찰을 시도하였다. 그는 신정보와 구정보는 분화된 여격모형으로 출현한다고 하였다. 즉, 여격체계에 대격표지가 존재한다는 것이다. 여격/대격의 분화는 언어참여자(일인칭, 이인칭)와 비참여자(삼인칭)로 구분되며, 언어참여자는 대격으로 비참여자는 여격으로 표시된다. 여격은 구정보를 나타내므로 새로운 참여자일 가능성은 없다. 이 상황에서 두 번째 기제가 작용하지 않으면 첫 번째 기제가 작용한다. 이에 따라 DuBois는 일인칭, 이인칭에 대격을 표지하고 삼인칭에 여격을 표시하는 언어는 존재하지 않을 것이라는 예측을 하였다. Haiman의 결론과 마찬가지로 DuBois는 상호경쟁이 다양한 언어적 차이를 유발한다고 하였다.

지금까지 보듯이, 도상성 원리와 경제성 원리의 상호경쟁은 언어에 내재된 도상성 원리를 감소시키는 주요 원인이다. 도상성 기제 간의 상호경쟁은 언어 간 차이와 언어 내부의 변이를 초래한다. 일부 학자는 도상성 원리와 추상성 원리 간에 경쟁 관계가 존재한다고 하였다. 퍼스(1940)에 의하면, 문법은 일종의 합성 기제로 그중에서 도상성이 강력한 성분과 더 추상적인 기호가 합성해서 복합구조를 이룬다고 하였다. 謝信一(Hsieh 1989)는 언어의 기호와 기호의 해석이 간단하고 효율적인 이유는 지배결속이론에서 제시된 논리와 수학을 근간한 추상성 원리가 존재하기 때문이라고 하였다. 두 원리는 동일 문법체계에 작용해서 상호촉진, 상호경쟁 등으로 문법의 균형을 이룬다. 하지만 이상적인 균형을 이룰 수 없는 것은 언어는 도상적 구조와 추상적 구조의 틀에서 순환하고 있기 때문이다. 도상성 원리와 추성성 원리의 상호관계는 다양한 측면에서 구현된다. 어떤 언어는 도상성이 지배적이고 추상성이 부차적이며, 어떤 언어는 이와 상반된다. 동일 언어 내에서도 구조적 도상성이 강력하게 지배할 가능성이 있으며, 어떤 경우 두 원리가 상호경쟁 한다. 謝信一는 도상성 원리와 추상성 원리의 상호경쟁, 상호작용의 관점에서 완료태 了 위치의 복잡한 상황을 설명하였다. 일부 학자는 상보적, 비경쟁적 측면에서 두 원칙의 상호관계를 설명하고 있다. Givón(1990)은 도상성과 자의성이 상호작용 한다고 하였다. 일반적 예측과 달리 도상성이 반드시 약화되지 않는다. 예를 들어, 동사 보충어의 '제약 층차' 연구에서 네 개의 결정적인 보충 종속절과 주절의 긴밀성 원칙을 제시하였다. 그중에서 두 조항은 도상적이고 다른 두 조항은 '문법적 규약성(grammatical convention)'에 근거해 도상성이 약하다. 두 부류의 원칙이 상호작용하면 그 결과 여전히 도상적이다. 통사적 측면에서 종속절의 통합성은 일대일 대응의 도상성 방식을 통한 인지사건의 통합성과 엄밀하게 대응된다.

　도상성 원리와 추상성 원리의 상호작용, 상호경쟁은 Haiman이 언급했

208

듯이 도상성 원리와 경제성 원리에 모순되지 않지만 두 가지 측면의 문제가 제시된다. 추상성 원리는 언어의 규약화, 기호의 조직성 원리가 작용하는 반면, 경제성 원리에는 반드시 조직성 원리가 작용하지 않는다. 경제성 원리는 언어구조에 직·간접적으로 작용하고 있다. Haiman (1985)은 경제성 요구는 도상성 감소를 직접적으로 유발시키고 형식표지는 도상성을 감소시킨다고 하였다. 그러나 형태표지는 결국 경제성 원리에 의해 촉진되는데. 이는 '화자는 최소의 노력을 들여 최선의 문법을 사용(grammars code best what speaker do most)'하기 때문이다. 이러한 인식에서 도상성 원리와 경제성 원리의 상호작용은 언어체계를 조직하는 중요한 요소이라 할 수 있다.

下篇

거리 도상성과 중국어 명사구

04
—
하편 소개
—

제1절 인지언어학과 중국어 문법

　지금까지 인지언어학의 관념, 방법, 경험적 기초와 연구 동향을 소개
하였다. 이 책의 본질적 목적은 이론언어학의 성과를 토대로 중국어 언
어현상을 분석하고 범언어적인 공통점과 개별성을 규명하는데 있다. 중
국어 문법학계는 언어학 이론의 새로운 방법론을 근거해 중국어를 분석
했지만 이러한 연구 방법은 단지 외국이론에 중국어 예문을 추가한 것이
라는 지적이 있었다. 언어와 같은 인문 현상은 물리 현상과 달라서 유사
성과 함께 천차만별의 개별성이 존재한다. 어떤 언어유형을 토대로 개
발한 언어 분석모형을 다른 언어에 적용한 경우 언어적 편견(langua-
ge-biased)을 일으킬 가능성이 있다. 낱말의 형태변화를 연구하는 형태
론이 그러하다. 형태론은 굴절어 분석에 적합하기 때문에 형태가 결여
된 중국어를 연구하는데 적합하지 않다. 언어이론과 분석모형 역시 특
정한 시각에서 언어를 관찰하는 방법이다. 언어의 중의성으로 인해 이
론모형은 다양한 언어를 분석할 때 '적합성'의 문제가 제기된다. 구조언
어학의 IA(항목과 배열)와 IP(항목과 과정)의 분석모형을 살펴보자.
Hockett에 의하면, 하나의 모형을 사용한 분석을 다른 모형에 전용해서
분석을 할 수 있다고 하였다. 중국어와 베트남어의 경우 IA 모형은 간단

하고 IP 모형은 비교적 복잡하다. 독일어와 러시아어의 경우 IP 모형은 효율적이지만 IA 모형은 많은 규칙을 적용해야 한다. 실제로 다양한 언어이론은 IA와 IP처럼 간단하지 않다. 따라서 어떠한 이론이 개별언어로서 중국어에 적합한지 신중하게 고려해야 한다.

인지언어학의 이론적 방법은 구미 언어학에서 제시했지만, 기능학파의 언어유형학과 통합한 것이어서 언어적 편견을 극복할 수 있다. 기본적 원칙은 '해외이론에 중국어 예문을 부가한' 방법과 본질적인 차이가 있다. 戴浩一(Tai 1989)는 인지와 기능은 기본적으로 형태, 통사적 특징, 독립된 지각, 의사소통 원칙과 관련된다고 하였다. 그는 서구문법의 속박에서 벗어나 형식주의 언어관의 문제를 극복한다면 중국어 문법의 본질적 특징을 규명할 수 있을 것이라고 여겼다. 이 책에서는 형식주의 이론이 언어 연구에 상당한 기여를 했다고 여기지만 인지언어학 방법론이 중국어 연구에 더욱 적합하다고 믿고 있다. 이러한 견해는 다음과 같은 이유에서 기인한다.

첫째, 중국어 문법론의 급선무 중 하나는 오랫동안 형성된 인구어 문법관과 분석모형의 부정적 영향에서 벗어나는 것이다. 인지언어학의 비객관주의 방법론은 이를 해결하는데 매우 적합하다. 비객관주의는 언어학을 비롯해 형이상학, 이성론, 인지관 등의 서양 사고방식에 긍정적인 영향을 미쳤다. 이러한 영향은 중국 언어학계, 학술계의 이론과 사상에도 깊이 뿌리를 내리고 있다.

둘째, 인지언어학은 언어과학의 경험을 강조하며, 경험적 사실로 부터 언어규칙을 개별적으로 귀납하는데 중점을 둔다. 형식주의처럼 연산과 연역적 방법을 통해 개별언어의 규칙체계를 유도하지 않는다. 인지언어학에 의하면 규칙은 직접적인 관찰이 이루어져야 한다. 이론모형은 수학, 과학의 일치성, 완결성, 완전성 기준에 의존하기보다는 경험적 증거에 의존한다. 형식주의 언어학자 Montague, Kats는 언어학을 비경험 과학으로 여겼다. 그들이 언어학을 경험과학이라고 간주했더라도 운용적 측면에서는 수학적 완결성과 물리학적 엄격성을 추구하였다. 과학이론에서 엄격성과 완결성은 절대적인 신념이지만 이를 개별언어에 적용하면 언어의 진실성을 훼손할 수 있다.

셋째, 인지언어학에서 언어 보편성은 경험적으로 개괄된 보편성을 의미한다. 다시 말해서, 광범위한 언어자료를 바탕으로 귀납된 보편적 규칙을 말한다. Comrie(1981)는 제한된 언어자료로 인해 보편성과 추상성은 완전하지 않다고 설명했지만 개별언어로서 중국어에 대한 언어 보편성은 참고할 만하다. 형식주의 언어학은 언어를 정밀하게 분석하고 추상적 규칙을 수립한 후 다양한 언어를 검증하고 설명하고 있다. 그러나 보편성을 탐색하면서 경험적 증거를 고려하지 않았기 때문에 분석 틀 외에서 실현되는 독립적 평가는 수행하기 어렵다. Comrie(1981)이 '이러한 보편성은 언어지식을 제공하지 않는다'라고 평가한 것은 지나친 측면이 있다. 그는 보편성 대해 분석 틀을 전제로 설명한 반면, Greenberg은 이러한 전제를 하지 않았다. Greenberg의 방법론이 중국어 분석에 경험적 사실과 검증을 하는데 훨씬 용이하다.

넷째, 인지언어학은 관념과 경향을 제공한다. 형식언어학은 관념과 원칙을 제공하며, 동시에 구체적 규칙과 공리를 제공하고 있다. 그러나 이러한 특징으로 인해 중국어 연구에 적용하기 어려운 점이 있다.

다섯째, 형식언어학의 이론적 연원은 인구어 특히 영어의 구조분석에서 비롯된다. 이를 중국어 연구에 적용했을 때 기타 언어구조 특징에 제약받을 수 있는 상황이 나타날 수 있다. Jackendoff(1983)는 공간개념구조를 분석할 때 개념원소 '경로(PATH)'를 제시하였다. 이는 영어 in, to 등의 전치사에 대한 공간 인식과 관련되지만 중국어의 공간개념 구조는 이러한 원소를 함의하지 않는다. 따라서 중국어 분석에 적용하면 중국어의 언어적 사실이 왜곡될 가능성이 있다(Tai 1993b). 인지언어학은 개

214

별언어 분석에서 출발했지만 표층형식에 과도하게 치우치기보다는 기본적 인지능력과 지각적 책략에 근거한다. 이러한 특징으로 인해 언어적 편견이 존재하더라도 상대적으로 약화된다.

여섯째, 인지언어학은 의미를 중시하고 개념구조의 중심적 지위를 강조하고 있다. 인지언어학은 통사적 측면에서 개념구조와 도상성 연구를 하고 있으며, 신체적 구조와 현실세계의 구조, 세계와 상호작용으로 형성된 도식을 토대로 형식구조를 분석한다. 중국어는 형태가 풍부한 언어에 비해 개념과 도상성 원칙에 좀 더 의존하고 있다. 謝信一(Hsieh 1978)는 중국어는 도상언어라고 하였다. 따라서 인지언어학 방법은 중국어 연구에 매우 적합하며 언어 배후에 숨어있는 규칙을 규명할 수 있을 것으로 보고 있다.

제2절 연구 과제

본 절에서는 중국어 명사구에 속하는 한정어, 중심어 간에 的(이하 'de'로 표기함) 출현 규칙을 논할 것이다. 여기서는 de 출현 여부에 따른 의미 차이, 영속구조의 보편성과 다항정어에 내재된 어순 규칙을 살펴보겠다.

4.2.1 'de' 출현의 의미 차이와 출현 조건

통사적 측면에서 동사구는 중국어 연구의 중심적 위치를 차지한다. 동사구는 문장의 중심이며 문장의 생성과정에서 중요한 역할을 하기 때문에 연구 범위가 매우 넓어서 분석에 어려움이 따른다. 비교적 간단해 보이는 명사구 역시 미결 과제가 적지 않게 남아있다. 여러 가지 문제

중에서 한정어, 중심어 간에 de 출현 규칙을 살펴보겠다. 이와 관련된 주요 논저는 龙果夫(1952), 陈琼瓒(1955), 朱德熙(1956, 1982), 范継淹 (1958), 吕叔湘(1963), 赵元任(1968), 刘月华 등(1983), 陆丙甫(1988) 등이 있다. 연구를 통해 de 출현 규칙이 통사적, 의미적, 음운적(음절수), 화용적 요소와 관련된다는 사실이 밝혀졌다. 하지만 이러한 요소는 언어적 맥락에 따라 달라질 수 있어서 엄격한 규칙을 세우고 예측을 하는데 어려움이 따른다. 吕叔湘(1963)은 영속관계에서 de는 자주 출현하지만 그렇지 않은 경우도 많이 있다고 하였다. Li & Thompson(1981)은 명사화 조사 de의 출현 규칙은 예측하기 어렵다고 하였다. Chappell & Thompson(1992)은 통계방식을 통해 담화맥락에서 de 출현 양상을 살펴본 후 통사, 의미, 인지, 화용의 복합적 요소가 작용하고 있다는 결론을 내렸다.

중국어 명사구의 de 출현 규칙은 다음과 같이 정리할 수 있다. 구와 동사성 성분(쌍음절 동사, 동명사 '研究资料', '管理方法'는 제외)에는 반드시 de가 출현한다. 예를 들어, 我昨天买的书, 开车的人 등이다. 수량사, 지시대사가 한정어로 쓰일 때 de는 출현하지 않는다. 예를 들어 一本书, 那个人 등이다. 영속관계를 나타내는 형용사는 de가 출현한다. 예를 들어 非常漂亮的花园, 漂漂亮亮的裙子 등이다. 문제는 의미적 측면에서 중심어가 지시하는 사물의 속성을 나타내는 명사와 형용사가 한정어로 쓰이는 경우이다. 数学老师, 好朋友 또는 奇怪的声音으로 쓰일 수 있으며, 木头(的)房子, 详细(的)计划처럼 de의 출현 양상은 달라질 수 있다. 다수의 학자는 de에 음절을 조절하는 기능이 있어서 일음절 한정어의 布的鞋, 好的书는 불가능하지만 쌍음절 한정어의 详细的图, 重要的事는 가능하다고 하였다(吕叔湘 1963). 어떤 경우 de는 문체와 관련된다. 이는 著名(的)学者-有名的学者, 美丽的姑娘-漂亮(的)姑娘를 비교하면 확인할 수 있다. 다양한 측면에서 연구가 이루어졌지만 어느 경우 de가 출현하는지 예측하기는 어렵다. 谦虚的人-老实(的)人, 聪明

(的)孩子-聪明的动物, 便宜(的)东西-便宜的衣服, 干净(的)衣服-干净的
椅子의 대립은 통사적, 의미적, 음절적, 문체적 요소로 규명할 수 없기
때문이다. 朱德熙(1956, 1982)와 吕叔湘(1982)는 복잡형식 형용사가 한
정어로 쓰일 때 de 출현은 자유롭고, 간단형식 형용사는 de를 동반하지
않을 때 강력한 제약을 받는다고 하였다. 예를 들어 重担子-*重箱子,
脏衣服-*脏鞋子, 贵东西-*贵手绢, 白衬衫-*百家具, 凉水-*凉脸, 长头发/
短头发-长辫子/*短辫子, 粗线条-*西线条 등은 통사적, 음절적 차이가
없으며 의미제약으로도 볼 수 없다. 만일 *重箱子를 箱子很重로 변환하
면 문법적으로 적격하다. 위의 부적격 형식에 de를 첨가하거나 복잡형
식으로 바꿀 경우 모두 성립한다. 예를 들어, 很重的箱子, 白的家具,
细细的线条, 冰凉的脸 등으로 변환 가능하다. 그렇다면 여기에 작용하
는 제약조건은 무엇인가? 朱德熙는 이에 대해 논하지 않았으며, 吕叔湘
(1965)은 음절수, 품사 제약에 주목했지만 그의 논문은 de 출현 여부만
을 제시하였다.

전통적 분석은 de 출현에 영향을 주는 요소는 찾았지만 그 원인에
대해 규명하지 않았다. 여기서는 de가 출현하지 않은 구조를 숙어 또는
조어법으로 간주했으며, 단어 저장소에서 그들의 공기조건을 살펴보았
다. 형용사, 명사의 결합은 개방적이어서 숙어와 낱말 범위는 과도하게
확장될 수 있지만 이러한 현상이 개별언어에 모두 존재한다고 볼 수는
없다. 영어의 경우 heavy load와 heavy suitcae, dirty clothes와 dirty
shoes는 차이가 없다. 따라서 한정어, 중심어 간에 de 출현 여부는 중국
어 명사구의 특이성으로 이해할 수 있다. 이에 연구 목적을 명사구의
de 출현 여부에 작용하고 있는 주요한 원칙을 찾는 것에 두기로 한다.

이 구조에서 de 제약 규칙을 찾으려면 DN과 DdN의 의미 차이를 살펴보
아야 한다. 통사적 측면에서 DN은 긴밀하며 기능은 거의 단일명사와
유사한 반면, DdN은 느슨하며 구와 유사하다. 의미적 측면에서 DN은

호칭성을 나타내며 한정어는 중심어의 본질적 속성을 나타내는 반면, DdN은 호칭성이 없으며 한정어는 중심어를 강조하거나 상태를 나타낸다.

위의 인식을 토대로 인지언어학 방법론을 통해 de 출현 규칙과 관련 문제를 살펴본 후 이에 내재된 이론을 제시하기로 한다. 이를 위해 戴浩一(Tai 1993)가 제시한 인지언어학 방법론을 채택하겠다. 戴浩一는 DN과 DdN은 의미와 형식이 대응하는 거리 도상성이 내재되어 있다고 하였다. 그러나 그의 논문은 통사적 도상성에 대해 전면적으로 고찰했을 뿐 de 출현 조건에 대한 정밀한 분석과 설명은 없었다. 이 책에서는 많은 실례를 통해 이러한 명제를 살펴볼 것이다. de 출현 조건을 엄격한 규칙으로 확정하기 어려운 이유는 통사, 의미, 음성 요소에 비해 인지적 요소가 훨씬 크게 작용하기 때문이다. 중국어 통사구조의 본질적 이해를 위해 중국어 인지구조에 대한 인식이 필요하다. 우리는 DN과 DdN의 의미는 표층형식의 차이와 대응된다고 생각한다. 따라서 이에 거리 도상성을 근거로 두 구조의 의미 차이를 논할 것이다. 기능학파에 의하면, 이 원칙은 많은 언어에서 구현되고 있다고 한다. 여기서 논의되는 현상 역시 유사한 방식으로 기타 언어에 구현되고 있으며 언어 보편성을 이해하고 있다

4.2.2. 중국어 영속구조와 언어 보편성

중국어 영속구조에서 de 출현 조건을 분석하기 위해 언어유형학과 언어 보편성에 관련된 문제를 간략히 살펴보겠다.

언어 보편성과 언어유형학적 측면에서 영속관계는 양도가능과 양도불가능으로 나뉜다. 양도불가능은 소유자와 소유물 간에 안정성, 분리불가능, 항구적 관계가 존재하는 것으로 정의된다. 사람, 신체부위, 추상적 소유물, 성격, 친족관계 등이 이에 속한다. 양도가능은 소유권 이전이

가능하며, 항구적 관계를 이루지 않는 것으로 정의된다. 개인 사물, 개인 재산 등이 이에 속한다. 범언어적으로 이런 관계는 영속구조로 기호체계를 이룬다. 양도불가능 영속구조는 양도가능에 비해 통사적으로 긴밀한 구조를 이룬다. Haiman(1985a)은 양도불가능은 '신체부위 〉 친족관계 〉 사물'의 순서로 등급별 위계를 이룬다고 하였다. 이중에서 신체부위는 가장 원형의 양도불가능 관계이고, 인공제품은 가장 전형적인 양도가능 관계이다. 양도가능은 한정어와 중심어의 언어적 거리가 비교적 큰 영속형식으로 표현하는 반면, 양도불가능을 나타내는 영속구조 내부의 언어적 거리는 긴밀하다. Haiman은 위의 순서를 언어적 보편성을 지닌 함축적 위계로 규정하였다. 언어마다 양도불가능 부류의 범위는 차이가 있지만 기본적으로 위의 함축적 위계로 나타난다. 함축적 위계에 의하면, 어떤 언어에서 낱말을 신체부위어와 기타 낱말로 구분하면, 신체부위어는 양도불가능 형식으로 출현한다. 어떤 언어에서 신체부위어, 친족어가 양도불가능 형식으로 출현하면, 사물 낱말은 양도가능 형식으로 출현한다. 이로부터 신체부위어는 반드시 양도불가능 형식으로 출현한다는 것을 알 수 있다. Haiman은 중국어를 고찰한 후 이 규칙의 예외 현상을 발견하였다. 중국어 영속관계에서 DdN과 DN은 각각 양도가능과 양도불가능에 출현한다. 중국어에서 신제부위어와 사물 낱말은 하나의 부류를 이루고, 친족어는 또 다른 부류를 이룬다. 이러한 사실은 친족어가 양도불가능 DN에 출현할 수 있음을 시사한다. 따라서 他的妹妹, 我的爸爸는 他妹妹, 我爸爸로 표현할 수 있다. 반면, 신체부위어는 DN에 출현할 수 없기 때문에 *你手, *他肚子, *我汽车, *你房子는 불가능하다.[1] 이는 위에서 제시된 함축적 위계와 상반된 결과이다. 이에 대

---

1 이는 무표지를 가리키는 상황이다. 즉, 정상적인 상황이거나 단독으로 문장을 이루는 경우를 말한다. 만구어의 말의 속도에 출현하고 목적어 위치에 있으면 신체부위어를 포함한 영속구조는 중간에 的가 없을 가능성이 있다. 예를 들어 "別踩我肚子！"

해 Haiman은 자세한 설명은 하지 않고 양도불가능의 함축적 위계를 수정할 필요가 있다고 지적하였다. Chappell & Thompson(1992)와 Tai (1993)는 이러한 현상에 대해 유의미한 분석을 했지만 예리한 통찰력을 보여주지 못했다. 이 책에서 이 문제를 중요하게 다루는 이유는 거리 도상성이 de 출현 여부에 영향을 미치고 있으며 언어 보편성과 관련되기 때문이다. 이제 앞에서 해결한 문제를 토대로 충분한 자료와 새로운 관념에 근거해 이 문제를 설명할 것이다.

4.2.3 중국어 다항정어의 어순의 인지적 해석

중국어 다항정어의 어순 규칙은 朱德熙(1957), 赵元任(1968), 刘月华 (1984), 陆丙甫(1988, 1993) 등이 자세하게 분석하였다. 朱德熙(1957)는 한정어가 여러 개 나열되는 순서에 대해 다음의 세 가지 규칙을 제시하고 있다. 첫째, 다수의 한정어에 de가 출현하지 않을 경우 일반적으로 1. 영속을 나타내는 명사/대명사, 2. 수량사, 3. 형용사, 4. 성질을 나타내는 명사 순으로 배열된다. 둘째, de를 동반한 한정어에서 영속을 나타내는 명사와 대명사는 가장 앞에 놓인다. 셋째, de를 동반한 한정어는 de를 동반하지 않는 한정어 앞에 놓인다. 다음은 朱德熙가 제시한 예문을 일부 조정한 것이다.

(1) 他的[1]一把[2]小[3]瓷[4]茶壶。

(2) 张三的[1]两个[2]破[3]墨水[4]瓶儿。

(3) a. 瓷的小茶壶   b. *小瓷的茶壶

이다. 그러나 일반적인 사물 낱말은 유사한 상황에서 마찬가지로 的가 출현하지 않을 수 있다. 예를 들어 "别动我书包！"이다. 이 같은 말의 속도에 의한 현상은 이 책과 관련이 없다. 제6장에서 이에 대해 논하였다.

220

(4) a. 绣花的绸衬衫　　　　b. *绸绣花的衬衫

　　위의 세 가지 규칙은 한정어 어순 규칙을 설명해 주고 있다. 그러나 이에 만족하지 않고 이러한 규칙의 원인을 구체적으로 밝히고자 한다. 가령 de를 동반한 한정어가 de를 동반하지 않은 한정어 앞에 놓이는지, 영속 한정어가 가장 앞에 놓이는지를 살펴볼 것인데 이는 거리 도상성에 의해 촉진된다고 보고 있다.

제3절 최근 연구 동향

4.3.1 해석적 측면

　　이 책에서는 한정어, 중심어 간에 de 출현 여부와 관련된 연구 목표를 다음의 몇 가지 측면으로 나눴다. 첫째, de 출현 규칙은 중국어 문법의 새로운 주제는 아니다. 기존 연구에서 자세하게 설명했지만 규칙에 대한 체계적 해석은 부족한 면이 있다. 둘째, 좋은 연구는 기술의 충실성 (descriptive adequacy)에 있다. 해석적 측면에서 경험적 증거를 다루지 않으면 언어사실을 충분하게 기술하기 어렵다. 이는 하편에서 구체적으로 살펴볼 것이다. 셋째, 현대언어학의 다양한 유파처럼 인지언어학의 근본적 목적은 자연언어의 규칙에 대한 해석의 충분성(explanatory adequacy)에 있다. 따라서 규칙을 귀납하기보다는 인지언어학 방법을 통해 중국어 구조와 규칙을 설명하기로 한다.

　　언어 현상에 대한 합리적인 해석을 위해 다음과 같은 사항이 요구된다. 첫째, 특별한 설정(ad hoc)이 아닌 동기성에 의한 독립적 논증 (independently motivated)을 통해 도출해야 한다. 하나의 규칙을 가지고 다양한 문제를 해석하는 것은 하나의 현상마다 가설을 제시하는 것에 비해 훨씬 합리적이다. 둘째, 해석은 제한적이고 명확해야 한다. 다시 말해서, 해석의 활용 범위는 제한적이고 조건은 분명해야 한다.

해석적 측면은 언어적 사실에 대한 실제적 해석을 추구한다. 해석의 출발점과 기본적 논거는 중국어 사실에 대한 자세한 기술을 전제로 한다. 여기서는 중국어의 몇 가지 문제를 해석적 측면에서 논할 것이다.

4.3.2 의미적 측면

서구 언어학은 구조주의 언어학에서 변형생성문법에 이르기까지 형식을 다뤘다. 구조주의 언어학은 객관적 기준으로 형식을 분석하면서 전에 없던 명확성과 정밀성을 지니게 되었다. 그러나 자립적, 형식적 기제를 통해 통사적 현상을 해석하는데 주력했기 때문에 기능적, 의미적, 화용적 요소는 고려하지 않았다. 이런 점에서 기능 언어학파의 비판에서 자유롭지 못하다(Tomlin 1986, Deane 1992). 중국어 문법학계는 미국 구조기술문법에 영향으로 오랫동안 형식 위주의 연구가 이뤄졌으며, 최근 들어 의미 위주의 연구 방법을 채용하고 있다. 예를 들면, 동사와 명사의 의미분석(陆俭明 1993), 徐通锵(1992)의 의미통사론이 있으며, 马庆株(1995)는 의미와 연결해서 문법을 기술해야 한다고 하였다. 여전히 많은 학자들은 형식 위주의 의미분석이 문법 연구를 심화시켰다고 주장하고 있다.

의미적 측면의 연구 방법은 서구 언어학 주류의 형식적 측면의 연구 방법과 차이가 있으며, 중국어 문법학계에서 논의되는 의미적 동향과 구별된다. 일반적으로 의미적 동향은 통사구조를 연구할 때 의미에 기초를 둔 연구 방법을 가리킨다. 이 책에서 논의되는 의미적 측면은 본체론적 측면, 즉 의미를 형식을 촉진하고 제한하는 기본요소를 말한다.

이러한 연구 경향을 선택한 이유는 다음과 같다. 첫째, 인지언어학의 기본가설 중의 하나는 표층구조와 의미구조가 직접 대응한다는 것이다. 다시 말해서 언어기호는 비자의적이며 동기 부여된 것이다. 개념구조를 의미구조에 구현하면 직접적으로 통사구조를 촉진할 수 있다. 표층구조를 이해하려면 개념구조를 명확히 인식해야 하는데 이는 상편에서 살펴보았다. 둘째, 의미구조의 통사구조에 대한 제약과 작용은 이론적 가설이며, 이는 문법 도성성에 대한 연구에서 충분히 증명하였다. 예를 들어, 많은 언어의 영속구조는 두 가지 형식으로 나타나며, 두 형식은 의미범주의 차이로 인해 촉진된다. 의미는 형식에 투사되어 다양한 언어에서 비자의적 관계를 나타낸다. 문법형식 연구에서 의미를 강조하는 본체론은 어렵지 않게 설명할 수 있다. 셋째, 이 책에서 논의되는 중국어 현상은 순수한 형식적 구분을 통해 합리적으로 설명하기 어렵다. 이에 대한 전형적 사례는 일음절 형용사가 직접 한정어로 쓰이지 못하는 경우이다. *脏衣服, *脏汽车가 부적격한 이유는 음절, 품사, 통사적 특징과 같은 순수한 형식적 측면으로 설명하기 어렵다. 이에 의미 위주의 방법론을 통해 이 문제를 살펴볼 것이다.

4.3.3 언어 보편성

언어 보편성을 통해 중국어 특징을 탐색하는 작업은 상호 모순되는 것처럼 보이지만 사실상 그렇지 않다. 沈家煊은 张伯江, 方梅(1996)에게 보낸 서신의 서문에서 "중국어 특징은 언어 보편성이 구체적으로 구현된 것이다"라고 하였다. 또한 "중국어에 근거해 다른 언어를 살펴볼 것이 아니라 세계 언어를 통해 중국어를 고찰해야 한다. 이렇게 해야만 중국어의 특징에 대해 깊이 있게 이해할 수 있게 된다"라고 하였다.

「馬氏文通」이후 100여 년은 중국어 문법의 특징을 탐색하기 위한 역사적 시기였다고 할 만하다. 馬建忠은 〈后序〉에서 "因西文已有之规矩, 于经籍中求其所同所不同者, 曲证繁引以确知华文义例之所在"라고 하였다.[2] 「馬氏文通」 이후 중국어 문법학자는 중국어에 고유한 특징을 찾는데 힘을 쏟았다. 陆俭明(1993)은 학자들의 연구 성과와 논저의 가치는 중국어 문법의 특징을 찾는데 있었다고 하였다. 결과적으로 중국어 문법에 대한 인식이 상당한 발전하였다.

중국어 문법학은 이제 두 번째 100년의 역사 시기로 진입했으며 중국어 개별성에 대한 이성적 논의가 이뤄져야 한다. 중국의 문법학은 19세기 말 서구로부터 유입되었으며 서구의 이론적 방법론을 수용하면서 부정적인 영향 아래 있었다. 당시 서구문법의 이론 틀을 중국어에 그대로 모방했기 때문이다. 朱德熙(1985)는 "특징은 비교를 통해 분명하게 드러난다. 비교를 하지 않으면 특징을 확정하기 어렵다"라고 하였다. 「馬氏文通」 이후 王力와 吕叔湘은 구체적인 언어자료를 사용했으며 전통문법에 비해 선진적인 일반언어학 이론을 채용하였다(何久盈 1995). 그러나 중국어 특징을 인구어에서 탐색하는 것은 정밀한 분석이라기보다는 표면적인 관찰에 지나지 않을 것이다. 이제는 인구어 문법에서 벗어서 다양한 언어로 시야를 넓혀야 할 시기이다.

중국어 문법학계가 서구 언어학 특히 미국 구조기술문법과 인구어를 초월해서 개별언어로서 중국어를 탐색하려는 시도는 매우 유의미하다. 구조기술문법은 미국 아메리카 원주민 언어의 특징을 분석하는 과정에서 발달하였으며, 국부적인 관점이 아닌 다양한 언어의 관점에서 기술하였다(Boas어, 姚小平 1995). Nida의 「언어학 대화록」(Linguistics Interludes, SIL, 1947)[3]에서는 구조언어학자의 경향을 희극적으로 묘사하

---

2 강조점은 저자가 표시한 것이다.
3 朱德熙이 생전에 좋아했던 「语法答问」은 형식적 측면에서 영향을 받아 완성된 책이다. 朱德熙의 전통문법에 대한 비판은 Nida보다 완곡하다.

224

고 있다. Sapir, Whorf는 SAE(Standard Average European) 패러다임에서 벗어나야 한다고 주장하였다. 그들이 인구어의 영향에서 벗어나 인디안어의 특징을 탐색하는데 기울인 노력은 언어 상대론적 관점의 극단을 지향하기에 이르렀다. Bloomfield 학파는 인구어 이외의 다양한 언어에 대한 관심을 기울여서 개별언어의 공시태에 중점을 둔 언어유형학에 중대한 변화를 이끌었다. 새로운 언어유형학은 Schlegel과 Humbolt이 인구어를 완벽하고 우세한 중심언어로 간주한 초기 유형학과 구별된다(Whaley 1997). 이후 Greenberg를 위주로 한 언어유형학은 이러한 전통을 더욱 발전시켰으며 개별언어의 특징을 토대로 보편적인 규칙을 도출하였다.

형식주의와 기능주의의 기원은 구조주의가 두 방향으로 갈라진데서 비롯된다. 두 학파는 언어 보편성에 대한 본질적 특징, 기술, 방법, 경로, 규칙을 해석하는데 이견을 보였지만, 기본 목표는 언어 보편성을 규명하는데 두고 있다. Leibniz 이후 현대언어학은 언어 보편성을 찾는 노력은 계속되었는데, 이는 연구가 심화되고 있음을 의미한다. 표면적인 차이를 통해 배후에 숨겨진 공통점이 발견되기 때문에 광범위한 관찰과 깊이 있는 탐색을 할 필요가 있다. 보편적 인식에 따르면, 사물의 차이점은 쉽게 관찰되지만, 차이점에서 공통점을 발견하려면 자세한 관찰과 분석이 요구된다. 중국어 언어학이 범언어적 비교를 통해 개별적 특징으로 귀납되는 언어 보편성을 깊이 인식한다면, 이를 참고함으로써 중국어 개별성에 대한 논의는 확실한 기초를 지니게 될 것이다.

중국어 현상에 대한 분석은 다른 언어에 내재된 현상을 참고할 필요가 있는데, 특히 큰 범위에서 출현하는 보편성일 경우 그러하다. 朱德熙는 潮阳话와 北京话의 의성어 구조 및 北京话와 각 방언의 的('朱德熙1980), 北京话와 방언의 반복의문문 등 다수 논의에서 표준중국어와 방언, 고대중국어의 상황을 비교하였다. 그는 소쉬르의 공시태와 통시태 구분은 중국어 연구에 부정적인 영향을 주었다고 하였다. 주지하다시피 현대중국어, 고대중국어, 방언을 연계한 고찰은 역사언어학의 연구 방법이다. 朱德熙는 역사적으로 고찰했지만 연구 목적은 공시성에 두었다. 朱德熙(1980, 1983)는 的에 대해 방언과 고대중국어의 일부 현상을 도입해 논했지만 역사적 친원관계는 규명하지 않았다. 즉, 고대중국어 者, 之와 현대중국어 的, 广州话의 嘅가 北京话의 的와 동원관계를 이루는지에 중점을 두지 않았다. 어떤 언어의 시간과 공간의 매개변수를 비교할 때 역사적 관계가 아닌 구조적 특징에 착안하는데, 이는 다른 언어와 비교를 통해 구조적 공통점을 찾는 방법과 유사하다. 언어의 매개변수는 독립적 체계이기 때문이다. 朱德熙의 논의는 범언어적인 비교와 언어 보편성에 대해 직접적이지 않지만 방법론은 일치한다.

인지언어학의 궁극적 목표는 언어 보편성을 추구하며, 개념구조를 통해 형식구조를 기술, 설명하는데 있다. 인간은 동일한 신체구조를 가지고 있으며 동일한 물리적 세계에서 지각, 인지능력, 인지책략을 사용해 외부세계와 상호작용을 한다. 언어마다 인지적 책략, 의도, 상호모형, 사회행위, 문화는 차이가 있으며, 이에 따라 언어의 기호 방식은 다르게 구현된다. 인지언어학 역시 이러한 점에 착안하여 언어의 개별성을 연구할 필요가 있다. 인지언어학의 연구 경향을 살펴보면, Haiman(1981, 1985)와 Croft(1990)의 연구는 언어유형학과 언어 보편성과 관련된다. Langacker(1987), Taylor(1996)는 범언어적 비교는 거의 하지 않았는데 이는 개인적 취향과 관련이 있는 듯하다. 戴浩一(1989)가 제창한 인지문법은 언어 간 차이에서 착안한 것이다. 공통성과 개별성은 동일한 사물에 대해 서로 다른 측면을 고찰한 것이기 때문에 두 경향은 길은 다르지만 결국 동일한 것으로 귀납할 수 있다.

이 책에서 하편의 구성은 다음과 같이 전개된다. 제5장에서는 거리 도상성의 개념을 통해 언어 보편성을 살펴본 후 한정어, 중심어 간에

de 출현 여부를 논할 것이다. 제6장은 종형(type)과 개형(token)을 가지고 비영속성을 나타내는 한정어, 중심어의 de 출현 조건을 논할 것이다. 제7장에서는 영속을 나타내는 한정어, 중심어의 de 출현으로 유발된 언어 보편성을 논할 것이다. 제8장에서는 거리 도상성이 다항정어의 어순 순서에 어떻게 투사되는지 살펴볼 것이다.

05

거리 도상성과 DN, DdN의 의미 차이

지금까지 논의되는 문제를 간략하게 소개하였다. 서술의 편의를 위해 연구의 주요 명제를 다음과 같이 제시하기로 한다.

첫째, de 출현에 따른 형식적 거리는 개념적 거리에 대응한다.
둘째, 조건이 같을 때 de 출현은 거리 도상성에 의해 촉진된다.
셋째, 중국어 명사구의 기본 구조는 거리 도상성에 의해 촉진된다.

첫 번째와 두 번째는 de 출현 여부와 직접적으로 관련된다. 세 번째는 확장적 명제이다. 첫 번째와 두 번째는 동일한 문제 같지만 두 가지 측면에 차이가 있다. 첫 번째는 명사구의 형식적, 의미적 대응이 도상성에 의해 촉진된다고 하였으며, 두 번째는 첫 번째를 근거로 de 출현 조건을 설명하였다. 이에 따라 첫 번째 명제를 집중적으로 다룰 것이다. 거리 도상성이 결정적 관념이기 때문에 다음 절에서는 이에 대해 상세하게 설명한 후 이 문제에 대한 인지기능학자의 연구와 언어 보편성의 규칙을 살펴보겠다.

여기서는 de가 출현하지 않는 한정어, 중심어 구조는 DN으로, de가 출현한 구조는 DdN으로 부를 것이다. N(Noun)은 중심어(중심명사)를 나타내고 D는 한정어(determiner)[1]를 나타낸다. 한정어(관사, 양사, 지시대사) 개념은 Seiler(1978)에서 가져왔으며 그의 논의에서는 'Det'로 표기하였다.

제1절 거리 도상성

Haiman(1983)에 의하면 거리 도상성은 문장성분 간의 거리가 개념적 성분 간의 거리에 대응한다는 것을 의미한다. Givón(1990)은 이를 '근접성 원리(the proximity principle)'라고 불렀으며, 기능적, 개념적, 인지적으로 가까운 실체는 이를 투사한 기호 간에도 가깝게 위치하는 경향으로 나타난다고 하였다. 이는 표층형식에서 구현되는 문장성분 간의 거리적 긴밀성이 의미와 대응한다는 사실을 설명해주고 있다. 이러한 특징은 전통 언어학에서도 논의되었다. Behaghel(1932)은 독일어 어순을 근접성 원리로 설명했으며, 후대 언어학자는 이를 Behaghel의 '제1공율'이라고 불렀다. Jesperson(1949)도 이에 대한 유사한 의미로 '접근원리'를 제시하였다. 현대언어학자는 언어 보편성을 해석하면서 이 규칙을 새롭게 발견하였다. 인류 언어의 보편적 현상은 새로운 의미가 부여된다.

본격적인 논의에 앞서 거리 도상성과 개념적 거리에 대한 개념을 살펴보자. Haiman(1985a)의 정의에 의하면, 두 언어성분 X와 Y 간의 형식적 거리는 아래의 순서에 따라 순차적으로 감소된다.

(1) a. X ≠ A ≠ B ≠ Y

    b. X ≠ A ≠ Y

---

1 엄격하게 말해서 de를 동반한 한정어, 중심어 구조 A的B에서 한정어는 A的이다. 따라서 이러한 구조는 DdN으로 표기하기로 한다. 그러나 여기서 A는 한정어 개념의 핵심 부분이므로 DdN으로 표기하는 방법은 개념적 거리와 언어적 거리를 비교하는데 편리하다. 여기서는 표지의 엄격성보다는 기술의 편의를 따르기로 한다.

c. X + A # Y

d. X # Y

e. X + Y

f. Z

위에서 #는 낱말 간의 경계를 나타내며, +는 교착 형태소 간의 경계를 나타낸다. Z은 X와 Y가 융합해서 생성된 단일 형태소이며, 이는 새로운 형태소, X 형태소 또는 Y 형태소를 나타낸다. X와 Y 사이에 기타 성분이 부가될수록 서로 멀리 위치하고 있다. (1)의 형식적 거리는 다음과 같이 설명할 수 있다.

a. X와 Y의 독립성이 강할수록 거리는 멀어진다.

b. X와 Y의 조합이 느슨할수록 거리는 멀어진다.

c. X와 Y의 수형도에서 교점을 초월할수록 거리는 멀어진다.

가령, X와 Y 간의 개념적 거리는 [[AX]Y]가 [A[XY]]에 비해 멀다는 것을 의미한다.

Haiman은 개념적 거리에 대해 다음과 같은 정의를 내렸다.

(2) 만일 두 성분 간의 개념이 아래의 특징을 지니면 그들 간의 개념영역에서 거리는 더 가까워진다.

a. 의미적으로 공통적 특징, 속성, 구성성분을 지닌다.

b. 상호 영향을 미친다.

c. 분리될 수 없다.

d. 개념 단위이다.

형태적, 통사적 측면에서 다량의 증거를 통해 거리 도상성이 언어구조의 주요한 도상성이라는 것이 밝혀졌다. Greenberg(1963)이 제시한 언어 보편성에는 거리 도상성과 유사한 다음의 두 항목이 존재한다. 제28항, 파생접사와 굴절접사가 어근의 동일한 위치에 출현하면 파생접사는 반드시 어근과 굴절접사 사이에 놓인다. 다시 말해서 파생접사가 굴절접사보다 어근과 가깝게 위치한다. 제39항, 수와 격을 나타내는 접사가 함께 출현하고, 명사 어근에 전치 또는 후치될 때 수는 명사 어근과 격 사이에 놓인다. 다시 말해서, 격표지와 명사 어근의 거리는 수 형식보다 멀리 위치한다. 두 항목의 규칙은 인지언어학으로 설명 가능하다. 파생조어법은 전체 낱말 의미에 영향을 미치며, 파생접사가 대표하는 개념과 어근은 긴밀한 관련이 있으며, 이러한 변화는 현저하다('read', 'reader'). 반면, 굴절형식의 증가 의미는 단지 어근 외에 더 큰 언어 단위에 부여되며 어근 의미에 영향을 미치지 않는다. 예를 들어, 영어의 go가 과거형 went로 변화하면 형태변화로 증가된 의미는 전체 문장에 반영된다. 수 접사는 지시된 사물의 양을 결정하기 때문에 지시된 사물 의미에 영향을 미쳐서 전체 낱말 의미에 대한 영향은 격접사보다 훨씬 크다. 격접사의 의미는 명사가 나타내는 사물과 동사가 나타내는 사건의 관계를 나타내며, 명사 어근 자체 의미에 영향을 미치지 않는다. 이러한 점에서 언어적 거리는 도상적 방식으로 개념적 거리를 반영하고 있음을 확인할 수 있다.

Bybee(1985)는 Greenberg의 상기의 연구를 토대로 동사의 접사('결합가', '양상', '상', '시제', '인칭', '수', '성' 등) 간의 어순을 고찰한 결과 공통적 규칙이 있음을 발견하였다. 예를 들면, 상표지는 시태, 양상, 인칭에 비해 어근과 가깝게 위치하고, 시태표지는 상표지와 인칭표지에 비해 어근에 가깝게 위치한다. 후치사형 언어에서 동사형 형태소는 '어근-상-시태-양상-인칭'의 순으로 배열되는 반면, 전치사형 언어는 이와 상반된다. Bybee는 더 나아가 접사와 동사 어근의 긴밀성은 그들이 표현하는 개념과 동사 어근 의미 간에 근접성에 대응한다고 하였다. 즉, 위의 어순은 거리 도상성에 의해 촉진된다는 것이다. 그녀는 동사 접사의 언어적 거리를 그들과 동사 어근 간의 거리로 설명하였으며, 개념범주는 어휘, 파생, 굴절 방식으로 표현된다고 하였다. 또한, 개념적 거리를 접사의 의미가 동사 어근에 영향을 미치는 것으로 정의를 내렸으며, 문장의 기타 부분의 의미에 영향을 미치지 않는다고 하였다. 이를 토대로 Bybee는 동사와 굴절접사 간의 개념적 거리의 위계를 다음과 같이 나타내었다.

(3) 결합가 〈 양상 〈 상 〈 시제 〈어기 〈 인칭/수일치

Bybee는 다양한 어족에 속하는 50개 언어를 고찰한 후 언어의 형식적 거리는 다음과 같은 보편적 특징이 있음을 발견하였다.

(4) (굴절) 상 〈 시제 〈 어기 〈 인칭과 수

위의 (3)과 (4)는 대체로 유사하다. 어떤 범주와 동사가 개념적으로 관련이 있을수록 1. 통합 또는 부착 방식으로 동사와 결합하고, 2. 형태와 음성 간에 병합 정도는 높아지고, 3. 동사와 가깝게 위치한다. 위의 관찰을 통해 Bybee는 구의 어순 규칙은 품사 영역과 유사하다고 설명하였다. 즉, 어떤 위치가 문장의 명사에 의해 결정되면 반드시 명사 의미와 관련이 있거나 명사를 수식한다. 어떤 위치가 동사에 의해 결정되면 동사를 수식을 하거나 동사 의미에 영향을 준다. 어떤 위치가 전체 구에서 결정되는 성분이면 전체명제는 의미 관할구역이 된다. Croft(1990)는 Bybee의 가설에 대해 유형학적 증거를 제시하였다. 거의 모든 언어는 형식적으로 완벽한 명사구 즉, 수식어와 중심명사가 인접한 구를 가지고

있다. 대다수 언어에서 동사 수식성분은 동사 옆에 놓이는 반면, 문장 전체 수식성분은 문두의 두 위치 또는 문미에 놓인다. 물론 예외 상황도 존재한다. 예를 들면, 러시아어는 불연속명사구가 있으며, 일부 언어에서 위치는 동사에 의해 결정된 성분(시제, 양상 표지)은 전체 명제를 수식한다. 많은 예외 현상은 대부분 도상성과 경쟁하는 기타 원리로 설명 가능하다. Croft는 만일 Bybee의 가설이 성립하면 거의 모든 성분구조는 거리 도상성으로 설명 가능하다고 하였다.

다양한 언어의 문법현상 역시 거리 도상성이 내재되어 있음을 확인할 수 있다. 에스키모어에서 접미사 어순은 그를 나타내는 의미관할 구역과 관련된다. 접미사와 중심어 간에 거리가 멀수록 의미관할 구역은 넓어진다(Fortescue 1980). Chafe(1987)와 Givón(1988)은 대다수 언어에서 단일사건은 단문으로 표현되고 단독 어조를 가지고 있으며, 여러 개의 사건은 복합문으로 표현된다고 하였다. 언어적 거리는 구와 구의 대립 뿐 아니라 운율적 특징 즉 구와 구 사이에 휴지를 두는 것으로도 표현할 수 있다. Givón(1972)에 의하면 비한정적 수식어에 비해 한정적 수식어는 중심명사와 가깝게 위치하며 통상적으로 중심명사와 동일한 어조로 표현된다.

Givón(1980, 1985, 1990)은 다른 시각에서 거리 도상성을 논증하였다. 그는 다양한 언어에서 동사 보충어를 고찰한 후 보충어 구조가 있는 동사의 의미적 특성과 보충어의 통사구조가 체계적으로 연결되어 있음을 발견하였다. 그는 보충어 유형의 '결속 위계(binding hierarchy)'의 관념을 제시하였고 의미적, 통사적 측면에서 다른 유형의 보충어를 서로 다른 충차에 위치시켰다. Givón에 의하면 다음의 세 가지 기준을 통해 의미적으로 결속 척도를 설정할 수 있다.

(5) a. '통제' : 주절 동사의 행위자가 보충어 종속절 행위자에 대한

영향이 클수록 주절 동사의 결속 척도 위치는 높아진다.

b. '독립성' : 동사가 결속 척도의 위치가 높을수록 보충어 종속절 행위자가 독립적으로 작용하는 능력은 낮아진다.

c. '성공' : 보충어 종속절 행위자의 독립성이 적을수록 주절 동사의 결속 척도 위치는 높아지고 유의미한 조작의 성공 가능성은 높아진다.

위의 기준을 근거로 보충어의 의미 제약 척도는 위치가 낮은 곳에서 높은 곳으로 이르고 있음을 알 수 있다. 직접 인용, 간접 인용, 믿음과 이해, 의문을 나타내는 동사의 보충어, 감정동사의 보충어 기원과 조작을 나타내는 동사('명령', '청구')의 보충어와 사역동사, 성공의 결과를 나타내는 동사('finish', 'succeed')의 보충어가 이에 속한다. Givón은 이러한 보충어는 문법적으로 주절의 특징이 나타나지만 일부는 주절 특유의 통사적 특징이 결여되어 있으며 그들 간에는 정도 차이가 존재한다고 하였다. 이를 근거로 Givón은 다양한 보충어를 통사적 결속 척도에 따라 다음과 같이 배열하였다.

(6) a. 동사의 결속 척도가 높을수록 보충어 종속절의 행위자는 주어/행위자/주제의 격표지 가능성이 낮아진다.

b. 동사의 결속 척도가 높을수록 보충어 종속절의 동사는 주절 특유의 시제, 상, 양태 표지보충어의 가능성이 낮아진다.

c. 동사의 결속 척도가 높을수록 보충어 종속절의 동사는 승격될 (주어와 동사로 융합된 낱말) 가능성이 높아진다.

두 가지 척도를 함께 비교한 후 Givón은 다음과 같은 유형학적 규칙을 발견하였다. 만일 의미 결속 층위의 어떤 점이 통사적 기호로 나타나면 의미척도가 더 높은 점은 통사적 척도에서 더 낮은 점으로 나타날 수 없고 위치가 같거나 더 높은 점으로 나타난다. 영어, 스페인어, 핀란드어, 히브리어, 페르시아어, 아랍어, 세르파어 등 10종 언어는 이런 원리가 작용한다. 세르파어에서 발화동사('say'류)는 한정성 동사를 동반한 보충어 종속절을 요구하며, 기타 동사는 명사화된 보충어를 요구한다. 현대희랍어 역시 좋은 실례이다. 희랍어의 통사적, 의미척도의 대응은 매우 세밀하다. 가령 의미척도 위치가 비교적 높은 사역 보충어는 동사와 완전히 융합하여 사역 접미사를 이룬다. 의미척도 중간에 위치한 감정동사는 비한정적 형식의 보충어를 요구하며, 의미척도가 낮은 희망류 동사는 주어를 포함한 가상 형식의 보충어구를 요구한다. 이에 보충어 구조의 의미적, 통사적 대응은 거리 도상성을 구현하며, 주요 동사와 보충어 간의 통사적 관계는 주절 동사와 보충어 구조 간의 의미관계를 구현하고 있음을 알 수 있다.

여기서 거리 도상성에 대한 논지는 Croft(1990)가 제시한 함축적 언어 보편성과 관련이 있다.

(7) 만일 어떤 언어에 의미적으로 유사한 두 구조가 있고, 그 구조가 거리적 차이가 있으면, 그들 간의 개념적 거리는 의미적 차이와 대응된다.

위의 사실은 많은 언어에서 발견되는 보편적 특징이다. Haiman(1983, 1985)은 많은 언어에서 병렬구조, 사역구조, 타동사, 영속구조는 개념적 거리와 관련이 있음을 증명하였다. 이 중에서 영어 사역식(causative)의 두 가지 형식을 살펴보겠다. 하나는, 응결된 어휘형식인 kill이고, 다른 하나는, 분석형 구조 cause to die이다. 초기 생성학자는 이들을 동일한 심층구조로 인식하여 kill을 cause become not alive로 분석했으며, 두 형식을 전환 가능한 동의 형식으로 보았다(McCawley 1968). Comrie (1980)는 이 두 사역식의 의미는 다르다고 하였다. kill은 사역자와 사역대상 간에 물리적으로 직접적 접촉이 있거나 결과에 대한 직접적 책임이 있음을 나타낸다. 이와 달리, cause become alive는 행위자와 수동자의 접촉이 간접적이라는 사실을 나타낸다. 이들은 중국어 我杀了他와 我造成(导致)了他的死亡의 의미로 구별할 수 있다. 이 두 예문에서 보듯이, 형식적 거리는 개념적 거리와 대응된다. 흥미로운 것은 영어의 복잡한 사역식은 유생성이거나 지각이 있는 사역대상을 요구한다는 사실이다. (8a-c)처럼 무생물이나 지각이 없는 사역대상일 경우 사역자는 초자연적인 마력이 있음을 암시한다. 많은 상황에서 이런 사역식은 성립하지 않는다. 예문 (8d)가 그러하다.

(8) a. I caused the tree to fall.
   (나는 나무를 쓰러지게 했다.)

 b. I caused the chicken to die. (비교: I killed the chicken.)
   (나는 닭을 죽게 했다. / 비교: 나는 닭을 죽였다.)

 c. I caused the cup to rise to my lips.
   (나는 컵을 내 입술에 들어올렸다.)

 d. ?I caused the books to leave the room.

위의 제약은 기능적, 인지적 측면에서 설명 가능하다. 무생물 또는 지각이 없는 사역대상과 달리 지각이 있는 사역대상, 예를 들어 인간은 간접적 방식인 명령, 의도된 능력, 기공, 마법 등을 통해 영향을 받을 수 있다. 위의 예문은 만일 인과를 나타내는 언어 형식 간에 일종에 거리가 있으면, 개념영역에서 인과 간에도 거리가 있음을 설명해주고 있다. 즉, 원인과 결과 간의 관계는 간접적이다.

다음에서 영속구조를 살펴보기로 한다. 영속(possession) 관계는 영속자(possessor, p1)와 영속물(possessum, p2)의 두 실체 간의 예속관계를 가리킨다. 일찍이 Lévy-Bryhl(1914)는 영속관계를 양도가능과 양도불가능으로 나눴다. 이들은 많은 언어에서 형식적으로 구별된다. 두 사물이 만일 양도불가능 영속관계이면, p1과 p2 간의 물리적, 심리적 거리는 양도가능 영속관계에 비해 훨씬 긴밀하다. 거리 도상성에 의하면, 양도불가능 형식은 양도가능 형식에 비해 구조적으로 긴밀하다. 이러한 사실은 Greenberg가 제시한 언어 보편성과 유사하다(Haiman 1993).

(9) 어떤 언어에서 X와 Y가 양도불가능 영속관계를 나타낼 때 언어적 거리는 양도가능 영속관계보다 크지 않다.

위의 특징은 Seiler(1983), Haiman(1985a), Chappell & McGregor(1993)이 제시한 다양한 어족의 언어에서 많은 증거를 찾아볼 수 있다. 양도가능 영속관계는 (1)의 배열에서 앞쪽의 형식으로 나타나는 경향을 보인다. 반면, 양도불가능 영속관계는 뒤쪽의 형식으로 나타나는 경향이 있다. 다음의 도표를 살펴보기로 하자.

	양도가능	양도불가능	언 어
1	X ≠ Y	X + Y	남도어족(南島语系)의 Nananai어, Hua어, Mekeo어, 반투어족의 Kpella어
2	X + A ≠ Y	X ≠ Y	오스트랄리아의 Yidiny어, Warrgamay어, 반투어족의 Kinyarwanda어, Swahili어
3	X ≠ A ≠ Y	X + Y	Maung어
4	A + X ≠ Y	Y + X	남도어족(南島语系)의 Puluwat어, Aroma어, Mokilese어
5	X ≠ A ≠ Y	X ≠ Y	모로코 아랍어, Acooli어, Papago어

	양도가능	양도불가능	언 어
6	X + A + Y	X + Y	모로코 아랍어, 미주 인디언어의 Tunica어, Chiricahua Apache어

위에서 X는 p1을 나타내며 Y는 p2를 나타내며 A는 영속을 나타내는 접사, 조사, 전치사, 양사를 가리킨다. 유형1의 Nakanai어 *lumataku*('방-나') '나의 방'에서 X는 독립적 대사이며, *lima-gu*('손-나') '나의 손'과 *tama-mulua*('아버지-나') '나의 아버지'에서 X는 대사성 접미사이다 (Haiman 1985a). 유형2의 Warrgamay어에서 *ŋulmburu bingany*('여인-발') '여인의 발'은 X와 Y는 간단 형식을 이루지만, 양도가능 영속구조 *ŋulmburu ŋu mindi*(여인-속격접사-자루) '여인의 자루'에서 X 뒤에는 접미사 *ŋu*를 첨가해야 한다(Dixon 1980).

Haiman(1985)과 Nichols(1988)은 양도불가능의 등급별 위계를 '신체 부위 〉 친족관계 〉 일반 사물'의 순서로 배열하였다. 이중에서 신체부위는 양도불가능 위계에서 상위를 차지한다. '양도불가능' 부류는 언어 범주마다 다소 차이가 있다. Yidiny어, Acooli어에서 신체부위어는 양도불가능 영속구조에 출현하고, Hua어, Mekeo어, 아랍어에서 신체부위와 친족관계는 모두 양도불가능 영속구조에 출현하며 일반 사물과 대립한다. 이러한 언어는 상기의 등급 서열에 부합하며, 단지 분할점 위치만 다를 뿐이다. 많은 언어에서 두 부류의 관계는 형식적으로 구별되지 않는데, 영어가 이에 속한다. 이들은 상기의 규칙의 반례를 이루지 않는다. Haiman(1985)는 Menya어, Mokilese어에서 반례를 찾을 수 있다고 하였다. 중국어 영속구조는 p1的p2와 p1p2의 형식으로 표현되며, 거리 도상성에 근거래 양도가능과 양도불가능 형식으로 구별된다. 그러나 4장의 예문에서 볼 수 있듯이, 중국어는 신체부위어와 사물 명사는 하나의 부류를 이루고, 친족어는 또 다른 부류를 이루고 있다. 이는 Haiman이 제시한 위의 등급 서열을 위배하는 것이다. 일부 학자는 사피어-워프 가설을 근거로 중국어는 개념화(conceptualization) 방식이 다르다고 하였다. 중국인은 개념적으로 친족관계를 신체부위에 비해 더 '양도불가능'하다고 여긴다는 것이다. Haiman은 이러한 설명은 충분하지 못하다고 설명하였다. 언어마다 개념화 방식이 다르더라도 이런 방식은 분명히 보편적 제약을 받는데, 그렇지 않으면 개념화에 대한 해석은 자의적일 수밖에 없다. Haiman은 이에 대해 더 이상 설명하지 않고 위의 등급을 '친족관계/신체부위 〉 일반 사물'로 조정했으며 예외적 순서는 있을 수 없다고 하였다. Chappell & Thompson(1992)은 중국어 영속구조에서 de 출현은 양도가능과 관련된다고 하였다. 戴浩一(Tai 1993)는 한정어, 중심어 간에 de 출현 여부는 거리 도상성이 반영한 다고 했지만, 영속구조에서 de 출현은 특이한 현상이며 심지어 Greenberg가 제시한 (9)항은 보편적 특징의 반례라고 지적하였다. 戴浩一는 양도불가능 개념은 심리적, 비물리적 상황을 근거한다고 설명하였다. 그는 중국어가 언어 보편적 특징과 불일치하는 것은 언어의 개념구조가 물리적 경험, 심리적 경험에 근거하기 때문이라고 하였다. 또한 심리적 경험은 개념구조에서 물리적 경험보다 앞선다고 하였다. 하지만 이러한 주장은 다음과 같은 두 가지 문제점이 있다. 첫째, 만일 심리적 경험이 물리적 경험을 초월한다면, 이러한 상황이 왜 나타나는지를 설명해야 한다. 둘째, 언어 상대론적 관점에서, 중국인에게 가정과 윤리관계를 중시하는 문화적 특징이 있기 때문에 친족관계가 신체부위 보다 더 긴밀하다고 여기는 원인이 될 수 있다. 하지만 이러한 문화적 해석은 언어학자가 수용하기 어려운 측면이 있다. 우리는 이런 주장이 중국어의 실질적 구조 규칙을 은폐할 가능성이 있다고 보고 있다. 이에 다음과 같은 문제를 살펴봐야 한다. 중국어 영속구조를 언어 보편성의 예외 현상으로 간주할 것인지 살펴봐야 한다. 만일 '보편적 현상'이 결코 보편적이 아니라면 수정할 필요가 있다. 이런 현상은 어떤 요소에 의해 결정되며, 이 요소의 실제는 무엇인지, 개념영역에서 제시된 원리를 가지고 중국어의 경험적 사실을 논의할 수 있는지도 살펴봐야 한다. 이 문제를 다루기 전에 더 기본적 문제, 즉 중국어에 거리 도상성이 어떻게 내재되었으며 어디서 구현되는지를 설명하기로 한다.

여기서는 戴浩一(1993)가 제시한 기본적 관념을 채택하기로 한다. 그는 중국어 문법에 거리 도상성이 명백히 구현된다고 하였는데, 이는 한정어, 중심어 간에 de 출현 여부와도 관련된다. 이 가설이 성립하려면 중국어 영속구조의 '예외' 현상을 합리적으로 설명할 수 있어야 한다. 이에 다양한 수식구조를 통해 de 출현 여부를 전면적으로 고찰할 것이다. 范继淹(1958)은 한정어, 중심어 간에 de 출현 여부는 두 가지 문제를 포함한다고 하였다. 첫째는 DN와 DdN의 구분의 문제이고, 둘째는 어떤 상황에서 DN 또는 DdN로 표현하는지의 문제이다. 이중에서 비교적 간단한 첫 번째 문제부터 논할 것이다.

제2절 DN과 DdN의 의미 차이

5.2.1 전통적으로 한정어, 중심어 간에 de를 연결로 보려는 관점과 朱德熙(1961)에 의해 이를 접사로 보려는 관점으로 나뉜다. 하지만 이러한 관점을 통해 XY와 X≠A≠Y 또는 X+A≠Z 간의 언어적 차이를 증명할 수 없다. 위의 구조는 선형적 거리뿐 아니라 D와 N의 구조적 관계의 긴밀성을 구현하고 있다(范继淹 1958). 朱德熙(1961)는 DN과 DdN을 각각 점착식과 조합식으로 불렀다. 조합식은 점착식과 조합식을 구성할 수 있지만, 점착식은 점착식만 구성할 수 있다. 두 형식의 확장 능력은 구성성분의 거리적 차이와 관련된다. 이제 DN과 DdN이 의미 차이를 분석해 보자. 만일 두 구조의 의미 차이가 구조적 차이와 대응하면, 한정어, 중

심어 구조의 기호방식이 도상성 원리에 의해 결정된다고 할 수 있을 것이다.

한정어, 중심어 간에 de 출현 여부는 음절수, 문체[2], 발화속도와 관련된다. DN과 DdN의 의미 차이는 미묘하지만 중국인은 이러한 차이를 정확하게 구별할 수 있다. 기존 연구에서 DN은 전체, 즉 개념적으로 통합성이 높다는 것을 나타내며, DdN의 D와 N은 의미적 독립성을 지닌다고 하였다. 하지만 이는 언어적 직관에 의존한 것이어서 정밀한 분석이 요구된다. 다음에서 다양한 측면에서 두 구조의 의미 차이와 개념적 거리를 살펴보고, 한정어, 중심어 간의 개념적 거리를 논증하기로 한다.

5.2.2 중국 문법학계는 한정어, 중심어 구조를 복합어와 구로 구분하여 연구를 진행하였다. 陆志韦(1964) 등은 '확장식(de 등의 성분 삽입)'을 통해 복합어와 구를 구분하였다. 다음은 朱德熙(1982)에서 가져온 예문이다.

(1)　　　　　a. 복합어　　　　　　　　　　　　　　　b. 구
生姜　　　　　　　　　　　　　　≠ 生的姜　　生肉=生的肉
大车(말이나 노새를 이용해 끄는 마차) ≠ 大的车　　大车=大的车
金笔(수성펜에서 유래)　　　　　　≠ 金的笔　　金表=金的表

형식적으로 복합어는 de를 포함하지 않으며 de를 삽입하는 잠재적 확장 능력이 없어서 汉语를 *汉的语로 바꿀 수 없으며, (1a)처럼 의미가 변화된다. 전통문법서에서 복합어는 특정한 전문적 의미를 나타내며, 구성성분의 의미는 융합되어 하나의 통합개념을 이룬다고 하였다. 반면,

────
2 呂叔湘(1963).

구는 de를 삽입 가능하며 구성성분에 의미가 부여된다. 의미적 통합성에서 살펴볼 때, 낱말과 구별하는 전통적 관념은 불분명하지만, 분명한 것은 어감을 반영하고 있다는 사실이다. 즉, de를 부가하지 않은 긴밀한 형식은 긴밀한 의미와 대응된다.

다음에서 de가 출현하는 통사구조 (1b)에서 de 출현 여부가 개념구조의 긴밀성과 대응하는지 살펴보자. 먼저 朱德熙(1956)의 형용사에 대한 분석을 살펴보기로 한다. 朱德熙는 형용사를 단순형식과 복잡형식으로 나눈 후 두 부류는 형식적, 의미적으로 커다란 차이가 있다고 하였다. 그는 단순형식은 '갑류 형용사(성질형용사)'라고 불렀으며 일음절 형용사, 쌍음절 성질형용사가 이에 속한다. 형용사 단순형식은 속성, 성질을 나타낸다. 복잡형식은 '을류 형용사(상태형용사)'라고 불렀으며 이는 갑류 형용사에 더 많은 형식을 더한 것으로 이 부류의 형용사가 나타내는 속성은 양적 관념과 관련된다. 상태형용사의 단순형식과 중첩식('小小儿', '老老实实'), 성분을 부가한 형용사('热乎乎', '通红'), 부사를 부가한 형용사('挺好', '很大") 등이 이에 속하며, 속성에 대한 양, 주관적 평가, 상태 또는 상황을 나타낸다. 우리의 주된 관심은 그들이 한정어로 쓰였을 때 중심어와 개념적 거리를 살펴보는 것이다. 갑류 형용사가 한정어로 쓰인 경우 DN을 구성하고, 을류 형용사는 두 성분 간에 de를 삽입해야 한다. 이와 같이 DN과 DdN의 거리적 차이는 명백하다. 이에 개념적 거리에 대응되는 의미 차이를 살펴보겠다. 朱德熙에 의하면, 갑류 형용사가 한정어로 쓰일 때 제한적 용법으로, 을류 형용사가 한정어로 쓰일 때 묘사적 용법으로 사용된다고 하였다. 예를 들면, 白纸에서 白의 속성은 纸를 제한한 후 종이에 새로운 부류명칭인 白纸가 생성된다. 이때 白는 纸를 분류하는 근거이다. 雪白的纸, 挺白的纸에서 雪白的, 挺白的는 분류근거가 아니라 사물의 상태를 묘사하는데 쓰인다(朱德熙 1956). 일반적으로 상태와 사물 간에 개념적 거리는 다음의 몇 가지 측면에서 판별할 수 있다. 안정성, 본질성은 임시성에 의해 비교되며, 객관성은 주관성에 의해 비교된다. 전자와 사물 간의 관계는 후자에 비해 훨씬 긴밀하다. 사물에 대한 분류근거는 본질적 속성이기 때문에 분류적 속성은 사물의 개념적 거리와 가깝게 인식된다. 사물의 본질적 속성에 가까울수록 사물과의 개념적 거리는 가까운 경향으로 나타난다. 이에 사물의 분류근거로서 사물의 안정성을 나타내며, 주관적 색채 개념이 없는 白와 사물 纸 간에 개념적 거리는 임시성, 주관적 평가를 나타내는 雪白와 纸의 개념적 거리 보다 가깝게 인식된다. 을류 형용사가 한정어로 쓰인 경우 de의 선택제약 역시 거리 도상성에 의해 촉진된다. 을류 형용사가 한정어로 쓰인 경우 de가 출현하는 것이 일반적이지만, 서술어, 보어, 부사어로 쓰인 경우 de를 부가하지 않는 것이 일반적이다. 예를 들면, 屋里干干净净, 烧得通红, 慢慢说 등이 그러하다. 을류 형용사가 한정어로 쓰일 때 de가 없으면 *干干净净屋里, *雪白纸처럼 부적격하다.[3] 이러한 특징은 통사적 측면에서 설명하기 어렵지만 인지언어학적 측면에서 살펴보면 형식적 특징에 동기성이 있음을 확인할 수 있다. DN에서 D는 개념적으로 N의 분류근거이며, 두 성분은 긴밀한 개념적 관계를 이룬다. 을류 형용사는 임시성을 나타내며 이는 N과 개념적으로 긴밀한 관계를 구축하지 못하므로 DN을 이루지 못한다. 만일 D와 N 간에 x가 출현하면, 이 성분은 접사와 동일한 역할을 한다. DxN의 형식

---

3 沈家煊(1997)의 통계에 따르면, 상태형용사는 de를 부가하지 않는 한정어가 22%를 차지하고, 그가 조사한 예문은 39개이다. 그중에서 多, 少과 관련된 것은 35개이다. 예를 들면 很多点子, 不少食品 등이다. 郭锐의 품사 문제에 대한 최신 연구에 따르면, 이러한 낱말과 일반적인 상태형용사는 의미적, 형태적으로 큰 차이가 있기 때문에, 여기서는 그들을 상태형용사로 간주하지 않을 것이다. 沈家煊은 그 외에 네 개의 예문 중에서 진정한 상태는 직접 한정어가 될 수 있는 小小针线包, 袅袅音乐의 두 개의 예문이 있었다. 范継淹(1958)에 따르면 예외 중의 하나는 서면어 색체가 농하며 상태어의 일반적인 용법과 다르다고 하였다. 따라서 상태형용사는 직접적으로 한정어가 될 수 없다.

적 거리는 DN에 비해 멀며, 형식구조는 개념구조와 대응을 이룬다. 여기서 x는 de이며, 기타 성분(수량성분)이 DN에 삽입되면 DxN을 이룬다. 예를 들어, 好端端一个人, 脏兮兮一件衣服 등이 있다.

갑류와 을류 형용사가 한정어로 쓰였을 때 수식구조의 의미 차이는 개념적 거리 차이를 반영한다. 갑류 형용사가 한정어로 쓰일 때 de 출현에 따라 갑류1, 갑류2로 나뉘며 의미는 서로 다르다. 아래는 朱德熙(1956)에서 가져온 용례이다.

(2) a. 白纸(갑1)   b. 白的纸(갑2)   c. 雪白的纸(을)
     热水   热的水   热乎乎的水
     脏衣服   脏的衣服   脏脏的衣服
     好书   好的书   很好的书

갑1, 갑2, 을의 형식적 거리는 'a 〈 b 〈 c'의 순서로 배열되며 이들의 형식적 거리는 순차적으로 멀어진다. (1)을 근거로 Haiman의 언어적 거리에서 살펴보면, 형용사 어근과 중심어 간에 형식적 거리는 a에서 c에 이르기까지 점차로 멀어진다. 白와 纸에서 a는 둘 사이에 간격이 없고, b는 de를 첨가했으며 c는 기타 형태소를 첨가하였다. 다음의 용례를 보자.

(3)   갑1   갑2   을
     *好一本书   *好的一本书   好好的一本书
     *好那本书   ?好的那本书   *好好的那本书
     *脏一件衣服   *脏的一件衣服   脏兮兮的一件衣服
     *脏那件衣服   脏的那件衣服   脏兮兮的那件衣服

갑1의 한정어, 중심어 간에는 수량구와 지량구를 삽입할 수 없다. 이

244

격식에서 성분 간 결합은 긴밀하며, 형식적 거리는 매우 가깝다. 갑2에서 두 성분 간에는 비한정적 수량구를 삽입할 수 없지만 한정적 성분은 삽입 가능하다. 을류는 두 성분 간에 비한정적, 한정적 성분을 삽입할 수 있다. 갑식의 중심어는 을류로 확장할 수 없다. 따라서 小花는 *小红红的花처럼 구성할 수 없다. 반면, 을류의 중심어는 갑식으로 확장 가능하다. 따라서 红红的花는 红红的小花처럼 구성할 수 있다. 이러한 사실은 갑식과 을류가 출현하는 형식 간에 언어적 거리가 존재하고 있음을 말해준다.

다음으로, 위의 세 가지 격식 간의 개념적 거리를 살펴보자. 어감에 의하면 이들 간의 개념적 거리는 대응하는 순서를 이룬다. (2)에서 갑1의 热水는 단일 개념의 분류 명칭이며, 분류속성으로서 热 개념과 水 개념이 통합되었으며 분류 속성인 뜨거움과 물은 거리적으로 가깝게 인식된다. 을류의 热乎乎的水에서 热는 임시적 상황 또는 주관적 평가를 나타내기 때문에 水와의 개념적 거리가 멀게 인식된다. 갑2의 热的水에서 热는 분류명칭이 아니라 水에 대한 속성을 의미하며, 개념적 거리는 갑1과 을류 사이에 있다.

5.2.3 위의 세 부류의 문법의미의 차이를 좀 더 엄격하게 아래와 같이 세 가지 특징으로 나타내었다.[4]

---

4 위의 세 가지 항목은 동일한 층차 개념이 아니다. 호칭성은 갑1의 한정어 특징을 가리키는 것이 아니라 이러한 이 부류 한정어의 전체구조의 특징을 포함하고 있다. 분류성은 관계적 개념이다. 즉 갑류 한정어는 중심어에 대한 것으로 개념적으로 전자는 후자의 부류지표를 담당할 수 있다. 서술성은 한정어 Dd 자체의 속성으로 중심어 또는 전체구조와 관련이 없다.

(4)

	I. 호칭성	II. 분류성	III. 술어성
갑류1(a)	+	+	-
갑류2(b)	-	(+)	+
을류(c)	-	-	+

위에서 보듯이 갑1은 호칭성에서 갑2, 을류와 대립을 이룬다. D가 비영속적, 비지시적 한정어일 때 DN과 DdN 간에 중요한 차이가 있다. 호칭성의 한정어, 중심어 구조는 분류명칭을 나타낸다. 이 용어는 陈琼瓒(1955)이 처음 사용했으며, 陆丙甫(1988)는 호칭성과 비호칭성의 대립을 통해 朱德熙가 제시한 점착식과 조합식 한정어, 중심어 구조의 의미를 구별하였다. 이러한 분류는 어감에서 비롯된다. 다음에서 (5)의 세 가지 부류를 비교하면 오로지 a만 부류 명칭을 나타낸다.

(5) a. 黑鹅, 老歌, 小狗, 白衬衫, 新房子, 木头桌子, 呢子大衣
    b. 黑的鹅, 老的歌, 小的狗, 白的衬衫, 新的房子, 木头的桌子,
       呢子的大衣
    c. 黑乎乎的鹅, 老掉牙的歌, 挺小的狗, 雪白的衬衫, 崭新的房子

위의 호칭성은 명칭성의 의미를 함의하고 있다. 즉, DN으로 사물의 명칭을 부여한다는 것을 의미한다. DN은 총칭적 지시를 나타내는 단일 명사 기능을 한다. 명칭은 다음의 두 가지 상황으로 나뉜다. 하나는, 사물에 대해 특정한 명칭이나 고유한 이름(proper name)을 부여한 것이다. 예컨대 태어난 아기에게 이름을 부여한 것을 말한다. 다른 하나는, 군집에 속명 혹은 분류명, 총칭적 명칭(general name)을 부여한 것이다. 예컨대 생물분류학에서 물종의 명칭('포유동물', '양자강 악어')을 말한다. 생물학에서 라틴어로 쓰이는 물종을 중국어 DN으로 번역한다.[5] 이는 중국어에서 명칭에 사용되는 구조를 선택할 때, 특정 사물(类物) 내부에 간격을 허용하지 않는 일반성을 반영한 것이다. 이로부터 호칭성은 의미적 개념이지만(즉, DN이 의미적으로 단일 분류명사와 같음), 형식적으로 명확한 근거가 있음을 알 수 있다. 이러한 사실은 朱德熙(1982)가 제시한 분포적 특징을 반영하고 있다. 예를 들어, 新房子는 新木头的房子으로 新的房子는 新的木头房子으로 확장 가능하지만, 호칭성이 없는 DdN인 新房子는 자유롭게 단일명사를 교체할 수 없다. 예를 들어, *新木头的房子으로 확장이 불가능하다.

호칭성은 지칭성(referentiality) 개념과 관련이 있다. 현대 분석철학자에 의하면 고유명사와 일반명사를 포함한 단일 명칭과 묘사어(description)는 지칭과 호칭 기능으로 구분된다. 호칭성의 갑1은 형식적, 의미적으로 단일 명칭과 유사하며, 호칭성이 없는 갑2와 을류는 지시적 기능에서 구별된다. 이에 대해 朱德熙(1956)는 갑1과 을류를 지시적 특징에서 '모든 것(所有的)'과 '특정성'으로 구별하였다. 白纸는 모든 흰 종이를 가리키며, 挺白的纸, 雪白的纸는 특정한 종이 또는 어떤 흰 종이를 가리킨다. 陆丙甫(1988)는 이러한 구별이 갑1과 갑2 간에도 존재한다는 점에 주목하여, 黑鹅은 총칭적 지시이고 黑的鹅에서 펭귄은 특정적 지시에 속한다고 하였다. 우리는 총칭적 지시와 특정적 지시의 구별이 갑1과 갑2, 을류의 대립을 충분하게 설명할 수 없다고 생각한다. 陈平(1987)이 제시한 명사성 성분과 관련된 몇 가지 개념적 정의에 의하면, 세 형식은 지시적(referential), 한정적(identifiable), 특정적(specific) 지시뿐 아니라 비지시적, 비한정적, 비특정적인 지시적 특징을 지닌다고 하였다. 朱德熙, 陆丙甫가 논의한 세 부류는 잠재적인 총칭성 능력에서 차이가 있다.

---

5 실제로 모든 전문용어는 DN 형식을 사용한다.

다음의 예문에서 주어 위치의 명사구는 총칭성의 틀을 제시하고 있다.

(6) a. 酸葡萄是一种酿酒的材料。 / 白老虎是一种罕见的动物。
　　 (신포도는 술을 빚는 재료이다. / 흰호랑이는 보기 드문 동물이다.)

　　 b. 酸的葡萄是一种酿酒的材料。 / 白的老虎是一种罕见的动物。
　　 (시큼한 포도는 술을 빚는 재료이다. / 하얀 호랑이는 보기 드문 동물이다.)

　　 c. ?酸溜溜的是一种酿酒的材料。 /　?雪白的老虎是一种罕见的动物。

(7) a. 干净衣服放在这边, 脏衣服放在那边。 / 好书总会有人买的。
　　 (깨끗한 옷은 여기에 놓고, 더러운 옷은 저기에 놓아라. / 양서는 구입하는 사람이 있을 것이다.)

　　 b. 干净的衣服放在这边, 脏的衣服放在那边。 / 好的书总会有人买的。 (깨끗한 옷은 여기에 놓고, 더러운 옷은 저기에 놓아라. / 좋은 책은 구입하는 사람이 있을 것이다.)

　　 c. ?干干净净的衣服放在这边, 脏乎乎的衣服放在那边。 / ?挺好的书总会有人买的。

위에서 a는 자연스럽고 c는 어색하며 b의 문법적 적격성은 a와 c의 사이에 있다. a, b, c는 총칭성이 점차적으로 감소하는 순서로 배열되었다. 총칭적 지시를 나타낸다는 사실은 한정어가 중심어에 대한 개념부류를 충당하고 있음을 말해주고 있다. 갑2 한정어는 분류 의미를 지니고 있지 않은지 판단하기는 어렵다('我从来不穿脏兮兮的衣服'를 살펴보자). a와 b가 (c)보다 수용도 크다는 것은 갑1, 갑2 한정어는 분류적 특징을 지니고 있으며, 을류 한정어는 그렇지 않다는 근거가 될 수 있다.

248

갑1, 갑2는 II항의 특징은 분류성에서 을류 형용사와 대립한다. 단순 형용사가 한정어로 쓰일 때 분류적 특징을 지니는 이유는 중심명사에 대한 개념분류의 근거이기 때문이다. 복잡 형용사가 한정어로 쓰일 경우 대체로 분류성을 나타내지 못한다. 예를 들면, 白襯衫과 白的襯衫은 와이셔츠에 대한 유의미적 분류가 될 수 있지만, 雪白的襯衫와 白白的 襯衫은 그렇지 못하다. 갑류 형용사가 한정어로 쓰였을 경우 중심명사 에 대한 사물의 안정성은 사물의 분류근거가 될 수 있다. 반면, 을류 형용사가 나타내는 불안정성, 임시성은 사물의 분류근거가 될 수 없다. 갑식 한정어와 을류 한정어는 분류성 차이에서 인지적 기초를 지니고 있다.

갑1, 갑2 한정어의 분류성은 실제로 동등하지 않다. 먼저 白(的)襯衫 을 살펴보자. 갑1에서 속성 白을 직접 襯衫에 부여하면 호칭성을 나타내 는 분류명칭 DN인 白襯衫이 된다. 갑2는 D는 먼저 de와 결합해서 白的 를 구성해서 '흰색의 속성을 지닌 모든 사물'이라는 의미를 지닌다. 이 경우 Dd는 하나의 분류 명칭이다. 우리는 속성 D를 분류기준으로, 이 속성을 모두 포함한 사물을 하나의 부류로 나눈 후 다시 부류명칭에 속 하는 襯衫을 한정시킬 경우 전체구조 白的襯衫은 하나의 부류에 다른 부류를 더해서 이루어진 복합형식으로 보고 있다. 이 경우 호칭성의 부 류명칭으로 볼 수 없다. D의 N에 대한 분류작용은 갑1에서 직접적인 반면, 갑2는 간접적이며 2차 부류 과정을 포함한다. 즉, '흰' 개념은 단지 사물 개념과 직접적인 관계를 이루며 '흰색 사물'의 추상적 개념을 이룬 다. 이후 襯衫을 흰색 사물의 부차적 부류가 되어 간접적으로 '흰' 개념 과 연결된다. 이러한 측면에서 D와 N의 개념적 거리는 DdN에 비해 가 깝다고 할 수 있다.

도표 (4)에서 +, -는 세 부류의 특정적 분포는 절대적 구별이 아니다. 만일 그렇다면 인지언어학의 범주화 문제의 기본적 정신을 위배하는 것이다. 이에 대해 상편에서 논의하였다. (4)는 원형적 구성원의 특징에 대한 귀납적(heuristic) 기술로 보여 진다. 중국어 역시 위와 같은 특징으로 설명하기 어려운 주변적 상황이 존재하고 있다. 분류적 특징에서 갑1은 분류성을 나타내는 반면, 갑2의 분류성은 불분명하므로 (+)로 나타내었다. 갑류2의 일음절 형용사가 한정어로 쓰일 때 분류성이 명백하며 비교적 원형적에 속한다. 쌍음절 형용사의 분류성은 약화되는데 이는 大的建筑와 高大的建筑의 비교를 통해 의미 차이를 확인할 수 있다. 일부 쌍음절 갑2가 한정어로 쓰일 때 분류성은 거의 없으며, 美丽的北京, 富饶的江南, 粉红的桃花에서 한정어는 중심어에 대한 묘사를 나타낸다. (4)의 갑2에서 분류성을 제거하면, 의미적으로 을류와 동등해진다. 우리는 형용사는 통사적, 의미적 특징에서 하나의 연속체이며 그 중의 한 끝은 일음절 형용사인 갑1과 갑2의 원형인 D와 완전히 부합한다. 상태 형용사는 다른 한쪽 끝에 위치하며 이는 을류 형용사에서 원형인 D와 부합한다. 쌍음절 형용사는 두 부류의 중간에 위치한다. 朱德熙(1956)은 일음절 형용사는 전형적인 갑류의 특징을, 쌍음절 형용사는 을류의 특징을 지닌다고 하였다. 또한, 쌍음절 형용사는 통사적, 의미적 기능에서 성질을 나타내는 원형의 갑류 형용사와 상태를 나타내는 을류 형용사의 중간에 위치한다고 하였다. 주변적 현상은 세 부류 한정어의 의미를 구별하는데 영향을 미치지 않는다.

陆内甫(1988, 1993)는 전통적으로 조합식과 점착식의 차이에도 불구하고 한정어를 제한성과 묘사성으로 구분하였다(赵元任 1968, 刘月华 1984). 그러나 이러한 구분은 다음과 같은 문제가 제기될 수 있다. 첫째, 한정어의 두 의미 차이는 조합식과 점착식의 형식적 대응이 결여되었다. 둘째, 점착식 한정어를 제한성, 묘사성으로 나눌 경우 다항정어의 어순에서 제한적 한정어가 묘사적 한정어를 선행하는 원칙에 많은 예외 현상이 출현한다. 점착식 한정어는 통상적으로 제한적 한정어로 간주되는 반면 묘사적 한정어 뒤에 출현하면 모순이 발생하기 때문이다. 따라서 朱德熙(1982)는 형식적 측면에서 한정어를 점착식과 조합식으로 구분했으며, 이들은 호칭성과 비호칭성에서 대립한다. 이렇게 함으로써 조합식을 구별성(제한성)과 묘사성으로 구분할 수 있다. 이에 한정어의 형식과 의미적 대립이 분명하고, 어순 규칙은 간략해진다. 사실상 陆丙甫이 제기한 모순은 중국 언어학계의 제한성, 묘사성 개념에 대한 이견에서 기인한다. 본래 제한성은 서구 언어학의 전통에서 '제한적 수식어(restrictive modifier, RM)'와 비제한적 수식어(non-restrictive modifier, NRM)을 구분한데서 비롯된다. Givón(1990, 1993)에 따르면, RM은 중심명사가 지시하는 범위를 제약하여 특정 지시체(specific reference identity)를 확정하며 잠재적 대조 의미를 지닌다. NRM은 중심어의 관습화된 정보(habitually known) 속성을 나타내므로 대조 의미가 없다. 중국어 문법학계는 朱德熙(1956, 1957)와 刘月华(1984)의 논의를 예로 들어 刘月华(1984)가 상술한 두 개념의 이해는 Givón과 기본적으로 일치한다고 하였다. 刘月华는 제한적 한정어의 중심어가 나타내는 사물의 범위는 '哪个'를 가리킨다고 하였다. 따라서 시간, 장소, 귀속, 범위를 나타내는 한정어는 제한성으로 이해할 수 있다. 묘사적 한정어는 사물에 대한 성질, 상태, 특징, 용도, 재료 등을 나타낸다. 따라서 중심어의 속성을 나타내는 한정어는 묘사성으로 이해할 수 있다. 刘月华의 제한적 한정어는 Givón의 제한적 수식어처럼 특정적 지시로 이해할 수 있다. 이에 따르면 陆丙甫가 제기한 모순은 사실상 존재하지 않는다. 그 이유는 형용사와 명사가 충당하는 점착식 한정어가 刘月华에 의해 묘사적 한정어로 귀납되기 때문이다. 문제는 朱德熙(1956, 1957)가 점착식 한정어를 제한적 한정어로 귀납한데 있다. 그는 제한적 한정어는 사물의 분류근거이며, 묘사성 한정어는 사물의 상황을 묘사한다고 하였다. 후자는 상태형용사가 충당하는 한정어이고, 전자는 기타 유형의 한정을 포함한다. 朱德熙가 두 부류의 한정어를 구분한 기준은 분류성과 중심어가 나타나내는 고유한 속성이다. 이 두 기준은 서로 관련이 있지만 통합할 수 없다. 속성은 분류성을 내재하지만, 분류성은 반드시 속성을 함의하지 않기 때문이다. 예를 들어, 영속 한정어는 중심어에 대한 분류를 나타낼 수 있지만, 중심어의 견고한 속성을 나타낼 수 없다. 분류성은 두 가지 부류로 나뉜다. 영속 한정어는 속성에 근거한 사물을 부차적 분류로 구별하였고, 영속, 지시를 나타내는 한정어는 동류 사물에서 선택한 특정한 개체이다. 여기서는 각각 분류성1과 분류성2로 부를 것이다. 이로부터 朱德熙와 刘月华는 동일한 용어를 쓰면서 다른 근거를 채택함으로써 혼란을 초래했음을 알 수 있다. 분류성(분류성2) 한정어는 특정적 지시로 쓰인다. 朱德熙의 제한적 한정어는 刘月华의 분류와 통합되는 부분이 있다. 영속 한정어와 지시 한정어가 이에 속한다. 하지만 분류성(분류성1)과 확정적 지시의 의미 기능은 완전히 대응하지 않는다. 점착식 한정어는 분류성을 나타내며, 담화에서 확정적 지시로 쓰이는 경우는 매우 드물다. 분류성이 사물의 고유한 특성을 나타내기 때문이다. 분류성은 외연보다는 개념적 함의에 작용하며 분류명을 형성하는 데는 도움이 되지만 개체의 확정적 지시성(대조 강세는 제외)에는 드물게 쓰인다. 朱德熙의 묘사성 한정어(을류)는 분류성이 없으므로 특정적 지시로 쓰일 가능성이 있다. 朱德熙(1986)는 어떤 사물이 묘사성을 지니면 특수한 개념을 이루기 때문에 묘사적 한정어는 잠재적 지시로 작용한다고 하였다. 이 책에서는 (4)의 특징으로 다양한 한정어의 의미 차이를 설명하기로 한다. 본 절에서 지시대사 한정어, 영속 한정어에 대한 논의는 잠시 유보하기로 한다. 여기서 는 속성에 근거한 중심어에 대한 부차적 부류인 분류성1에 대해 논할 것이다.

지금까지 (4)의 I, II항의 특징을 통해 (6)과 (7)의 a, b, c 세 가지 구조의 지시적 특징을 살펴보았다. a와 b는 [+분류성] [+총칭성]의 특징을 지니며 c는 [-분류성] [-총칭성]의 특징을 지니고 있다. 또한, a는 [+호칭성] 특징을 지니며 b는 [-호칭성] 특징을 지니므로 a의 총칭적 작용은 b보다 훨씬 명백하다. 이러한 사실은 I, II항의 특징은 a와 b 간에 미묘한 상호작용이 있음을 보여준다. a는 [+호칭성] 특징이 있으므로 전체구조는 통합적 부류명칭으로 이해할 수 있다. 갑1 한정어의 부류작용은 규약화 정도가 높고 안정된 부류의미를 지니는 반면, 갑2 한정어의 분류 의미는 임시적이다.

이제 III항의 술어성을 살펴보자. 술어성은 I항과 상보적 분포를 이룬다. 갑2 b 한정어와 을류 c 한정어는 술어성이 있고 호칭성이 없는 반면, 갑1은 호칭성이 있고 술어성이 없다. 의미적으로 호칭성과 술어성은 서로 대립되는 개념이므로 (4)의 상보적 분포는 자연스럽다. 술어성의 DdN에서 D와 N은 논리적, 의미적 관계의 함의가 약화된 단정(assertion)을 가리킨다. 예를 들면, N的D는 N是与D有关的(N은 D와 관련된다)라는 함의를 지니고 있다. DN은 단정의 함의가 없으며 D와 N의 논리적, 의미적 관계는 예측적, 전제적이다. 이제 한정 성분의 술어성(preicative nature)에 대해 좀 더 자세히 살펴보기로 하자. 문법범주에서 술어성은 주로 동사, 형용사가 담당하며 이들은 술어로 쓰인다. 통사적, 기능적으로 술어는 다음과 같은 특징을 지니고 있다. 첫째, 술어는 용언이다, 둘째, 비술어는 용언이다. 셋째, 술어는 비용언이다, 넷째, 비술어는 비용언이다. 이 중에서 첫 번째는 Croft(1991)가 언급한 '무표지적 상호관계(unmarked correlation)'이며, 술어성이 충분히 구현된다. 두 번째 술어성은 통사적 위치에서 나타난다. 우리가 주목하는 것은 세 번째 상황이다. 술어가 비술어 한정어일 때 통사 위치는 그들에게 술어성을 부여하지 않는다. Pual, Sweet는 일찍이 수식어와 중심어 구조는 술어구조로 표현되는 의미관계에 주목하였다. 가령 a read rose는 a rose which is red로 이해할 수 있다. 이런 수식은 함축이거나 잠재적 술어구조, 심지어 '강등

된 술어(degraded predicate)'이다(Jesperson 1929). 초기 생성문법은 명
사구에서 수식어와 중심어 간에 의미관계를 다른 명제로 표현한다는데
주목하였다. 가령 A big book was good에서 big과 book의 관계는 The
book was big로 표현할 수 있다. 이에 Kats & Postal(1964)는 내포적 수
식어의 방법을 제시했으며, 일부 학자는 심지어 형용사 수식어를 용언으
로 인식하였다(Vendler 1968). 湯延池(1979)는 이런 방법을 통해 중국어
에서 de가 출현한 수식구조를 설명하였다. 실제로 이런 방법은 명사구
의 의한 잠재적 술어성에서 통사적 근거를 찾을 수 있다.6 이 방법은
철학자와 논리학자에게 익숙한데, 이러한 방식은 술어 논리의 관습적
표현에서 기인한다. 즉, 명사 수식어를 술어로 처리하고, 중심어를 대표
하는 술어와 나란히 위치한다. 그러나 논리학적 술어는 우리가 논의한
술어성 성분과는 다르다. 따라서 논리적 분석은 다양한 문제를 설명하
기 어렵다. 술어성과 관련된 논리적 개념은 명제이기 때문에, 분석철학
의 묘사어에 함축된 명제에 대한 분석을 살펴볼 필요가 있다. 분석철학
자가 제시한 묘사어(摹状词)의 함축적 명제에 대한 분석은 일리가 있다.

　여기서 제시된 명사구는 논리적 묘사어에 대응한다. 분석철학자는 묘
사어의 지시성 문제를 해결하기 위해 논항 위치의 한정적 묘사어를 논리
적 술어의 명제 함수로 분해하였다. 가령 Russell은 '지금의 프랑스 국왕
은 대머리이다'에서 주어는 'x는 지금의 프랑스 국왕'과 같은 존재 명제
함수로 분석하였다. 여기서 '지금의 프랑스 국왕'은 존재에 대한 단정을
포함한다. 마찬가지로, '이 황금산은 존재하지 않는다'에서 주어는 'x는

---

6 그러나 Givón(1990)에서 언급한 것처럼 이러한 통사적 추론은 형태적, 의미적으로
통제하기 어렵다. 여기서는 酸的葡萄(시큼한 포도), 木头的桌子(나무로 된 탁자)는
葡萄是酸的(포도는 시큼하다), 桌子是木头的(탁자는 나무로 되었다)에서 비롯된 것
으로 여기고 있다. 그러나 木头的问题는 대응되는 것이 없어서 *问题是木头的는 성
립하지 않는다. 그러나 만일 구조적 제한을 받지 않으면 这问题是与木头有关的(이
문제는 나무와 관련된다)는 성립된다.

254

황금이면서 산이다'으로 분석된다(Russell 1905). 이와 같이 원문장의 논리주어는 복잡한 논리술어로 바꿀 수 있다. Strawson(1950)은 Russell의 분석에 대해 비판을 했지만 묘사어를 존재명제로 분석한 것에는 반박하지 않았다. 그에 의하면 Russell의 오류는 추론된 존재명제를 논리적으로 상속된(entailed) 단정으로 간주하였기 때문이라고 하였다. Strawson은 실체의 존재는 단정적이 아니라 전제적(implied, presupposed)이라고 하였다.[7] 이 책의 주된 관심은 철학 문제가 아니다. 이에 시각을 달리해서 묘사어에 함의된 속성 또는 관계 명제를 살펴보면, 두 철학자에 한정적 묘사어에 대한 주장은 우리에게 계시를 준다. 这座金(的)山을 순수 논리적 관점에서 这座(的)山은 de 출현 여부와 관계없이 这座山是金的 또는 这座山在质料方面的属性是'金的'라는 명제를 포함하고 있다. 그러나 자연언어에서 이런 속성명제는 DN에서 金山은 전제적인 반면, DdN에서 金的山은 진술적, 단정적이다. 다음의 예문을 보자.

(8) a. 这座山其实不是金的。(이 산은 사실 금이 아니다.)
　　b. ?这座金的山其实不是金的。

(8a), (8b)은 논리적으로 这座山是金的(P1)와 这座山不是金的(P2)의 명제가 통합된 것으로 분석할 수 있다. 모순율에 위배되지 않기 때문에 의미는 없지만 실제로 (8a)의 적격성은 (8b)보다 훨씬 높게 나타난다. 그 이유는 (8a)의 这座山이 전제이지 P1의 단정이 아니기 때문이다. P1이면서 P2가 아니면 전제는 취소된다. 따라서 전체 문장은 논리적 단정

---

7 Russell, B. 1905, On denoting, Mind 14. Russell 1919. Introduction to Mathematical Philosophy. London: George Allen & Unwin. Strawson, P.F. 1950. On referring을 참고하기 바란다. Russell(1905)와 Strawson(1950)의 중문 번역판은 涂记亮이 편집한 「语言哲学名著选辑」(1988)에 수록되어 있다. Russell (1905)과 Strawson(1950) 등의 지시이론의 중문판은 涂记亮의 「现代西方语言哲学比较研究」(1996)을 참고하기 바란다.

을 포함하기 때문에 모순되지 않는다. 이러한 문장을 들으면, 어떤 이가 산이 금이라고 믿었지만(전제) 이후 본래 금이 아니라는 사실을 발견하게 됐다고 여길 것이다. (8b)의 这座山에는 P1에 대한 단정이 내포되어 있어서 후속구 P2를 연결시키면 모순이 발생한다. 다시 말해서 P1은 (8a)에서 암묵된 명제이며 (8b)에서 진술된 명제이다. 이에 de가 출현한 한정어의 술어성은 증명할 수 있다. 다음에서 유사한 예문을 재차 살펴보자.

(9) a. 白天鹅其实不是白的, (而是银黑色的)。

        (흰백조는 사실 희지 않고, 은회색이다.)

    b. ?白的天鹅其实不是白的。

(10) a. 这个铁锅不是铁的, (而是铝的)。

        (이 솥은 철이 아니라 알루미늄이다.)

    b. ?这个铁的锅不是铁的,

(11) a. 这支假枪原来是真的。[8]

        (이 가짜 총은 원래 진짜이다.)

    b. ?这支假的枪原来是真的。

(12) a. 这本旧书其实并不旧。

        (이 헌 책은 사실 오래되지 않았다.)

---

8 陆丙甫(1988)는 계시적 예문 一朵真的假花, *一朵真的假的花을 들었다. 그는 이로써 접착식과 조합식 한정어가 형식적, 의미적으로 하나의 층차에 존재하지 않다는 것을 설명하였다. 다시 말해서 전자가 성립할 수 있는 이유는 참과 거짓이 하나의 층차에 있지 않기 때문이다. 사실상 두 예문의 문법적 적격성의 차이는 de의 출현으로 도출된 술어성의 유무와 관련된다. 여기서는 de를 동반한 두 개의 한정어 의미가 상반되지 않더라도 획득된 구조는 여전히 문제가 있다. 예를 들어, ?一朵假的白的花와 一朵假的白花를 비교하면 다른 요소가 있으며 이에 대해서 연구를 진행하고 있다. 여기서 의미가 상반된 두 개의 낱말이 서로 다른 통사적 위치에 놓이는데 이에 대한 문제는 이후에 살펴보기로 한다.

b. ？ 这本旧的书/旧的这本书其实并不旧。

(9a)에서 白天鹅는 분류명칭이며 백조의 '흰' 속성은 전제이다. 후속되는 不是白的를 통해 전제가 수정됐으므로 문장은 적격하다. (9b)에서 白的天鹅는 백조에 대한 흰 속성을 단정했으므로 모순이 발생하지 않는다. 흥미로운 것은 a의 문법적 적격성은 b보다 높지만 잠재적 명제와 후속되는 명제 간에 모순은 존재한다는 것이다. 이와 비교해서 수식복합어는 의미적으로 통합된 단독명사이므로 속성 명세를 포함하지 않는다. 따라서 아래의 예문에서 상반된 성분이 포함된 문장은 모두 적격하다.

(13) 白菜并不是白的。(배추는 결코 희지 않다.)
  (비교 : "*白的菜并不是白的", "黑乎乎的白菜(거뭇거뭇한 배추)")
(14) 臭豆腐一点也不臭。(취또우푸는 하나도 역겹지 않다.)
  (비교 : "*臭的豆腐一点也不臭", "香喷喷的臭豆腐(구수한 취또우푸)")
(15) 铁轨并不是铁制的。(철로는 결코 철로 만든 것이 아니다.)

이미 언급했듯이 DN은 형식적, 의미적으로 수식복합어와 유사하다. (13-15)를 술어성 측면에서 살펴보면, 이들 간에 유사한 관계를 알 수 있다. 생성문법학자 Giorgi & Longobardi(1991)는 인구어에서 복합명사 즉 유사한 논항이 포함되면 그것을 중심어로 하는 명사구 역시 또 다른 중복 논항이 출현할 수 있다고 하였다. 다음의 예문을 보자.

(16) the bartender of Bill's bar
  比尔酒吧的酒吧侍者 (빌의 술집의 바텐더)

(17) the department head of the linguistic department

語言学系的系主任 (언어학과의 학과장)

(18) a. 意大利语：il capostazione della stazione Termini Termini站的

站長 (터미니역의 역장)

b. 英语：the station master of the Termini station

(터미니역의 역장)

위에서 보듯이 중국어 역시 동일한 상황이 나타난다. Giorgi & Longo-
bardi은 이러한 현상을 의미역 기준(Theta Criterion)을 근거로 분석하였
다. 즉, 복합명사에서 수식어는 중심어에 내재된 Θ 논항을 석방할 수
없다. 촘스키의 의미역 기준에 의하면, 각각의 논항에는 한 개의 Θ 논항
을 부여할 수 있다. 이는 복합명사는 하나의 의미역을 지니며 이는
(17-18)에서 확인된다. 이중에서 영속구조에서 de가 출현하지 않는 복합
어의 수식어는 나뉘지 않는다. 중국어에서 유사한 현상은 de가 없는 복
합어의 수식어에서 나타난다. 복합어 수식어는 의미적으로 중심어와 긴
밀하게 통합되며 그 자체는 술어성을 지니지 않는다. 거기에 술어성이
있는 de 성분을 부가해도 중복 술어는 출현하지 않는다. 실제로 DN은
전형적인 복합어처럼 수식어는 형식적, 의미적으로 비슷한 de 성분이
그것과 동시에 출현하는 것을 허용한다. 다음의 예문을 보자.

(19) a. 雪白的白衬衫。 / 挺白的白衬衫。

b. * 雪白的白的衬衫。 / 挺白的白的衬衫。

(20) a. 花梨木的木头桌子。 / 有机玻璃的玻璃窗子。

b. * 花梨木的木头的桌子。 / 有机玻璃的玻璃的窗子。[9]

---

9 여기서 (b)가 성립되지 않는 것은 기타 요소의 영향 때문이다. 예를 들어, 조합식은
자유롭게 점착식으로 교체할 수 없다. 그러나 비슷한 함의를 지닌 수식어를 다른

(19)의 수식어는 형용사이며 (20)은 물질명사이다. 이들은 모두 논항이 아니지만 a는 성립하고 b는 성립하지 않는다. 실제로 위의 현상은 의미역 기준과 무관한데 그 이유는 b에 함의가 비슷한 de를 부가한 서술성분을 포함하고 있기 때문이다. (8b)가 서로 모순된 단정의 출현으로 성립할 수 없는 것처럼 (19b), (20b)는 내용이 부분적으로 유사한 두 개의 단정을 포함하므로 성립할 수 없다.

정보구조 원리의 관점에서 de를 동반한 한정어의 술어성을 살펴보자. 문장에서 전제는 구정보이며 진술은 새로운 정보에 해당한다. 일반적으로 a의 한정어는 구정보이며 화자와 청자 모두 알고 있는 속성을 나타낸다. 반면, b의 한정어는 새로운 정보이며 화자가 방금 한정어의 상태를 감지했거나 청자에게 의도적으로 전달한 정보를 나타낸다. 아래의 예문은 어떤 여행자의 담화 중 일부를 나타낸다.

(21) 甲 : "你今天有没有去看白老虎?"
　　　　　(너는 오늘 흰호랑이를 보러 갔었니?)
　　　乙 : "什么白老虎? 白的老虎啊?"
　　　　　(무슨 흰호랑이? 하얀 호랑이?)

위에서 白老虎는 카지노로 유명한 장소이다. 甲은 乙이 白老虎를 알고 있을 것이라고 여겼기 때문에 분류명칭을 나타내는 DN으로 질문하였다. 乙은 白老虎의 명성을 들은 적이 없었기 때문에 이를 하얀 호랑이로 인식하여 DdN으로 대답을 하고 있다. 청자의 입장에서 白老虎는 새로운 정보이다. 이와 같이 술어기능은 새로운 정보에 대한 진술이며 새

함의를 지닌 것으로 바꿀 수 있는데 여기서 얻어진 문법적 수용도는 (20b)보다 훨씬 높다. 예를 들어 黑颜色的木头的桌子와 办公楼的玻璃的窗子이다. 이는 이 책의 분석이 근거가 있음을 확인시켜 주고 있다.

로운 정보가 담지된 성분은 술어성을 나타낸다.

이제 술어성을 나타내는 DN과 DdN의 의미 차이를 살펴보자. 문법서에서 de를 동반한 한정어는 강조 의미를 나타낸다고 설명하고 있다. 陆志韦는 「北京话单音词汇」에서 'de를 사용하는 목적은 명사의 형태, 상태를 강조하는데 있다'라고 하였다. 예를 들면, 大的狗는 개가 '크다'는 사실을 강조한다. 赵元任(1968)은 de는 '명백한 수식 표지(a marker of explicit modification)'라고 하였다. 일반적으로 '강조', '주의' 의미는 de를 부가한 한정어의 술어성을 반영한 것이라고 보고 있다. DdN에서 한정어가 술어성을 지니고 있다는 사실은 이 책의 독창적 주장은 아니다. 龙果夫(1952), 赵元任(1968)은 일찍이 다음의 특징을 제시하였다. 龙果夫는 속성 형용사를 포함한 DN의 기능은 好书, 要紧话는 铁箱子, 木头桌子처럼 명사와 같고, 很好的书, 要紧的话는 동사수식어인 昨天来的书, 我念的书와 같다고 하였다. 赵元任(1968)은 de를 동반한 한정어의 술어성을 설명하였다. 그는 문장에서 문법술어와 논리술어는 일치할 수 없으며, 완전한 낱말에 강세를 부여해서 논리술어로 바꿀 수 있다고 하였다. 반면, de의 기능은 강세와 비슷하지만 효과는 미약하다. 가령 我要找一个空碗에서 전체의 문법술어는 곧 논리술어이며, 我要找一个空碗에서 空的는 제2의 논리술어를 포함하고 있다. 赵元任은 铁箱子와 비교를 통해 铁的箱子에서 铁的는 암묵적 명사술어라고 하였다.

赵元任의 분석에서 보듯이, 문장에서 술어기능은 강약과 층차로 구별된다. 술어와 논리적 강세의 술어기능은 다음과 같은 차이가 있다. 술어는 문장에서 무표적, 결여적(default) 성분이며 작용범위는 전체 술어이다. 논리적 강세는 유표적이고 특별히 설정된 술어성분이며 작용범위는 강세가 있는 낱말이며, 전체 문장의 의미초점이 된다. 문장초점 외의 성분은 전제이기 때문에 논리적 강세의 술어기능은 문장의 술어작용을 초월할 수 있다. 赵元任은 DdN의 술어성은 논리적 강제와 유사하다고 여겼는데, 논리적 강세에 대한 상기의 특징에서 보면 그렇지 못하다. 우리는 이러한 술어기능은 약화된 술어와 같다고 여긴다. 마찬가지로 de를 동반한 갑2와 을류 한정어의 술어성은 차이가 있고, 그 차이는 술어와 대응한다. 지금까지 D가 명사와 형용사인 경우의 DdN를 논의했으므로 이제 두 성분이 술어성이 되는 상황을 살펴보겠다. 의미적으로 두 성분이 직접적인 술어의 역할을 했을 경우 다음의 두 유형을 이룬다.

(22)   I. 분류식(대조식)   II. 묘사식
  a1. 你傻子/这个人高个子。 a2. 这个人高高的(挺高的)个子
  b1. 你傻/这个人高。   b2. 你真傻/这个人高高的(挺高的)。

(22)에서 간단형식(성질형용사, 단일명사, DN구)의 술어는 분류와 대조의미를 나타낸다. 반면, 복잡형식(형용사와 DdN구)의 술어는 대조의미가 없으며 주어에 대한 묘사를 나타낸다(朱德熙 1982). 두 형식에서 de는 갑2와 을류로 구별되며 한정어 위치에서 술어의미 역시 구별된다. 陆丙甫(1988)은 갑2가 사용된 DdN에 암묵적 대조의미가 있다는 것에 주목하였다. 예를 들어, 黑的鹅는 다른 색의 펭귄과 대조를 이루고 있음을 암시한다. 이는 I항의 술어와 유사하며 这只鹅黑가 그러하다. 黑乎乎的鹅의 한정어는 중심어에 대한 묘사이며 이는 II항의 술어 这只鹅热乎乎的가 그러하다. (4)는 갑류 한정어와 을류 한정어의 술어의미의 차이에서 기인한다. 양자는 각각 [+분류성], [-분류성]의 의미특징이 있다. 이제 논리적 강세가 있는 술어의 특징을 살펴보자. 赵元任이 DdN에서 de를 논리적 강세로 보는 이유는 대조적 술어의미가 있기 때문이다. 我没见过'黑("는 강세를 나타냄)과 我没见过黑的는 대조의미를 지니지만, DdN의 대조의미는 강세에 비해 약하다. 만일 (8a-12a)의 D에 논리적 강세를 부여하면 (8b)-(12b)처럼 부적격해진다. 예를 들어 ?这座'金山其

実不是金的가 그러하다. 결과적으로 문장 내에 술어의미를 부가하면, 술어, de를 동반한 한정어, 논리 강세의 세 가지 성분을 지닐 수 있다. 이들은 각각 다른 층위에 존재한다. 다음의 예문을 보자.

(23) a1. 他今天穿了一件白襯衫。(그는 오늘 흰셔츠를 입었다.)
　　 a2. 他今天穿了一件'白襯衫。
　　 b1. 他今天穿了一件白的襯衫。
　　 b2. 他今天穿了一件'白的襯衫。
　　 c1. 他今天穿了一件雪白的襯衫。
　　 c2. 他今天穿了一件'雪白的襯衫。

(a1)은 무표지 술어성분을 포함하고 있으며 전체술어는 穿了一件白襯衫이다. (b1)과 (c1)의 술어성분은 유표적이며, 'P1은 어떤 와이셔츠를 입었다'와 'P2는 와이셔츠가 하얗다/새하얗다'의 두 층차를 포함한다. 여기서 P1은 주요성분이고 P2는 부차적 성분이다. (a2)의 술어성분 또한 유표적이고, 'P1은 어떤 와이셔츠를 입었다'와 'P2는 와이셔츠가 하얗다'의 두 층차를 포함한다. (a2)에서 첫 번째 층차에서 P2는 술어성분이고, P1은 암묵적이며, 문장 전제명제의 술어성분이다. (b2)는 (a2)와 유사하며 P1, P2의 명제를 포함하고 있다. P2는 두 개의 의미가 비슷한 형식으로 중복 표현된다. 따라서 대조의미는 (a2)와 (b1)보다 강력하다. (c2) 또한 (b2)와 유사하다. 雪白的는 대조의미가 없으므로 강세를 통해 강조 의미를 구현한다. 일반적 상황에서 강세는 형용사 복잡성분에 부여되기 보다는 부사 수식어를 포함한 성분('很白的襯衫', '挺白的襯衫')에 부여된다.

다른 측면에서 서술성의 차이를 살펴보면, 갑1, 갑2와 을류 한정어(형용사 한정어인 경우)의 술어성 차이는 갑1 한정어의 비술어성, 갑2 한정어의 술어성, 을류 한정어의 높은 술어성의 순서로 나타난다. 이로부터 세 부류의 형식적 차이는 거리 도상성에 의해 촉진된 것임을 알 수 있다. 먼저, 그들은 술어성 차이는 형용사의 술어 능력에서 검증할 수 있다. 沈家煊(1997)에 의하면 서술어로 쓰인 상태형용사(을류 형용사)는 무표적이고, 성질형용사(갑류 형용사)는 유표적이다. 을류 형용사가 de를 동반할 경우 술어기능은 술어의 위치보다 낮은 층차에 있지만, de를 동반한 갑류보다 높은 층차에 위치한다. 거의 모든 을류 형용사는 술어위치로 이동할 수 있으며, 黑乎乎的手는 手黑乎乎的로 변환이 가능하다. 갑2 한정어가 술어 위치로 이동할 경우 是와 같은 표지를 첨가할 수 있다. 예를 들어 干净的衣服에서 衣服是干净的, ?衣服干净的으로의 변환은 좋은 증거이다.

을류 형용사는 서술성이 강력하며, 개념적으로 동사와 관련이 있다. Givón(1984)은 개념적 측면에서 품사에 대한 시간적 안정성을 구축하였다. Givón에 의하면, 시간의 양 극단에서 한쪽은 상대적으로 안정된 경험을 나타내는 명사가 위치하며 다른 한쪽은 변화의 경험을 나타내는 동사가 위치한다. 형용사는 명사와 동사의 중간 위치한다. 시간의 안정성 척도에서 중국어 성질형용사은 안정된 속성을 나타내며, 상태형용사는 불안정하고 임시적인 상태를 나타낸다. 시간의 안정성 척도에서 성질형용사는 명사와 가깝게 위치하는 반면, 상태형용사는 동사와 가깝게 위치하며 개념적으로 동사에 가까운 술어성을 지니고 있다.

다음에서 갑1과 갑2 한정어를 재차 살펴보자. Vendler(1968), Siegel (1979), Taylor(1992)는 [Adj N](형용사-명사의 한정어, 중심어 구조)의 의미를 분석할 때 다음의 두 가지 상황을 고려하였다. 첫째, [Adj N]의 의미를 Ajd 의미와 N 의미의 집합으로 분석하였다. 따라서 这是红房子는 这是红과 房子로 분석된다. 초기 생성문법은 이러한 의미특징을 토대로 a read house는 a house which is red로 분석했지만, 他是老朋友는 他老

와 他是朋友로 분석할 수 없다. Siegel (1979)은 이러한 의미특징에 근거해 갑1을 술어성 형용사(predicative adjectives)라고 불렀으며 갑2를 속성 형용사(attributive adjectives)라고 불렀다. 이 책에서는 용어의 혼란을 피하기 위해 각각 P류(술어성 형용사)와 A류(속성 형용사)라고 부른다.[10] 중국어 형용사가 한정어로 쓰일 경우에도 이와 같이 구분할 것이다. 두 부류의 형용사가 한정어로 쓰일 때 영어는 형식적 차이는 없지만, 중국어는 형식적으로 분화되는 경향이 나타나는데 이는 de와 관련된다. 을류 형용사가 한정어로 쓰일 때 de가 출현하며 그들은 술어 위치에서 P류에 속한다. 갑류 형용가 한정어로 쓰일 때 P류와 A류로 구별되며, P류는 다시 de가 출현한 갑2('白的衬衫)와 de가 출현하지 않는 갑1('白衬衫')으로 나뉜다. 이들은 형식적 변화를 통해 술어가 될 수 있다. 예를 들면, 갑류2는 (白的)是衬衫으로 갑류1은 '衬衫)很白로 변화할 수 있다. A류 한정어는 de가 출현하지 않는 갑1을 포함하며, 단순방식으로 술어로 변환할 수 없다. 예를 들면, 老朋友는 (*朋友)是老的 또는 (*朋友)很老로 변환할 수 없다. 이 밖에 일음절 형용사가 한정어로 쓰일 경우 de는 출현하지 않는다. 예를 들면, 老顾客, 老地方, 老毛病, 老问题, 老相好, 老同学, 老战友, 老熟人, 老街坊, 老传统, 老规矩, 老脾气, 新同学, 旧相识, 大丰收, 大作家, 大富翁, 大懒虫, 大笑话, 打坏蛋, 大秃头, 大笨蛋, 大傻瓜, 大趋势, 大陆坡, 小商人, 小脾气, 小毛病, 小玩意儿, 好邻居, 好朋友, 好同学, 臭脾气, 臭毛病 등이다. 위의 용례는 「현대중국어사전」에 수록되지 않았다. 중국어 문법 역시 낱말과 구의 구별 원칙에 따라 이들을 낱말로 분류하지 않는다. 하지만 위의 형식은 매우 생산적이어서 사전에 수록하면 A류 용법은 훨씬 더 많아질 것이다. 예를 들면, 小는 小朋友, 小青年, 小报告, 小动作, 小老婆, 小气候, 小人物, 小

---

10 엄격하게 말해서 여기의 P류와 A류는 실제로 형용사의 독립적인 유형으로 볼 수 없다. 이에 대해 Taylor(1992)의 Siegel(1979)에 대한 비판을 참고하기 바란다.

商品, 小市民, 小媳妇 등이 있다. 위의 용례에서 보듯이 형용사가 한정어로 쓰이는 경우 de 출현 여부는 술어능력과 관련된다. 갑2 형용사가 한정어로 쓰일 경우 간단한 방법으로 술어 P류로 변환되는데 비해, A류는 간단한 방법으로 술어가 될 수 없는 갑류1에 속한다.[11] P류와 A류 형용사가 한정어로 쓰일 때 중심어의 속성을 나타내지만 P류가 나타내는 속성과 중심어가 대표하는 사물 간의 개념적 통합 정도는 비교적 낮은 편이다. P류가 자유롭게 술어로 변환할 수 있다는 사실은 술어능력이 잠재되어 있거나 묘사적 특징을 지니고 있음을 암시한다. 이에 P류는 '술어성'을 나타내는 반면, A류는 중심어와 고도로 통합되며, '술어 불가성'을 나타낸다고 할 수 있다.

위의 사실에서 갑1, 갑2와 을류 한정어의 술어 능력은 '비술어성 〉 술어성 〉 강력한 술어성'의 순서적 위계로 나타나고 있음을 알 수 있다. 만일 잠재적 술어 능력에서 갑1 한정어는 A류와 P류에 속하기 때문에 갑2와 을류는 거의 P류에 속한다. 따라서 이 세 부류의 형용사가 중심어와 관련된 개념적 함의는 다음과 같다. 갑1은 술어능력이 가장 낮고 고도의 통합적 속성을 지니고 있다. 갑2는 잠재적 술어성을 지니고 있으며 낮은 통합성을 지니고 있다. 을류는 강력한 잠재적 술어성을 지니고 있으며 느슨한 통합성을 지니고 있다. '갑1-갑2-을'의 개념적 순서는 잠재적 술어성이 낮은 것에서 높은 것으로 통합성은 높은 정도에서 낮은 개

---

11 그들이 '경향'이라고 한 것은 예외 현상이 없지 않기 때문이다. 술어로 전환되는 형용사 한정어 역시 de를 동반할 수 있다. 예를 들어, 热的时候, 好的方面, 懒惰的结果, 重要的程度, 高兴的原因, 虚心的好处 등이 있다. 비록 그들이 자유롭게 술어로 변환될 수는 없지만 일반적인 A류와 유사하다. 그러나 이러한 구조는 비교적 특수한 공통점이 있다. 예를 들어 일반적인 DdN과 마찬가지로 Dd를 사용하여 N을 지시할 수 없다. 즉 N을 생략해야 한다. 중심어는 비교적 추상명사이고, 그 수식어는 의미적으로 중심어의 속성을 나타내지 않는다. 예를 들어, 热的时候에서 热는 时候의 속성이 아니다. 이러한 점에서 그들을 A류로 귀납하지 않았다.

념으로 배열된다.

위에서 갑1, 갑2가 한정어로 쓰일 경우 술어성이 대립되는 양상을 살펴보았다. 이러한 대립은 명사가 한정어로 쓰일 경우에도 나타난다. 어휘항 木头桌子와 木头的桌子는 这是桌子와 这是木头的로 분석된다. 하지만 형식적 측면에서 전자의 한정어는 직접적으로 술어가 될 수 없는 (*桌子木头) 반면, 후자의 한정어는 술어가(桌子木头的) 될 수 있다. 후자는 간단한 형식적 변화를 통해 술어가 될 수 있으며 전자는 더 많은 형식이 첨가되어야 한다. 가령, 전자는 桌子是木头的이고 후자는 桌子是木头的이다.[12] 다시 말해서 전자의 술어 전환은 고유표적이며, 후자는 저유표적 또는 무표적이다. 이에 갑1, 갑2의 술어성의 차이가 있음을 확인할 수 있다.

갑1, 갑2, 을류 형용사가 한정어가 되었을 경우 의미 관계는 (4)의 세 항목의 지표를 통해 살펴보았다. 세 항목의 지표는 서로 독립적, 내재적 관계를 이룬다. 첫 번째 항목과 세 번째 항목은 상보관계를 이루며, de 출현 여부에 따라 갑1, 갑2와 을류로 구분된다. 전자는 호칭성이 있는 반면 술어성이 없으며, 후자는 술어성이 있는 반면 호칭성이 있다. 두 번째 항목은 갑1과 갑2가 하나의 부류를 이루며 을류와 대립한다. 전자는 D에 근거해 N을 분류하거나 N의 의미를 구분할 수 있지만 후자는 그렇지 못하다. 갑1, 갑2의 분류성 차이는 I, III항의 구별에 따라 다소 차이가 있다. 갑1에서 D는 분류명칭으로 의미는 암묵적, 전제적이다. 갑2에서 D의 분류의미는 초점의 소재지와 진술이다. 세 항목의 특징을 결합하면 의미관계는 다음과 같은 순서를 이룬다. 갑1과 갑2는 어떤 특징을 공유하고, 갑2와 을류는 또 다른 특징을 공유하는 반면, 갑1과 을류는 공유하는 특징이 없다. 따라서 '갑1-갑2-을류'의 순서로 배열된다. 이

---

12 고딕체는 형식이 부가되었음을 나타낸다.

러한 순서는 개념적 거리와 대응한다. 이에 세 부류의 한정어-중심어 구조는 형식적, 의미적으로 거리 도상성이 내재하고 있음을 확인할 수 있다.

마지막으로 [+호칭성] [+분류성] [-술어성]의 의미특징을 통해 DN의 개념적 속성을 살펴보자. DN은 구조적, 의미적 결합이 긴밀하기 때문에 呂叔湘(1979), 朱德熙(1982)는 이를 '문법적 어휘' 또는 '기능이 명사에 상응한다'고 보았으며, 陆丙甫(1993)는 복합어라고 불렀다. 이 책에서는 좀 더 급진적으로 '중국어 복합명사 가설'을 제시하여 我妹妹와 같은 DN을 복합어로 간주하였다.[13] 기존의 주장에 근거해 확장된 DN은 구(phrase)로 간주하였다. DN은 어휘화의 연속체에 있으며 정도성이 높은 쪽에는 전형적인 복합어('甘草', '良心')가 위치하고, 다른 한쪽에는 점착식 수식구조('白衬衫')가 위치한다. 그 중간에는 de를 수반하지 않은 老同学가 위치하고 있다. 모든 DN은 [+호칭성] [-술어성]의 특징을 지니고 있지만, [+분류성]을 반드시 지니지 않는다. 어휘화 정도가 높은 쪽에 있을수록 DN의 D의 분류성은 약화된다. 예컨대 红茶, 白糖, 慢车는 일반적으로 복합어이다. 이들은 绿茶, 红糖, 快车와 구별되지만, 蓝天, 黑墨, 咸盐, 寒冬, 红日, 大地, 大海에서 D는 분류성이 있다고 보기 어렵다. 전형적인 복합어 蓝本, 青苔, 美德에서 D는 분류성이 없다. 사실상 분류성과 관계없이 DN 복합어에서 D는 N에 대한 본질적, 안정성의 속성을 나타낸다. 가령 咸盐, 大地의 D는 *淡盐, *小地로 쓰일 수 없으며 盐之咸, 地之大는 盐, 地의 개념과 긴밀하다. 단순어 碗과 복합어 大腕은 총칭성, 분류성의 의미를 나타낸다. 碗의 분류성을 나타내며 碗과 非碗으로 대립되는 반면, 大腕은 분류명칭을 나타내며 大腕과 非[大腕]의 대립을 이룬다. 大腕에서 수식어 大는 중심명사 腕에 분류성을 부여

---

13 이에 대해 제7장을 참조하기 바란다.

하며, 大腕은 [不大]碗, 小碗과 대립을 이룬다. 복합어 大海와 구 大腕을 비교해보자. 大海는 非[大海]와 대립을 이루지만 大는 분류성이 없다. 따라서 大海의 부류명칭은 독립적 개념인 단순 부류명칭 碗와 유사하고, 부차적 복합 부류명칭 大腕과 구별된다. 다시 말해서, 大海의 D와 N은 단순개념으로 융합되었으며 그들 간의 개념적 거리는 大腕의 D와 N의 거리보다 가깝다. 이를 DdN과 비교해보면 DN 구에서 D의 분류성은 함축적, 전제적이다. 복합어 DN에서 D는 분류성을 나타내며 D와 N은 개념적 통합 정도가 높기 때문에 D의 함축 정도 역시 높게 구현된다. 이는 红茶와 红纸의 비교를 통해 확인할 수 있다.

　5.2.4 이제 호칭성, 분류성, 술어성의 특징이 한정어, 중심어 간에 개념적 거리와 밀접한 관련이 있는지 살펴보겠다. 호칭성, 분류성의 개념적 거리에 대해 살펴봤으므로 여기서는 술어성 능력과 개념적 거리의 대응관계를 논할 것이다. 실체 x와 속성 φ 간에 논리적 관계 φ(x)가 있다고 가정하자. 자연언어에서 이를 술어방식으로 표현하면, 화자는 청자가 이러한 관계를 아직 모르거나 충분히 이해하지 못했다고 가정한 것이다. 술어기능은 화자가 언어행위를 통해 청자에게 관련성을 확립시켜 주는데 있다. 만일 비술어 방식으로 표현하면 화자는 청자가 이러한 관계를 이미 알고 있을 것이라고 가정한 것이다. 따라서 청자가 설정한 수령자의 개념적 구조에서 논리관계 φ(x)는 앞의 상황에서는 '확립되지 않는 관계'이며, 뒤의 상황에서는 '이미 확립된 관계'가 된다. 이와 같이 실체 x와 속성 φ의 관계는 논리적으로 항구적이지만, 전자는 관계가 아직 확정되지 않았으므로 인지적, 개념적 거리가 멀고, 후자는 관계가 확정되었으므로 거리적으로 가깝게 인식된다.[14] 술어성 위계는 중국어 한

---

14 예를 들어, 화자가 청자가 어떤 옷의 실체가 '흰다'라는 속성과의 관계를 의식하지 않음을 인정하거나 청자가 관련성에 대한 충분한 인식이 없다고 여겼을 때, 서술형식인 衣服是白的를 사용한다. 그렇지 않으면 비서술형식 白衣服를 사용할 수

268

정성, 중심어 간에 언어적 거리의 순서와 대응된다. 따라서 술어성의 차이는 세 부류의 한정어, 중심어 형식의 차이가 거리적 도상성에 의해 촉진된 것임을 확인할 수 있다.

술어성에 내재된 거리 도상성은 다양한 언어의 문법현상에서 구현되는 경험적 증거이다. 초점은 특별히 부여되는 술어기능이기 때문에 비초점 형식, 심지어 술어와 비교해 더 높은 술어성을 지니고 있다. 언어학자는 초점성분은 '술어부(rheme)'로, 기타 성분은 '주어부(theme)'로 분석하였다. Schachter(1973)에 의하면 문장에서 초점은 화자가 전달하고자하는 새로운 정보이고, 기타 성분은 배경으로 초점을 부각시키는 기능을 한다. 많은 언어에서 강세와 어순이 초점 기능을 담당하며, Akan어, Hause어, Ilonggo어 등은 어순이 초점 표지를 담당한다.(Givón 1990, Croft 1990). 다음은 아프리카 Yoruba어의 예문을 나타낸 것이다.

(24) 중성문 : ajá kpa adì e(狗杀鸡) "狗弄死了鸡" (개는 닭을 죽였다)
(25) 주어 초점 : ajá ni kpa adì e(狗是杀鸡) "是狗弄死的鸡" (개가 닭을 죽인 것이다)
(26) 목적어 초점 : ajìe ni ajá kpa(鸡是狗杀) "狗弄死的是鸡" (개가 죽인 것은 닭이다)

중국어와 영어는 초점을 나타내는 문법표지는 없지만(단지 어조로 나타낼 수 있음), 분열문(cleft)을 통해 대조초점을 나타낼 수 있다. 영어의 대조초점 성분은 Yoruba어와 마찬가지로 전제에 속한다. 위의 예문을 분열문 형식 it…that…으로 바꾸면 The dog killed the chicken은 It's the dog that killed the chicken과 It's the chicken that the dog killed으로

있다. 반드시 지적해야할 것은 이러한 거리는 객관적, 물리적 거리가 아니라 인지적인 개념적 거리를 반영한 것이다.

표현된다. 중국어의 대조초점은 (25), (26)처럼 초점표지 是를 사용한다 (李英哲·徐杰 1993). Jesperson(1949)과 Givón(1990)은 중요한 정보를 앞에 놓는 원칙을 통해 초점전제의 현상을 설명할 수 있다고 하였다. 그러나 이러한 원칙은 초점전제가 없는 중국어와 초점이 문말에 위치한 러시아어를 설명하기 어렵다(Haiman 1985, Givón 1990). 만일 초점이 부여되지 않은 형식을 X라고 하고, X와 관련된 직접성분을 Y라고 하고, X에 대응하는 성분은 X'라고 하자. 이들의 언어적 거리에서 살펴보면 X와 Y의 구조적 거리는 인접하거나 X'와 Y의 구조적 거리보다 멀지 위치하지 않는다. 바꿔 말해서, 초점작용은 관련성분 간의 형식적 거리를 당겨 놓는다. 가령 초점 위치가 불변하는 언어의 경우 초점표지가 첨가되면[15] 형식적 거리는 멀어진다. 강력한 술어성은 이런 점에서 더욱 큰 구조적 거리와 대응된다. 초점작용은 선택된 개체를 부각시켜 전경을 부각시킨다. 모습(전경)과 배경의 분화는 지각의 기본적 형식이며(Miller & Johnson-Laird 1976), 이는 언어 내의 초점 설정이 시지각적 조절 현상과 유사한 기제를 가졌다는 근거가 될 수 있다. 시야에서 멀리 떨어진 곳에 일렬로 배열된 사물 a, b, c, d, e……이 관찰자와 거리가 같고 깊이 차이가 없다고 가정해보자. 만일 a를 중심 시각으로 설정하면 a는 전경이 되고 b c d e는 배경이 되어 a를 부각시킨다. 시각적 초점을 전경 a에 두면서 배경과 지각적 거리가 커졌기 때문이다. 이러한 지각적 거리의 차이는 Givón이 논의한 생리적 도상성과 유사한 측면이 있다. 시각적 초점을 a에 둘 경우, 시상은 망막의 중심와(fovea)에 투사되고 배경이 되는 사물의 상은 망막의 기타 성분에 투사된다. 언어적 측면에서 초점은 전경정보에 부여되고 시각적 초점이 지각적 거리를 당기는 것처럼, 자신과 기타 성분 간의 거리적 개념을 당겨 놓는다. 술어의 기능 역시

---

15 중국어 초점표지는 '是'이고, 터어키어 초점표지는 'mi'이다.

새로운 정보를 전달하는데 있다. 새로운 정보는 배경을 통해 현저되기 때문에 술어기능을 할수록 대응되는 개념적 거리 역시 커진다.

5.2.5 이제 다른 측면에서 개념적 거리와 (4)의 세 가지 특징의 관계를 살펴보기로 한다.

개념적 거리의 크기는 개념적 통합성과 개념적 관계인 긴밀성과 관련된다. 개념적 관계는 명사의 실체 개념 간의 관계 또는 실체 개념과 형용사의 상태 개념을 말한다. 느슨한 관계에 비해 긴밀한 관계는 비교적 가까운 개념적 거리를 반영하고 있다. 이 두 관계의 원형적 차이는 다음과 같이 직감적 방식으로 표현할 수 있다.

(27) 긴밀한 관계는 오랫동안 안정적, 본질적인 관계를 이루며, 인지적으로 빠르게 연결되고 충분하게 인식된다. 느슨한 관계는 임시적, 불안정적, 비본질적 관계를 이루며 인지적으로 늦게 연결되고 충분하게 인식되지 않는다.

세 부류 한정어의 개념적 함의를 살펴보면, 명사, 구별사, 성질형용사를 충당하는 갑류 한정어는 중심어의 항구성, 안정성, 본질적 속성을 나타낸다. 상태형용사를 충당하는 을류 한정어는 중심어의 임시성, 비본질성을 나타낸다. 따라서 관계적 긴밀성에 의해 확정되는 개념적 거리는 '갑류 〈 을류'의 순서로 배열된다. 한편, 분류성, 호칭성, 술어성의 세 항목의 개념적 특징과 관계적 긴밀성은 명백한 인과관계를 이룬다. 따라서 5.2.3절에서 언급한 의미적 순서는 개념적 거리는 '갑1 〈 갑2 〈 을류'의 순서로 설명할 수 있다. 첫째, 범주화 과정의 본질은 안정성에 대한 이해를 의미한다. 사물 분류의 근거는 불안정성, 임시적 관계가 아니라 본질성, 원형적 안정성이다. 둘째, 관계가 긴밀하고 충분히 이해될수록 심리적 고착성(degree of entrenchment)이 높아지기 때문에 견고한 개념으로 통합되기 쉽다. 자연언어는 전문적, 고정적 명칭으로 기호체계를 이룬다. 바꿔 말해서, 긴밀한 관계는 지칭되기 쉽지만, 느슨한 관계는 그렇지 못하다. 따라서 호칭성과 개념적 긴밀성은 상호 관련된다고 할 수 있다. 셋째, 항구적, 고정적 관계는 인식하기 쉽고 이미 알고 있는 것이다. 임시적, 불안정한 관계는 상대적으로 늦게 인식되고 새롭게 알게 된 것이다. 이미 알고 있는 정보는 대체로 암묵적이기 때문에 반드시 진술할 필요가 없지만 새롭게 알게 된 정보는 의도적으로 진술하게 된다. 이러한 점에서 술어성과 관계의 긴밀성 간에 상관성이 있음을 알 수 있다.

 개념적 관계와 실체 간에 긴밀성이 있는 것처럼, 인지와 언어 역시 동일 방식으로 대응된다. 예를 들어, A와 C 두 사람이 관계 R1이면 직계 혈연관계에 속한다. A와 C가 복잡한 관계 R2이면 C는 D의 옆집에 산다. D와 B가 같은 학교에서 공부하면 R1은 R2보다 영구적, 안정적, 불가분적 관계를 이루며, R2는 중간단계를 통해 관계를 이룬다. 따라서 R1이 R2보다 훨씬 긴밀하다고 할 수 있다. (a)류 관계는 자연부류를 이루며 특정한 명칭으로 기호화된다. 예를 들면 哥哥, 兄弟 등이 있다. (b)류 관계는 자연부류를 이룰 수 없으며 특정 낱말로 지칭할 수 없다. 예를 들면 邻居的同学 등이 있다.

06

—

'de' 출현의 일반 원칙

—

여기서는 范繼淹(1958)이 제시한 한정어, 중심어 간에 de 출현 조건을 위주로 논의가 이루어진다. de 출현 여부는 통사 외에 음절, 문체, 의미, 화용적 요소와 관련된다. 그러나 이러한 요소는 독립적으로 작용하지 않아서 de 출현에 대한 명확한 규칙을 예측하기 어렵다. 范繼淹은 이에 대한 합리적인 답을 찾기 어려울 것으로 여겼다. 이후 呂叔湘(1963), 劉月华(1983), Chappell & Thompson(1992)은 음절, 한정어의 문법유형, 화용, 담화적 측면에서 정밀한 분석을 시도했지만 합리적인 설명을 하지 못했다. 朱德熙(1956)는 갑류1 한정어와 중심어 간에 선택제약에 주목하였다. 가령 脏的手와 脏的糖는 적격하지만 脏手는 자연스럽고 *脏糖은 어색하다. 본 장은 두 구조의 선택제약을 고찰한 후 이를 토대로 인지언어학적 측면에서 일반 원리를 살펴볼 것이다.

이 책에서는 de 출현 조건을 분석하기 위해 연구범위를 한정어, 중심어로 이루어진 단독구조로 제한하였다. 문장 범위로 확대하면 중화될 (neutralized) 가능성이 있기 때문이다. 단독 발화나 문장에서 我妹妹는 자연스럽지만 我的手, 我的书包가 단독으로 쓰이는 경우 반드시 de를 첨가해야 한다. 비공시적 또는 발화 속도의 이유로 不要打我手, 不要碰我书包처럼 표현될 가능성이 있다. 만일 이 두 경우를 구분하지 않으면 인칭대사와 명사의 수식구조는 de를 동반하지 않아도 된다는 결론이 도출되는 오류를 범할 수 있다. 다시 말해서, 我的书包는 무표적인 반면 我书包는 유표적이며 많은 제약을 받는다. 따라서 我的书包는 기본 형식이고 我书包는 我的书包의 생략 형식이라 할 수 있다. 결론적으로 규칙을 세울 때 무표지에서 출발해야 한다. 이는 방언에서 어떤 글자의 성조를 판별할 때 변조가 아닌 본래 성조(citation tone)에 근거해야 하는 것과 유사하다.

지금까지 논의했듯이 de 출현 규칙은 한정어 부류와 관련되므로 한정어 품사에 따라 소절을 나눠서 살펴볼 것이다. 각 절에서 동일 품사의 한정어를 개념적, 기능적 측면에서 소분류한 후 내재된 규칙을 자세히 살펴보겠다. de 출현 조건은 음절, 문체 등의 요소와 관련하여 논의가 이루어진다. 본격적인 논의에 앞서 다음 절에서 개념적 거리를 통해 한정어 부류를 살펴보겠다.

제1절 한정어 순서, 개념적 거리와 한정어 부류

6.1.1 일반적으로 한정어는 제한성과 묘사성으로 나뉜다. 하지만 이 두 부류를 가지고 de 출현 규칙을 충분하게 설명할 수 없다. 한정어의 제한성은 두 가지 상황을 포함하고 있다. 철학자 Donnellan(1966) 등은 묘사어(摹状词)를 한정적 용법과 지시적 용법으로 설명하고 있다. Seiler(1978)는 독일 쾰른대학교 유형학연구소에서 이 문제를 깊이 있게 다뤘다고 하였다. 전통적으로 한정관계를 좁은 의미에서 관사, 논리양사('所有', '一些'), 지시대사, 영속성분 등이 중심어 명사와 상대적인 것으로 이해하고 있다. 그러나 명사구의 비중심성분도 어느 정도 한정적 지시 작용을 하기 때문에 전통적 견해는 오해를 일으킬 수 있다. Vennemann(1974)은 이러한 관점을 통해 향심구조(向心结构)의 내적 관

계를 설명했지만 이 방법은 너무 광범위하다. Seiler는 명사구를 수식하는 성분을 한정어(determiner, D)로 불렀으며, 중심어는 제한어(determinatum)라고 불렀다. Jesperson(1929)이 제시한 수식어(adjuncts)는 중국어 문법학자가 언급한 한정어와 상응한다. 명사구에서 한정어는 '특정적 지시(specifying a reference)'와 '분류적 개념(characterizing a concept)'으로 작용한다. 특정적 지시는 지시대상을 확정하는 기능이 있으며 중심어 개념의 외연에 작용하기 때문에 중심어의 개념적 함의에 대한 영향은 적거나 없다. 분류적 개념은 개념의 내용을 증가시키며 주로 개념적 내포에 작용을 한다. 刘月华(1984)이 제시한 제한성은 특정적 지시를 의미하며, 朱德熙(1956)는 분류적 개념을 강조하였다. Seiler가 제시한 한정적 개념은 언어학계에서 오랫동안 논의되었으며, Jesperson가 제시한 한정적 개념은 금세기초에 논의가 이루어졌다. Seiler는 특정적 지시와 분류적 개념을 절대적 대립의 개념으로 파악하지 않으며, Burton-Roberts(1976)의 주장에 동의하지도 않는다. 즉, 언어 실체는 지시와 부류를 동시에 지닐 수 없다는 것이다. Seiler에 따르면, 한정 작용의 양극단에 특정적 지시와 분류적 개념이 위치하며 이들은 상반된 경향을 나타낸다고 하였다. 다음의 연속체는 다양한 부류 D의 상대적 위치에 해당하는 '한정어 순서'를 나타낸 것이다.

(1) 한정성 작용 순서 (A=형용사, N=명사)

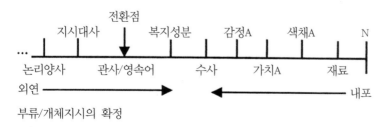

위의 한정적 순서는 독일어, 영어와 유사하다. Greenberg(1966)와 Hawkins(1983)에 의하면 (1)의 순서는 보편적, 효율적이라고 하였다. 위의 그림은 陆丙甫(1988)가 제시한 중국어 한정어 순서와 유사하다. 한정어는 중심어 N에 가까울수록 분류적 개념이 강력해지는 반면, 특정적 지시 기능은 약화된다. 또한 중심어에서 멀어질수록 특정적 지시가 강력해지는 반면, 분류적 개념은 약화된다. 오른쪽에 위치한 한정어는 중심어의 개념적 내포에 작용하고, 왼쪽에 위치한 한정어는 외연을 한정시키는 작용한다. 이에 여러 개의 한정어가 배열되는 규칙은 거리 도상성과 관련된다고 할 수 있다. 즉, D와 N의 거리가 멀수록 개념적 거리는 멀어지고 D의 N에 대한 내포적 영향은 적어진다. 거리 도상성은 일찍이 많은 학자들에 의해 주목을 받았다. Behaghel(1932)은 '개념적 근접원리'을 제시하여 독일어 어순의 '제1규칙'으로 간주하였다. Gruber(1967)는 다항정어 순서의 결정적 요인은 '고유성 정도'라고 설명하였다. Givón (193)에 의하면 형용사가 명사에 대한 본유적 속성, 일반적 정보, 이미 알고 있는 정보, 속성에 대한 묘사, 비확정적 명사를 지시할 경우 중심명사와 더 가깝게 위치하는 경향이 나타난다고 하였다. 명사가 한정어로 쓰일 경우 중심명사에 대해 본유적 속성을 나타내기 때문에 이 둘은 가깝게 위치하는 나타나는 경향이 있다. 이 같은 Givón의 주장이 중국어에 적용된다는 점에서 (1)은 수정되어야 한다. 예컨대, 명사 한정어는 중심어와 가장 가까운 위치에 놓인다. 물론 다른 언어와 완전히 동일하지 않기 때문에 (1)을 가지고 독일어, 영어 외의 어순을 명확하게 기술할 수 없지만 적어도 한정어 전치형 언어의 어순 경향은 설명할 수 있다. Seiler가 제시한 결정적 개념인 전환점은 특정적 지시에서 분류적 개념의 연속체에 위치하며, 다양한 기능의 한정어는 이를 근거로 두 부류로 나눠진다. Seiler는 독일어의 전환점은 관사와 영속어라고 하였다. Hawkins(1983)의 유형학적 증거를 살펴보면, 이러한 전환점은 수사에 있음을 확인할 수 있다. 전환점 왼쪽은 한정어가 위치하며 특정적 지시를 나타낸다. 전환점 오른쪽은 분류적 개념을 나타낸다. 전환점은 다음과 같이 한정어 전치형 언어인 중국어, 영어, 독일어, 핀란드어, 힌디어의 다항정어 어순과 일치하고 있다. (i) 전환점 오른쪽의 한정어 어순은 한정어 전치형 언어의 어순과 유사하다. 이는 ten fine old stone houses와 十座漂亮的老石头房子를 비교 분석한 Hetzron(1978)의 논문을 참고할 수 있다. (ii) 전환점 왼쪽의 한정어는 주로 지시적 기능을 하는 성분이 위치한다. 한정어 전치형 언어에 무표지 어순은 오른쪽의 한정어를 초월해 위치 이동할 수 없다. (iii) 유형의 언어에서 한정어 어순 차이는 기본적으로 전환점 왼쪽에 출현한다. 왼쪽 끝에 위치한 한정어는 중국어에서 '영속어-논리양사-지시사-수량사'의 순서로 배열된다. 예컨대 我所有的那些(书), 我的那三本(书)로 표현된다. 이는 (1)에서 언급한 독일어, 영어의 어순과 다르다. 상기의 규칙은 인지적 기초를 근거로 한다. 전환점 오른쪽 끝의 한정어는 주로 분류적 개념을 나타내며 그들 간의 개념적 거리는 언어적 거리와 대응한다. 왼쪽의 한정어는 주로 특정적 지시를 나타내며 거리 도성성에 따라 오른쪽 한정어 앞에 출현하는 것이 자연스럽다. 왼쪽의 한정어는 중심어에 대한 개념적 함의가 적으며, 상대적 어순은 중심어에 대한 개념적 거리를 결정하기 어려운 측면이 있다. 많은 언어는 지시 범주 내의 규칙에 따라 어순이 배열되기 때문에 일정정도 차이가 존재한다.

다음에서 D와 N 간의 개념적 거리를 살펴보자. 木头桌子의 개념적 거리는 我的桌子에 비해 가깝게 인식된다. 그러나 영어, 독일어에서 한정어 유형이 상이한 단항정어의 경우 형식적 거리의 차이는 나타나지 않는다. 예컨대 this house와 stone house에서 D와 N의 거리는 동일하다. 반면, 중국어 단항정어의 언어적 거리는 명백한 차이가 있다. 중국어에서 전환점 왼쪽 끝에 위치한 한정어는 DxN을 구성해야 한다. 여기서

x의 출현은 필수적이다. x에는 de('他的书'), 양사('一本书', '这本书') 등이며[1] 논리양사('一切', '所有', '任何')는 배제된다. 한정어 오른쪽 끝의 한정어, 중심어 구조는 DxN(x는 de)과 DN이 위치하고 있다. 이처럼 de 출현 여부는 한정어 순서의 위치에 의해 결정된다. 왼쪽에 가까울수록 de가 출현할 가능성이 높고, 오른쪽에 가까울수록 de가 출현하지 않을 가능성이 높아진다. 오른쪽에서 맨 왼쪽 끝에는 상태형용사가 위치한다.[2] 상태형용사가 한정어로 쓰일 때 de는 반드시 출현한다. 중심어와 가장 가까운 성분은 재료명사와 구별사이다. 중국어 한정어, 중심어 간에 거리적 차이는 x와 관련된다. x의 기능은[3] 동기 부여된 것이다. x의 기능이 독립적이든 아니든 DxN의 언어적 거리가 DN보다 멀게 인식되는 것은 객관적인 사실이다. 이에 x는 언어적 거리를 확대시키는 작용을 하며, 나아가 도상성 방식으로 개념적 거리를 구현한다고 할 수 있다. 이제 양사를 살펴보자. 유형학적 관점에서 양사의 유무는 양도가능성과 양도불가능성의 영속관계로 구별된다. Croft(1990)는 Kosraean어에서 我的肚子는 siy s ∧ -k(肚子-일인칭 접미사)이며, 我的面包树는 mos s ∧ n ∧-k(面包树-식물을 나타내는 명사-일인칭)라고 하였다.

인구어의 한정적 순서는 오른쪽에 가까울수록 중심명사와 통합되어 복합명사를 구성할 수 있는 잠재력이 있다. 독일어 hölzerne Kugeln('木头的球')에서 한정어는 재료를 나타내며, rote Kugeln('红色地球')는 이보

---

1 여기의 규칙은 한정어, 중심어 구조에만 적용된다. 구어에서 지시대사는 단독으로 직접 명사를 수식하지 않아서 *这人은 부적격하다. 앞에서 언급했듯이 한정어, 중심어 간에 de 출현 규칙은 단독 발화시의 언어자료만을 선택하였다. 마찬가지로 명사가 지시대사 뒤에 출현하는지를 고찰할 경우에 상기의 제약을 더했다. 그 밖에 일부 영속구조 뒤에는 반드시 de를 동반할 필요가 없다. 예들 들어, 我妹妹에 대한 문제는 제7장에서 논할 것이다.
2 독일어, 영어에는 이런 부류가 없다. 따라서 Seiler가 제시한 순서는 출현하지 않는다. 여기서는 상태형용사는 주관적 감정을 나타내는 감정형용사의 왼쪽에 위치한다.
3 중국어의 양사와 de는 독립적인 기능이 있다.

278

다 더 오른쪽에 위치한다. 따라서 복합어 Holzkugeln('木球')는 자연스럽지만 *Rotkugeln('紅球')는 어색하다. 영어에서 한정어가 중심어의 안정된 속성('재료', '기원', '용도' 등)을 나타낼 경우 두 성분의 결합은 복합어와 유사하다. 예컨대 pork pie, iron, rod, concrete floor, life story, cupboard door와 확장불가능 복합명사 bird-house, apple-core, mail-man, silkworm, gaslight 등이 있다(Quirk et al 1985). 한정어, 중심어 구조와 복합어 간에도 거리적 차이는 존재한다. 프랑스어, 스페인어, 이탈리어 등의 로마어 계열에서 부류개념의 수식어(Givón의 R류)는 전치되며, 지시 기능의 수식어(Givón의 NR류)는 후치되는 경향이 나타난다. 이를 좀 더 관찰해 보면, 수식어가 전치와 후치로 구별되는 것 외에 중심어와 언어적 거리 차이가 존재하고 있음을 알 수 있다. 이에 대해 두 가지 측면을 제시할 수 있다. 첫째, 후치 형용사 수식어는 부사의 수식을 받을 수 있고, 전치 형용사 수식어는 이 같은 확장을 할 수 없다. 스페인어에서 한정어가 후치된 unhombre pobre('一个贫穷的人')는 un unhombre muy pobre('一个很贫穷的人')으로 확장되지만, 전치된 un pobre hombre ('一个不幸者')는 ?un muy pobre hombre('*一个很不幸者')으로 확장할 수 없다. 둘째, 전치 한정어는 고유 명칭이나 고유명사가 되기 쉽다. 스페인어의 후치 한정어 형식 su ojo malo('他的坏眼睛')는 전치된 el mal-ojo ('罪恶之见'), airs buenos('好风'), uenos Aires('城市名称')를 동시에 비교하면 알 수 있다(Givón 1990). 영어와 독일어 등의 게르만어도 유사한 현상이 발견된다. 이와 관련해서, Quirk(1985)는 영어에서 a chair with arms('带扶手的椅子')～an arm chair('扶手椅'), a sharpener for scissors ('磨剪刀的椅子')～a scissor sharpener('剪刀削器'), the leg of the trouses ('裤子的腿')～the trouser leg('裤腿')의 실례를 들어 설명하였다. 여기서 후치 수식어와 중심어 간에 전치사가 존재한다. 따라서 이들의 구조적 거리는 전치 수식어보다 멀리 위치하는 경향으로 나타나고 있음을 알

수 있다. 개념적으로 후치 수식어는 강력한 지시 기능이 있으며 이는
복수표지와 관사를 통해 확인할 수 있다. 전치 수식어는 중심어에 대한
속성을 나타내며 지시적 기능이 없으므로 복수표지는 탈락된다.

위의 한정성 순서에서 오른쪽에 가까운 한정어일수록 인구어에서는
단항정어처럼 중심명사와 긴밀한 관계를 이루며, 중국어는 대부분 명사
를 직접 수식한다. 많은 언어에서 중심어와 긴밀하게 연쇄되는 수식어
는 한정적 기능을 지니고 있다. 범언어적으로 형식적 거리와 개념적 거
리의 대응관계를 살펴보면 언어 보편성을 확인할 수 있다.

(1)은 인구어를 근거로 제시된 한정성 순서를 나타낸다. 중국어의 구
체적인 상황은 陆内甫(1993)에서 가져온 것이다.

(2) 중국어 한정적 순서

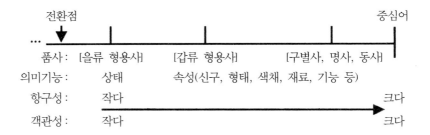

위의 그림은 인지기능적 측면에서 중국어 다항정어의 순서를 설명하
였다. 사물의 안정성, 본유성을 나타내는 한정어일수록 중심어에 가까
이 위치한다. 외연적 한정어는 외층에 있고 내포적 한정어는 내층에 있
다. 을류 형용사(상태형용사와 부사가 수식하는 형용사의 복잡형식)는
가장 왼쪽에 위치하며, 속성을 나타내는 다양한 품사는 가장 오른쪽에
위치한다. 陆内甫(1993)는 속성을 나타내는 한정어는 새로움-오래됨, 형
태, 색채, 재료, 기능 순서로 배열된다고 하였다. 한정어의 항구적 측면

(사물에 대한 안정성, 내재성)과 객관적 측면(상태와 사물의 관계는 개체의 주관적 판단으로 전이됨)은 왼쪽에서 오른쪽으로 점차 확대된다. 예컨대 새로움, 오래됨과 색채 속성에서 전자는 상태변화를 나타내고 후자는 비교적 안정적 상태를 나타낸다. 재료, 기능은 사물의 본질을 반영하기 때문에 안정된 속성으로 인식할 수 있다. 명사, 구별사, 일부 쌍음절 동사와 동명사('注射器材', '办公用品', '防水手表')는 속성을 나타낸다. 속성이 같은 경우 그들의 순차적 배열은 객관성에 의해 결정된다. 가령 성질형용사 大, 小와 구별사 大型, 小型의 속성은 유사하지만 구별사와 사물의 관계가 훨씬 강력한 객관성과 규약성을 지니고 있다. 예를 들어, 船과 商场에서 大船과 大商场은 주관적 판단에 근거하며, 大型船舶, 大型商场은 객관적인 기준에 근거한다.

위에서 보듯이 한정성 순서와 중국어 명사구의 내부구조는 직접적인 관계가 있으며 이는 단항정어의 de 출현 문제를 해석하는데 중요한 근거로 적용할 수 있다.

6.1.2 위에서 언급한 세 부류 중에서 을류는 de 출현 조건에 영향을 미치지 않으므로 이 책에서는 갑1과 갑2에 대해서만 논의가 이루어진다. 구체적인 논의에 앞서 두 부류에 출현하는 한정어의 의미작용을 살펴보겠다. 갑2 한정어는 분류성, 술어성의 의미특징을 나타내는 반면 호칭성은 없다. 갑1 한정어는 분류성, 호칭성을 나타내는 반면 술어성은 이러한 의미 특징이 없다. 갑1 한정어와 갑2 한정어는 호칭성과 술어성에서 의미적 차이가 발생한다. 한정어, 중심어 간에 de가 있을 경우 D의 N에 대한 분류의미는 전경에 속하며, de가 없으면 D의 분류의미는 배경에 속한다. 白纸와 白的纸를 비교해보자. 전자의 白는 纸에 대한 분류근거로서 강세가 없으며 배경의 기능을 하는 반면 후자는 전경의 기능을 한다. 배경의 분류지표는 규약성이 높고 안정된 분류의미를 지니고 있지

만, 전경은 임시적이고 규약성이 낮다. 白가 분류의미를 나타낼 때 白的纸, 白的衬衫, 白的家具와 白纸, 白衬衫은 가능하지만 *白家具는 불가능하다. 白는 사물에 대한 임시적 분류이기 때문에 규약화된 분류기준이 될 수 없다. 가구에 대한 규약화된 분류방식은 재료와 기능에 의해 결정되므로 白家具는 특정한 장면이 전제되어야 성립된다. 가령 흰색과 검은색 가구만 판매하는 가구점에서 종업원은 "흰가구는 모두 팔렸습니다"라고 말할 수 있다. 여기서 白는 가구에 대한 분류의미이며 특정 환경에서 임시로 규약된 것이다. 이런 규약성은 DN이 부류의미를 설명할 수 있는 근거가 될 수 있다. 이에 DN의 D를 '규약화된 분류지표'라고 부를 것이다. 이런 분류지표는 중심명사에 대한 관습적 지식(habitually known)을 부여하는 기능을 하고 있다(Givón 1990).

위의 사실을 토대로 다음의 세 가지 측면에서 de 출현의 일반 규칙을 제시할 수 있다.

(3) a. 속성 조건 : D가 N의 속성을 감지할 수 있으면 DN은 성립 가능하다.

　　b. 분류속성 조건 : D는 N의 속성이다. 만일 개념 N을 분류하는 기준에 충당하면 DN의 성립 가능성은 매우 커진다.

　　c. 규약화된 분류 속성의 조건 : D는 N의 분류속성이다. 만일 두 성분의 결합으로 안정성, 규약성을 지니면 DN의 성립 가능성은 최대로 커진다.

DN의 성립 가능성을 근거로 de 출현 규칙을 살펴본 것은 다음과 같은 두 가지 측면에서 기인한다. 첫째, de 출현 여부의 경향성은 절대적 예측의 근거가 될 수 없다. 둘째, (1)과 (2)에서 제시된 de 출현 규칙은 한정성 순서와 관련된다. 한정성 순서는 특정적 지시에서 분류적 개념으로 연쇄되어 연속체를 이룬다. 한정성 순서에서 오른쪽에 가까울수록 de가 출현하지 않을 가능성이 높고, 왼쪽에 가까울수록 de 또는 기타 성분이 출현할 가능성은이 낮아진다. (3)은 한정성 순서의 예측과 일치하고 있다. 속성이 오른쪽에 가까울수록 중심명사에 대한 분류기준이 될 가능성이 있으며 분류의 규약화된 정도가 커지므로 DN을 구성할 가능성은 높아진다.

위의 조건에서 (c)는 (b)를 함의하고, (b)는 (a)를 함의하므로 (c)는 DN이 성립될 수 있는 필요충분조건이다. (a)와 (b)가 제시된 것은 부정성의 예측에 근거하였다. (a)에 근거해 원형적 영속 한정어에서 de를 생략할 수 없는 이유는('*张三书')[4] 그 한정어가 특정적 지시를 나타낼 경우 중심어에 대한 속성을 나타낼 수 없기 때문이다. 상태형용사로 쓰인 한정어는 양상을 나타내며, 동시에 특정적 지시를 나타낸다. (a)와 (b)에 근거하면 de를 삭제할 수 없다. 이에 따라 (c)는 DN의 성립 조건이며, (a)는 기본적 조건으로 가능과 불가능의 전환점에 해당한다고 볼 수 있다. 어떤 경우 DN의 성립 여부는 언어적 직관이 필요하다. 이러한 논쟁적 예문을 제외하면 모두 (a)에 만족한다. 沈家煊(1997)은 朱德熙(1956)가 제시한 실례를 들어 重箱子, 凉脸, 白手는 특정한 언어 환경에서 쓰일 수 있다고 하였다. 일반적 상황에서 이러한 형식이 쓰이지 않는 이유는 "我们通常按……给……分类而不按……给……分类"(우리는 통상적으로 …에 따라 …을 분류하는 반면, …에 따라 …을 분류하지 않는다)이기 때문이다. 여기서 "按……给……分类"(…에 따라 …을 분류하다)는 조건 (b)에 속하고, "通常"(통상적으로)은 조건 (c)의 규약성을 설명한다. 언어사용자가 특정한 규약성을 설정하면 DN은 임의적 조건 (b), (c)에 만족하는데 白家具가 그러하다. 이제 重箱子가 성립되는 특정한 장면을

---

4 我妹妹류의 영속구조는 반례가 아니다. 이에 대해 제7장에서 논할 것이다.

설정해보자. 역장이 승객에게 "위탁한 트렁크를 무게에 따라 두 가지로 나눴습니다"라고 하면 조건 (b)에 만족한다. 만일 "10 킬로그램 이하거나 그 이상이면"이라는 조건을 설정하면 이는 역과 객실 간에 특정한 규약 이므로 조건 (c)에 만족한다. 만일 "개인당 두 개를 위탁할 수 있지만 트렁크가 무거운 경우 한 개만 가능합니다"라고 한다면 위의 모든 조건 을 만족시킨다. 위에서 重은 箱子에 안정된 속성을 부여하므로 특정한 환경에서 重箱子가 성립할 수 있음을 알 수 있다. 沈家煊(1997)은 이러 한 현상을 '문법적 제약'으로 볼 수 없다고 하였다.

제2절 구별사 한정어와 명사구

중국어 구별사는 de 없이 한정어로 쓰이지만 실제로 명사 또는 de 앞에 출현하는 문법적 특징을 지니고 있다(朱德熙 1982). 일반적으로 명사와 형용사가 한정어로 쓰일 때 de가 출현한다. 일반명사와 형용사 가 한정어로 쓰인 DdN은 DN으로 변환될 수 없지만, 구별사가 쓰인 DdN은 心愛的N 등을 제외하면 모두 DN으로 변환된다. 呂叔湘과 饒长溶(1981)는 구별사가 한정어로 쓰일 때 de가 출현하지 않는다고 하였다. 인지언어학적 측면에서 구별사의 문법적 특징은 의미에서 추론할 수 있 다. 구별사가 한정어 순서 가장 오른쪽에 위치한다는 사실을 통해 문법 적 동기성을 설명할 수 있다는 것이다.

呂叔湘·饒长溶(1981)은 구별사를 비술어형용사 또는 속성어라고 불 렀으며 朱德熙(1992)는 구별사로 불렀다. 이런 명칭은 구별사의 문법 기능, 의미 특징, 의미 작용을 함의하고 있다. 呂叔湘·饒长溶(1981)은 내부구조와 통사적, 기능적 측면에서 구별사를 식별할 수 있는 다양한 특징을 제시하였다. 여기서는 이에 더해 의미적 측면에서 구별사를 다음과 같이 구분하였다.

1. **견본유형** : 男式衬衫, 微星电机, 重型机械, 大号皮鞋, 灌装啤酒, 大陆性气候, 填鸭式教学
2. **품질등급** : 甲级公路, 上等木材, 高等数学, 特级教师, 同等学历, 劣等产品, 副主任
3. **용도기능** : 内服药物, 日用商品, 家用电器, 公共厕所, 军用物资, 保健器材, 排灌机械
4. **색채외형** : 彩色电视, 茶色玻璃, 藏青棉袄, 草绿军装, 大红灯笼, 多边形, 印花毛巾
5. **재료품질** : 呢大衣, 绸衬衫, 金首饰, 银金+属子, 钢化玻璃, 混纺布料, 搪瓷茶杯, 夹馅饼干
6. **기타속성** : 母老虎, 双眼皮, 女教师, 多元种族, 立体电影, 长途电话, 活期户头, 人造卫星, 现任总统, 慢性肝炎, 中兴反应, 国产汽车, 袖珍字典, 自动步枪, 远房亲属

위의 의미특징은 구별사를 구분하는 필요충분조건은 아니지만 이를 통해 구별사가 주로 DN에 출현하는 이유를 이해할 수 있다. 吕叔湘와 饶长溶는 구별사는 사물의 성질을 나타내며, 한정어, 중심어 구조에서 중심어의 기능과 재료를 나타낸다고 하였다. 朱德熙(1982)이 언급했듯이 구별사의 의미기능은 분류기준이며, 이는 원형적인 규약화된 분류지표에 의해 결정된다. 이는 원형적 구별사와 원형적 형용사의 비교를 통해 구체적으로 확인할 수 있다. 일반적으로 갑류 형용사는 사물의 성질을 나타내며 규약화된 분류지표를 충당하지만 de가 출현하지 않을 경우 구별사보다 문법적 제약에서 자유롭지 못하다. 구별사가 나타내는 속성은 다음과 같다. 첫째, 사물의 항구적 견고성, 쉽게 변하지 않는 속성이다. 사물의 용도, 재료의 속성은 항구성, 본래성을 지니며 이는 구별사가 형용사보다 본질적이다. 가령, 새로운 것은 오래된 것으로 젊음은 늙음으로 변화되지만, 구별사 男은 女로 金은 银으로 彩色는 黑白으로 변화되지 않는다. 둘째, 정도성, 주관적 판단에 영향을 미치지 않는 절대적인 속성은 존재하지 않는다. 구별사가 很류 정도부사의 수식을 받지 못하는 이유는 성질형용사의 조어 성분이 포함되어 있기 때문이다. 好, 干净, 伟大, 漂亮 등에 비해 구별사의 사물에 대한 속성은 이산적, 절대적, 객관적이다. 텔레비전을 大电视로 분류하는 것은 사람마다 다를 수 있지만 彩色电视로 분류하는 것에는 동의한다. 항구적 견고성, 객관성, 본질성은 긴밀한 관계로 인식되며, 이에 따라 구별사와 중심명사 간의 거리는 가까운 경향으로 나타난다. 위의 특징을 통해 구별사가 쓰인 DN은 인지적, 의미적 동기성으로 설명 가능하다. 임시성, 연속성, 주관적 속성에 비해 안정성, 이산성, 객관적 속성이 사물에 대한 분류에 더 적합하다. 구별사는 正-副, 西式-中式, 低频-高频, 同步-异步과 같은 대립쌍이 자주 출현한다. 이러한 사실을 통해 구별사가 분류작용을 하고 있음을 확인할 수 있다. 이에 구별사가 한정어로 쓰인 DN은 가장 원형성을 지닌 부류에 속한다고 볼 수 있다. 吕叔湘(1979)은 과학과 기술의 발전에 따라 구별사가 다량으로 생산된다고 있다고 하였다. 과학용어는 엄격하고 정밀하며 규약성이 강하다. 따라서 분류적 특징을 지닌 전문용어는 대체로 구별사에 속한다. 多媒体(multimedia), 超高频(UHF), 高密度(high-density)가 그러하다. DN은 전형적 분류명으로 강력한 호칭성을 지니고 있다. 吕叔湘와 饶长溶(1981)은 구별사를 비술어형용사라고 불렀다. 다음에서 구별사의 통사적 특징과 DN에 대해 살펴보겠다.

제3절 일음절 형용사 한정어와 명사구

6.3.1 갑류 형용사는 구별사와 달리 직접적으로 한정어가 될 수 있는 능력이 있으며 통사적 제약에서 자유롭지 못하다.[5] 呂叔湘(1965)은 형용사 1,400개를 고찰한 후 다음과 같은 결론을 내렸다. 일음절 형용사와 de의 공기는 예외적이지만 쌍음절 형용사에서는 자유롭고 어떤 경우 수의적이다. 呂叔湘(1963)은 형용사는 어느 정도 명사의 성질과 관련이 있다고 하였다.

형용사가 한정어로 쓰일 때 de 출현 여부는 인지적, 의미적 요소와 관련되는데 이는 두 가지 측면으로 구별된다. 하나는 종형(type)과 개형(token)의 개별조건이고, 다른 하나는 유형과 비유형이다. 인지적, 의미적 요소는 종형과 개형에 작용하지만 주로 원형적 종형에 작용하기 때문에 간단한 규칙으로 설명하기 어렵다.

먼저 종형의 측면에서 살펴보자. 일음절 형용사 또는 쌍음절 형용사가 한정어로 쓰일 때 de 출현 규칙은 인지적, 의미적 동기성이 내재되어 있다. 일음절 형용사는 갑류 형용사(성질형용사)로 사물의 속성을 나타낸다. 쌍음절 형용사는 갑류 형용사와 을류 형용사의 사이에 있으며, 통사적, 의미적으로 을류 형용사에 가깝다. 朱德熙(1956)는 쌍음절 형용사가 한정어로 쓰일 경우 묘사적, 비제한적 의미를 나타낸다고 하였다. 范継淹(1979)은 쌍음절 형용사는 구별사로 쓰이는 것은 드물며 묘사적 특징을 나타낸다고 하였다. 일음절 형용사에 비해 쌍음절 형용사는 주관적 평가 의미가 더 강력하다. 예컨대 高, 貴, 小와 高大, 貴重, 渺小는 각각 속성과 양상의 의미를 나타낸다. 일음절 형용사는 사물과 개념적 거리와 가까우며, 쌍음절 형용사는 de 출현 여부에 따라 거리 도상성이 잠재되어 있다.

---

5 이후의 논의에서 특별한 지시가 없으면 형용사는 갑류 형용사를 지칭하는 것이다.

이제 개형의 측면에서 살펴보자. 일음절 형용사의 한정어는 일반적으로 de가 출현하지 않는다. DN에서 일음절 형용사와 중심어의 선택제약이 강력하기 때문이다. 朱德熙(1956)는 DN은 긴밀한 구조이며 대체로 관용어로 쓰인다고 하였다. 일음절 형용사는 속성을 나타내며 인지적, 의미적으로 중요한 작용을 한다. 다음에서 呂叔湘(1966)의 분석방법을 토대로 일음절 형용사가 직접 한정어로 쓰이는 경우를 세 가지 부류로 나누어 살펴보겠다. 첫 번째 부류는 일음절 형용사와 명사가 DN을 이룰 수 없는 경우이다. 두 번째 부류는 DN을 이루지만 많은 제약을 받는 경우이다. 세 번째 부류는 자유롭게 DN을 이루는 경우이다.

6.3.2 첫 번째 부류는 아래와 같다.

(1)

对, 够, 行, 悬(险), 诡(鬼), 呆, 逗, 差, 妥, 稳, 抠, 牢, 紧, 松, 匀, 忙, 乏, 累, 困痒, 渴, 干, 疼, 麻, 饱, 饿, 烦, 慌, 冷, 远, 近, 迟, 顺, 活, 静, 久, 准, 广, 灵, 散[6]

위의 낱말은 대상 간의 의미관계를 나타낸다. (a) 对, 妥, 行, 准는 특정적 사건, 행위, 실체에 대한 주관적 평가, 판단을 나타낸다. (b) 牢,

---

[6] 주관량을 나타내는 多, 少 역시 첫 번째 부류의 형용사에 해당한다(张宝林 1996), 그들은 직접 한정어가 될 수 없어서 *多人, *少书는 부적격하지만 술어로 쓰이기 때문에 僧多米少는 가능하다. 그런데 수식어 뒤에서는 한정어로 쓰일 수 있어서 很多人, 不少书는 적격하다. 일반적으로 DN을 이루는 형용사에 부사어를 부가하면 한정어가 될 수 없으므로 *很好学生은 부적격하다. 朱德熙(1982)는 很多, 不少에 체언이 부가되면 수량사의 기능과 같다고 하였다. 이 책에서는 이미 언급했듯이, 중국어 수사는 명사와 직접 결합하지 못하고 반드시 양사를 부가해야만 한정어가 될 수 있다. 多, 少 역시 부사와 같은 성분을 부가하면 수량사처럼 한정어가 될 수 있다. 여기서 부사가 분리기능을 하는 이유는 그 구조가 Ⅲﻻﻻ很多ﻻ书로 분석되고, 很의 분리 작용은 Ⅲﻻ一本ﻻ书의 양사와 비슷하기 때문이다.

匀, 稳은 특정한 장소에서 출현하는 임시적 상황을 나타낸다. (c) 渴, 累, 烦, 慌은 임시적인 신체적, 심리적 감각을 나타낸다. (d) 远, 近, 久, 迟는 시간의 연속과 거리에 대한 주관적 판단을 나타낸다. 이들은 사물과 임시관계를 이루고 있다. 따라서 사물의 안정성을 나타내지 못하며, 사물에 대한 규약화된 분류기준을 담당하기 어렵다. 渴, 饱, 饿, 烦은 특정한 시간위치에서 신체적 감각을 나타낸다. 이러한 감각은 오랫동안 지속되지 못한다. 첫 번째 부류는 위의 세 가지 조건을 만족하지 않으므로 DN를 이룰 수 없다. (1)에서 일부 형식은 DN 복합어에 출현할 수 있는데 饿鬼, 饿汉, 大忙人이 그러하다. 饿, 饱, 忙은 특정 장소에 출현하는 임시적 상황이 아니라 중심어에 대한 비본질적 특징을 의미한다.

위에서 보듯이 (1)의 형용사는 임시성과 특정성을 포함하고 있다. 임시성이 분류적 개념이 될 수 없다는 사실은 한정성 순서에서 가장 오른쪽에 위치한다는 것을 의미한다. 이에 임시성은 한정성 순서 왼쪽의 특정적 지시에 가까우며, '특정성'은 이러한 예측에 부합하고 있음을 추론할 수 있다. 일부 낱말은 분류성이 없어서 de가 출현하더라도 한정어로 쓰이기 어렵다. 예를 들어, ?麻的手, ?紧的绳子, ?对的问题, ?远的邮局는 부자연스럽다. 만일 그들이 한정어로 쓰이려면 지량구조를 사용해 麻的那只手, 紧的那根绳子, 对的那道题, 远的那家邮局로 표현해야 한다. 이들의 성분구조는 [[[麻的][那只]]手]로 분석되며 麻的와 那只는 동위 복합지시를 나타낸다. 특정적 지시를 통해 복합 지시되는 경우 이러한 낱말에 지시적 의미가 내재하고 있음을 의미한다.

위의 낱말이 총칭적 지시를 나타낼 때 DdN을 이룰 수 있으며 이 경우 N은 특정적 추상명사이다. 예를 들면, 麻的感觉, 渴的滋味, 忙的时候, 远的地方 등이 있다. 이러한 한정어는 중심어에 대한 규약화된 분류를 할 수 없으므로 반드시 de가 출현해야 한다.

흥미로운 것은 위의 낱말의 문법기능이 술어라는 사실이다(张宝林

1996). 赵元任(1968)은 이를 '술어성 형용사(predicative adjectives)'라고 불렀으며 吕叔湘(1979)는 '유위형용사(唯谓形容词)'이라고 불렀다. 이 러한 점에서 (1)은 구별사와 대조를 이룬다. 형식적 측면에서 하나는 주로 술어를 담당하며 DN을 이룰 수 없는 반면, 다른 하나는 술어기능 을 하지 못하는 대신 자유롭게 DN을 이룰 수 있다. 의미적, 기능적 측면 에서 하나는 특정한 환경의 상황을 나타내며, 강력한 술어성을 지니는 반면, 사물의 견고한 고유 속성을 나타내며, 매우 약한 술어성을 지닌다. 양자는 구별사의 형식적, 의미적 특징과 강력한 대응을 이루며, 호칭성, 술어성에서 상보관계를 이룬다.

6.3.3 일음절 형용사는 두 번째 부류에 속한다. 즉, N과 직접 결합해서 DN을 이루며 N은 자유롭게 교체할 수 없다. 이에 대해 朱德熙(1956)는 贵东西-*贵手绢, 脏衣服-*脏糖, 凉水-*凉脸, 黄制服-*黄汽船, 薄纸-*薄灰 尘, 重担子-*重箱子의 실례를 들어 설명하였다.[7] 이러한 제약은 통사구 조와 음절 조건이 거의 같기 때문에 이 두 요소를 제외한 인지적, 의미적 측면에서 살펴보겠다.

	A	B	C	D	E
(2)	脏水	脏的水	水是脏的	水脏乎乎的	脏乎乎的水
(3)	*脏糖	脏的糖	糖是脏的	糖脏兮兮的	脏兮兮的糖
(4)	圆球	圆的球	球是圆的	球圆滚滚的	圆滚滚的球
(5)	*圆地球	?圆的地球	地球是圆的	地球很圆	圆圆的地球
(6)	厚纸	厚的纸	纸是厚的	纸很厚	厚厚的纸
(7)	*厚雪	?厚的雪	?雪是厚的	需很厚	很厚的雪

---

[7] 吕叔湘(1966)은 短头发, 短辫子와 같는 DN외에 복합어의 예문을 들었다. 예를 들면, 闲工夫, 闲日子, 远道 등이다. 복합어 내부구조의 제약과 역사적 요소 등의 이유로 이 책에서의 논의는 일반적인 DN구 즉, de를 사용한 확장형식으로 제한하기로 한다.

위의 도표에서 (a), (b), (c)는 사물의 속성과 분류 의미를 나타내지만 이들의 분류의미는 동일하지 않다. A, B의 차이는 이미 논했으므로 (c)와 (d)의 차이를 살펴보자. (c)는 N을 D의 속성으로 귀납한 것으로 N은 D의 부차적 부류('地球是圓形物体的一种')에 속한다. 여기서 N은 D의 속성이 내재되어 있다. (b)는 D의 속성을 근거한 N에 대한 부차적 부류이고, D는 N의 분류속성이 있음을 나타낸다. 즉 N에 부차적 속성이 부여된다. (d), (e)는 형용사의 복잡형식으로 양상과 묘사성을 나타낸다. 위의 도표는 다음과 같은 함축적 위계를 설명해 주고 있다. 왼쪽이 성립하면 오른쪽도 성립하지만, 오른쪽이 성립하더라도 왼쪽이 반드시 성립하는 것은 아니다. DN이 왼쪽에 가까울수록 제약은 더욱 강력해진다. 함축적 위계에 근거해, DN의 문법적 적격성은 세 가지 측면의 의미제약을 제시할 수 있다. 즉 제1절의 (2)에서 논의된 세 가지 조건 중에서 어떤 조건을 위배하면 부적격해진다. 바꿔 말해서, 적격한 형식은 모든 조건에 만족해야 한다.[8]

첫 번째 조건은 D가 N에 대해 상대적으로 안정적이며, 비임시적 상태일 것을 요구한다. 이는 (6), (7)의 대조를 통해 확인할 수 있다. 종이의 두께는 종이의 견고한 속성을 나타내지만, 눈의 두께는 눈이 내린 시간의 길이, 양 등의 임시적 상황과 연관된다. 이는 (d), (e)에 속한다. 중국인은 눈의 두께를 눈의 고유한 속성으로 인식하지 않으므로 (7c)는 부적격하다. 두께는 눈에 대한 분류로 사용되지 않기 때문에 (7a), (7b) 역시 부적격하다. 다시 말해서, 厚雪는 DN의 기본조건에 만족하지 않

---

8 그러나 (a)식이 모두 자유롭게 기타 형식으로 변환되는 것은 아니다. 5.2.3절에서 제시했던 사례 즉, 老朋友, 大学者등은 (b-e) 중의 어떤 형식으로도 변환할 수 없다. 예들 들어, *老的朋友, *朋友是老的, *朋友老老的, *老老的朋友로 변환이 불가하다. 이러한 사례의 어휘화 정도는 DN보다 높아서 전형적인 DN 복합어와 마찬가지로 위의 다섯 가지 형식으로 검증하기 어렵다. 그들을 사용하여 검증된 형용사는 적어도 (d), (e)식으로 들어갈 수 있다. 5.2.3절을 참고하기 바란다.

는다. 이러한 제약은 朱德熙(1956)이 제시한 대립쌍을 설명할 수 있다.

(8) 薄纸：*薄灰尘-短袖子：*短沉默-热酒：*热力量-小自行车：*小
   报夏

두 번째 조건은 (4), (5)를 비교하면 명백해진다. 지구가 둥근 것은
견고한 속성이므로 (5c)는 성립된다. (5a), (5b)가 부적격한 이유는 유일
무이한 실체인 지구의 둥근 속성이 분류근거로 적용될 수 없기 때문이
다. (a), (b)가 성립되려면 사각형, 편형의 지구가 존재한다는 사실이 암
시되어야 한다. 球는 타원형, 편형이 존재으므로 (4a), (4b)는 성립된다.
아래의 예문은 朱德熙와 吕叔湘에서 가져온 것이다.

(9) 蓝墨水：*蓝天空, 绿绸子：*绿庄家 冬天冷：*冷冬天, 海水咸：
   *咸海水

墨水와 绸子는 파랑색, 검정색, 초록색으로 나눌 수 있지만 天空, 庄
家의 원형적 색채는 하늘색과 초록색이다. 天空, 庄家는 다른 색채로도
표현할 수 있기 때문에 안정된 분류근거가 되기 어렵다. 冬天没有不冷
的, 海水没有不咸的(吕叔湘) 역시 DN을 이룰 수 없다. 단어형성은 제
한이 없어서 蓝天, 绿草, 黑黑, 咸盐, 寒冬, 圆月, 红日, 大地를 이룰
수 있지만 복합어 DN에서 D는 분류성을 지니고 있지 않다. 이에 대해서
는 5.2.3에서 논하였다.
　중국어에서 성립 불가한 DN은 대부분 세 번째 조건의 규약화된 분류
성을 만족하지 않기 때문이다. 예를 들어 (2), (3)에서 手와 糖은 脏의
속성을 지니며 분류성 DdN에 출현할 수 있지만 분류지표로서 手와 공
기할 경우 규약화된 것이다. 중국어에 脏手류는 있지만 脏糖류가 없는

것은 이 때문이다. 어떤 속성은 규약화된 분류가 가능하지만 관습적이어서 예측하기 어렵다. 球와 西瓜는 모두 둥글지만 중국어에서 圓球는 쓰이고 圓西瓜는 쓰이지 않는다. 이러한 점에서 DN을 숙어성 조합으로 간주하는 경향이 있음을 알 수 있다.

Cooper & Ross(1975)는 '언어 응결체(linguistic freeze)'라는 개념을 통해 이러한 측면의 연구를 진행하였다. 숙어성 조합은 인지언어학적으로 설명 가능하다(Landsberg 1995). 이 책에서는 중국어 DN의 숙어성 조합이 인지요소에 의해 지배를 받는다고 여긴다. 이러한 속성이 사물의 규약적 분류기준을 담당하는 것은 비객관적 인지조건에 의해 결정되며, 특정한 사회 환경의 일상적 경험모델에 의해 제약을 받기 때문이다. 심리학과 관련된 범주, 속성과 상호 관련 구조⁹ 및 인지언어학의 범주화이론(제2장 참조)을 통해 DN의 다양한 상황은 이상화된 인지모형으로 설명할 수 있다(Lakoff 1987). 이와 관련해서 세 가지 측면을 제시하기로 한다.

(10) I. 개념구조에서 사물 N에 대한 속성 D의 지위는 화자와 사물 간의 상호 행위모형에 의해 결정된다.

　　ii. 상호 행위모형은 특정한 이상화된 인지모형으로 기술할 수 있다.

　　iii. 이상화된 인지모형에서 DN의 D는 상호 행위와 관련된 현저된 속성이 부여되거나 현저한 상호 속성을 지닌다.

이미 언급했듯이 DN 조건은 통사적, 의미적 분석을 통해 설명하기 어렵다. 전통적 연구방법은 객관주의에 근거하며 사물과 속성('球是圓的, 西瓜同樣也是圓的')과 관련된 인지주체와 특정 사물과 상호행위 속

---

9 Rosch(1978).

에서 속성을 인식하는 개념화자는 고려되지 않는다.[10] 사물은 안정적 정도에 따라 속성이 달라지며 속성은 사물과 다양한 방식으로 관계를 유지하고 있다. 즉, 사물과 속성, 속성과 사물의 관계는 다차원적이다. 객관적 측면에서 특정한 사물과 속성 간의 관계는 평등하지만, 사람과 사물의 상호행위를 고찰하면 차이를 발견할 수 있다. 인지문법에서 사물에 대한 인식은 사람과 사물의 상호 행위모형과 사물을 인식하는 특정한 인지적 경로와 밀접한 관련이 있다. 속성이 다른 사물에 부여되면 상호 행위모형과 인지적 경로의 차이로 인해 속성은 서로 다른 인지적 지위를 지니게 된다. 객관적 속성과 상호관계를 통해 의미적으로 현저되는 속성을 구분할 수 있다. 이에 대해 좀 더 살펴보자. 탁자, 침대, 의자는 입체적 사물로 3차원적 공간 속성을 지니고 있지만 자연언어의 관찰 방식은 이와 다르다. 일상생활에서 그들과 상호관계가 이루어지는 관습모델(routine)에 의하면 그들이 부각되는 속성은 3차원이 아니라 2차원적, 즉 평면적 속성이다. 사람과 사물의 상호관계는 주로 평면에서 발생하기 때문이다. 우리는 탁자에서 글을 쓰거나 밥을 먹고, 침대에서 잠을 자고, 의자는 주로 앉는 자리를 사용한다. 이와 같이, 책상, 침대, 의자의 두드러진 속성은 객관적, 물리적 속성이 아니라 기능적 속성(functional property)이며, 이는 사람과 사물의 상호행동에 의해 결정된다. 이러한 사실은 철학적 사변을 통한 해석이 아니라, 사람과 사물의 상호행동이 의미적으로 현저되어 기호체계에 반영된 것이라고 할 수 있다. 영어 전치사 in은 3차원 공간 관계('in the room'), on은 2차원 공간 관계('on the paper')를 나타내는 기호이지만 on the table, on the bed, on the chair라고 표현된다(Herskovits 1986).[11] 이러한 상호적 속성은 중

---

10 개념화자는 球的圓和西瓜的圓并不相同라고 생각할 수 있다.
11 영어에서도 in the chair, in (the) bed 등으로 나타낸다. 흥미로운 것은 일부 형식은 비공간적 의미를 사용한다는 것이다. 즉 in the chair는 '의장이 되다'로 in bed는

국어 방위사 선택에 반영되어 桌子上, 床上, 椅子上은 가능하지만 *桌子里, *床里, *椅子里라고 표현하지 않는다(Tai 1993). 중국어 개체양사는 명사 선택에서 명사에 대한 인지적 분류를 반영하고 있다(Tai & Wang 1990). 양사 张과 공기하는 명사는 평면적 속성을 지니고 있다. 张은 1차원 형태 一张纸, 一张床单, 一张地毯, 一张席子, 一张相片에도 쓰이고 3차원 형태 桌子, 床, 椅子에도 쓰인다. 이는 객관적인 공간 속성에 근거하기보다는 현저한 기능적 속성에 근거하기 때문이다.

다시 DN의 실례를 살펴보자. 아래의 형식적 대립은 속성의 개념적 지위와 상호 행위모형의 관계를 설명해주고 있다.

(11) *圆西瓜, *椭圆西瓜, *扁西瓜
(12) 圆球, *椭圆球, *扁球

西瓜와 球의 둥근 속성은 西瓜와 球에 대해 임시적이기 때문에 DdN으로 나타내야 한다. 하지만 사람과 상호관계에서 둥근 속성의 개념적 지위는 완전히 다르다. 사람과 공의 상호관계에서 둥근 속성은 인지적으로 부각되며, 이는 상호 행위모형에서 중요한 역할을 한다. 西瓜은 사람과 상호관계에서 먹히는 관계이므로 수박의 둥근 속성은 인지적으로 부각되지 않는다. 다시 말해서 西瓜의 둥근 속성은 이상화된 인지모형에서 부각되지만 *椭圆球, *扁球라고 표현할 수 없다.[12] 球의 형태적

'잠자다, 침대에 눕다'이다. 이들이 공간의미로 사용될 때 in the chair에서 chair는 손으로 잡는 의자로 국한된다. in the bed로 표현될 수 있는 이유는 서양의 침대가 부드러운 매트리스와 관련되기 때문이다. Maugham의 예문 He spent a sleepless night tossing on his bed와 Bennet의 예문 She was lying comfortable in the soft bed와 비교해 보면 확인할 수 있다. 이 경우 그들은 사람과 관련된 상호속성이 3차원적으로 구성된다.

12 이는 西瓜의 형태적 특징이 현저한 지위를 획득할 수 없다는 의미가 아니다. 예를

속성은 사람과 상호행위에 의해 부각되지만 *椭圆球, *扁球이 어색한 이유는 椭과 扁을 공의 결여된(default) 속성으로 보기 때문이다. 즉, 공은 정상적 상황에서 둥글며(럭비공처럼 납작한 공이 있기는 하다), 공의 원형은 둥근 형태이다. Lakoff가 언급한 범주화 과정에서 공의 원형적 속성은 모든 공을 대표하는 환유효과를 통해 구별성이 상실되면서 잠재적 분류성에 의해 최대한 중화된다. 5.2.3절에서 언급했듯이 DN의 어휘화 정도가 높을수록 D의 분류성은 약화된다. 만일 D를 분류성, 대조성을 가지고 大球, 小球, 圆球와 비교하면, 圆球의 어휘화 정도는 大球, 小球보다 훨씬 강력하다는 것을 알 수 있다. 따라서 圆球는 「现代汉语词典」에 등재되었다. 상기에서 보듯이 사물과 속성은 상호 행위모형에서 통해 고찰함으로써 DN의 근거를 확인할 수 있다.

다음의 실례에서 보듯이 상호 행위모형에서 D의 의미적 속성이 충분하게 구현되지 않을 경우 특정한 인지모형에 부합해야 한다.

(13) a. ?生西瓜-*熟西瓜
    b. 生柿子-?熟柿子, 生香蕉-?熟香蕉, 生芒果-?熟芒果

사람과 과일의 상호행위는 과일이 적당하게 익었는지에 달려있으므로 과일의 익지 않은 속성이 두드러진다. 덜 익은 과일은 시장에 내놓지 않기 때문에 ?生梨子, *熟橘子는 판매 가능한 과일로 분류되지 않는다. 따라서 이들은 DN을 이루지 못한다. 사과, 감, 바나나와 같은 과일이 시장에 출시되었을 때 다양한 원인으로 인해 숙성 정도에 차이가 있을 수 있다. 따라서 生的西瓜, 熟的柿子는 자연스럽다. 반면 배와 귤은 ?生

들어, 재배된 새로운 사각형 수박 품종은 언급할 때 圆西瓜, 方西瓜는 특정한 장소에서 수용도가 매우 높다. 그러나 이러한 상황에서 圆形西瓜, 方形西瓜가 더욱 자연스럽다.

的梨子, ?熟的橘子으로 표현하면 어색하다. (13)에서 보듯이 DN을 구성하는 잠재 능력은 동일하지 않으며, 익은 과일보다 덜 익은 과일이 두드러진다. 둘째, 生과 熟는 N과 직접적 결합 능력에 차이가 있으며, DN은 (13b)보다 높게 나타난다.

첫 번째 현상에 대한 해석은 Croft(1990, 1991)에서 제시한 '관계적 표지성'의 개념으로 설명할 수 있다. 그에 의하면 단일어, 구, 구조 내 다른 범주가 공존하며 이러한 조합은 어떤 경우 무표적이다. 무표적 관련성은 '자연적 관련성(natural correlation)'이라고 불리며 원형적 상황으로 정의된다. 그 외의 조합은 정도가 다른 무표지로 구현된다. 음성 측면에서 살펴보면, 절대 다수의 언어에서 파열음과 유성음의 속성의 관련성은 유표적이고 무성음은 무표적이다. 비음, 유음과 같은 공명음은 정반대이다. 이들이 무성음과 관련되면 무표적이며, 유성음과 관련되면 유표적이다(Greenberg 1966). 즉, 무성음의 파열음과 유성음의 공명음은 각각 원형의 파열음과 공명음에 속한다. 이러한 관념을 통해 음성의 다양한 현상을 해석할 수 있으며 통사적, 형태적 측면에서 다수의 규칙을 설명할 수 있다(Croft 1991, 沈家煊 1997). 이제 이러한 관념을 개념구조로 확장해서 분석해 보자. 만일 사물과 속성이 일대일 대응하면 상호 빈번한 관계가 발생한다. 사물과 관련된 인지모형이 사물의 결여된 속성이거나 원형적 속성일 경우 자연적 관련성 또는 무표적인 반면, 기타 속성과 사물과의 관계는 유표적이다. 이 책에서는 표지의 특징을 통해 속성 D와 DN을 구성하는데 연관이 있음을 발견하였다. 아래는 사람의 성별 속성의 실례를 나타낸다.

(14) 男演员-女演员, 男孩子-女孩子, 男生-女生, 女仆-男仆

(15) ?男英雄-女英雄, ?男战士-女战士, ?男将军-女将军, ?男博士-女博士, ?男强盗-女强盗, ?男特务-女特务, ?男流氓-女流氓, 男保

姆-?女保姆

(16) *男王-女王, *男兵-女兵, *男工-女女工, *男将-女将, *男强人-女强人, *男神-女神, 男妓-*女妓

(14)에서 성별과 사회적 역할이 현저하지 않은 경우 男N, 女N 모두 가능하다. 하지만 인지모형에 근거하면[13] 사회적 역할은 통상적으로 남자가 담당하므로 英雄, 战士, 将军, 国王, 强盗, 流氓과 속성 男의 개념적 관계는 무표지적, 원형적이다. 반면, 이들이 속성 女와 관련되면 유표적, 비원형적에 속한다. 따라서 女N은 자연스러우며, 男N은 대조 관계를 이룰 때 성립된다. (15)의 DN구와 (16)의 어휘 DN는 이러한 상황을 설명해주고 있다. 물론 女 역시 무표적 관계의 사물이 존재하는데 이 경우 女N은 성립되지 않으며 男N(男保姆, 男妓)으로 표현할 수 있다. 결론적으로 男이 DN을 구성하는 능력이 女보다 훨씬 못 미치는 이유는 사회적으로 뿌리 깊은 남성 중심주의('원형적 사람은 남성이다')의 인식에서 기인한다. 그러나 이러한 규칙은 예외 현상이 발견되므로 일종의 경향으로 볼 수 있다. 예를 들어, 伶人, 巫婆 등은 주로 여성이 담당해서 女伶, 女优, 女巫, 女眷, 女招待는 가능하지만 이와 대응되는 男N은 거의 찾아볼 수 없다. 이 밖에 女仆, '男仆는 자연스럽지만 女佣은 성립하고 *男佣은 성립하지 않는다. 이러한 예외 현상은 대부분 어휘에서 나타나는데, 어휘화가 높을수록 D의 분류성은 약화된다. 女N에서 D는 분류성을 지니지 않을 경우가 있는데 女尼가 그러하다. 이제 다시 圆球를 살펴보자. 여기서 圆은 공의 원형적 속성으로 DN을 구성할 수 있으며 (15), (16)의 규칙과 대조를 이룬다. 이는 圆球의 어휘화 정도가 높기 때문이다.

---

13 Lakoff(1987)가 제시한 고정관념(stereotype)을 가리킨다.

이제 (13)을 재차 살펴보자. 첫 번째 현상의 근거는 분명하다. 사람과 수박의 상호 행위모형에서 속성 熟와 사물 간의 개념적 관계는 무표적이고, 속성 生과 사물 간의 관계는 유표적이다. 수박에 속성 熟의 존재는 'N은 D의 것이다'로 검증할 수 있다. 这香蕉是熟的는 대조, 강조, 판별을 나타내는 반면, 这香蕉是生的는 그러한 의미가 없다. 우리는 속성과 사물에 대한 표지의 구별이 DN을 이루는 제약이라고 여긴다. 특히, D가 生, 熟와 같이 상반된 의미를 나타낼 때 그러하다. 다음에서 死와 活를 살펴보자. 만일 속성 死, 活가 특정 사물과 현저한 관련성이 없을 경우 死N과 活N의 문법적 적격성은 거의 동일하다. 시장에서 파는 생선은 살아 있거나 죽어있으므로 死鱼, 活鱼는 모두 가능하다. 일반적으로 사람과 동물에 대해 活는 무표지적이다. 따라서 死人, 死兔子, 死猪, 死鸽子은 보편적이지만 活人, 活兔子, 活猪, 活鸽子는 드물게 쓰인다. 活人, 活兔子, 活猪, 活鸽子로 표현하는 경우 대조, 강조 의미를 지닌다. 대조 의미가 있는 活N는 유표적이고 死N은 무표적이다. 여기서는 이를 '무표적 역전 현상'으로 부르고 있다.

(17) 만일 속성 D1과 Z 간의 관계가 무표지적이고, D2와 N의 관계가 유표지적이면 D1N은 성립된다. D1N이 유표지적이면 D2N은 무표지적이다.

이러한 현상은 중국어에서 보편적이다. 예를 들어, 未婚妈妈는 보편적으로 쓰이며 ?已婚妈妈는 대조 표현에서 쓰인다.

(13)에서 두 번째 현상은 또 다른 요소인 이상화된 인지모형과 관련된다. 동일한 속성을 지닌 서로 다른 사물에서 그들의 속성을 인식할 때 의존하는 인지적 단서(cue)와 순차적 인지 경로는 서로 다르다. 이는 일정정도 속성의 개념적 구조의 지위에 의해 결정된다. 우리는 사물 A에

속성 x가 있는지 판단할 때, 상호 행위모형에 의존하는데 판단을 돕는 단서가 외현적이고 명백하고 규약성이 강력하면, 속성 x는 사물 A와 관련성이 더욱 현저된다. 만일 사물 B가 동일한 속성 x를 지니고 있는지를 판단할 경우 일치되는 행위모형이 없으면 현저성은 낮아진다. DN은 속성 D를 기준으로 사물 N에 분류의미를 부여한다. Rosch는 속성의 단서 효율성에 대한 판별은 중요한 의미를 지닌다고 하였다(제2장 참조). 이로부터 효율성이 높은 단서를 포함한 속성은 DN의 부차적 부류로 정의내릴 수 있다. 西瓜에 내재된 숙성의 속성은 (13)의 柿子, 香蕉, 芒果가 익었다는 명확한 단서를 제공해준다. 시각적 단서(외피가 광택이 있는지 색체가 푸른지 검은지 등)와 촉각적 단서(손가락으로 쥔 것이 부드러운지 딱딱한지 등)도 마찬가지이다. 중요한 것은 이러한 단서가 모두 규약화라는 사실이다. 일반적 상황에서 위의 단서를 근거로 어느 정도 일관된 판단을 내릴 수 있는데, 이러한 사실은 수박이 익었는지 판단하는 것과 명백한 대조를 이루고 있다. 우리는 수박이 익었는지 판단할 때 외피를 두드린다. 이러한 단서는 규약화된 정도가 낮으며, 확실성과 효율성 측면에서 단서 효율성과 견줄 수 없다.

홍미로운 것은 生, 熟가 다른 낱말과 공기했을 때 DN의 문법적 적격성이 (13)처럼 일정하지 않다는 것이다.

(18) a. 生黄瓜-*熟黄瓜, 生萝卜-*熟萝卜, 生番茄-*熟番茄
    b. 生瓜子-?熟瓜子, 生栗子-?熟栗子, 生花生-?熟花生, 生饺子-?熟饺子, 生鸡蛋-?熟 鸡蛋, 生牛肉-?熟牛肉

(18)처럼 음식과 관련된 명사는 대체로 生N을 이루지만 熟N는 성립하지 않거나 대조 또는 강조 의미를 표현할 때 쓰인다. 이에 대한 근거는 (18)과 일치한다. 의미적으로 生과 熟는 대립적이다. 일반적으로 음식물

은 조리를 하므로 속성 熟는 음식물과 개념적 관계에서 무표적인 반면 生은 유표적이다. (18b)에서 熟N의 문법적 적격성이 (18a)보다 높은 이유는 다른 측면에서 설명할 수 있다. 즉, 속성을 판별할 때 사물의 정체성(identity)에 의해 구별된다는 것이다. (18a)에서 黄瓜, 萝卜는 숙성 과정에서 변형되며(썰기, 기타 사물과 혼합한 조리 등) 조리된 후 개체의 형태적 특성은 변화된다. 黄瓜, 萝卜와 같은 원재료로 만들어진 채소 요리(쌀이 익어서 밥이 되면 더 이상 쌀로 볼 수 없음)는 정체성이 현저하게 변화하는 반면, 花는 열을 가해도 형태적 특징은 보전된다. 양자의 구분은 生鸡蛋, 熟鸡蛋, 生牛肉, 熟牛肉의 대립쌍에서 확인할 수 있다. 熟鸡蛋은 삶은 달걀(예를 들어, 带上十个熟鸡蛋路上吃)을 의미한다. 달걀을 깨고 휘젓고 가열해서 만든 것은 熟鸡蛋이라고 부르지 않는다. 마찬가지로 가열하지 않은 소고기를 熟牛肉라고 부르지 않는다. 熟牛肉는 통째로 익혀 잘라서 먹는 소고기(예를 들어 「水浒传」第23回에 출현하는 "店家去里面切出二斤熟牛肉")를 가리키며 熟肉는 통째로 조리한 고기를 가리킨다. 다음의 예문은 「水浒传」에서 가져온 것이다.

(19) 那庄家连忙取半只热狗肉 （第4回）
(20) 随即叫庄客取一只熟鸡 （第5回）
(21) 每一个人三碗酒, 两个馒头, 一斤熟肉 （第34回）

위에서 개체의 정체성 N이 보전될 경우 熟를 기준으로 熟N의 부차적 분류가 될 수 있음을 알 수 있다.

이미 논의했듯이, 특정한 DN의 성립 조건은 속성 D와 사물 N 간의 관련된 인식에서 비롯된다. 이러한 인식적 기초는 사람과 사물의 상호 행위모형에서 비롯된다. 행위모형은 세계 지식(world knowledge) 또는 백과사전식 지식에 의존한다. 그 중에서 일상 경험에서 이루어진 통속적 믿음인 상식과 관습에 대한 이해와 가설은 중요하다. D가 N에 대한 규약화된 분류인지, DN의 범주화를 언어 표현에 반영할 수 있는지는 속성과 사물의 상호 행위모형의 현저성에 달려있다. 이상화된 인지모형은 속성과 사물의 관계를 인식할 때 준수되는 규약화된 인지적 경로, 속성과 사물 간의 배경지식과 가설을 내재하고 있다. 이상화된 인지모형의 기본적 사상은 과거 경험에서 획득한 속성과 사물 관계에 대한 고도로 구조화된 인식을 바탕을 배경으로 한다. 이는 기존의 초기모형을 통해 어느 정도 예측 가능하며, 새로운 관계가 출현했을 때 예측에 부합하면 관련 범주로 귀납된다. 이러한 관념을 토대로 제시된 이상화된 인지모형은 언어사용자의 직관을 설명할 수 있고, 컴퓨터 과학자 Minsky(1975), Schank & Abelson(1977)의 결함틀, 개념적 기초, 각본 등을 통해 자연언어 이해연구를 하는데 중요시된다.

다음에서 이상화된 인지모형을 토대로 脏N이 DN을 이루는 조건을 살펴보겠다. 다음의 두 쌍은 속성 脏과 관련된다. 이는 N(弄)脏了 또는 N是脏的으로 표현할 수 있으며, 수식어로 쓰인 경우 (22a)만 성립된다.

(22) a. 脏衣服, 脏袜子, 脏毛巾, 脏被单, 脏手绢, 脏盘子, 脏筷子, 脏碗
    b. *脏糖, *脏馒头, *脏黄瓜, *脏肉, *脏纸, *脏书, *脏汽车, *脏墙壁

(22a)가 성립되는 이유는 脏이 사람과 식품의 상호 행위모형에서 현저한 지위를 지니고 있기 때문이다. DN이 성립될 수 있는 첫 번째 조건은 D가 N에 대한 안정적이면서 비임시적 상태일 경우이다. 脏은 사물과 관계에서 안정적, 항구적이지 않지만 脏兮兮, 脏乎乎에 비해 상대적 안정성을 지니고 있다. 이 두 경우는 속성과 상태에서 대립된다. 사실상 불안정성으로 인해 脏N이 쓰일 수 있는 언어 환경은 많지 않지만 첫

번째 조건의 결여는 다른 측면의 제약에 의해 보상받을 수 있다. 즉, 만일 臟이 분류적 속성일 경우 N과 관련된 인지적 지위는 일반 상황보다 훨씬 현저하고, N과 개념적 관계는 더욱 엄격한 규약적 제약을 받는다. 臟은 사물에 대한 가변적 속성이 있어서 N과 고도의 규약화된 상호 행위모형에 의존한다. 경험은 예측 가능하며 가변적 속성 D의 N에 대한 현저성은 특정한 행위모형에 의해 결정된다. 구체적으로 말해서, 첫째, 속성이 직접적 영향을 미치는지는 상호행위에 의해 결정된다. 둘째, 속성에 대한 명확한 판단기준이 있으면 그 기준은 상호 행위모형에서 비롯된 것이다. 셋째, 속성이 제거되어도 규약화된 정도가 높고 고정적인 행위모형에 의존하면 속성은 부각된다. 아래 (23)의 이상화된 인지모형은 가변적 속성과 사물 간의 관계의 특정한 틀로서 아래는 Lakoff(1987)가 제시한 '장면의 이상화된 인지모형'을 나타낸다.

(23) I. 기본 원소 : 구체적 사물 N, 속성 D
II. 기본 관계 : $D(n) \lor \sim D(n)$, N은 D를 지니거나 혹은 지니고 있지 않다.
III. 장면 : IIIa-상태
IIIa1-최초 상태: 사물 N에 속성 D을 지니고 있지 않다.
IIIa2-결과상태: 사물 N에 속성 D가 지니고 있다.
IIIb-사건
IIIb1-사람과 사물 N은 원형적인 상호 행동이 발생한다.
IIIb2-사물 N은 속성 D를 획득한다.(IIIa1에서 IIIa2까지)
IIIb3-사물 N은 속성을 제거한다.(IIIa2에서 IIIa1까지)
IIIc-기본 논리
IIIc1-사건 IIIb1은 상태 IIIa1을 전제로 한다.
IIIc2-사건 IIIb1은 주기적으로 출현한다.

IIIc3-사건 IIIb1은 반드시 사건 IIIb2와 결과 상태 IIIa1을 초래시킨다.

IIIc4-만일 상태 IIIa2가 출현하면 IIIc2의 특징과 IIIc1의 특징의 요구로 다른 사건 IIIb1은 사건 IIIb3을 이끌게 된다.

IIIc5-사건 IIIb3는 규약화된 행위모형을 준수한다.

脏东西의 이상화된 인지모형은 (23)의 실례이며, 핵심부분('장면')은 대체로 다음과 같다.

(24) a. 사람은 N과 발생하는 원형적 상호 행위에 앞서 N이 속성脏(더러움)이 내재하지 않을 것을 요구하고 이를 기대한다(IIIc1).

　　 b. 사람과 N의 상호행위는 주기적이다(IIIc2).

　　 c. 일정한 상호행위가 이루어진 후 N은 속성 脏을 내재한다(IIIc3). 즉, 속성 脏은 사람과 N의 전형적인 행위로 획득되며, 속성을 판단하는 기준은 특정한 상호행위를 통해 이루어진다.

　　 d. 만일 N이 속성 脏을 내재하고 있으면 (a)의 요구에 만족하기 위해 행위 전에 반드시 이 속성을 제거해야 한다(IIIc4).

　　 e. 속성을 제거하는 행위는 규약성이 높은 고정된 행위모형을 준수한다(IIIc5).

다시 (22)를 살펴보면 N이 나타내는 사물('衣物', '碗筷')과 속성 脏은 위의 이상화된 인지모형에 부합한다. 사람과 의복, 젓가락의 원형적 상호행위는 입거나 먹을 때 이루어진다. 사람은 사물을 사용하기 전 깨끗한 상태를 기대하거나 요구한다(24a). 사람과 상호행위가 발생한 후 옷과 젓가락은 속성 脏을 지니게 된다(24c). 상대적 脏과 절대적 脏은 반드시 구분해야 하는데, 이는 脏衣服-干净衣服와 脏兮兮的衣服-干干净净

的衣服의 비교를 통해 확인할 수 있다. 옷과 젓가락이 더러워진 상태는 상대적인 판단에 의존하지만, 속성 脏은 정도의 차이가 있고 엄격한 판단기준이 있다. 옷과 젓가락은 상호행위가 이루어진 후 즉, 한번 옷을 입고 나서 다시 입는 경우 脏의 범주로 귀납될 수 있다. 하지만 굉장히 더러워진 상태는 주관적 판단에 달려있다. 예를 들어, 脏衣服放这边(더러운 옷은 이쪽에 놓는다), 干净衣服叠起来放那边(깨끗한 옷은 접어서 저쪽에 놓는다), 把脏桌布都换掉(더러운 탁자보를 바꿔버렸다)에서 脏衣服는 穿过一轮的衣服(옷을 한 차례 입은 적이 있다)와 같으며 脏桌布는 用过一轮的桌布(한 차례 사용한 적이 있는 탁자보)와 같다. 바꿔 말하면, 옷과 젓가락이 脏류에 속하는지는 사물과 관련된 원형적 상호행위에 의해 확정된다. (24d)처럼 더러워진 옷과 젓가락은 깨끗해지면 다시 사용할 수 있다. 옷과 젓가락에서 脏을 제거하는 과정은 '옷을 세탁하다'와 '젓가락을 씻다'일 것이다. (24e)에 근거하면 이러한 행위모형은 중국인에게 규약화된 통합적 행위로 인식되어 게슈탈트를 이룬다. (24b)에 근거하면 옷을 입는 행위와 젓가락을 사용하는 행위는 주기적으로 출현하며 脏, 干净의 속성 역시 출현과 소실을 반복한다.

(22b)에서 사물 N과 脏의 관계는 상기의 이상화된 인지모형에서 일탈되었다. 설탕과 같은 음식물은 먹기 전에 더럽지 않을 것을 요구하므로 (24a)에 부합한다. 그러나 이 같은 속성 脏의 획득에는('糖、馒头掉到地上？ 黄瓜沾上了泥？) 일정한 모형이 없으며 원형적 상호행위(사람이 음식물을 먹음)의 결과로도 볼 수 없다. 따라서 (24c)에 만족하지 않는다. 음식물에서 속성 脏이 어떻게 제거되는지('洗糖？ 把馒头撕皮？ 扔掉？) 역시 관습적 행위모형이 존재하지 않는다. 따라서 (24e)에 만족하지 않는다. 음식물은 지저분한 상태에서 깨끗해지고, 깨끗한 상태에서 지저분해지는 전형적인 과정은 존재하지 않는다. 종이, 책, 차, 벽지 등의 사물과 인간의 원형적 상호행위는 종이에 글자를 쓰거나, 책을 보거

나, 차를 몰거나 타는 행위와 관련되며, 이러한 사물은 다양한 원인으로 속성 脏을 지닐 수 있다. 그러나 이러한 속성의 획득은 원형적 상호행위의 필연적 결과는 아니다. 속성 역시 상호행위의 명확한 전제조건(차가 더럽혀지면 운전할 수 없다? 책이 더럽혀지면 읽을 수 없다?)은 아니다. 脏은 糖, 纸, 书 등의 사물에 대한 현저한 속성이 아니기 때문이다. 이러한 사물은 규약화를 통해 脏的과 干净的의 부류로 나눌 수 없기 때문에 (22b)는 성립하지 않는다.

　　Lakoff(1987)는 원형효과는 이상화된 인지모형을 통해 설명할 수 있다고 하였다. 이 책에서는 脏N의 수용도는 일정한 차이가 있으며 사물과 속성의 관계는 상기의 이상화된 인지모형과 정비례한다는 점에 주목하고 있다. 즉, 이상화된 인지모형의 요구에 부합할수록 합법적인 DN를 이룬다는 것이다. 吕叔湘(1981)은 脏衣服은 자연스럽지만 *脏鞋는 어색하다고 하였다. 하지만 여기서는 脏鞋의 경우 강제적으로 수용된다고 보고 있다. 이와 유사한 실례를 비교해보자.

　(25) 脏袜子-?脏鞋, 脏衬衫-?脏棉袄, 脏衣服-?脏大衣, 被单-?脏被子

　　위의 예문에서 N은 의류에 속하며, 두 쌍 중에서 오른쪽은 모두 어색하다. 그러나 (22b)의 脏糖과 비교하면 수용도는 약간 높아진다. (25)의 수용도가 (22b)보다 높은 이유는 (24)에서 기술한 이상화된 인지모형과 근접하기 때문이다. 위의 오른쪽 용례의 수용도가 (22a)보다 낮은 이유는 결정적인 측면에서 이상화된 인지모형과 일탈되었기 때문이다. 첫째, 衣服, 袜子는 사람과 상호행위의 주기성은 비교적 명확하다. 한 차례 사용하고 난 뒤 더러워진 것으로 간주되고, 두 차례 상호행위가 이루어진 후 세탁 행위모형을 구현한다. 이와 달리, 더러워진 鞋, 棉袄, 大衣, 被子는 한 차례 사용하고 난 뒤 한쪽에 놔두는데, 세탁하기까지 일정한 시간이 소요된다. 즉, 관습적 주기성을 지닌 세탁 행위모형이 존재하지 않는다. 세탁 행위모형이 존재하는지는 (a), (b)의 대립에 명백하게 나타난다.

(26) a1. 衣服/袜子/衬衫穿了一天就该换了。

(옷/양말/셔츠는 하루 입으면 바꿔야 한다.)

a2. 被单用过一礼拜就该换了。

(침대보는 일주일 사용했으면 바꿔야 한다.)

b1. ?鞋/棉袄/大衣穿了一礼拜(一个月)就该换了。

b2. ?被子盖过一礼拜(一个月)就该换了。

둘째, 鞋, 棉袄 등 의류에서 脏을 제거하는 행위 역시 관습적인 고정모형이 존재하지 않으므로 ?擦鞋, ?洗鞋, ?刷鞋, ?洗棉袄, ?洗大衣, ?洗被子는 어색하다.

상기의 규칙은 절대적인 예측성이 아니라 원칙이라는 경향을 반영하고 있다. 이 책에서는 이상화된 인지모형에 만족하지 않는 경우 대부분 DN을 이루지 않고, 이에 만족하면 DN을 이룰 가능성을 제시하였다. 실제로 DN은 형식적 제약을 받는다. (22a)의 脏筷子, 脏碗, 脏袜子는 가능하지만 동일 유형인 ?脏象牙筷子, ?脏瓷碗, ?脏圆领衫, ?脏丝袜, ?脏长统袜, *脏T恤는 어색하다. McCawley(1992)는 이와 관련해 흥미로운 현상을 제시하였다. 一杯好酒는 가능하지만 두 번째 성분의 길이가 늘어나면 문법적 적격성은 낮아져서 ?一杯好葡萄酒, ?一杯好绍兴黄酒는 어색해진다. 이는 DN이 음절의 제약을 받고 있다는 것을 의미한다. 그런데 ?脏瓷碗, ?脏丝袜는 음절 길이가 (22a)와 다르지 않다. 여기서는 음절 외에 다른 요소가 작용하고 있는데, 이에 대해 인지심리학자가 제시한 '기본층위범주' 이론에서 답을 찾아보기로 한다(제2장 참고). (22a)에서

碗, 筷子, 衣服, 袜子는 모두 기본층위범주이며 象牙筷子, 瓷碗, 丝袜는 기본층위범주의 하위 범주에 속한다. 기본층위범주의 특징은 이 층차의 범주 구성원이 사람과 상호행위에서 대체로 비슷한 운동반응을 일으킨다는 점이다. 기본층위범주에서 영향을 미치는 상호행위는 비교적 일치되는 모형을 가지고 있지만 비기본층위범주는 그렇지 못하다. 가령 衣服의 기본층위범주는 일정한 행위 반응을 유발하는데 穿衣服, 穿袜子, 用碗筷, 洗衣服, 洗碗筷 등이 이에 속한다. 반면, 瓷碗, 丝袜 등의 사물은 洗碗, 穿袜子 등의 규약화된 행위모형이 존재하지 않으므로 ?脏瓷碗, ?脏丝袜 등은 안정적인 부차적 범주를 이루기 어렵다.

　　(24)는 脏N에서 N이 의복류, 사발과 젓가락을 나타낼 때 전형적인 이상화된 인지모형에 속한다. N이 기타 사물을 나타낼 때 脏N 배후의 이상화된 인지모형은 (24)와 다르다. 사물이 사람 또는 기타 사물과 관계를 맺을 때 상호 행위모형에서 유사한 점을 발견할 수 있다.

　　(27) a. 脏手, ?脏脸, ?脏脚
　　　　 b. 脏水, ?脏茶, ?脏雪

　　(27a)에서 手, 脸, 脚는 전형적 상호 장면('手接触各种东西', '脸暴露在外', '脚走路')에서 脏이 획득되지만 脏은 일반적으로 원하지 않는 속성에 속한다. 이 속성을 제거하는 행위는 고정된 행위모형('洗手', '洗脸', '洗脚')이 존재한다. 위에서 문법적 적격성이 다른 이유는 다음과 같이 설명할 수 있다. 신체와 외부세계가 상호작용을 할 때 손과 사물의 작용은 얼굴에 비해 자주 발생한다. 가령 물건을 잡고 음식물을 섭취하고 글을 쓰고 싸우는 행위를 할 때 손을 사용한다. 얼굴을 사용해 어떤 일을 하는 경우는 드물며, 양말을 신은 발은 주로 길을 걷는데 사용된다. 손을 쉽게 더러워지는 속성이 있어서 손과 관련된 전형적인 행위모형에서 청

결성 요구는 얼굴이나 발보다 훨씬 중요하다. 특히 손이 중요한 이유는 손을 사용해 밥을 먹기 때문이다. 따라서 脏은 손과 관련된 전형적인 상호 행위모형에서 현저한 속성이며 손에 대한 규약화된 분류지표임을 알 수 있다. 물론 특정한 언어 환경에서 脏脸, 脏脚 역시 성립 가능하다. 예를 들어, 别拿你那脏脸蹭我라고 표현할 수 있다. 이 경우 用脸蹭别人 的脸는 얼굴에 대한 청결성이 요구며, 속성 脏는 얼굴에 대한 임시적 분류가 부여된다. 여기서 '임시'는 蹭脸이 사람과 얼굴 또는 얼굴과 외부 세계의 원형적 상호행위가 아님을 의미한다. (27b)에서 세 가지 형식은 인지적 측면에서 설명 가능하다. 우리는 사람과 물의 상호 행위모형('물 로 세탁하기', '물 마시기')에서 물에 대해 청결성 요구와 기대를 가지고 있다. 그러나 사람과 눈의 상호 행위모형('눈 치우기', '눈 감상하기')은 이 같은 요구가 없다. 茶에 대한 상호 행위모형은 '사람은 차를 마신다' 이므로 청결성 요구는 물과 유사하다. 물이 속성 脏의 고정된 모형을 가지고 있는 것과 달리('사용한 물은 더러운 물이다') 차가 지니는 속성 脏은 우연적이다. 위에서 보듯이 속성 脏 배후의 이상화된 인지모형은 차이가 있으며, 사람과 사물의 원형적 상호 행위모형에서 현저한 속성이 라는 공통점이 있다.

다음에서 재차 살펴보기로 하자.

(28) a. 空碗, 空瓶子, 空口袋, 空书包, 空笔盒, 空篮子, 空房间, 空弹夹

     b. *空山洞, *空汽车, *空飞机, *空船, *空客厅, *空厨房, *空卧室

(29) a. 凉水, 冷水, 热水, 凉茶, 冷茶, 热茶

     b. *凉脸, *热脸, *冷手, *热手

(30) a. 重担子

     b. ?重箱子, ?重书包, *重书架, *重床, *重桌子

(28)에서 제시된 중심어는 '……是空的(…은 비어있다)'와 같은 표현이 가능하며, 넓은 의미에서 그릇으로 간주된다. (28)의 주요 기능은 수용이며, 원형적 상호행위는 사물을 채우거나 꺼내는 행위이다. 정상적인 상황에서 (28)은 비어있음을 기대하지 않는다. 따라서 비어있음은 원형적 상호 행위모형에서 두드러진다. (28b)에서 사물의 원형적 상호행위는 채우거나 꺼내는 행위가 아니다. 山洞과 사람 간에는 규약화된 행위모형이 존재하지 않는다. 山洞은 물건을 저장하거나 몸을 숨길 수 있지만 이는 고유한 기능도 본질적 기능도 아니다. 만일 山洞을 窑洞으로 바꾸면 空N은 성립한다. 汽车, 飞机, 船과 사람의 원형적 상호행위는 '사람이 몰다', 또는 '사람이 타다'이다. 이들의 주요 기능은 수송이다. 이와 달리, 空车厢, 空机舱, 空船舱에서 空车에서 부각되는 것은 车의 그릇 특징이다. 客厅, 厨房, 卧室는 모두 房间에 속하지만 원형적 상호 행위모형은 房间과 다르다. 사람과 房间의 상호 행위모형은 머물기이며 이는 일종의 채우기 행위에 속한다. 客厅의 원형적 상호행위는 '손님 접대하기, 일생생활하기, 밥 먹기, 잠자기'인데, 이는 간단한 채우기 행위로 볼 수 없다. 따라서 空의 속성은 전자의 원형적 상호행위에서 현저한 속성은 아니다. 客房과 관련된 원형적 상호행위는 '손님 머물게 하기'이므로 空客房이라고 표현할 수 있다. (29)의 水는 凉, 冷, 热의 속성에 따라 규약화된 부류로 나뉜다. 사람과 물의 다양한 상호관계, 예컨대 '물 마시기', '물로 세탁하기'는 열감각 기관(피부, 구강 점막)과 접촉한다. 茶의 원형적 상호 행위모형은 '물 마시기'이다. 이 행위에서 차는 차거나 뜨거운 속성으로 감지된다. 脸, 手와 사람의 원형적 상호행위는 열감각 기관과 필연적 접촉을 이루지 않는다. 그들은 사람에 의해 감지되지 않기 때문에('?얼굴 문지르기, '?손 문지르기') 凉, 冷, 热의 속성으로 분류할 수 없다. (30)의 적격성은 세 개 등급으로 분류된다. 重担子이 가장 높고 重箱子는 그 다음이며 重书架는 가장 낮다. 그 이유는 속성

重이 이러한 사물과의 원형적 상호 행위모형이 다르기 때문이다. 사람과 担子의 유일한 상호 행위모형은 '짐을 메다'이다. 이 모형에서는 무게를 감지할 수 있다. 따라서 속성 重은 상호행위에서 현저한 속성에 속한다. 책꽂이를 옮길 때 그 무게를 느끼면서 书架重不重?라고 말하는 경우가 있다. 하지만 책꽂이의 원형적 능력은 책을 꽂는데 있다. 책꽂이의 원형적 상호모형은 '책꽂이를 운반하다'의 행위를 포함하지 않기 때문에 책꽂이 무게를 감지할 기회는 매우 드물다. 반면, 상자의 주요 기능은 그릇이다. 상자는 무게의 속성이 반드시 감지되지 않지만 휴대하거나 옮길 수 있으므로 무게는 현저성 측면에서 担子와 书架 사이에 있다.

지금까지 보듯이 DN의 형식적 제약은 인지의미적 측면에서 충분히 설명할 수 있다. 朱德熙(1956)에 의하면, DN의 제약조건은 '어휘적으로 해석할 수 없으며' 높은 층차에서 사람과 환경의 상호관계와 세계에 대한 인지방식을 함의하고 있다. 이러한 제약의 배후는 사람이 처한 환경에서 다양한 사물의 속성, 상태와 관련된 행위모형의 인식과 관련된다. 이러한 인식은 일생경험에서 근거하며, 세계에 대한 인식과 백과사전식 지식에서 기인한다. 백과사전식 지식에서 衣服要穿干净的, 穿过的衣服就是脏的는 통속적 믿음이다. 이에 낱말 간의 관계는 전통의미론, 현대 의미론의 의미특징분석과 진리조건으로 분석하기 어렵다. 심지어 Lenat & Guha(1990) 등의 「대영백과전서」를 기초한 백과지식 저장소는 이러한 제약을 귀납하기 위한 타당한 틀을 제공하지 못한다. 하지만 이러한 지식이 자연언어의 이해와 생성과정에서 중요한 역할을 한다. 따라서 통사적, 의미적 제약에 대한 문제를 해결하려면 전면적인 분석과 해석이 요구된다. 본 절에서는 사물과 속성 배후에 특정한 인지모형이 존재하고 있음을 밝혔다. 이 책에서는 제약의 추상적인 의미 규칙을 통해 통사적 규칙을 설명할 수 있을 것이라고 기대하지 않는다. 또한, 몇 개의 이상화된 인지모형으로 모든 DN의 제약을 설명할 수 없을 것으로 생각한다. 따라서 다양한 사물과 속성 간의 관계에 대한 기술을 바탕으로 일상경험의 이해모형을 구축한 후 이 문제를 다룰 것이다. 다음에서는 이상화된 인지모형을 통해 형용사와 명사 간의 개념관계를 분석하기로 한다. 특정한 이상화된 인지모형을 토대로 개괄적인 규칙이나 원칙을 발견할 수도 있지만 여기서 제시되는 원칙은 거리 도상성이다. 분류속 성과 사물의 개념적 거리는 양상, 일반적 속성보다 가까우며 현저되는 규약화된 분류속성과 사물의 거리는 일반적인 분류속성보다 가까운 경 향으로 나타난다.

6.3.4 세 번째 유형인 일음절 형용사가 한정어로 쓰일 경우 자유롭게 DN을 이룬다. 이 부류의 형용사 수량은 매우 적으며, 大, 小, 新, 旧, 好, 坏, 真, 假 등이 있다(朱德熙 1981). 이들과 직접 결합하는 명사는 매우 많기 때문에 여기서는 용례를 들지 않겠다. 단독 형용사가 DN을 이루지 못하는 경우도 있다. 他脾气大, 距离太小, 内容很旧, 这件事情 是真的는 가능하지만 *大脾气, *小距离, *旧内容, *真事情는 불가능하 다. 이 경우 N은 추상명사이다. 일반적으로 이러한 낱말은 술어로 쓰이 여 주어 N을 설명해 준다. 이들이 DdN을 이룰 수 있으면 대부분 DN을 이룰 수 있다. 다시 말해서, 이들이 사물의 분류지표가 되려면 규약화되 어야 한다. 이제 이러한 낱말이 자유롭게 DN을 이루는 원인을 살펴보자.

먼저 일음절 형용사가 한정어로 쓰인 DN의 출현빈도를 살펴보기로 한다. 북경사범대에서 초등학교 교재를 통계 분석한 결과에 따르면 "현 대중국어 3,000개의 사용어휘목록"에서 가장 빈번하게 사용되는 50개 일음절 형용사를 찾았는데 이중에는 상기의 8개 낱말이 포함되었다.[14] 이러한 낱말은 네 쌍을 이루며, 상기의 大, 新, 好, 真는 무표적이다.

---

14 何克抗, 李大魁 「现代汉语三千常用词表」, 北京师范大学出版社, 1987

일음절 형용사에서 이들의 출현빈도는 각각 3, 7, 1, 6위를 차지한다. 네 쌍의 형용사 의미는 사물에 대한 속성을 나타낸다. 이는 이들의 의미적 결합이 DN을 이루는 충분조건이 아니라 필요조건이라는 것을 말해준다. 사물의 외형적 특징은 長, 短, 寬, 窄, 厚, 薄, 圓, 扁, 粗, 細, 高, 低 등의 속성을 지닌다. 하지만 중국어에서 이러한 속성으로 사물을 분류하기보다는 공간형태를 갖춘 사물(심지어 공간형태가 없는 추상적 사물)의 크기가 중요하다. 바꿔 말하면, 크기로 정해진 물체의 집합은 기타 속성으로 정해진 집합보다 커야한다. 이러한 속성이 보편적인 이유는 사물에 대한 선결조건의 요구가 가장 적기 때문이다. 즉, 그 자체에 기타 속성이 비교적 적게 함축되어 있다. 높이를 따지는 사물은 반드시 직립적이며, 편편한 물체는 폐쇄적이다. 반면 크기를 따지는 사물은 구체적 제약이 결여되어 있는데, 이는 크기의 속성이 공간형태 속성에 대해 개괄적 분류라는 것을 의미한다. 다른 한편, 위의 여덟 가지 형용사는 서로 대립적이며 이분적 분류 속성을 지닌다. 네 쌍의 형용사는 근본적으로 사물에 대해 간단한 분류 작용을 한다. 시간의 속성은 새롭고 오래된 것으로 나뉘며, 가치의 속성은 좋고 나쁨으로, 진리치의 속성은 진짜와 가짜의 이분적 대립을 이룬다.

흥미로운 것은 일음절 형용사 全能이 언어유형학적 측면에서 핵심 형용사(nuclear adjectives)라는 사실이다. 언어유형학자는 일찍이 범언어적으로 명사, 동사는 보편적으로 존재하며 형용사는 그렇지 않다는 것에 주목하였다. Dixon(1982)에 따르면, 어떤 언어는 형용사가 없으며 어떤 언어의 형용사 수량은 매우 적으며 폐쇄류(아프리카 Hausa어)라고 하였다. 후자의 언어에서 일부 낱말은 속성이 고도로 일치한다. 아프리카 Ibo어는 네 쌍의 형용사 '큰-작은', '새로운-오래된', '검은-흰', '좋은-나쁜'만 존재한다. Dixon은 20개의 극소량 형용사와 극소수 형용사에 명확한 형태표지를 가진 언어를 통계 분석하였다. 그중에서 '크다'는 20개

언어에 모두 출현하였고 19개 언어는 '작다'가 있었으며 15개 언어는 '새로운', '짧은'가 있었으며 14개 언어는 '길다', '오래되다', '나쁘다', '희다'가 있었으며 13개 언어에 '좋다', '검다'가 있었다. Dixon은 이로부터 보편성을 가진 네 개의 전형적인 형용사의 개념범주를 귀납하였다. '큰', '작은'은 차원(dimension), '젊은'('늙은'), '오래된'('어린')는 나이를, '좋다', '나쁘다'는 가치, '검다', '희다' 색채를 나타낸다. '진짜', '가짜'를 제외한 세 쌍은 全能과 개념적으로 완전히 통합된다.[15] 중국어 형용사는 폐쇄류이지만 위의 여덟 개 형용사는 인류의 사물속성에 대한 인지적 보편성을 나타내고 있다.

제4절 쌍음절 형용사 한정어와 명사구

지금까지 일음절 형용사로 구성된 DN의 조건 제약을 살펴보았다. 일음절 형용사는 대체로 원형적 갑류 형용사에 속한다. 일음절 형용사가 DN을 구성하는 인지의미조건은 비교적 명확하다. 쌍음절 형용사는 비원형적 갑류 형용사와 비원형적 을류 형용사를 포함하며 이에 따라 상황은 훨씬 복잡하다. 쌍음절 형용사가 쓰인 DN이 제2절에서 논의한 의미특징과 부합하지 않는다. 漂亮姑娘에서 漂亮은 姑娘에 규약화된 분류이다. 輝煌成就에서 輝煌을 분류의미로 간주하기 어려운 것은 *不輝煌的成就라고 하지 않기 때문이다. 여기서 輝煌은 속성이 아니라 상태, 성취에 대한 묘사를 나타낸다. 거리 도상성에 의하면, 여기서 de는 삭제할 수 없다.

위의 예외 상황은 기타 요소와 도상적 동기성의 경쟁에 의한 것이다.

---

15 眞, 假이 포함되지 않은 이유는 불분명하다.

구체적으로, 주로 문체 요소 때문이다. 쌍음절 형용사, 명사구가 쓰인 DN은 위의 설명에 부합한 반면, 서면어 색채가 농후한 DN은 그렇지 못하다. 그 밖에 고려되는 요소는 음절수이다. 이러한 요소를 해결하면 DN의 성립 규칙은 명확해질 것이다.

6.4.1 쌍음절 형용사와 일음절 명사구

먼저 쌍음절 형용사와 일음절 명사구를 살펴보겠다. 呂叔湘(1963)은 이러한 조합은 일반적으로 de가 출현한다고 하였다. 容易的字, 可笑的 人, 普通的水, 现成的车, 详细的图, 奇怪的梦 등이 이에 속한다. de가 출현하지 않는 명사는 人, 事儿, 话 등이다. 다음의 예문은 呂叔湘(1963) 과 黄国营(1982)에서 가져온 것이다.

(1) 普通人, 一般人, 老实人, 规矩人, 聪明人, 明白人, 糊涂人, 有钱
   人, 年轻人, 机灵人
(2) 要紧事儿 | 新鲜事儿, 稀奇事儿, 麻烦事儿, 便宜事儿, 危险事儿,
   正经事儿
(3) 老实话, 客气话, 漂亮话, 现成话, 糊涂话, 实在话, 正经话, 外行
   话, 晦气话, 俏皮话, 下流话
(4) 笼统的话, 悲观的话, 豪迈的话, 片面的话, 鲁莽的话, 尖刻的话,
   难堪的话, 连贯的话

서면어 색채의 명사는 주로 쌍음절이며, 일음절 명사와 쌍음절 형용사의 조합은 서면어 색채가 강력하지 않다. (1-3)에서 DN이 구어체 형식이라는 것은 주목할 만하다. 여기서 DN의 형식적 제약은 대체로 위의 절에서 설명한 것과 동일하다. 즉, 다음의 두 가지 측면에 만족해야 한다. 첫째, D에 de가 부여되면 한정어, 중심어 구조로 변환 후 중심명사가 생략된다. 糊涂人-糊涂的, 有钱人-有钱的, 麻烦事儿-麻烦的, 正经话-正经的 등이 이에 속한다. 이러한 제약에서 D는 분류성을 지니고 있다. 사실상 중심명사로 교체되는 Xde 구조는 본질적으로 분류의미를 지니고 있다. 즉, X를 기준으로 어떤 사물은 어떤 부류로 귀납된다. 예를 들면, 送信的는 送信을 위주로 지시된 사람의 부류로 귀납되며, 好的는 好를 지닌 속성의 부류로 귀납된다. 일음절 형용사 뒤에 de를 연결해서 명사화시키면 안정된 속성을 나타낼 수 있기 때문이다. 상태형용사와 일부 쌍음절 형용사 뒤에 de를 부가하면 명사로 교체될 수 없는데 이는 이러한 낱말이 상태를 나타내기 때문이다. 예를 들어, (4)의 豪迈的는 豪迈的话으로 교체될 수 없기 때문에 *豪迈话라는 표현은 쓰지 않는다. 둘째, D가 대표하는 속성은 중국어에서 사물 N의 규약화된 분류모형에 출현한다. 예를 들어, (1)의 형식은 중국어에서 人(사람)의 규약화된 분류를 반영하고 있다. 사람은 속성에 따라 보통사람, 성실한 사람, 총명한 사람, 젊은 사람의 유형으로 나뉜다. 물론 중국어에서 人은 다른 유형으로도 분류된다. 예를 들면, 분수를 지키는 사람, 유모가 있는 사람, 교활한 사람 등이다. 이들은 규약화된 부류에 속하지 않는다. (3)에서 话는 중국어에서 규약화된 부류이며, (4)는 그렇지 않다. 人, 事儿, 话이 쌍음절 형용사와 공기하는 것은 인지적 이유 때문이다. 小, 好, 坏 등의 형용사가 사물에 대한 규약화된 분류이며, 人, 事儿, 话이 상호작용하는 필수 요소는 주체, 발화, 행위이다.

6.4.2 쌍음절 형용사와 쌍음절 명사구

쌍음절 형용사와 쌍음절 명사구 사이에 de를 첨가하지 않는 경우도 있는데, 이러한 형식은 대부분 서면어 색채가 농후하다. 壮丽, 环节는 서면어에 쓰이며, 方法(구어-'法子'), 重要(구어-'要紧')는 구어와 서면어에 쓰인다. 이러한 낱말은 5·4 이후에 출현해서 성행하였다. 구어로 쓰이는 DN은 앞에서 제시한 규칙에 부합하며, 서면어로 쓰이는 DN는 도상성 원리에 위배된다. 다음에서 구어에 출현한 DN의 용례를 살펴보자.[16]

(5) 新鲜牛奶, 新鲜空气, 干净衣服, 漂亮衣服, 体面衣服, 贵重东西, 便宜东西, 现成东西, 老实孩子, 厚道孩子, 机灵孩子, 聪明孩子, 年轻学生, 漂亮姑娘, 称心女婿, 孝顺儿子, 暖和地方, 清净地经职业, 公道价钱, 吉利日子, 清闲 日子, 结实身子, 马虎性子, 古板性子, 随和脾气, 古怪脾气, 恶心样子, 神气样子, 窝囊样子

위의 형식은 한정어와 중심어 간에 de를 첨가할 수 있다. 만일 de를 첨가하지 않는 경우 부류명칭에 속한다. 위에서 D는 N의 분류적 속성하는데, 이는 Dde가 전체구조를 대체할 수 있음을 보여준다. 예를 들면, 新鲜的, 干净的, 便宜的, 现成的, 老实的, 漂亮的 등이다. 일부 형식의 Dde는 단독으로 표현할 수 없으며, 古怪的(脾气), 恶心的(样子)가 그러하다. 여기서 N은 추상명사이며 D는 분류지표로 간주된다. 따라서 적당한 문형에서 Dde는 출현 가능한데, 예를 들면, 人的脾气嘛, 有随和的, 也有古板的 등이다. DN에서 형용사와 명사는 규약화된 분류모형의 제약을 받는다. 예를 들어 孩子有老实的, 厚道的, 机灵的, 聪明的와 淘气的, 调皮的, 娇气的, 滑头的 등이 있다. 이들은 모두 어린이 부류에 속하

---

16 DN이 구어체인지 문어체인지 판별하는 절대적인 경계를 확정하기 어렵다. 이 책에서는 판별 방법에 있어서 어떤 형식이 서면어의 영향을 최소한도로 받은 화자 예컨대 교육을 받은 적이 없는 북경에 호적을 둔 노인이 구어에서 자연스럽게 말하는지 살펴보았다. 만일 자연스러우면 순수 구어 형식일 것이고 그렇지 않으면 일정정도 서면어 색채의 형식일 것이다.

지만, 전자의 경우만 孩子와 결합해 DN을 이룰 수 있다. 이러한 상황을 만나면, 하나의 해석은 관습화, 즉 순수한 규약화이고, 다른 해석은 관습화와 규약화의 인지적 근거가 존재한다. 물론 인지적 근거가 명백하지 않는 경우도 있지만 소수의 예문은 분명하다. 가령 聪明孩子-漂亮孩子와 聪明的孩子-漂亮的孩子을 비교해보자. 孩子와 姑娘은 총명하고 예쁘기 때문에 두 성분 간에 de를 첨가할 수 있지만, de를 삭제하면 聪明은 姑娘을 직접 수식할 수 없다. 이는 중국어에서 聪明과 漂亮의 속성이 孩子의 통속적 인지모형에서 두 개의 규약적 분류를 반영하기 때문이다. 姑娘의 가장 현저한 속성은 총명함이 아니라 예쁨이다. 따라서 聪明는 단지 姑娘에 규약적 분류를 부여하는데 사용된다. 우리는 심지어 聪明的动物라고 표현하지만 聪明动物라고 표현하지 않는다(朱德熙 1956). 속성 聪明은 동물의 인지모형에서 현저하지 않기 때문에 규약적 분류에 의존해 표현할 수 없다.

중국어는 명사와 DN을 구성할 수 없는 쌍음절 형용사가 존재한다. 예를 들면 随便, 好看, 难看, 近乎, 含糊, 孤单, 周到, 糟糕, 显明, 有用, 可惜, 可笑, 容易, 听话 등이다. 이러한 낱말은 강력한 술어성을 지니고 있기 때문에 술어 위치에 출현한다. 여기서는 앞 장에서 의 분석을 재차 논할 것이다.

다음에서 서면어 색채가 농후한 DN의 용례를 살펴보자.

(6) 正确意见, 正确观点, 错误观点, 夏杂情况, 简单问题, 具体问题, 老师态度, 严肃态度, 重要因素, 积极因素, 消极因素, 密切关系, 合适人选, 合理要求, 严重后果, 贵重物品, 正常轨道, 进步力量, 发达国家, 反动势力, 著名学者, 精确数字, 固定收入, 清醒头脑

(7) 壮丽河山, 高贵血统, 辉煌成就, 伟大领袖, 猛烈炮火, 悲惨命运, 热烈场面, 感人场面, 精辟见解, 烟波只是, 薄弱环节, 艰巨任务,

318

光荣使命, 深远意义, 远大理想, 神秘色彩, 灿烂阳光, 英明决策, 鲜明对比, 丰硕成果, 古老传说, 特特风格, 宏伟蓝图, 稀薄空气

일반적으로 한정어는 제약성과 묘사성으로 나뉜다. 范継淹(1979)은 제한성을 구별성이라고 불렀다. 그에 따르면 분류되는 모든 사물은 구별성을 지니고 있으며, 분류할 수 없을 경우 묘사성을 지니고 있으며 상태 묘사를 나타낸다고 하였다. 구별성의 DdN에서 N은 생략 가능하지만 묘사성은 생략할 수 없다. 黄国营(1982)은 이에 대해 의미적으로 판단하기 어렵기 때문에 형식적 판별 방식을 제시하였다. 즉 '형용사+de+명사'가 '不+형용사+de+명사'로 변환 가능하면 한정어는 구별성을 지니며 중심어는 생략 가능하다. 예를 들면, 正确的观点은 不正确的观点으로 변환할 수 있고, 단독으로 正确的라고 표현할 수 있다. 辉煌的成就는 *不辉煌的成就로 변환할 수 없으며, 단독으로 *辉煌的라고 표현할 수 없다. 이는 효과적인 판별 방식이지만, 원형적인 구별성 한정어(일음절 형용사)와 묘사성 한정어(상태형용사)를 고찰하면 묘사성 한정어가 여과되는 것을 발견할 수 있다. 즉, 상태를 나타내는 낱말은 이 변환에 만족하지 않고 중심어를 대체할 수 없다. 예를 들면, *不大大的眼睛, *大大 등이 그러하다. 한편, 구별성 한정어를 잘못 여과할 가능성도 존재한다. 일부 구별성 한정어는 de를 첨가한 후 중심명사를 생략할 수 없는데, 예를 들어 *不生的(黄瓜), *生的(黄瓜), *不黑的(天鹅), *黑的的(天鹅), 不蓝的(墨水), *蓝的(墨水), *不空的(箱子), *空的(箱子), ?不脏的(衣服), ?脏的(衣服) 등이 있다. 이러한 형식에서 분류의미를 지닌 속성 X는 다양한 상황에서 N은 X的와 不X的로 나뉜다. 어떤 경우 N의 분류모형은 X와 非X로 구별되지 않고 한 쌍의 X와 Y로 구별된다. 예를 들어, 生的와 黑的는 각각 熟的와 白的로 구별되며, 어떤 경우 계열을 이루는 X, Y, Z 등의 속성에 구별성을 더하면 墨水는 蓝的, 红的, 黑的와 같은 분류되지만, 蓝的와 不蓝的의 두 부류로 나뉘지 않는다. 상기의 상황에서 不를 부가한 판별식을 쓰지 않았다. 만일 판별식을 사용하면 구별성 한정어와 묘사성 한정어는 명확하게 분별할 수 있다.

위의 기준을 근거하면 (6)의 한정어는 분류성(구별성)에 속하며 이들은 대부분 不D的로 변환할 수 있다. 예를 들면, 不老实的(态度), 不合适的(人选), 不发达的(国家)와 같은 표현이 가능하다. 또한, 기타 속성과 부류의 대립을 이룬다. 예를 들어 反动(势力)과 进步(势力)은 상대적으로 두 개의 부류를 이룬다. 그런데 (7)의 DN에서 D는 분류성이 아니며, 不D的로 변환할 수 없으며 N의 상태를 의미한다. 이러한 형식은 개념적으로 '분류성'을 지니지 않지만 오히려 DN을 이룰 수 있다. 이러한 원칙은 우리가 귀납한 de 출현 규칙에 부합하지 않는다.

여기서 고찰한 기타 유형의 DN은 분명히 거리 도상성을 반영하기 때문에 (7)은 반례(counter-examples)가 아니라 거리 도상성의 예외(exceptions)이다. 예외의 원인은 문체적 특징 때문이다. 이와 관련해 3장에서 Haiman(1985a)의 관점을 제시하였다. 즉, 자연언어를 모두 형식화하는 것은 불가능하며 완전한 도상성도 지닐 수 없다. 따라서 고도의 도상성을 갖춘 체계는 불가능하고 효율적으로 작용하기 어렵다. 동시에 언어의 각종 유형의 동기성은 경쟁 상태에 있다(DuBois 1985). 도상적 동기성의 최대 경쟁은 언어의 경제적 동기성이다. 경제적 동기성은 도상적 동기성을 약화시키거나 상쇄시키는 작용을 한다. 한자는 초기에 고도의 도상 문자 형태였지만 도상성이 낮은 현대중국어 형태로 발전하였는데, 이는 경제성 원리와 도상성 원리가 상호 경쟁한 결과를 보여주고 있다. 이 밖에 통사적 제약, 구조적 대응의 압력, 음성 규칙의 장애 등은 구조적 도상성의 감소를 초래시킨다. 다시 (7)을 살펴보자. 예외 형식이 대부분 서면어에서 출현하는 것은 우연이 아니다. 서면어와 구어는 경제성 요구가 있으며, 이러한 요구는 두 문체에서 일부 de의 소실을 초래시켰다. 이는 다음에서 상세하게 논할 것이다. 경제성 원리는 구어보다 서면어에서 작용하며, 현대중국어 이음절화 경향은 구어보다 서면어에서 훨씬 명백하다. 서면어 색채가 강력한 어휘는 소수의 일음절을 제외하고 대체로 이음절을 이룬다. 이처럼 경제적 동기성은 음절구조에 작용하며, 서면어에서 de가 소실된 사음절 구조를 이루고 있다. 음절제약은 의미와 독립적이기 때문에 이러한 사음절 구조는 도상적 원리를 위배하는 형식으로 볼 수 있다. 예외 형식에서 de가 소실된 것은 이러한 조합이 자주 출현하는 현상과 연관된다. 大的领袖, 伟大的祖国, 伟大的人民에서 de가 삭제된 후 문법적 적격성은 차이가 있다. 伟大的领袖는 가능하고, ?伟大的祖国는 어색하며 *伟大的人民는 불가능하다. 伟大的领袖의 문법적 수용도가 가장 높은 이유는 최근 몇 년 동안 伟大가 공식 용어로 사용될 때 领袖를 자주 수식어로 사용되었기 때문이다.

　　지금까지 동기성의 경쟁을 통해 DN의 예외 현상을 살펴보았다. 하지만 문제는 이러한 해석 방법이 오해를 불러일으키기 쉽다는 것이다. 袁毓林(1994)은 인지기능문법을 통해 예외 문장을 해석했을 경우 또 다른 해석을 강요한다고 지적하였다. 이 책의 3장에서는 방법론 측면에서 이 문제를 논의했으며, 이러한 지적은 성립될 수 없다고 설명하였다. 따라서 구체적 문제를 가지고 논할 것이다. 먼저, 예외 현상을 경쟁의 결과로 설명했는데 이는 이론언어학에서도 자주 볼 수 있다. 많은 학자들은 이러한 관념을 통해 다른 측면의 예외 현상을 설명하였다. 王士元(Wang 1969)은 음성규칙의 상호경쟁을 통해 음운변화의 예외 현상을 설명했으며, Hsieh(1991), Her(1991)이 불규칙 현상의 경쟁 기제에 대해 정밀한 분석을 하였다. 여기서 중요한 것은 동기성의 경쟁에 기초한 해석은 주관적, 임시적이 아니라 충분한 증거와 명백한 조건이 있다는 사실이다. Croft(1990)는 동일한 현상에 대해 두 가지 해석 기제를 사용하는 것은 공허한 해석이라고 지적한 바 있다. 따라서 경쟁의 동기성에 대해 명확하게 적당한 조건을 제시해야 한다. 경제성 원리는 주로 서면어에 작용하며 쌍음절 형용사와 쌍음절 명사의 조합으로 제한된다. (6), (7)의 형식에서 de가 출현하지 않은 것은 경제성 원리와 비도상성 원리의 작용에 의한 것이다. 이러한 제약은 상기의 해석이 본질적으로 '공허하지 않음(nonvacuous)'을 말해준다. 이들을 경제성 원리이면서 비도상성 원리의 결과로 보는 것은 다음과 같은 이유에서 기인한다. 도상성 측면에서 DN과 DdN은 개념적으로 현저한 차이가 있다(앞장에서 세 가지 측면의 차이를 설명하였다). de 삭제 여부는 개념적 요소에 달려있다. 경제성 원리에 의하면, DdN은 de를 삭제해서 얻은 DN은 본래 형식인 DdN과 명백한 개념적 차이가 없으며, de 삭제는 개념적 요소에 의해 결정되지 않는다. 여기서는 영속구조에 서 de 출현 여부의 판단기준을 살펴보겠다. 영속구조의 중심어가 사물명사일 경우 한정어, 중심어 간에 de는 반드시 출현해야 한다. 이는 도상성 원리의 요구에 의한 것이다. 이러한 영속구조가 문중의 내포적 지위를 지닐 때 빠른 담화 흐름에서 de는 생략 가능하다. 예를 들어, 别碰我书包라고 말할 수 있다는 것이다. 또 다른 상황은 서면어와 구어의 다항정어는 마지막 한정어 뒤에 de가 출현하는데 이는 도상성 원리의 요구를 무시한 것이다. 다항정어에서 앞에 위치하는 영속 한정어는 도상성 원리에 위배되며 de는 삭제할 수 있다. 예를 들어, 我的那本崭新的故事书는 我那本崭新的故事书라고 표현할 수 있다. 두 형식에서 de의 삭제 조건과 본 절에서 논의한 DN을 이루는 조건은 완전히 동일하지 않다. 그들은 근본적으로 개념조건으로 전이될 수 없으며 문중에 있는지, 속도가 빠른 담화인지, 단항정어나 다항정어 등의 비개념적 요소인지에 달려있다. 따라서 두 상황에서 de의 삭제는 도상성 동기성이 작용한 결과가 아니라는 것을 알 수 있다. '문중에 있음', '다항정어로서 한 가지 항목'의 상황과 '단독으로 말하는 경우'를 '다항정어'를 비교하면, 삭제는 형식적 제약 더 크다. 따라서 de 삭제는 경제성 동기성에 의한 것으로 볼 수 있다. 다시 (6)과 (7)을 살펴보자. 여기서 de를 보충할 수 있는데, 이 경우 출현 여부는 개념적 요소의 제약이 아니라 문체, 음절수, 출현빈도 등에 달려있다. 이에 도상적 동기성이 작용한 결과가 아님을 알 수 있다. 한편, 비서면어체 원형인 DN('白纸', '脏衣服', '聪明人')과 서면어체의 사음절 DN('独特风格')에서,[17] 전자의 de 출현 여부는 개념적으로 구별된다는 사실을 확인할 수 있다. 위에서 경제성 원리는 특정한 상황에서 도상성 원리의 요구를 초월해서 상기 형식에 작용하고 있다. 일반적으로 두 개의 동기성을 동시에 만족시킬 수 없으므로 예외 현상은 결국 동기성의 경쟁에 의한 것으로 보는 것이 타당하다.

제5절 동사 한정어와 명사구

중국어 동사와 동사구는 일반적으로 한정어가 될 수 없다. 만일 이들이 한정어 위치에 있으면 de와 공기해야 한다. 吃的东西, 打架的学生이 이에 속한다. 일부 동사성 성분(동명사)은 일정한 조건에서 한정어가 될 수 있다. 이와 관련해서 제3절에서 死N과 活N를 가지고 설명하였다. 이 외에도 다양한 용례가 있다.

(1) 剩饭, 病猪, 活鱼, 死兔子, 炒番茄, 煎鸡蛋, 冻豆腐, 烂苹果, 瞎眼睛

(2) 飞行时间, 实验设备, 办公桌子, 研究资料, 伪造证件, 考试成绩, 健身器材, 理发工具, 发言提纲, 发展方针, 攻击目标, 开拓精神,

---

17 이에 대해서 보충설명이 필요하다. 문어체와 비서면어체 간의 경계는 명확하게 확정하기 어렵기 때문에 두 가지 동기성의 작용 범위는 원형을 위주로 하였다. 예를 들어, 예문 (7)의 형식적 원형성은 (6)보다 높다.

作战部队, 测量仪器, 创作激情, 分析方法, 出租汽车, 滚动轴承, 驾驶学校, 侵略行为, 赞助单位, 约会地点, 交流计划, 批判对象, 制裁措施, 洗澡水

위에서 DN의 몇 개의 용례는 DdN으로 변환할 수 없다. 예를 들어 驾驶学校가 그러하다. 어떤 경우 DdN으로 바꾼 후 의미가 달라진다. 出租的汽车, 滚动的轴承, 办公的桌子 등은 出租汽车, 滚动轴承, 办公桌子의 의미와 반드시 동일하지 않다. 이러한 형식은 좁은 의미에서 복합어에 속한다.[18] 예컨대 理发工具와 理发的工具 등이 있다.

DN의 형식적 제한은 음절, 문체에서 일어날 수 있으며, DN은 DdN으로 변환이 가능하지만 의미는 유지된다. 개념적 측면에서 살펴보면, 먼저, 일음절 동사가 de 없이 한정어가 될 수 있는 능력은 쌍음절 동사에 미치지 못한다. 쌍음절 동사는 쌍음절 명사와 결합되는 경우가 많으며, 서면어로 된 공식적 문장에 쓰이는 동사는 쉽게 DN을 이룬다. 驾驶技术는 开车技术보다 자주 쓰이며 用餐地点는 가능하지만 ?吃饭地点은 오히려 어색하다. 이와 유사한 예는 发言提纲-?讲话提纲, 工作效率-?干活效率, 作战能力-*打仗能力, 节能汽车-*省油汽车, 捐款方式-?捐钱方式 등이 있다. 상기에서 두 요소의 작용 범위는 대체적으로 중첩된다. 일음절 동사는 대부분 구어체에 쓰이고 서면어는 대부분 쌍음절 동사를 사용하며 두 조합의 사음절 형식은 강력한 서면어 색채를 지니고 있다.

이제 상기의 두 요소를 배제한 후 결정적 작용이 개념적 요소인지 살펴보겠다. 먼저, 부류적 측면에서 살펴보자. 중국어 문법학자는 오랫동안 중국어 동사성 성분은 직접 한정어가 될 수 없었다. 그러나 (2)에서 보듯이 쌍음절 단독동사와 쌍음절로 구성된 동목구조가 직접 한정어로

---

18 여기서 '좁은 의미에서 복합어'라고 부른 이유는 de를 동반하지 않는 한정어, 중심어 구조를 복합명사로 이해하기 때문이다. 이와 대해 제7장을 참고하기 바란다.

쓰이는 경우는 보편적이다. 실제로 (2)는 개방적 목록에 가깝기 때문에 기존의 논의는 정확하지 않다고 볼 수 있다. Hopper & Thompson(1984)는 명사, 동사의 문법특징과 의미, 기능 요소에 대한 연구를 소개하였다. 그들은 유형학적 증거를 인용하여, 동사는 의미적으로 구체적, 가시적인 실제 동작을 나타내며, 담화 기능에서 특정한 장소에서 행위자가 일으킨 사건을 나타낼수록 문장에서 동사성은 더욱 강력해진다고 하였다. 예를 들어, 형식적으로 동사적 특징이 많을수록 시제, 상, 양상의 변화를 지니게 되는 반면, 원형적 동사의 형식적 특징은 감소된다. 이러한 연구는 동사의 형식적 특징과 실현 능력이 주로 개념과 기능의 속성에 의해 결정된다는 점을 시사해 준다. 중국어에서 어떤 동사성 성분이 직접 한정어가 될 수 있고 될 수 없는지를 살펴보면 이론적 근거를 명백히 세울 수 있다. 먼저, 절대적으로 한정어가 될 수 없는 것은 절과 시제, 상표지가 포함된 복잡한 동사성은 de를 부가해야 한다. 이제 (1), (2)에서 직접 한정어가 될 수 있는 동사를 살펴보자. 이들의 기능은 발생한 사건을 보도하는 것이 아니라 사물의 속성을 표현하는데 있다. (1)의 일음절 동사는 특정한 언어 환경에서 동작을 지시하지 않는다. 예를 들어, 煎, 炒는 특정한 시공간에서 발생하지 않는 동작을 나타내며, 음식물의 조리 방법을 나타낸다. 病, 活, 死, 冻, 烂 역시 관련 사물의 현저한 속성을 나타낸다. 사물의 정의적 속성을 나타낼 수 없는 일음절 동사에서 동태성이 없는 是, 有, 姓는 한정어가 될 수 없다. (2)의 쌍음절 동사 역시 마찬가지이다. 이들은 실제 사건을 지시할 수 없으며 그중에 많은 동사가 사물의 기능적 속성을 나타낸다. 예를 들어 实验设备, 测量仪器, 理发工具, 健身器材, 出租汽车, 学习文件, 作战部队, 分析方法 등이다. 기타 동사는 사물의 다른 측면에서 현저한 특징을 나타낸다. 예를 들면 滚动轴承이 그러하다. 이러한 점에서 직접 한정어가 될 수 있는 동사는 구별사와 유사하다.

또 다른 예를 살펴보자. 洗澡水, 洗脚水, *洗手水는 문법적 적격성에 차이가 있다. 이는 북방지역에서 볼 수 있는 세면모형의 인식에 영향을 받은 것이다. 洗澡와 洗脚의 특별한 세면모형은 다음과 같이 제시할 수 있다. (i) 시간적 특징 : 잠자기 전에 한다. (ii) 도구적 특징 : 전용 욕조와 대야가 있다. (iii) 용수의 특징 : 통상적으로 따뜻한 물을 사용한다. 손을 씻는 행위는 이러한 모형이 없기 때문에 시간, 도구의 요구가 없으며 반드시 물을 가열할 필요가 없다. 따라서 洗手의 경우 물에 규약적 분류를 부여되지 않는다. 남방지역은 이 같은 세면모형이 없으므로 상기처럼 분류를 하지 않는다. 예컨대, 광주어(广州话)는 冲凉[嘅]水, 洗手[嘅]水라고 표현한다.

제6절 명사 한정어와 명사구

6.6.1 본 절에서는 두 개의 명사구로 구성된 DN을 N1N2라고 표기할 것이다. N1이 비유를 나타낼 때 비원형적 부류의 실례는 铁的纪律, 血的教训, 준한정어는 张三的篮球(打得好), 행위자는 上级的支持 등이다. 명사 한정어는 대부분 영속관계를 나타낸다. 이 부류의 한정어는 다음 절에서 자세하게 논할 것이다. 여기서는 다른 유형과 비교를 통해 원형적 부류를 살펴보겠다. de가 출현하지 않는 명사 한정어는 상당히 자유롭다.

(1) 木头桌子, 缎子被面, 水泥剪子, 塑料提包, 洋瓷茶壶, 柏油马路, 玻璃窗子, 杉木扁担
(2) 胡桃夹子, 酱油瓶子, 羊毛剪子, 黑板刷子, 菜篮子, 墨水瓶儿, 笔记本儿, 金鱼缸, 皮鞋油

(3) 石油工人, 语文老师, 哲学教授, 喜剧演员, 舞蹈专家, 种子选手, 体育委员, 主任医师

(4) 日本电器, 瑞士手表, 烟台苹果, 热带水果, 新疆西瓜, 美国电影, 青岛啤酒, 金华火腿

(5) a. 生物化学, 脊椎动物, 细菌武器, 电影票, 电影制片厂, 百货商店, 商业社会, 文艺节目, 历史小说, 工人阶级, 广播电台, 期刊阅览室, 玩具手枪, 商品经济, 化学元素, 光学元件

    b. 煤气炉子, 学术著作, 科学知识, 语法术语, 科研项目, 古代文化, 民主权利, 理论文章, 医学文献, 地理条件, 英语词典, 陶瓷工艺, 经济基础, 理论问题, 历史事实

(6) 张三的钢笔, 李四的耳朵, 王五的妹妹, 妹妹的脾气, 妹妹的生命, 师传的经验

의미적 측면에서 (1)의 N1은 N2의 재료이며 (2)는 기능성 용도이며 (3)은 직업 신분이며 (4)는 생산지 기원을 나타낸다. (5)의 N1과 N2의 의미관계는 모호하지만 N1은 N2의 속성을 나타낸다고 할 수 있다. (6)은 전형적인 영속관계이다. 즉, 유생물 N1은 N2를 보유하고 있다. 즉, 위의 형식에서 DN을 구성하는 능력은 두 부류로 나뉜다. (1-5)의 한정어는 반드시 de가 출현하지 않아도 되며, (6)은 반드시 출현해야 한다.

6.6.2 첫 번째 부류 역시 두 가지 상황이 존재한다. 하나는, de는 출현할 수도 출현하지 않을 수도 있다. 재료를 나타내는 (1)과 기타 속성을 나타내는 (5b)가 이에 속한다. 다른 하나는, 일반적으로 de가 출현하지 않는다. 기능성 용도를 나타내는 (2)와 직업과 신분을 나타내는 (3)과 일반적 속성을 나타내는 (5a)가 이에 속한다. 첫 번째 상황에서 de가 출현하지 않는 것은 일반적이다. 두 번째 상황은 복합어인 경우가 많다.

예를 들어 百货商店, 笔记本儿 등이다. 부류적 측면에서 이러한 의미의 한정어는 N1N2를 이룰 수 있는 잠재능력을 지니고 있다. 이중에서 N1은 N2의 분류지표이며 전체구조는 전형적인 부류 명칭이다. N1은 N2와 직접 결합할 수 있으며 일정한 제약을 받는다. 그러나 형용사와 결합하면 제약은 느슨해진다. de를 첨가한 한정어는 선택제약을 받지 않는다. 가장 전형적인 실례는 재료이다. 예를 들어, 木头的N은 de 없이 木头N을 구성할 수 있다. de를 첨가할 수 없는 경우는 직업, 신분, 기능적 용도 등이다. 예를 들어, 体育老师라고 표현하지만 *体育学生라고 하지 않는다(刘月华 1983). 또한, 洗澡水, 洗脚水라고 표현하지만 *洗手水라고 표현하지 않으며, 菜篮子, 烦盒子라고 표현하지만 *菜盒子, *饭篮子라고 표현하지 않는다. 이미 언급했듯이, 부적격한 구조에서 D는 N의 규약적 분류지표를 충당할 수 없다. 이러한 제약은 대부분 인지구조, 즉 두 성분은 상호 행위모형에 의해 제약을 받는다. 예를 들어, (中小学)老师의 이해모형은 다음과 같이 조건을 함의하고 있다. a. 교사는 한 과목만 가르친다, b. 학생과 교사의 상호관계는 가르치고 배우는 과목에서 발생한다. 어떤 과목은 교사를 구별하는 지표로 쓰여 体育老师, 数学老师, 物理老师로 표현할 수 있다. 중등학교는 이러한 과목을 분류지표로 삼지 않는데, 이는 학생들이 한 과목만 배우지 않기 때문이다. 대학생은의 교과과정과 조직방식은 전공에 의존해 분류지표로 삼지 않는다. 이들 간에는 예속관계만 존재하기 때문이다. 대학생은 예속관계에만 의존하기 때문에 전공에 따라 체육학과 학생, 의과 학생 인문대학 학생으로 나뉜다. 菜篮子, 烦盒子는 채소를 사고 밥을 짓는 행위모형과 관련된다.

6.6.3 이제 (4)와 (6)을 살펴보자. (4)의 한정어, 중심어 간에 de 출현은 비교적 자유롭다. de가 없는 경우 생산지를 나타내며, de가 있는 경우 생산지와 영속관계의 중의성을 지닌다. 美国电影은 미국에서 촬영한 것

이지만 美国的电影有些从欧洲进口的라고 표현할 수도 있다. 마찬가지로, 青岛的啤酒는 반드시 칭다오에서 제조된 맥주가 아니며 热带的水果는 반드시 열대지역에서 온 과일을 의미하지 않는다. 마찬가지로 上海的人은 반드시 상하이 사람이 아니다. de 출현 유무의 의미적 차이는 (7)과 (8)의 대립에서 명백하게 나타난다,

(7) 中国的朋友, 孩子的脾气, 狐狸的尾巴, 老虎的屁股, 咖啡的味儿, 和尚的头, 班主任的老师

(8) 中国朋友, 孩子脾气, 狐狸尾巴, 老虎屁股, 咖啡味儿, 和尚头, 班主任老师

朱德熙(1957)에 의하면, (a)의 한정어는 영속관계를 나타내며 (b)는 성질을 나타낸다고 하였다. (1-5)의 한정어 의미는 '중심어의 어떤 속성'을 나타낸다. 즉, 중심어에 대한 재료, 기능, 신분, 기원 등의 속성이다. 이러한 속성은 중심어가 대표하는 사물에 대한 규약적 분류의미를 지닌다. 이런 부류는 직접적으로 DN을 이룰 수 있다. 형용사와 비교해서, 명사가 나타내는 속성은 더욱 안정적, 객관적, 본질적이다. 이러한 사실은 명사가 de를 첨가하지 않는 한정어로 쓰일 때 형용사보다 제약을 덜 받는 이유에 대해 설명해주고 있다. 속성과 대립되는 (6)은 영속성을 지닌 부류에 속한다. (6)에서 명사 한정어가 직접 명사를 수식할 수 없는 이유 역시 충분한 인지적 근거가 있다. 사물의 속성은 개념적으로 불가분하다. 이를 근거로 분류된 부류는 사물의 규약적 속성을 나타낸다. 속성과 사물의 개념적 관계는 매우 긴밀해서 개념적 통합성은 높고 개념적 거리는 매우 가깝게 인식된다. 소유자와 피소유자의 양도가능('钢笔')과 양도불가능('耳朵', '妹妹', '脾气')은 명확한 경계가 있다. 소유자와 피소유자는 분명한 경계가 있어서 주체와 객체의 대립이 없는 경우 영속관

계라고 말할 수 없다. 따라서 이들의 개념적 거리는 사물, 속성 관계와 비해 상대적으로 멀게 인식된다. 결과적으로 중국어 N1N2구가 만일 원형적 속성 관계를 이루면 de가 출현하지 않고, 영속관계이면 반드시 de가 출현해야 한다. 이러한 규칙은 중국어에 거리 도상성이 반영되어 있음을 확인시켜 주고 있다.

6.6.4 중국어 N1N2의 속성과 영속관계의 형식적 대립은 다른 언어에서도 나타나는 보편적 현상이다. Seilor(1978)은 한정관계(determination)를 특정적 지시과 분류적 개념으로 나눴다. 특정적 지시의 주요 기능은 확정적 지시로, 중심어 외연에 작용하며 중심어의 내포에는 영향을 미치지 않는다. 분류적 개념의 주요 기능은 개념의 내용을 증가시키고 개념의 내포에 작용하는데 있다. 유형학적으로 다양한 언어에서 특정적 지시의 경우 조합 방식으로, 분류적 개념은 점착 형식으로 구성된다. 속성 한정어와 영속 한정어는 각각 특정적 지시와 분류적 개념의 한정관계이다. 张三的桌子와 木头桌子, 大桌子를 비교해보자. 탁자는 소유자가 있으며 이 개념은 어떠한 영향을 미치지 않는다. 즉, 탁자는 张三이 소유자인데 소유자는 탁자에 영향을 미치지 않는다. 차이는 지시된 탁자가 어떤 탁자인지에 있다. 만일 木头에 大를 수식하면 개념의 내용은 달라진다. 소유자가 달라지면 피소유물의 속성이 변화되지 않은 반면, 속성이 달라지면 사물의 속성은 어느 정도로 변화될 수 있다. 이에 따라 속성은 사물과의 개념적 거리는 소유자와 보다 가깝게 인식된다. 다음의 예문을 비교해 보자(Seiler 1983).

(9) a. Wittgenstein's argument

   b. a Wittgenstein argument

(10) a. Jokobson's features

b. The Jokobsonian features

a와 b는 중국어의 (7), (8)에서의 구분과 같다. a에서 선행성분은 영속자이고 b에서 후행성분은 속성이다. a에서 argument와 features는 Witttgenstein과 Jokobson이 제시한 것이다. 이와 달리 b의 전체구조는 어떤 부류를 나타내며, 선행성분은 분류지표이다. Mosel(1982)가 제시한 오스트로네시아어계 Tolai어의 예를 살펴보자.

(11) a. bul ka-i ra lulai
　　　　(관사-어린이-양사-영속표지-관사-추장)
　　 b. a bul na lulai
　　　　(관사-어린이-복합어 연결성분-추장)

(11a)은 '추장의 아이'라는 의미이며 선행성분은 영속자로 후행성분의 지시체를 확정시킨다. (11b)는 '추장 아이'로 직역되며 선행성분은 속성이고 전체구조는 어떤 아이, 즉 어떤 특정한 신분에 속하는 아이를 가리킨다. (11a)에서 매개성분 ka-i는 양도가능 영속구조에 출현하는 那人的 房子와 비슷하다. (11b)의 na는 양도불가능 비원형적 영속구조인 树的 叶子, 房子的里面과 유사하다. 중국어, 영어, Tolai어처럼 친족관계와 지역관계가 없는 언어에서 영속구조의 언어적 거리는 속성보다 멀리 위치하는 경향이 나타난다. 이에 따라 N1N2의 속성과 영속관계는 인지적 근거가 있음을 설명해준다.

6.6.5 위에서는 5장에서 제시한 문제를 살펴보았다. 이로부터 거리 도상성이 한정어, 중심어의 표층구조에 투사되어 de 출현 여부를 반영하고 있음을 알 수 있다. 중국어에서 형용사, 구별사, 명사가 충당하는 한

정어는 의미적 측면에서 세 가지 유형으로 구별된다. 첫째, 상태 : 복합형식의 형용사(상태형용사, 형용사구, 일부 쌍음절 성질형용사), 둘째, 속성 : 단순형식의 형용사(일음절 형용사, 일부 쌍음절 성질형용사), 구별사, 명사, 셋째, 영속 : 명사와 대사로 이루어졌다. 전체구조가 속성을 나타내는 한정어는 중심어를 직접 수식할 수 있는 잠재능력이 있기 때문에 de가 출현하지 않아도 된다. 이러한 형식적 특징은 인지의미적 요소에 의해 촉진된 것이다. 이런 부류의 한정어는 중심어에 대한 규약적 분류지표를 나타낸다. 따라서 중심어와 한정어의 개념적 통합성은 높고 거리적으로 가깝게 위치하는 경향으로 나타난다. 이러한 부류가 어떤 경우 DN을 구성할 수 없는 이유는 D가 인지모형의 제약으로 N의 규약적 분류지표를 충당할 수 없기 때문이다. 상태와 원형적 영속관계를 나타내는 한정어는 반드시 de가 출현한다. 이 경우 한정어와 중심어의 개념적 거리는 비교적 멀고 여러 가지 원인으로 중심어에 대한 분류지표를 충당할 수 없다. 상황과 사물 간에는 상호관계가 불안정하기 때문에 개념적으로 멀리 위치하며 소유자와 소유물의 개념적 거리 역시 두 성분의 독립성으로 인해 멀리 위치하는 경향으로 나타난다. 문제는 他的手와 他妹妹에서의 de 출현 여부인데 이는 위의 인식을 바탕으로 설명할 수 있다.

07

—

영속구조 'de'와 언어 보편성

—

　의미적 측면에서 영속구조는 경계가 불분명하고 정의를 내리기 어렵다. 소유관계 我的书, 예속관계 孩子的手, 전체-부분 관계 松树的叶子, 귀속관계 飞机的速度, 시간-공간관계 今天的报纸, 院子的外边은 모두 영속관계로 분류된다. 위에서 소유관계는 원형적 영속관계에 속하고 나머지는 주변적 영속관계에 속한다. Seilor(1983)의 정의를 근거로 원형적 영속의미는 다음과 같이 나타낼 수 있다.

(1) a. 소유자(p1)는 유생물인 사람이며 가장 원형적인 것은 일인칭 자아(ego)이다.
　　b. 피소유자(p2)는 시지각적으로 감지되는 구체적 사물이다.
　　c. p1은 주동적이고 p2는 피동적이다.
　　c1. p2는 p1의 지배와 통제를 받는다.
　　c2. 소유관계는 다른 사람과 공유하지 않는다. 하나의 특정한 p1 은 다수의 사물을 가질 수 있으며 하나의 사물을 선택해서 소유관계가 이루어진다. 하나의 특정한 p2는 하나의 특정한 소유자만을 가지고 있다.

　위의 기준에 의하면 我的脑袋와 张三的钢笔는 원형적 영속구조에 속한다. (1)에서 크게 벗어나지 않는 기타 유형은 비교적 원형적인 영속구조에 속한다. (1)로부터 원형적 영속구조의 특징을 다음과 같이 추론할수 있다. a, b에서 원형적 구성원 p1과 p2는 지시적이며, p1은 한정적이며, 단일지시를 나타내는 대사 또는 고유명사로 표현한다. c2로부터 원형의 p2는 총칭성을 지니며, 담화환경에서 단일지시를 나타난다는 사실을 추론할 수 있다. 하지만 단일지시는 직접 실현되지 않고 총칭적으로정의되는 부류를 통해 하나의 방식을 선택해 실현한다. 이들은 주로 보통명사로 표현된다. 이러한 사실은 张三(단일지시 명사)的儿子(총칭 명사)와 ?张三的小宝(단일지시 명사)의 비교를 통해 확인할 수 있다. 한정관계에서 한정되는 성분은 통상적으로 총칭적 지시를 나타내는 보통명사이다. 단일지시를 나타내는 대명사와 고유명사가 지시하는 사물은 명확하기 때문에 한정할 필요가 없다. 따라서 대사와 고유명사가 제한적 한정어의 수식을 받는 사례는 드물다. 한정관계는 본래 총칭적 부류를 나타내며 그에 대한 제한은 두 가지 방향으로 진행된다. 첫째, 지시된 부류의의미는 원래 지시된 부류 중의 하나의 구성원으로 축소된다. 둘째, 의미는 원래 부류의 부차적 부류로 축소된다. 원형적 영속 한정어와 원형적속성 한정어는 각각 두 방향으로 중심어를 한정시킨다. 영속 한정어에서 D는 단일지시를 나타내며, 전체구조 역시 단일지시('他的爸爸')를 나타내거나 특정한 언어 환경에서 단일지시('我的笔')를 나타낸다. 속성 한정어에서 D는 총칙적 지시를 나타내며 전체구조도 총칭적 지시('木头桌子')를 나타낸다. 이런 구분은 원형적 영속 한정어가 de를 삭제할 수 없는 원인을 설명할 수 있다. 즉, DN은 본질적으로 부류명칭에 속하며, D는 규약적 분류지표에 속한다. 원형적 영속 한정어는 중심어가 지시하는 사물을 하나의 개형으로 간주되며, 이는 본질적으로 총칭적 지시와어울리지 않는다. 일반적으로 사물은 소유자에 따라 속성이 달라지지 않기 때문에 소유자는 사물의 규약적 분류지표가 되기 어렵다. 하지만 이 책에서는 영속관계에 따라 분류지표가 될 수 있는 상황을 발견하였다. 원형적 영속구조에서 원형적 속성구조는 하나의 연속체로 간주할 수 있다. 실제로 영속구조의 부분 N1과 전체구조는 비-단일지시이며 원형성에서 일탈되어 속성에 가까울수록 de가 삭제될 가능성은 높아진다.

제1절 명사 한정어의 영속구조

원형적 영속 한정어는 반드시 de와 공기하는데 이는 일부 영속구조는 de와 공기하지 않을 수 있다는 의미를 함의한다. 본 절에서는 명사가 한정어로 쓰인 영속구조를 살펴볼 것이다.

7.1.1 다음의 실례에서 p1과 p2는 생물 개체와 신체부위의 관계를 나타낸다.

(1) 张三的鼻子, 李四的脑袋, 老刘的耳朵, 小王的眼睛, 铁蛋儿的屁股, 黛玉的眼泪

(2) a. 洋人的鼻子, 孩子的脑袋, 聋子的耳朵, 姑娘的眼睛, 孩子的屁股, 女人的眼泪
    b. 狗的鼻子, 老鹰的翅膀, 狠的牙齿, 山羊的犄角, 狗熊的爪子, 松树的根, 柳树的叶子

(3) 牛(的)鼻子, 象(的)鼻子, 猪(的)脑袋, 猪(的)耳朵, 金鱼(的)眼睛, 猴子(的)屁股, 鳄鱼(的)眼泪, 猫(的)尾巴, 马(的)尾巴, 乌龟(的)壳, 鸡蛋(的)黄儿, 人(的)皮, 兔子(的)肉, 鹌鹑(的)蛋, 鸡(的)脚, 枯子(的)皮儿, 苹果(的)皮儿, 西瓜(的)皮, 松树(的)叶子, 芥菜(的)种子, 花生(的)壳, 椰子(的)壳

(1), (2)는 반드시 de가 출현해야 하고 (3)는 출현하지 않아도 된다. de 출현 조건을 살펴보면, 세 부류는 상호 대립하고 있음을 알 수 있다. (1)과 (2), (3)은 총칭성 측면에서 대립한다. (2), (3)의 N1은 총칭성의 보통명사이고 전체구조 역시 총칭성을 나타낸다. (1)과 (2a)의 대립은 명확하게 구별할 수 있다. 이에 앞에서 제시한 Dde의 의미는 다음과 같이 수정할 필요가 있다. 중국어 DdeN의 한정관계는 총칭적 한정과 단일지시로 구분된다. D가 총칭성을 나타내고 전체구조가 총칭성을 나타내는 경우 한정관계는 총칭적 한정에 속하며 이 경우 D는 분류지표가 된다. 한정을 나타내는 Dde를 분류지표로 보는 이유는 D가 성질형용사, 구별사, 일반명사가 총칭성을 나타내기 때문이다. D가 단일지시적 고유명사일 경우 단일지시적 한정성 또는 단일지시적 확정성(identification)을 나타낸다. 즉, 중심어가 대표하는 부류에서 특정한 보기를 확정하여 지시 대상으로 삼는 것이다. 이 경우 D는 '확정적 지시'로 지칭하기로 한다. 가령 鼻子는 하나의 사물로 분류되지만 张三的鼻子는 张三에게만 있는 특정한 코를 의미하므로 鼻子는 张三을 통해 확정적, 특정적 지시로 분류된다. (1)에서 N1은 확정적 지시이고 (2), (3)의 N1은 분류지표이다. (1)은 원형의 영속구조를 나타내고 (2), (3)은 원형에서 벗어났으며 (3)은 원형에서 가장 멀게 인식된다.

(3)에서 de가 출현한 형식은 원형적 영속의미에 가까우며 총칭성을 나타내는 보통명사 N1 역시 牛的鼻子在流血처럼 단일지시로 쓰인다. de가 출현하지 않는 형식 N1은 총칭성을 나타내며 심지어 비지시적 특성을 나타내는 경우도 있다. 예를 들면 我喜欢吃猪耳朵에서 猪는 복합어이다. 중국어 복합어는 鸡肉, 牛奶, 虎骨 등이 있으며 실제로 56개 중에서 de를 부가하지 않는 형식은 복합어로 볼 수 있다. 이 경우 N1은 N2의 영속자가 아니라 분류적 속성을 나타낸다. 이러한 형식은 특별한 의미를 나타내는데, 예를 들면 金鱼眼睛, 鳄鱼眼泪에서 N1은 속성에

속한다. 바꿔 말하면, (3)에서 de가 출현하지 않는 형식은 고정적 분류명칭이며, N1은 N2의 규약적 분류지표이다. 이러한 영속구조는 영속의 원형과 멀고 실제로 속성에 가깝다. 예를 들어 张三的鼻子와 大鼻子에서 牛鼻子는 후자에 가깝다. 이러한 구조에서 de가 출현하지 않는 이유는 설명 가능하다.

마찬가지로 총칭적 지시를 나타내는 (2)와 (3) 역시 대립을 이루며, 이에 따라 de 출현 규칙과 앞 절에서 언급한 규칙, 즉 분류지표로서 D가 구분하는 것은 규약적 부류인지 여부이다. 어떤 부류가 규약적 부류가 되는지는 대부분 상호 행위모형과 관련된다. 동물의 신체부위는 먹거나 가죽으로 사용하므로 동물 명칭은 猪肉, 牛肉, 鸡肉, 牛皮, 羊皮, 狐狸皮등과 같이 DN로 표현한다. 하지만 실제 언어에서 잘 쓰이지 않는 老鼠的皮는 반드시 de가 출현해야 한다. 먹을 수 없거나 사용할 수 없는 사물에서 de 출현은 인지적 현저성에 의해 결정된다. 尾巴와 鼻子를 비교해보자. 尾巴는 동물의 전체 윤곽에서 현저성이 매우 높으므로 马尾巴, 牛尾巴, 猪尾巴, 狗尾巴, 猪尾巴, 老鼠尾巴, 老虎尾巴, 兔子尾巴, 狐狸尾巴로 표현할 수 있다. 지각적으로 크게 부각되지 않은 鼻子는 de를 첨가하여 猫的鼻子, 猴的鼻子, 兔子的鼻子, 老虎的鼻子, 狗的鼻子, 牛的鼻子, 象的鼻子라고 표현된다. 소와 코끼리는 코가 부각되기 때문에 牛鼻子, 象鼻子로 표현할 수 있다. 이들의 코가 부각되는 것은 소는 코뚜레에 끈을 걸어서 끌기 때문이며 코끼리의 코는 형태적으로 현저하게 인지된다.

결론적으로 영속구조에서 p2가 신체부위어이고 p1이 고유명사일 때 de가 반드시 출현하는 것은 아니다. p1이 총칭성의 고유명사이며 규약적 분류지표를 담당하는 경우 de의 출현은 제약된다. (1)과 (3)에서 de가 출현하지 않는 것은 p1이 사람 이외의 생물의 경우가 대부분이다. 실제로 de의 제약은 여기에 있지 않고 지인명사가 절대적인 고유명사일 경

우이다. 우리는 고유명사로 개체의 동식물(애완동물은 제외)을 지시할
수 없다고 여긴다. 단일지시일 경우 보통명사에 한정어('那条鱼')를 부가
하거나, 언어 환경에서('鱼死了') 방식으로 지시할 수 있다.

7.1.2 다음에서 p1과 p2는 모두 사람을 가리키며 의미적으로 대인관
계를 나타낸다. p2는 친족어를 포함하고 있다.

> (4) 张三的哥哥, 宝钗的妈, 王贵的媳妇儿, 李四的亲戚, 小王的导师,
>   老刘的邻居, 宋江的朋友
> (5) 孩子的老师, 同学的同学, 主任的儿子, 爸爸的同事, 邻居的女儿,
>   朋友的太太, 首长的秘书
> (6) 干部(的)子女, 贵族(的)后裔, 烈士(的)后代, 军人(的)家属, 博士
>   生(的)导师, 学生(的)家长

(4)의 p1은 고유명사이며 단일지시 한정어이므로 de가 출현해야 없
다. (5)의 p1은 보통명사로 단일지시된 총칭적 한정어에 속한다. 전체구
조가 총칭성을 나타낼 때 중국인은 규약적 부류로 간주하지 않는데 이는
중국어에서 邻居的女儿를 부류로 인식하지 않는 것과 같다. 그런데 (5)
와 유사한 (6)은 오히려 중국어의 규약적 부류에 속한다. 가령 어떤 부류
에 속하는 사람인 경우 干部(的)子女라고 표현할 수 있는데, 이러한 형
식에서 de가 출현하면 p1과 전체구조는 총칭적 또는 비지시적 의미를
나타낸다. de가 출현하지 않는 경우 p1과 전체구조는 총칭적, 비지시적
이며 규약적 분류명칭을 나타낸다.

7.1.3 다음에서 p2는 구체적인 사물을 나타낸다.

338

(7) 李四的信, 鲁迅的照片, 学生的论文, 张三的衣服, 老师的收入, 赵七的财产, 老刘的表

(8) 名人(的)书信, 明星(的)照品, 研究生(的)论文, 儿童(的)服装, 职工(的)收入, 国家(的)财产

(7)의 p1은 고유명사 또는 보통명사이다. (8)은 보통명사 또는 집합명사이다. 영속자를 나타내는 고유명사에 de가 출현하는 것은 자연스럽다. 보통명사가 단일지시되는 경우 예컨대, 学生/研究生的论文已经交了에서 de는 생략할 수 없다. (8)의 형식은 규약적 부류를 나타낸다. 예를 들어, 研究生论文은 규약적 부류이고, 学生论文는 규약적 부류로 인식되지 않는다.

다음에서 p2는 추상적 사물을 나타내며 (9)와 (10)은 대립을 이루고 있다.

(9) 曹雪芹的成就, 宝玉的性格, 黛玉的形象, 张三的利益, 红楼梦的风格, 水浒的情节

(10) 个人(的)成就, 人物(的)性格, 人物(的)形象, 群众(的)利益, 作品(的)风格, 故事(的)情节

단일지시된 고유명사와 추상명사로 결합된 영속구조는 (9)처럼 de가 출현하는 것이 일반적이다. 张三的气质/脾气/心情/地位/观点/信仰/印象/经验/名声/胆量/感情/愿望/本事 등이 이에 속한다.

7.1.4 위의 (1), (4), (7)은 모두 원형적 영속구조이며 반드시 de가 출현해야 한다. 기타 용례는 서로 다른 정도로 원형에서 일탈되었다. 만일 'p1이 p2를 위한 규약적 부류의 조건에 만족해야만' de를 삭제할 능력을

지니게 된다. 영속구조의 원형에서 멀어진 경우 de를 삭제할 수 있으며, 일부의 경우 상황은 더 복잡하다. 아래의 실례를 살펴보자.

(11) 中文系(的)学生, 陆军(的)军营, 大学(的)教师, 邮局(的)职工, 工会(的)会员, 语文组(的)教员, 教研室(的)主任, 总统府(的)顾问, 委员会(的)成员, 宾馆(的)服务员, 车间(的)负责人

(12) 上海(的)居民, 北大(的)学生, 北大(的)校长, 英国(的)女王, 美国(的)总统, 137师(的)师长

(11)의 p1과 p2는 총칭적 지시를 나타내는 보통명사이다. p2는 신분을 나타내고 P1은 그것의 귀속을 나타낸다. p1은 p2의 규약적 분류지표가 될 수 있다. 가령 학생은 소속학과에 따라 규약적 부류로 구분되며 中文系/商科/法学院学生에서 de는 생략 가능하다. 군관은 소속 군별에 따라 陆军/空军/海军军官으로 나뉜다. 따라서 de를 생략해도 전혀 어색하지 않다. 만일 이들 간에 de가 출현하면 영속의미는 더욱 명확해진다. p1과 p2는 실제 담화에서 단일지시된 한정성으로 표현된다. 가령 中文系的学生都来了에서 中文系는 어떤 학교나 특정 학교의 중문과를 가리키고 学生은 특정 학생을 가리킨다. 만일 de가 출현하지 않을 경우 영속의미는 속성의미로 양도되며 p1과 p2는 비지시적이고 전체구조는 신분을 나타낸다. 가령 中文系学生赵大明, 赵大明是中文系学生에서 中文系学生은 赵大明의 신분을 나타내며 비지시적 특징을 지닌다. (12) 역시 (11)과 마찬가지이다. 学生은 北大的学生에서 한정적인 반면, 北大学生에서는 비한정적, 총칭적, 비지시적이며 전체구조는 신분을 나타낸다.

(12)의 p1은 단일지시된 고유명사에 속하며 위의 일부의 전체구조 역시 단일지시를 나타낸다. 예컨대 英国的女王에서 de는 생략 가능하다. 이러한 사실은 위의 결론과 대조를 이룬다. 하지만 자세히 살펴보면 이

러한 형식은 본질적으로 모순되지 않는다. 앞에서 언급했던 de의 삭제 조건은 'p1이 p2에 규약적 부류이며', 결정적인 요소는 p1에 달려있다. 사실상 더 중요한 요소는 p1과 p2로 결합된 전체구조가 규약적 분류인지에 있다. 먼저, p2는 분류를 나타내는 보통명사이고, 단독의 보통명사는 모든 사물에 대한 규약적 분류를 반영한다. 예를 들어, 学生은 규약적 부류에서 어떤 종류의 사람을 가리키고, 人은 동물 부류를 가리킨다. p1이 p2를 수식했을 때 de 삭제 조건은 규약적 부류가 될 것을 요구한다. 일반적으로 p1가 부류를 나타내는 보통명사일 경우 이 요구에 만족할 가능성은 p1이 고유명사일때 보다 훨씬 크다. 예를 들어, 中文系(的)学生은 한 부류의 학생을 지시하지만 老张的学生은 그렇지 못하다. 여기의 老张은 de를 삭제할 수 없는데 문제는 p1이 고유명사라는데 있지 않고, 고유명사 老张이 전체구조의 규약적 부류가 될 수 없는데 있다. 老张을 고유명사 北大로 바꾸면 학생은 소속학교 또는 학과를 근거로 규약적 부류지표를 이루기 때문에 北大(的)学生의 부류로 구성된다. 北大学生의 지시적 특성은 총칭성이다. 만일 단일지시를 나타내려면 一个, 那个 등의 한정어를 부가해야 한다. 美国总统은 단일지시이기 때문에 ?一个/那个美国总统은 어색하다. 美国总统은 고유명사는 아니지만 규약적 구별이 가능하다. 이처럼 단일지시 방식은 실제 지시된 현재의 미국 대통령을 美国总统의 규약적 분류로 귀속시키는 작용을 한다. 즉, 현재 미국 대통령에 美国总统이라는 신분을 부여하는 것이다. 美国总统는 北大学生처럼 동위구조를 이루고 있다.

(13) 美国总统克林顿, 北大校长蔡元培, 工会会员李香香, 路军军官阵强, 北大学生赵大明

(14) 希拉里的丈夫克林顿, 刘夏的朋友蔡元培, 王贵的媳妇儿李香香, 老张的学生赵大明

   (13)과 (14)는 고유명사를 첨가한 동위구조이지만 의미는 동일하지 않다. (13)에서 수식구는 신분을 나타내는 규약적 분류지표인 반면, (14)는 확정적 지표이기 때문에 규약적 부류에 속하지 않는다. 흥미로운 것은 ?美国的总统克林顿, ?北大的学生赵大明은 어색하다는 점이다. (14)에서 de는 필수적이기 때문에 老张学生赵大明은 부자연스럽다.

   위의 예문에서 p1은 단일지시의 고유명사로 규약적 부류명칭이 될 수 있다. 즉, p1가 고유명사인 경우 p2의 확정적 지표로서 p2에 대한 단일지시적, 한정적이 될 수 있다. p2가 비지인명사인 경우 역시 유사한 상항이 나타난다.

   (15) 印度(的)音乐, 庄子(的)哲学, 中国(的)历史, 牛顿(的)力学, 爱因
       斯担(的)相对论

   인도 음악은 음악의 일종이며 장자 철학은 철학의 일종이다. 하지만 아인쉬타인의 상대성이론은 상대성이론의 일종이라기보다 물리학 이론의 일종으로서 상대성이론이라고 불린다. 이 이론의 창시자인 아인쉬타인은 확정적 지표에 속한다. 유사한 예는 北大的西门, 颐和园的北门, 故官的正门 등이 있다. 여기서 de는 삭제 가능하지만 이들은 西门, 北门, 正门이 아니라 특정한 문을 가리킨다. 이에 단순지시에 속하는 구조는 대체로 규약적 단일지시라는 점을 확인할 수 있다. 이미 언급했듯이 단독의 보통명사는 모든 사물에 대한 규약적 분류가 될 수 있다. 사실 세계에 대한 지시는 또 다른 방식이 존재한다. 즉, 단독의 고유명사를 사용해 단일 특정 사물에 대한 규약적 확정을 한다. 이와 달리, 명사성 DN은 분류식(보통명사와 유사함)뿐 아니라 확정식(고유명사와 유사함)이 있음을 확인할 수 있다.

7.1.5 다음에서 특수한 영속구조를 살펴보기로 한다.

(16) 桌子(的)上面, 院子(的)中间, 盒子(的)里面, 村子(的)左边, 广场
     (的)北边, 讲台(的)前面, 学校(的)四周, 北京(的)南边, 操场(的)
     四周, 张三(的)后边, 小王(的)旁边, 李四(的)面前, 赵七(的)背
     后, 弟弟(的)脸上, 主任(的)手里, 宝玉(的)嘴里, 孩子(的)身上,
     老师(的)跟前

　위에서 de는 출현하지 않아도 되며 출현하지 않는 경우가 더 자연스
럽다. 이중에서 p2와 전체구조는 규약적 부류를 나타내지 않는다. p1은
분류지표도 특정한 사물에 의존한 확정적 지표도 아니다. 예를 들어,
上面은 어떤 사물이 아니고, 桌子(的)上面은 上面의 일종이 아니며, 桌
子 역시 특정한 上面을 확정시킬 수 없다. 따라서 de의 삭제조건은 앞에
서 논의한 사실과 관련이 없는 것처럼 보인다. 그러나 다른 측면에서
살펴보면 de의 삭제 근거는 논의한 사실과 일치한다. 먼저 위에서 p2는
합성방위사와 신체부위 面, 背, 脸, 手, 嘴를 좌표로 하는 하나의 방위를
포함하고 있다. p1은 고유명사 또는 한정적 지시의 보통명사이며, 전체
구조는 의미적 측면에서 사물을 지시하기보다는 사물의 공간 위치를 확
정한다. 예를 들면, 书在桌子的上面은 桌子를 참조로 书의 공간 위치를
나타낸다. 위에서 보통명사와 고유명사는 사물에 대한 규약적 분류이며
확정성을 반영하고 있다. 반면, 실체의 공간 위치는 확정적이며, 공간
위치는 절대적 위치와 상대적 위치로 나뉜다. 이를 단독명사로 표현하
면 전자는 北京, 海淀, 府右街 등의 지명과 学校, 教室, 书店과 같은
지역과 기구의 보통명사로 처소명사에 해당한다. 후자는 上面, 中间 등
의 방위사로 공간적 위치의 기본 형식이다. 방위사와 처소사에서, 방위
사는 상대적인 공간 관계만을 나타낸다. 방위사와 처소사는 里面有人,

右边是一个商店, 放在旁边, 前面就是沙家浜처럼 단독으로 쓰여 참조물이 없는 것처럼 보이지만, 실제로 참조물은 암묵적으로 존재하고 있다. 예를 들면, 화자가 里面이라고 말했을 때 청자는 그것이 무엇을 의미하는 바를 알고 있다는 것이다. 이와 같이 암묵적 참조물은 지시적, 한정적이다. 특정 언어 환경에서 里面有人라고 사물을 지시하거나 화자 자신이 前面没路人라고 발화했을 경우, 참조물을 명확히 하기 위해 중국어에서 자주 쓰이는 규약적 방식은 이를 수식어로 기호화하는 방식이다. 의미적 측면에서 이들은 공간의 영속자로 간주된다. Hsieh(1989)와 Tai(1993)는 영속관계 또는 전체-부분 관계 도식으로 공간관계를 기호화하는 것은 중국어의 기본적인 특징이라고 하였다. 실체는 물리적, 심리적으로 또 다른 실체가 될 수 있지만 공간은 실체가 아니다. 따라서 공간과 실체 간에는 본질적으로 소유관계를 이룰 수 없다. 하지만 이 책에서 중국어는 은유를 통해 실체는 공간을 차지하고 있으며 공간은 실체를 차지할 수 있다고 여긴다. 이러한 은유적 근거는 원형적 영속관계의 현저한 특징에서 기인한다.

(17) 원형적 영속관계는 아래의 관계를 함의하고 있다.
  a. 포함 관계 : 피소유자는 소유자에 포함된다. : 我的手, 我的理想
  b. 인접 관계 : 피소유자가 물리적, 심리적으로 소유자와 인접하거나
     접촉을 이룬다. : 我的衣服, 我的哥哥

공간과 실체는 소유관계를 이루지 못하지만 포함관계와 인접관계를 이룰 수 있다. 중국어에서 실체 간에 상대적 공간 관계는 포함관계와 인접관계를 기초로 영속구조를 이룬다. 여기서는 공간 정위가 필요한 실체는 초점 또는 Fo(focal object)라고 부르고, 공간 정위된 실체는 참조물 또는 Ro(reference object)라고 부를 것이다. 방위사가 표현하는 공간

형태는 S(spatial configuration)이라 하고 영속관계는 P로 표시하기로 한다. Tai(1989)에 의하면 书在桌子的上头에서 전체, 부분 관계는 먼저 桌子와 上头이 존재하고 나서 전체 桌子的上头와 부분 书의 관계가 존재한다고 하였다. 이 책에서는 이러한 견해를 더욱 확장시켜 세 가지 사물의 상호관계를 두 층위의 영속관계, 즉 [Ro P S] P Fo 로 간주하였다. 다음의 예문을 비교해 보자.

(18) a. 桌子的上头　　　　　b. 张三的书
(19) a. 桌子的上头有两本书　　b. 张三有两只手
(20) a. 桌子上头的书　　　　　b. 张三的书

(18a)는 (18b)의 은유적 표현이다. 실체 桌子는 공간 上头를 차지하고 있으며 은유적 근거는 영속관계에 함의된 인접관계에서 비롯된다. 만일 张三이 소유했으면 张三과 书는 물리적, 심리적 접촉을 이루며, 물체는 주변 공간과 인접하며 둘은 상호 접촉을 이룬다. (19)에서 공간은 은유적 방식으로 실체가 될 수 있음을 보여준다. 이러한 근거는 영속관계에 함의된 포함관계에서 비롯된다. 张三이 手를 가지고 있다는 사실은 手가 张三 전체에 포함한다는 의미이다. 书이 책상 위쪽에 있다는 사실은 书이 桌子的上头로 정의되는 공간을 차지하고 있음을 의미한다. (20a)는 공간에서 실체의 확인을 두 층차의 은유적 영속관계를 통해 보여주고 있다. 첫째, 실체 Ro는 은유적 공간 S를 차지하며 이를 근거로 특정한 공간을 확정한다. 이후 이 공간은 실체 Fo를 차지하고 이를 근거로 특정한 실체를 확인시킨다. 이러한 관계를 규명하면 상기에서 de 출현 여부의 근거는 명확해질 것이다. (16)과 (18a)은 소유자로서 실체 R은 그들이 차지하는 공간과 긴밀하게 인접하며, 이러한 인접관계는 다른 관계를 초월할 수 있다. 张三的手/爸爸/书는 张三와 개념적으로 긴밀하다. 하

지만 사지는 절단될 수 있고, 부자관계는 벗어날 수 있으며, 재산은 양도
될 수 있기 때문에 断了手的张三, 死了父亲的王冕, 丢了课本的学生은
가능하다. 桌子는 그와 인접한 공간 上头를 벗어날 수 없으므로 ?没了
上头的桌子, ?没了南面的北京은 어색하다. 우리는 이러한 인지적 긴
밀성이 (16)과 (18a)에서 de를 삭제할 수 있는 능력과 관련된다고 생각
한다. 다시 말해서, 张三的手/爸爸/书에서 de를 삭제할 수 없는 이유는
소유자와 피소유자의 관계가 긴밀하지 않기 때문이다. de가 삭제된 구
조에서 실체는 규약적 부류에 속한다. (16), (18a)에서 중심어는 공간이
며, 부류를 나타내는 제한이 없기 때문에 심층에서 거리적 도상성은 다
른 측면으로 나타난다. (20a)에서 중심어 앞의 de를 삭제할 수 없는 것은
(20b)도 마찬가지이다. (20a)에서 중심어는 실체이며 부류명칭의 제약을
받아 桌子上头的书는 하나의 규약적 부류를 이룰 수 없으며 다른 규약
적 제약을 받는다. 즉, 중국어 다항정어에서 가장 오른쪽 성분 뒤에는
반드시 de가 출현해야 한다. 이를 단항정어로 바꿔도 de를 삭제하지 않
고 桌子的书라고 표현해야 한다. 여기에 방위를 나타내는 한정어는 공
간 위치를 나타내는 형식으로 바꿀 수 있으며 de는 반드시 출현해야
한다. 예를 들어 这里的书 등이다. 이는 그들 간의 인지적 원인이 있음
을 말해준다. 구체적으로, 중국어에서 실체는 상대적 위치로 분류지표
를 삼을 수 없으며 규약적 분류로 귀속할 수 없어서 桌子书, 这里书는
불가능하다. 여기에서 인지적 근거는 (18a)와 (20a)를 비교하면 확인할
수 있다. 桌子(的)上头는 특정한 실체가 인접한 공간을 차지하고 있음
을 의미하고, 桌子上头的书는 특정한 공간에 실체가 점유한다는 사실을
의미한다. 실체는 이동을 하더라도 인접한 공간을 벗어나지 않지만 특
정한 공간에 항구적으로 머무를 수 없다.[1]

---

1 물론 절대적인 공간위치는 제한을 받지 않는다. 예를 들어, 南方城市라고 말하지만
南边城市라고 말하지 않는다. 이는 南方이 고정된 공간개념이 있는 반면 南边은 상

위의 분석은 단순한 형이상학적 사변이라고 비판을 받을 수 있다(袁毓林 1994). 사실상 중국어의 형식적 표현은 형이상학적인 철학 문제를 생각하게 한다. 예를 들어, 내용어와 방위사의 긴밀한 결합은 de를 삭제 시킬 뿐 아니라 단순 방위사와 명사를 하나의 단어로 점착시킨다. 예를 들어 身上, 家里, 门外 등이 있다. 일부 학자는 이러한 단순 방위사를 후치사(postposition)로 분석하였다(Ernst 1988). 형이상학적 관점에서 실체와 실체 간의 관계는 느슨하거나 긴밀할 수 있으며, 다양한 방식으로 이접되거나 특정한 공간과 유리될 수 있다. 그러나 실체는 어떠한 상황에서도 그를 담고 있는 상대적 공간을 벗어나지 못한다. 실체와 상대적 공간위치의 긴밀한 관계에서 출발하여, 중국어에서 상대적 위치를 나타내는 방위사와 실체 간에는 교착을 이룬다. 이러한 본체론에 대해 인지언어학자가 관심을 둔 이유는 인간이 인지하는 세계의 구조가 언어 구조와 대응되기 때문이다. 인지문법이 의미적 측면에서 형식과 주관적 억측을 해석할 때 중요시 하는 것은 '재차 출현'하는 형식적 유사성이다 (Haiman 1985a). 여기서 내용어와 방위사의 형식적 긴밀성과 개념적 긴밀성은 다음과 같은 상호 관계를 두고 있다. 첫째, 하나하나 안건마다 특정한 가설을 세우지 않는다. 둘째, 이는 전적으로 중국어를 해석하기 위한 특정한 가설이 아니다. 이미 논의한 바와 같이 de 출현 여부는 다양한 측면에서 개념적 긴밀성과 상관성이 존재한다. 더 나아가 형식적 거리와 개념적 거리의 대응은 중국어의 다양한 유형의 구조에서 구현된다(Zhang 1995). 이는 형식적 도상성이 '재차 출현' 요구를 만족하고 독립적인 근거가 있음을 설명해주고 있다. 셋째, 유형학적 증거에서, 내용어와 상대적 공간어의 긴밀한 형식적 특성은 다른 언어에서도 '재차 출현'하고 있다. 따라서 상기의 의미적 해석은 범언어적으로 타당하다고

대적이기 때문이다. 左/右手에서 左右는 절대적이며, 신체의 경계를 나누는 근거 이다.

할 수 있다. 먼저, 범언어적으로 영속관계와 공간 정위 관계의 기호체계가 유사한 것은(Ultan 1978) 우연이라고 볼 수 없다. Clark(1978)은 친족관계가 없는 30개 언어자료를 고찰한 후 이를 충분히 논증하였다. 공간관계는 사람과 세계의 상호작용에서 원시와 본질의 관계이며(Seilor 1983), 자연언어 역시 은유를 통해 공간관계를 영속관계로 이해하는데 어렵지 않다. 핀란드어, 리투아어, Ewe어는 중국어 (16)의 구조와 유사하다. Seilor(1983)에 의하면, 형식적으로 양도가능과 양도불가능의 영속관계로 구분되는 언어에서 공간 정위(spatial orientation) 관계는 양도불가능 형식으로 기호화된 언어의 비율이 상당이 높다고 하였다. 그가 인용한 M. Reh 등의 1981년 연구에 의하면, 아프리카의 많은 언어에서 양도불가능 영속형식은 사회관계, 공간관계, 부속관계로 나뉜다. 이 세 가지 관계는 많은 언어에서 다음과 같은 함축적 위계를 이루고 있다. 만일 어떤 언어에서 어떤 관계가 양도불가능 형식만으로 표현되면 거기에는 반드시 친족관계가 있다. 만일 두 부류가 존재하면 반드시 친족관계와 공간관계가 있다. 만일 세 부류가 존재하면 앞의 두 부류에 신체부분 관계가 부가된다. Dizi어는 예외적이다. 이 중에서 공간과 신체 부분의 관계는 양도불가능 형식으로 친족관계는 양도가능 형식으로 표현된다. Dizi어 외에 일부 언어에서 양도불가능을 표현하는 형식은 양도가능 형식에 비해 긴밀하다.

(16)처럼 중국어에서 시간 정위를 나타내는 구조 역시 de의 출현이 가능하지만 출현하지 않는 것이 일반적이다.

(21) 昨天(的)上午, 明天(的)晚上, 星期天(的)白天, 明年(的)春季, 去年(的)春节, 第二天(的)早晨, 90年(的)2月, 95年(的)年底, 12月(的)31号, 上个月(的)月初, 19世纪(的)上半叶, 明朝(的)末年

위에서 시간은 시점을 나타내며 공간표현과 대응된다. 시간표현은 참조물이 불필요한 절대적 시간어휘(이하 A류로 칭함)와 참조물에 의존한 상대적 시간어휘(이하 B류로 칭함)로 나뉜다. A류는 고유명사 1995年, 明朝, 20世紀 등과 보통명사를 포함하며 확정된 明天, 上周, 去年 등으로 가리킨다. B류는 31号, 星期一, 五月, 春节 등을 포함한다. A류에 시간 정위를 부여하면 의미는 자족적이다. 따라서 94年, 明年를 가리킬 때 是哪个94年?, 是哪个昨天?로 질문할 수 없다. B류는 자족적이지 않지만 단독으로 쓸 수 있다. 이 경우 참조시간은 현재이며 예를 들어, 晚上, 31号, 星期一再去는 오늘밤, 이번 달 31일, 이번 주 월요일을 가리킨다. 만일 再去를 去的로 바꾸면 전날 밤, 지난 달 31일, 이미 지나간 과거에서 가장 가까운 월요일을 가리킨다. 이는 哪天晚上？, 哪个礼拜天？, 哪年春天？으로 질문할 수 있다. 만일 참조물을 명확하게 하려면 B류 한정어로 기호화해서 (21)와 같은 비원형적 영속구조를 이뤄야 한다. A류와 B류 모두 수식어가 될 수 있는 반면, 중심어는 B류만 가능하다. (21)의 구조는 한정적 참조점이 시간관계 어휘가 지시하는 것으로 확인할 수 있다. 그 앞의 항은 시간적 정위를 부여한 확정적 지시에 속한다. (21)의 de가 삭제된 근거는 공간관계를 나타내는 (16)과 대응된다. (21)의 구조에서 앞의 항은 전체이고 뒤의 항은 부분으로 이 둘은 신체부위 관계보다 긴밀하다. 따라서 앞의 항이 대표하는 전체로 부터 뒤의 항이 대표하는 부분을 잘라낼 수 없다. 마치 의자 위쪽 공간을 잘라낼 수 없는 것과 동일하다. B류는 시간관계를 나타내는 비실체이므로 분류성을 지닐 수 없다. 따라서 분류명칭의 제약을 받지 않는다. 거리적 도상성은 양도불가능에 작용해서 시간의 전체와 부분은 직접적으로 구성된다.

결론적으로 거리 도상성은 중국어를 포함한 다양한 언어의 명사구를 제약하는 요소이다. 이는 언어 보편성을 반영하지만 다른 언어에서 언어 보편성의 실현 방식은 다소 차이가 있다. 많은 언어에서 명사구에 내재된 거리 도상성은 영속구조의 명사와 명사 구조에서 작용하고, 양도 가능과 양도불가능은 형식적으로 대립한다. 중국어의 작용범위는 더 넓 어서 다양한 성분의 수식어를 포함한 명사구에서 구현되며 이는 수식어 에 따라 구분된다. 한정어 중에서 속성을 나타내는 개념적 구조 간에 대체로 de가 출현하지 않는데 그 조건은 규약적 분류지시를 하는 작용 에 있다. 한정어가 영속자의 확정적 지시를 나타내는 경우 de는 삭제할 수 없으며, 이는 비원형적 영속구조에 해당한다. 이 경우 중심어가 총칭 적이고 속성에 가깝다. 만일 규약적 분류조건이 de 삭제를 만족하거나 시공간 정위 관계를 나타내면 중심어는 총칭성을 나타내지 않는다. 따 라서 총칭적 제약을 받지 않고, 한정어, 중심어 간의 개념적 관계는 양도 불가능으로 실현된다. 이러한 사실은 de 삭제 능력에 근거를 제공할 수 있다. 이에 한정어, 중심어 구조에서 de 출현 여부는 양도불가능 조건에 의해 결정되지 않음을 알 수 있다. 작용 범위가 넓고 제약이 매우 강한 것은 상기에서 언급한 '분류조건'이다. 분류명칭 조건이 작용하지 않는 경우에만 다른 조건이 작용하게 된다. 수식관계가 실체에 대한 확정을 나타낼 때 '독립적 조건'을 결정하는 원형적 영속구조에는 대부분 de가 출현한다. 수식관계가 시공간에 대한 확정일 경우 양도가능한 조건만 출현하고, 시공간 정위 구조에서는 de는 출현하지 않는다. 상기의 세 가지 조건은 순차적으로 작용한다. 张三的手, 张三的哥哥처럼 양도불 가능 조건에서 de를 삭제할 수 없는데, 이는 거리 도상성과 언어 보편성 의 반례로 볼 수 없다. 양도가능 영속관계와 양도불가능 영속관계가 원 형적 영속관계인 경우 '독립적 조건'은 de의 강제적 출현에 달려있다. 다른 언어에서 볼 수 있는 '양도가능 조건'은 이런 점에서 초월적이다.

제2절 대사 한정어의 영속구조

대사가 한정어로 쓰였을 때 위의 결론은 대부분 성립하지만 본장 제1절에서 언급한 我(的)哥哥는 예외적이다. 본 절에서는 명사가 한정어로 쓰일 때 de와 공기해지지 않아도 되는지 살펴보고 哥哥를 手로 교체했을 때 de가 반드시 출현하는지 살펴보기로 한다.

7.2.1 위에서 제시한 두 가지 문제를 해결하기 위해 지대사와 의문대사가 한정어로 쓰이는 경우를 살펴보겠다. 여기서는 지량(指量)구조와 의량(疑量) 구조를 포함해서 논할 것이다. 이들은 영속구조를 이룰 수 없지만 중심어와 결합에서 긴밀성이 구별된다. 여기서는 그들이 de 출현 여부에 있어서 상기의 해석에 부합한다는 것을 발견하였다.

(22) 谁的哥哥, 这样的事情, 怎么样的人, 这里的书, 那儿的情况, 哪
　　 儿的人
(23) 这个学生, 那家伙, 这话, 这些同学, 这件事情, 哪个同学, 哪本
　　 书, 什么人, 什么东西, 什么事

(22)처럼 谁가 원형적 영속자로 쓰일 경우 de는 반드시 출현한다. 这样, 怎么样이 한정어로 쓰인 경우 실체의 상황을 나타내며 형용사 복합형식과 마찬가지로 de와 공기해야 한다. 这里, 哪儿이 한정어로 쓰인 경우 공간 위치 관계를 통해 실체를 제약한다. 이들은 부류명칭의 제약으로 반드시 de와 공기해야 한다. (23)은 일반적으로 de와 공기하지 않는다. 만일 de가 출현하면 원하지 않음을 나타낸다. 什么味儿？와 什么的味儿？, 哪个孩子？와 哪个的孩子？의 비교를 통해, de가 출현하지 않는 경우 지시를 나타내고, 출현할 경우 영속을 나타내고 있음을 알

수 있다(朱德熙 1982). 什么가 한정어로 쓰일 경우 실체의 속성을 질문하는데 사용되며 什么样과 대응된다. 따라서 de가 출현하지 않는 것이 자연스럽다. 这, 那(哪)처럼 지시대사가 de와 공기하지 않는 이유는 통사적 제약과 관련된다. 이 책에서는 다량의 언어를 고찰한 결과 지시성 분과 내용어 간의 결합이 상당히 긴밀하기 때문이라고 보고 있다. 특히 직시적 지시(deictic reference)의 확정성과 관련된다. 여기서는 특정적 지시대상을 가리키는 낱말을 한정적 지칭어(definiter-expression)라고 부를 것이다. 중국어의 단독 체언이 한정적 지칭어로 쓰이는 경우 몇 가지 측면으로 제시된다. 첫째, 언어 환경에서 지시된 부류명칭인 老师来了이고, 둘째, 고유명사인 张三是我们的老师이고, 셋째, 인칭대사와 지시대사(지량구)인 他是가 누구인지 알고 있다는데 의존한다. 즉, 청자는 张三에 대한 지식을 전제한다. 인칭대사와 지시대사를 지시한 경우 청자는 전제된 지식에 의존할 필요가 없는데, 이는 인칭대사가 언어 환경에서 지시된 것을 직접 지시하는 방식이기 때문이다. 고유명사의 '비직시적' 특성에 대해 루소는 그들은 진정한 고유명사가 아니라 한정적 묘사어의 위장(伪装) 형식 또는 축약이라고 하였다(Russell, 1956). 예를 들면 我们的老师, 这个不好이다. 이 중에서 분류명칭의 지시적 확정성이 가장 약한 것은 말할 필요가 없다. 고유명사의 지시적 확정성은 가장 강력한데 이는 특정사물의 고유한 명칭이기 때문이다. 인칭대사와 지시대사의 지시적 확정성이 고유명사보다 약한 것은 언어 환경에 의해 결정되기 때문이다. 하지만 집단 안에서 어떤 실체를 판별하면 인칭대사와 지시대사의 지시적 확정성은 고유명사보다 높게 나타난다. 写这篇文章的是谁？의 질문은 是张三과 是我/你/他/这位/那位의 두 가지로 대답할 수 있다. 张三을 지시할 때 청자가 그 인물을 판별하는지는 청자가 지니고 있는 张三에 대한 지식에 달려있다. 만일 인칭/지시대로 지칭했을 경우 청자는 이러한 사전 지식에 의존하지 않는다. 대사 형식은 당시의 언어 환경에서 직접 지시되기 때문이다. 고유명사의 '비직시'와 '비인식(non-acquaintance)'의 지시적 특성에 대해, 루소는 그들이 진정한 고유명사가 아니라 한정적 묘사어의 위장 형식 또는 축약이라고 하였다(Russell 1956). 예를 들어, 소크라테스는 플라톤의 스승이며, 독약을 마신 철학자 등의 묘사어의 축약인 반면, 진정한 고유명사(他는 논리적 고유한 명칭으로 불린다)는 这, 那 등이다. 이들은 지시적 기능만 있고 함의가 없으므로 함의를 통해 지시를 할 수 없고, 특정한 사람이 경험한 특정한 시각에 체험한 느낌을 직접 지시한다. 언어학자는 이러한 점에서 철학자 루소와 유사한 점이 있다. 그들은 인칭대사, 지시대사, 관사를 직시어(deictic word)로 불렀다. 즉, 담화와 특정한 시공간 좌표에서 지시되는 것 간에는 연결된 형식이 구축된다는 것이다. 지시사와 기타 지시어의 본질적인 구별은 지시된 좌표가 시공간에서 자아중심(egocentricity)이라고 할 수 있다. 这는 화자와 가까운 실체이고, 那는 화자와 멀리 있는 실체이다(Lyons 1977). 특정한 시공간에서 가장 특정한 실체는 자아이며, 자기를 시공간 좌표로 삼아 정의되는 실체이다. 이제 다시 중국어가 확정적 지시를 나타내는 한정어, 중심어 구조를 살펴보자. 이들은 이른바 한정적 지시어에 속하며 그중에서 한정어는 중심어의 지시를 돕는 확정적 지시로 이해할 수 있다. 이들은 다음의 두 가지 부류로 나뉜다. 첫째, 지시대사가 한정어로 쓰인 경우 我的哥哥, 这个学生, 他的이고, 둘째, 비지시대사가 한정어로 쓰인 경우 张三的哥哥, 李四的学生, 老师的书이다. 지시대사는 비지시대사에 비해 확정성이 훨씬 강력하다.

(23)에서 这个学生과 같은 부류가 형식적으로 de와 공기하지 않는 이유는 거리 도상성과 관련이 있다. 즉, 언어의 형식적 거리는 개념적 거리에 의해 결정된다는 것이다. (23)은 실체에 대한 지시적 확정을 나타내며 개념적 거리의 함의는 다소 차이가 있다. 총칭성의 D(de)N에서 개념

적 거리는 D와 N 간의 물리적, 심리적 거리를 나타낸다. 단일지시된 D(de)N의 개념적 거리는 확정적 지시 D를 근거한 특정한 인지주체 간의 거리를 말한다. 바꿔 말해서, 인지주체(언어 행위의 주체)는 N을 확정할 수 있으며 그 근거는 D에 의해 결정된다. D와 인지주체 간의 개념적 거리가 가까울수록 D의 확정성은 높아지며, N에 대한 지시된 확정성 역시 높아진다. 이 경우 만일 D와 N 간에 형식적 거리가 가까우며, 이러한 형식적 특성은 거리 도상성에 의해 촉진된다. 개념적 거리의 두 가지 해석은 주관적 억측이 아니라 독립적으로 검증된 것이며, 두 부류의 한정관계에 근거해 구별한 것이다. 분류지시를 근거로 사물을 분류할 때 지시와 분류된 사물 간의 관계, 즉 木头桌子에서 木头와 桌子의 관계는 중요하다. 특정한 시공간에서 분류명칭의 확정과 인지주체의 시점(perspective) 관계는 크지 않다(탁자가 나무로 분류되는지는 특정 화자와 무관하다). 하지만 확정적 지시를 통해 지시되는 대상을 확정하는 경우 특정한 장면에서의 인지주체의 역할과 관점은 중요하다. 즉, 인지주체는 확정적 지시를 통해 판별할 필요가 있는 실체 간에 구축된 관계이다(어떤 탁자가 '这个桌子', '我的桌子'인지는 어떤 사람과 그의 관점이 관련된다). 따라서 전자의 한정관계에서 분류지시와 사물 간의 개념적 거리가 가까울수록 그 분류는 규약성을 지닌다. 후자의 관계에서 확정적 지시와 인지주체 간에 거리가 가까울수록 판별되는 대상의 지시성은 명확해진다. 이로부터 한정어, 중심어 구조에서 de 삭제 조건을 다음과 같이 제시할 수 있다. 한정어는 인지주체와 규약적으로 긴밀한 개념적 관계를 지닌 확정적 지시이어야 한다. 주체와 규약적으로 긴밀한 개념적 관계는 주체 위주의 지표를 말한다. 즉, 자아(ego)와 자아로부터 추론된 我, 你, 他, 这, 那 등이다. 위의 두 관계의 원형은 보통명사('桌子'), 고유명사('张三')로 구분된다. 보통명사는 직접적으로 분류를 나타내며 분류지표는 영(0)이다. 이 지표와 사물 간의 거리는 매우 가깝기 때문에 자연언어에서 사물에 대한 규약적 분류를 나타낸다. 고유명사는 직접적으로 지시를 나타내며 주체 간에 거리는 가장 가까워서 사물에 대한 규약적, 확정적 지시를 나타낸다. 루소가 제시한 논리적 고유명사는 원형 중에 원형에 속한다. 이 두 관계를 나타내는 한정어, 중심어 구조는 원형에 가까울수록 de가 삭제될 가능성이 높아진다. 木头桌子에서 桌子, 这个人에서 张三이 원형으로 간주된다.

7.2.2 이제 我(的)哥哥를 재차 살펴보기로 하자. 여기서는 我的哥哥와 같은 부류를 PdN으로 我哥哥와 같은 부류를 PN으로 부르기로 한다. 다음에서 PdN과 PN의 의미 차이와 두 형식의 내재적 원인을 살펴보자.

(24) 我(的)哥哥, 你(的)妹妹, 他(的)爷爷, 我(的)岳父, 她(的)爱人, 我(的)儿子, 你(的)媳妇儿, 她(的)爹

(25) 我(的)朋友, 你(的)同学, 我(的)邻居, 他(的)同事, 我(的)老乡, 你(的)学生, 我(的)徒弟, 他(的)导师

(26) 我们学校, 你们车间, 我们单位, 我们教研室, 你们班, 他们公司, 我们年级, 你们厂, 我们系, 我们国家, 我们县, 我们所, 我们院, 你们楼, 你们组, 我们室, 我们科, 他们台, 我们连

(24), (25)에서 de는 출현하지 않을 수 있으며 (26)은 대부분 출현하지 않는다. 위에서 N은 세 가지 부류로 나뉜다. (24)는 친족어이고 (25)는 사회관계와 관련되고 (26)은 사기구인 단위, 단체, 조직, 정치 영역 등이다. (24), (25)는 영속관계내므로, P는 인칭대사 我, 你, 他 등이다. (26)은 집단의 귀속관계를 나타내므로 화자가 단수를 의미하더라도 P는 복수형식 我们만 가능하다.[2] 이러한 구조는 de가 출현과 상관없이 영속구조를 나타낸다. 일반적으로 de가 출현하지 않는 경우 생략된 것이며,

출현할 경우 영속관계를 강조한 것이다. 하지만 이 책에서는 이러한 주장에 동의하지 않는다. 즉, 我的哥哥와 我哥哥는 구조적, 의미적으로 전혀 다른 두 형식이다. 구조적 측면에서 전자는 대사에 de를 첨가한 수식어이며, 후자는 대사를 사용해 명사를 직접 수식한 것으로 그 사이에 de 삭제 과정은 존재하지 않는다. 이러한 점은 (26)의 형식이 de와 공기할 수 없다는 사실을 명백히 보여준다. (26)에서 일부 N은 점착된 것으로 院, 室이 이에 속한다. 이러한 사실은 PN이 복합어가 될 수 있음을 말해준다. 의미적 측면에서 두 형식은 심층관계에서 영속관계를 이루지만 PdN은 표층적으로 영속관계를 구현되며, PN은 지칭관계를 나타낸다. 즉, 我的哥哥는 张三的哥哥, 张三的手, 张三的书와 유사하며, 이들은 원형적 영속관계에 속한다. 분석에 따르면 de의 필연적 출현은 거리 도상성에 의해 촉진된 것이다. 我哥哥는 这个人과 유사하며 이중에서 我의 표층의미는 영속자가 아니라 这, 那의 지칭성과 유사하다. 전체 구조는 관계 틀에서(哥哥는 친족관계를 대표한다) 我를 사용해 확정적 지시로 삼아 지시된 것을 단일지시된 실체로 확정한 것이다(예를 들어, 某个名叫张三이면, 我는 哥哥로 불리는 사람이다). 这, 那와 마찬가지로 我는 정위적 확정지시에 작용을 한다. 这, 那는 공간관계를 통해 정위된 것이고, 我는 인간관계를 통해 정위된 것이다. 这, 那와 我는 모두 지시어이기 때문에 그들의 정위는 직접 지시된 것이다. 따라서 我哥哥에 de가 출현하지 않는 이유는 这个人과 동일하다. P가 PN에서의 지시작용은 (26)에서 더욱 명백하다. 예를 들어, 我们学校는 영속관계를 나타내며 谁的学校?라고 대답할 수 있다. 我们学校는 我们을 통해 学校

---

2 서면어는 단수 형식의 한정어를 사용한다. 예를 들어 我国, 我省, 我校이다. 예외적으로 N이 家인 경우 구어에서 단수와 복수형식의 한정어로 쓰여 我家, 我们家 모두 가능하다. 이 경우 家는 개체가 영속되거나 귀속 단위이다. 家를 함의하는 구조는 또 다른 예외가 있다. 명사 역시 대사와 마찬가지로 de를 동반하지 않는 한정어가 있는데 张三家, 朋友家이다. 이들 역시 동기성에 의해 촉진된 것이다.

의 지시체를 확정하며, 哪个学校?으로 대답할 수 있다. 다음에서는 PdN과 PN의 다양한 측면에서 의미 차이를 설명한 후 형식적 측면에서 논증하기로 한다.

먼저 (24-26)의 구조에서 de 출현 여부는 단일지시, 즉 특정한 실체를 지시하는 작용에 있다. 이런 실체는 고유명사여서 我(的)哥哥, 我们(的)学校는 각각 张三과 北大로 구분된다. 사실상 보통명사와 고유명사는 단독지시에 사용되며 老师来了, 张三来了에서 보통명사 老师와 고유명사 张三은 사람을 지시할 수 있다. 보통명사와 고유명사의 중요한 차이는 다음과 같다. 보통명사는 단일지시, 총칭적 지시, 복수지시('老师/妹妹都来了'), 비한정적 지시에 사용되는 반면, 고유명사는 단일지시, 특정적 지시에 사용된다. 이 책에서는 PdN과 PN이 지시기능 및 보통명사와 고유명사의 구별에서 완전히 대응된다는 점을 발견하였다. PdN은 한정적, 비한정적 지시를 나타낸다. 비한정적 지시의 실례는 谁也不敢做他的老师이다. 한정적 지시는 단수의미와 복수의미를 나타내며 我的妹妹는 나의 유일한 여동생 또는 나의 어떤 여동생을 가리키거나 나의 몇 명의 여동생을 가리킨다. 반면, PN은 한정적 지시, 확정적 단수지시를 나타낸다. 예를 들어 我妹妹는 나의 어떤 여동생을 가리킨다. 이는 조합식으로 이루어진 PdN의 한정어가 중심어의 지시 범위를 축소하지만 지시적 능력은 변화하지 않음을 말해주고 있다. 이와 달리, 점착식 PN에서 P는 직시적, 확정적 지시이며, 전체 구조의 지시성을 단일 실체로 한정할 수 있다. 다음의 예문에서 두 구조는 지시적 측면에서 차이가 있음을 설명해주고 있다.

(27) a 我的妹妹都很聪明。(나의 여동생은 모두 똑똑하다.)
    b. ?我妹妹都很聪明。
    c. 我老师很聪明。(나의 선생님은 똑똑하시다.)

(28) a 我的老师大都很年轻。(나의 선생님은 모두 젊으시다.)

　　 b. ?我老师大都很年轻。

　　 c. 我老师很年轻。(나의 선생님은 젊으시다.)

(29) a 他的老乡是张三和李四。(그의 동향은 장싼과 리쓰이다.)

　　 b. ?他老乡是张三和李四。

　　 c. 他老乡是张三。(그의 동향은 장싼이다.)

(30) a 他的学生坐满了一屋子。(그의 학생은 방에 가득 앉아있다.)

　　 b. ?他学生坐满了一屋子。

　　 c. 他学生在我屋里。(그의 학생은 내 방에 있다.)

(31) a. 他的朋友我一个也没见过。(그의 친구는 내가 한 명도 만난 적이 없다.)

　　 b. ?他朋友我一个也没见过。

　　 c. 他朋友我没见过。(그의 친구는 내가 본적이 없다.)

(32) a. 他的叔叔有两个在上海。(그의 작은 아버지는 두 명이 상하 이에 있다.)

　　 b. ?他叔叔有两个在上海。

　　 c. 他叔叔在上海。(그의 작은 아버지는 상하이에 있다.)

문장의 술어 부분에 주어가 복수임을 나타내는 성분(부사 '都')이 없으면 주어가 PdN인 (a)만 성립되고, 주어가 PN인 (b)이면 부적격하다(이중 주어가 아니다). (c)는 성립되는데 이중의 PN은 모두 고유명사로 바꿀 수 있지만 (a)와 (b)의 주어는 그렇지 못하다. 이는 PN이 지시적 측면에서 단일지시된 고유명사라는 것을 말해준다. 더 나아가 N이 爸爸, 妈妈, 爷爷와 같은 명사일 때 PdN과 PN은 모두 단일지시를 나타내며 호환 가능하다. PdN은 복수지시가 불가능하지만 비한정적 용법에 쓰이고 PN은 한정적 용법에 쓰인다. 이러한 사실에서 我的爸爸와 我爸爸는 어떤 경우 의미적 차이가 있음을 알 수 있다. 아래는 PdN과 PN의 의미차이를 나타내고 있다.

(33) a. 他爷爷实际上是他的外公(=张三实际上是他的外公)
    그의 할아버지는 실제로 그의 외할아버지이다.
    (= 장싼은 실제로 그의 외할아버지이다.)

   b. 他的爷爷实际上是他外公(=他的爷爷实际上是张三)
    그의 할아버지는 실제로 그의 외할아버지이다.
    (= 그의 할아버지는 실제로 장싼이다.)

   c. ?他爷爷实际上是他外公(?张三实际上是李四)

(34) a. 他爸爸实际上是他的叔叔(=张三实际上是他的叔叔)
    그의 아버지는 실제로 그의 작은 아버지이다.
    (=장싼은 실제로 그의 작은 아버지이다.)

   b. ?他的爸爸实际上是他叔叔(?他的爸爸实际上是张三 ; ?他过
    继给爸爸和叔叔)

   c. ?他爷爷实际上是他叔叔(?张三实际上是张二 ; ?他把张三称
    作爸爸和叔叔)

(35) a. 他爸爸其实不是他的爸爸(=张三其实不是他的爸爸)
    그의 아버지는 사실상 그의 아버지가 아니다.
    (=장싼은 사실상 그의 아버지가 아니다.)

   b. ?他的爸爸其实不是他的爸爸(?张三其实不是他的张三)

전통적 관점은 PN은 de를 생략한 것이며 PdN이 영속관계를 강조한다고 하였다. 위의 (a), (b), (c)에서 PdN과 PN의 지시체는 동일하지만 실제로 (a)와 (b)의 의미는 다르고 (c)는 성립하지 않는다. 四南官話에서 할아버지와 외할아버지는 모두 爷爷로 쓰이기 때문에 他는 어머니의 아버지를 爷爷로 부른 것으로 설정할 수 있다. 만일 他를 爷爷라고 부르는 사람과 그의 실질적 관계를 명확히 하려면 (33a)로 표현해야 한다. 만일 (33a)에서 de의 위치를 바꾸면 (33b)가 되며 이 경우 他는 할아버지를 외할아버지로 잘못 부른 것이기 때문에 (33b)의 의미는 그의 할아버지가 누구인지를 밝혀야 한다. (33c)가 성립되지 않는 이유는 他를 어떤 사람을 할아버지로 부를 수 있을 뿐 아니라 외할아버지로도 부를 수 있기 때문이다. 다른 상황을 설정해 보자. 张二和张三兄弟俩有一个无子에서 他는 그들 중의 아들이고, 다른 한명에게 계승된 사람이다. 이 경우 (34a)의 他는 张二의 아들이고 작은아버지 张三에게 계승된 반면, (34b)의 他는 张三의 아들이고 큰아버지 张二에게 계승된 사람이다. 마찬가지로, 他는 어떤 사람을 아버지 또는 작은 아버지로도 부를 수 있기 때문에 (34c)는 성립되지 않는다. 만일 他의 신분에 의혹을 느끼면 (35a)로 표현하는데 이 때 他爸爸는 지시적이며, 张三과 같은 고유명사로 바꿀 수 있다. 他的爸爸는 비한정적이며 관계를 나타낸다. (35b)가 성립하지 않는 것은？张三其实不是他的张三이 성립하지 않는 것과 동일하다. 다음의 예문을 보자.

(36) a. 我(的)妹妹也是我的同学(=跟我有兄弟关系的那个人跟我也有同学关系)

나의 여동생도 나의 동학이다.

(=나와 형제 관계에 있는 그 사람은 나와도 동학 관계이다.)

b. ?我妹妹也是我同学(?张三也是李四)

(37) a. 放心吧，你的朋友就是我的朋友(我会把你的朋友当作我的朋友看待)

걱정하지마, 네 친구는 곧 내 친구야.

(나는 너의 친구를 내 친구로 간주할 것이다.)

360

b. ?放心吧, 你朋友就是我朋友(?张三就是李四)

(38) a. 我的女朋友不一定要长得漂亮("我的女朋友"无指, 我还没有
女朋友)

나의 여자 친구는 반드시 예쁘지 않아도 된다.

("나의 여자 친구는 '비치칭'이며, 나는 아직 여자 친구가 없
다.)

b. ?我女朋友不一定要长得漂亮(?张三要长得漂亮)

한편, PN는 단일지시를 나타내며, 영속구조의 중심어가 비단일지시의
친족어일 때 de는 반드시 출현한다. 따라서 他的父亲, 我的姐妹, 你的
儿子는 자연스럽지만 ?他父亲, ?我姐妹, ?你儿子는 부자연스럽다.[3]
PN이 특정적 단일지시를 나타내는 상황 역시 N이 기구 명사의 예문
에 출현한다. (26)의 我们县, 我们所, 你们厂, 我们系, 我们国家는 각각
大兴县, 语言所, 青运机械厂, 北大中文系, 中央台, 中国를 가리키며 이
러한 고유명사로 교체 가능하다. 이러한 구조에 de가 첨가되어도 의미
는 변하지 않는다.

(39) a. 我们的学校有三千多所(比较：教育部都直属的学校有三千
多所)

우리 학교는 3천여 개가 있다.

---

3 이러한 형식은 문중에 출현할 수 있은데 예를 들면 他父亲不让他去이다. 朱德熙
(1982)는 많은 경우 단독 발화에서 de의 한정어, 중심어 구조를 문장에 포함하는
경우 de를 사용하지 않아도 된다고 하였다. 이 책의 목적은 단독 발화시 de 출현
규칙을 명확하게 밝히는 것이기 때문에 문중에 출현하는 상황은 고려하지 않았다.
사실상 한정어, 중심어 구조가 문중에 사용되면 de는 어떠한 상황에서 출현하고
삭제되는지는 동기성에 의한 것이다. Chappell & Thompson(1992)의 논문에서 문중
의 de 출현 여부의 의미적, 화용적 규칙을 찾을 수 있다.

(비교 : 교육부 직속 학교는 3천여 개가 있다.)

　　b. 我们学校有100年的历史(比较 : 北大有100年的历史)

　　　우리 학교는 100년의 역사를 지니고 있다.

　　　(비교 : 북대는 100년의 역사를 지니고 있다.)

　　c. *我们学校有三千多所(比较 : *北大有三千多所)

(40) a. 他们的国家分别是韩国、法国、日本(比较 : 这些留学生的
　　　国家分别是……)

　　　그들의 국가는 각각 한국, 프랑스, 일본이다.

　　　(비교 : 이 유학생들의 국가는 각각 …이다.)

　　b. 他们国家派了不少留学生来这儿(比较 : 韩国派了不少留学
　　　生来这儿)

　　　그들 국가는 적지 않은 유학생을 여기에 파견했다.

　　　(비교 : 한국은 적지 않은 유학생을 여기에 파견했다.)

　　c. *他们国家分别是韩国、法国、日本(比较 : *韩国分别是韩
　　　国、法国、日本)

　　결과적으로 PdN과 PN은 지시적 측면에서 다음과 같이 구별된다. PdN
과 PN은 모두 특정적 단일지시를 나타내지만, PdN은 복수지시, 총칭적
지시, 비한정지시를 나타내는 반면, PN은 특정적 단일지시를 나타낸다.
PN의 특징은 고유명사와 유사하다. 우리는 루소의 개념을 채용하여 그
들을 '논리적 고유명사' 혹은 반루소 개념으로 '위장적(伪装的), 확장적
고유명사'라고 부를 수 있다고 여긴다. 이들은 묘사어로 위장되었지만,
지시적 측면에서 고유명사에 상응한다. 유사한 고유명사의 단일지시성
은 형식적으로 검증이 필요하다. 중국어 고유명사는 아래와 같이 복수
지시 동위구조에 출현할 수 있다.

(41) 张三者这个人，李四这个家伙，清华这个单位，北大这所学校，
海淀这个地方，中国这个国家

(42) a. 我邻居这个人，他弟弟这个家伙，我们厂这个单位，我们学校
这个地方

　　b. ？我的邻居这个人，？他的弟弟这个家伙，？我们的厂这个
单位，？我们的学校这个地方

한편, 지인명사가 단일지시를 나타낼 때 他의 복수지시를 사용해 N他
의 동위구조를 이룰 수 있다.

(43) 张三他(不来了)，老刘他(今天有事)，爸爸他(不想去)，师傅他
(病了)

마찬가지로, N他는 PN他로 바꿀 수 있지만 PdN는 그렇지 못하다.

(44) a. 我哥哥不来了，我朋友他(今天有事)，我爸爸他(不想去)，我
师傅他(病了)

　　b. ？我的哥哥(不来了)，？我的朋友他(今天有事)，　？我的师
傅他(病了)

7.2.3 지금까지 PdN과 PN의 본질적 차이는 규명하였으며, 이제 기타
문제에 대해서 살펴보겠다. 본 절에서 남은 한 가지 매우 중요한 문제는
왜 중국어 영속구조는 한정어를 대사만 선택하고, 중심어가 인간관계,
사회관계, 기구를 나타내는 경우 de와 공기하지 않는지와 관련된다. 이
책에서는 이에 인지적 근거가 있다고 생각한다. 그 근거는 PN의 의미특
성과 관련된다. PdN는 PN으로부터 도출된 것이다. PN은 DN과 마찬가

지로 호칭성이 있으며, PN은 상하문에서 단지 특정적 지시의 단일 실체라는 점에 차이가 있다. 다수의 DN은 본질적으로 분류명칭에 속하고 총칭적 사물을 가리킨다. 이러한 측면에서 PN은 고유명사와 유사하고 PdN은 총칭적 지시와 유사하다. 하지만 PN은 고유명사뿐 아니라 총칭적 지사와도 유사한 측면이 있다. 중국어 담화에서 만일 특정한 단일 실체를 지시할 경우 아래와 같이 세 가지 방식으로 지시될 수 있다.

(45)

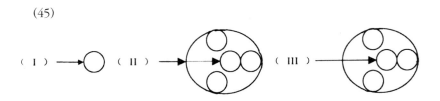

첫 번째 항목 (Ⅰ)은 고유명사를 나타내며 张三, 这 형식으로 실체를 직접 지시하므로 실선의 화살표로 나타냈다. 두 번째 항목 (Ⅱ)는 총칭성과 일반적인 DN의 지시 방식을 나타내며, 직접적으로 지시이다. 이후 상하문과 언어 환경을 통해 함축적 지시되므로 점선의 화살표로 나타냈다. 세 번째 항목 (Ⅲ)은 한정어, 중심어 구조('这个人')과 PN의 지시방식을 나타낸다. 그들과 고유명사는 단일 실체를 직접 지시한다는 점에서 공통적이고, 함축하지 않는다는 점에서 차이가 있다. 고유명사는 개체를 지시하는 반면, '지시사-양사-중심어'와 PN은 개별적 방식으로 선출된 개체를 지시하기 때문에 부류적 함축을 지닌다. 다음에서 PN의 특징을 살펴보기로 한다.

　PN의 논의를 근거로 좀 더 자세하게 살펴보겠다. 먼저 인칭대사를 한정어로 설정하여 N의 성분에 어떤 근거가 있는지 살펴보자. 구체적으로, 我哥哥, 我们学校는 성립하는 반면 我手, 我桌子는 성립하지 않는지를 살펴본 후, 중심어를 인간관계 어휘 및 기구를 나타내는 명사를 설정해서 我哥哥는 성립하고 张三哥哥는 성립하지 않는 이유를 살펴보겠다. 먼저 첫 번째 문제를 살펴보자. 영속구조의 한정어가 인칭대사일 때 소유자는 자연스럽게 인간과 영속관계를 이루는 사물, 즉 사람의 신체부위('脑袋'), 생각, 정서, 관념, 의지, 인공물('汽车', '房子', '前臂', '文章'), 자연물('花'), 인간관계('爸爸', '老师'), 인간으로 귀속되는 기구나 단체('学校') 등이다. 인지적 분류를 통해 이들은 양도가능과 양도불능으로 나눌 수 있다. 그러나 이미 분석했듯이 양도가능과 양도불가능은 중국어 PN 형성에 영향을 미치지 않는다. 이에 P와 N은 본질적으로 긴밀한 영속관계가 아니라 P와 N의 관계적 지시에 의존해 특정적 지시가 확정된다는 것을 알 수 있다. 따라서 영속물 중에서 특정한 개체를 동류 사물로부터 식별해내는 것이 중요하다. 명칭을 부여하는 것은 개체를 식별하는 과정인 동시에 식별된 개체를 분류하는 과정이다. 인간은 감지된 이산적 실체에 명칭을 부여하지만(Stachowiak 1978), 절대다수의 실체는 하나의 부류명칭을 가지고 있을 뿐이며, 소수의 실체는 현저한 개체적 특징에 따라 부류명칭 외에 독특한 고유한 명칭을 가지고 있다. 객관주의 관점에서 살펴보면, 각각의 개체는 개별적 특징을 지니고 있어서 세상에는 동일한 나뭇잎과 동일한 사람은 존재하지 않는다. 고차원적 인식은 저차원적 지각과 달리, 개체적 특질에 대해 더 강력한 선택주의를 받는다. 다시 말해서, 인간은 유의미한 개체적 특징에 주의를 집중하는 반면, 의미가 크지 않은 개체적 특징에는 집중하지 않는다. 따라서 의미적으로 개체적 특징의 중대한 차이는 인지와 언어에 반영되기 때문에 사람마다 고유명사가 될 수 있다. 이와 달리, 다양한 나뭇잎은 각각 개체적 명칭이 존재한다. 이에 인간이 영유하는 세계 만물은 두 가지로 나눌 수 있다. 한 부류에 속하는 사물의 개체적 특징이 의미적, 인지적으로 부각되면 고유명사로 지칭될 수 있으며, 이에 근거해 동류의 사물과 구별된다. 또 다른 부류의 사물은 덜 중요하며 개체적 특징이 쉽게 감지되므로 고유한 명칭이 없다. 첫 번째 부류에서 가장 중요한 구성원은 사람이다. 사람은 개체로서 다른 실체와 구별되는 개체적 특징을 지니고 있다. 이러한 구별은 유의미적하기 때문에 사람마다 이름을 가지고 있다. 이 밖에, 사람은 사회적 동물로서 집단을 이루는 경향이 있으며 사람으로 구성된 집단은 규약적 기구로 간주된다. 사람은 식별될 필요가 있기 때문에 특정한 고유명사(이름)을 가지게 된다. 이와 달리, 사물의 개체적 특징은 사람에 대해 보편적, 항구적 의미가 없으며 고유명칭을 통해 그들의 개체적 특징을 규약할 필요가 없다. 사람의 신체부위, 일반적 인공물, 비인공물 등이 이에 속한다. 사물은 분류명칭으로 지칭되며 묘사어를 통해 구체적 지시를 한정된다. 이와 같이 고유명칭을 통해 PN를 이루는 중요한 조건을 알 수 있다. 我哥哥, 我们学校에서 我哥哥는 张三을 我们学校는 北大를 가리킨다. 반면, 我手, 我铅笔는 성립되지 않는다. 그 이유는 我的手, 我的铅笔가 다른 부류와 구별되지만 규약적으로 인식할 만큼 중요하거나 부각되지 않기 때문이다. 고유명칭에 의존한 지시는 PN을 이루는 충분조건이지 필요조건이 아니다. 이들은 관계 좌표에서 특정적 지시를 통해 특정한 대상을 지시하여 규약화시킨다. PN은 DN처럼 호칭성을 지니고 있으며 규약적 명칭으로 사용된다. 또한, PN은 특정적 단일지시적 의미 기능을 하며 특정적 지시된 사물인 고유명사의 대체 명칭을 충당할 수 있다. 이와 같이 고유한 명칭이 없는 실체는 특정한 관계좌표(공간관계, 영속관계)에서 특정적 지시('我的手', '这只手', '旁边的桌子')가 될 수 있지만, 좌표를 벗어나면 특정적 지시가 될 수 없다. 또한, 이러한 좌표에서 특정적 지시가 되면 명칭을 교체할 수 있는 전제를 지니게 된다. 이러한 대체 명칭은 동시에 PN의 본질적으로 결정되는 두 가지 조건에 만족해야 한다. 첫째, 你(们), 我(们), 他(们)과 관련된 지표이다. 둘째, 이 부류에서 개체가 지시하는 것은 소유자에 근거해 규약적으로 확정된다. 먼저 PN이 사람을 지시하는 경우를 살펴보자. 고유명사 张三의 실체가 你, 我, 他와 구축되는 관계는 인간관계이다. 张三은 인간간계에 근거해 다양한 부류지표를 지닐 수 있다. 예를 들어, (我的)爸爸, (她的)丈夫, (他的)朋友, 你的邻居, 他的老师, 她的律师, 他的医生, 她的证婚人, 他的媒人, 她的舞伴 등이다. 이는 첫 번째 조건을 만족한다. 그러나 두 번째 조건은 특정적 지시는 그와 영속자와의 관계에 따라 확정될 것을 요구한다. 이들은 你, 我, 他와 견고한 관계를 이루며, 이러한 역할에서 你, 我, 他와 상호 빈번한 관계를 이룬다. 우리는 张三이 你, 我, 他와 함께 쓰일 때 자주 쓰이는 역할은 아버지, 남편, 친구, 이웃 등이지만 她의 약혼자, 무용 파트너 또는 중매인은 아니라고 생각한다. 따라서 후자의 역할은 张三에 대한 대체 명칭으로 쓰이기 어렵다. ?她证婚人, ?她媒人, ?她舞伴이 부자연스런 것은 이 때문이다. 물론, 张三는 변호사, 의사, 교사의 직업을 가질 수 있고, 이러한 신분으로 인간관계를 맺을 수 있다. 이와 달리, 我老师는 가능하지만 ?我律师, ?我医生은 부자연스러운 이유는 你, 我, 他와 老师는 긴밀한 관계를 이루기 때문이다. 일반적으로 你老师에서 你와 老师의 관계는 항구적이다. 하지만 사람마다 변호사, 의사가 될 수 없으며, 만일 그렇다해도 긴밀한 관계를 이루지 못하고 상호행위도 자주 발생하지 않는다. 이제 PN이 실체를 가리키는 경우를 살펴보자. 北大, 社科院语言所, 首脑는 고유명사이며 学校, 研究所, 厂, 公司, 单位 등이 你们, 我们, 他们과 연결되면 영속관계를 이룬다. 이 경우 我们과 그들의 상호관계는 긴밀하며 빈번하게 발생한다. 따라서 이러한 기구는 구별성을 지닌다. 이러한 기구는 PN의 모든 조건을 만족한다. 예컨대, 我们北大는 我们에 의존해 학교와의 귀속관계뿐 아니라 학교의 특정적 지시를 확정할 수 있다. 北大 학생이 여러 사람과 대화에서 北大는 어떠하고, 我们은 어떠하다고 말할 수 있다. 어떤 학생이 我们学校라고 말했을때, 北大 학생으로 이루어진 청중은 그가 지시하는 것을 北大라고 여길 수 있지만, 그가 속한 학교를 추론하지 못할 가능성도 있다. 어떤 상황에서든 고유명칭이나 사람과 귀속관계를 이루는 실체가 我们과 같은 확정적 지시와 총칭적 지시체를 확정되는 것은 귀속관계만을 의미하기 때문이다. 여기서는 이를 '양방향적 영속관계'라고 부를 것이다. 이는 확정적 지시대상에 근거한 관계를 말한다. 일반적인 영속관계는 단방향적 연속관계를 이룬다. 예를 들어, 北大 학생은 北大, 北大 도서관, 기숙사, 301호 등으로 불릴 수 있지만 그들과 영속관계를 이루는 것은 北大, 특정한 기숙사(32동)이지 北大 도서관과 301호이 아니다. 다음의 예문을 보자.

(46) a. 北大是我们的学校。(북대는 우리 학교이다.)

      b. 我们是北大的。(우리는 북대이다.)

(47) a. 32楼是我们的宿舍楼。(32동은 우리 기숙사이다.)

      b. 我们是32楼的。(우리는 32동이다.)

(48) a. 北大图书馆是我们的图书馆。(북대 도서관은 우리 도서관이다.)

      b. *我们是北大图书馆的。

(49) a. 301教室是我们的教室。(301교실은 우리 교실이다.)

      b. *我们是301教室的。

(48b)는 화자가 北大 도서관 직원인 경우에만 적격하다. 北大 학생일 경우 이처럼 표현할 수 없다. (49b)가 부적격한 이유는 교실은 소유자가 없기 때문이다. (47)의 楼는 教室와 달리 사람으로 구성된 기구이다. 양방향적 영속관계는 이 구조에서 구현된다. 따라서 我们의 확정적 지시에 의존해 특정적 지시를 나타낼 수 있다. 다음의 예문은 단방향적 영속관계와 양방향적 영속관계가 형식적 차이가 있음을 나타낸다.

(50) a. 我们学校越办越好。(우리 학교는 운영할수록 좋아진다.)

b. 我们的学校越办越好。(우리의 학교는 운영할수록 좋아진다.)

(51) a. 我们(图书)馆进了一批新书。(우리 (도서)관에 신간 도서들이 들여왔다.)

b. 我们的图书馆进了一批新书。(우리의 도서관에 신간 도서들이 들여왔다.)

(52) a. 我们(实验)室有很多设备。(우리 (실험)실은 많은 설비를 갖췄다.)

b. 我们的实验室有很多设备。(우리의 실험실은 많은 설비를 갖췄다.)

(a)의 我们N은 고유명사의 대체 명칭이며 我们은 고유명사가 대표하는 기구에 속하는 구성원이다. (b)에서 我们deN은 고유명사의 대체 명칭도 아니고 단일지시도 아니다. 我们은 N을 영속하지만 반드시 N에 의해 영속되는 것은 아니다. (50b)는 어떤 학교에 대해 교육부 장관이 아닌 北大 학생이 말한 것이다. 이미 언급했듯이 PN에서 P는 개별적 개체이며, PdN에서 P는 영속자를 의미한다. PN에서 P의 의미특징은 그것이 함의한 양방향적 영속자에 의해 결정된다. 영속자면서 피영속자인 P는 양방향적 관계를 지닌 지시체이며 영속 의미는 비영속 측면에 의해 중화된다. 이러한 형식은 고유명사와 함께 동위 복수구조를 이룬다. 예를 들면, 我们北大, 我们清华, 我们首脑, 我们北图 등이 있다. 여기서 我们은 '우리'의 의미로 해석되지 않고 北大라는 기구를 의미한다. PN이 사람 외의 실체를 가리킬 때, PN이 지시하는 실체는 P를 소유하거나 N이 충당하는 조건에 의해 결정된다. 사람에 의해 소유되고, 소유할 수 있는 실체일 경우 사람으로 구성된 기구를 의미한다. 이는 (26)의 N에서

잘 보여준다. 실제로 이 책에서 관찰된 양방향적 영속관계는 추론을 통해 PN의 조건을 설명할 수 있다. 예를 들어, 我的手, 我的首脑, 我的钢笔에서 de를 삭제할 수 없는 이유는 이 조건에 만족하기 않기 때문이다. 手, 首脑, 笔는 我에 의해 소유되며 이들은 我를 소유하지 못한다. 마찬가지로 我的哥哥, 我的朋友, 我的老师에서 哥哥, 朋友, 老师는 양방향적 영속관계를 함의하고 있다. 张三是我的哥哥/朋友/老师는 张三에 대한 영속관계를 설명하고 있다. 이런 관계는 동시에 我是张三的弟弟/朋友/学生의 의미를 설명해준다. 거리 도상성 측면에서 '이중 영속관계'가 있는 실체 간의 거리는 단독 관계에 비해 거리적으로 더 가깝게 인식된다. 따라서 거리 도상성은 중국어 PN 구조에서 상호 관련된 두 가지 측면을 구현하고 있다. 첫 번째, PN이 함의한 쌍방향적 영속관계는 긴밀한 관계이며, 두 실체 간에 긴밀한 개념적 관계를 이룬다. 둘째, PN의 P는 확정적 실체를 지시하며 N은 지시적 좌표를 나타내므로, P와 N 간에 긴밀한 개념관계를 이룬다.

이제 두 번째 문제인 PN의 한정어가 지인명사가 아니라 인칭대사를 선택하는지를 살펴보자. 여기서 N이 인간관계, 기구를 나타내는 경우 한정어와 중심어가 지칭하는 대상이 양방향적 영속관계 ?张三哥哥, ?张三朋友, ?张三学生이면 부자연스럽다. 범언어적으로 영속구조에서 한정어가 명사인 경우보다 인칭대사를 사용할 때 개념적으로 훨씬 긴밀하다. 전체구조의 단일지시성과 자아중심 지시성에 근간한 인칭대사는 특정적 지시 의미를 담고 있기 때문이다. PN은 고유명칭으로 지시되는 특정한 실체이다. 이 구조에서 두 번째 항은 부류명칭이며 지시성은 높지 않다. 이 경우 전체구조가 단독 대상을 지시하면 첫 번째 항에 의존해 강력한 한정성을 지니게 된다. 고유명사로 지시된 확정성은 매우 견고하지만 실체와 명칭 간의 고정적, 유일한 관계만을 형성하고 화자가 지시하는 실제 개체와는 명확한 관계를 이루지 못한다. 두 번째 항의 지시성은 지시어가 필요하다. 这, 那, 我, 你, 他와 같은 지시어가 있어야 확정적 직시 또는 현장지시를 나타낼 수 있다. 현장지시는 자아(ego)가 중심이 되며, '나'는 특정 담화에서 가장 높은 확정적 지시에 속한다. '我叫张三의 화행에서 我는 자신의 형을 의미한다. 张三的哥哥라고 발화한 경우 청자는 지시체를 이해하고 다음과 같은 두 단계를 완성해야 한다. 첫 번째 단계는 张三이라는 지시체를 명확히 해석하기 위해 담화 외적 지식에 의존하는 것이고, 두 번째 단계는 전체구조가 지시하는 것이 무엇인지 이해하는 것이다. 이러한 측면에서 我哥哥는 这个人와 마찬가지로 직접적 지시에 속한다. 기타 인칭대사는 모두 我에서 의미가 확장된 것이다. 따라서 지시적 직시성은 我와 유사한 측면이 있다.

위의 인지적 근거는 보편적 기초를 두고 있다. Silverstein(1976)은 NP 의미계층체계를 제시하였으며 이는 'Silverstein 층위'라고도 불린다. 여기서 NP는 유생성, 행위자성, 화제성, 현저성이 반영되어 있다. 만일 제1등급이 1인칭 포괄식 대사이면, 제2등급은 1인칭 단수와 배제식 대사이다. 이 순서에 따라 2인칭 대사, 3인칭 대사, 고유명사, 친족어, 사람의 지위를 반영한 어휘, 유생명사, 이산적 실체를 대표하는 어휘로 위계를 이룬다. 가장 마지막은 추상적 사물명사이다. 이 층위는 '자아중심' 에 속한다. Deane(1992)는 영어에 나타나는 두 부류의 영속구조에 관심을 가졌다. 즉, 영속어 전치 구조와 영속자 후치 구조의 적격성은 소유자를 나타내는 NP가 상기의 층위에서의 위치와 관련이 있다는 것이다. 전치 형식의 적격성은 순차적으로 감소하며 my foot, his foot, its foot, Bill'foot, my uncle's foot, the men's foot, the dog's foot, the bicycle's handle, house's roof, his honor's nature 등이 있다. 후치 형식의 적격성은 순차적으로 증가하며 the foot of me, …… the nature of his honor 등이 있다. 여기에는 두 가지 측면의 의미가 담겨있다. 첫째, 형식적 거리에서 소유자 전치 형식은 후치 형식보다 작고, 전치 형식에서 대사의 형식적 거리는 기타 NP보다 작다('my foot'과 'Bill's foot'). 의미적으로 'Silverstein 층위'에서 앞의 NP에 근접할수록 전치 형식은 수용된다. 둘째, 게르만어의 전치 소유격 형식은 확정적 지시를 나타내고, 후치 형식은 확정적 지시를 나타내지 않는다. 독일어의 Schiller's gedichte('쉴러의 시'), einige gedichte Schiller's('쉴러의 어떤 시'), 영어의 my friend, a friend of mine이 이에 속한다(Jesperson 1929). 영어에서 영속구조의 형식적 거리가 작을수록 확정성이 높아지고 자아중심 층위에 가장 위쪽에 있는 인칭대명사는 중심어와의 형식적 거리는 매우 가깝다. 이로부터 영어와 중국어에 거리 도상성이 반영되고 있음을 알 수 있다. 이러한 사실은 중국어 인칭대사에서 de가 출현하지 않는 영속관계 한정어에 대한 해석이 근거가 있음을 보여준다.

제3절 중국어 영속구조의 개별성과 공통성

지금까지 중국어 영속구조의 de 출현 규칙은 거리 도상성이라는 사실을 밝혔다. 많은 언어에서 영속구조의 거리 도상성은 동일하게 작용하지 않으며, 양도가능과 양도불가능으로 구별된다. 거리 도상성 원리는 중국어 명사구 작용 범위에서 영속구조를 초월하며, 한정어, 중심어의 긴밀한 결합을 결정하는 일반적인 규칙을 함의하고 있다. 본질적으로 한정어, 중심어 간에 de 출현 여부는 개념적 통합 정도가 구체적으로 반영된 것이다. 중국어 문법학계에서 de가 출현하지 않는 한정어, 중심어를 하나의 낱말로 간주하고 있지만, 우리는 de가 출현 가능한 한정어, 중심어에서 de가 출현하지 않는 경우 역시 단독 낱말로 보고 있다. 한정어, 중심어는 속성구조와 영속구조로 나뉜다. 그들 간에 de가 출현하지 않을 때 속성구조는 총칭적 보통명사를 나타내고, 영속구조는 단일지시된 고유명사를 나타낸다. 보통명사에 고유명사를 더하면 전체적으로 명사와 동일하다. 이런 인식을 기초로 Zhang(1996b)은 다음과 같은 가설을 제기하였다.

(1) 중국어 복합명사 가설 : 중국어는 명사를 중심어로 한 구조이다. 만일 수식어에 de를 부가하지 않는 명사, 구별사, 형용사 또는 동사가 오면 이러한 구조는 복합명사이다.

이 가설은 朱德熙(1982)의 조합식 수식구조의 개념을 확정한 것이다. 朱德熙는 이러한 수식구조는 '기능이 단일 명사와 상응한다. 이 경우 단일 명사가 출현할 수 있는 위치에 출현할 수 있다'라고 하였다. 인지적 측면에서 분석한 결과 역시 단일 명사에 상응한다.

결과적으로 de 출현의 일반 규칙은, 속성구조의 한정어가 의미적으로 규약적 분류지표가 될 수 있는지, 영속구조의 한정어가 규약적인 확정적 지시를 충당할 수 있는지를 살펴봐야 한다. 다양한 언어에서 구현되는 영속구조의 거리 도상성은 중국어에서 독특한 측면으로 나타난다.

사실상 '중국어의 특징'에서 언어적 보편성을 발견할 수 있다. 중국어에서 de가 출현하지 않는 영속구조는 양방향적 영속구조를 함의하고 있기 때문에 양도불가능, 분리불가능성으로 해석된다. 이는 중국어가 양도불가능 영속형식의 언어와 유사한 측면이 있다. 표면적으로 중국어 영속구조에서 de의 삭제 요구는 두 가지 조건이 있다. 한정어가 인칭대사이고, 중심어가 인간관계, 사회적 기구를 나타내는 명사인 경우 이는 중국어의 특이한 현상이다. 하지만 상세하게 고찰해보면 다른 언어에서도 나타나는 보편적 현상임을 알 수 있다. 최근 20여 년 동안 언어 보편성 연구에서 많은 언어에서 양도불가능 영속구조의 영속성분(p1)은 인칭대사가 담당한다는 사실을 확인하였다. 많은 언어는 중국어와 마찬가지로 피영속성분(p2)는 인간관계, 사회관계 어휘의 영속구조로 언어적 거리가 가까운 양도불가능 형식을 사용한다. p2가 신체부위어인 경우 오히려 언어적 거리가 큰 양도가능 형식을 사용한다.

　이러한 언어의 영속구조에 담긴 p1의 성분을 살펴보자. Seiler(1983)는 p1과 p2 사이에 어떤 성분도 들어갈 수 없는 영속구조에서 p1의 가장 원형적 성분은 인칭대사이며 많은 언어에서 이 형식은 양도불능 영속관계를 나타낸다고 하였다. 서아프리카 Mende어는 전형적인 사례이다. 이 언어에서 양도불가능의 영속구조는 p1과 p2의 간단한 배열 방식으로 이루어진다. p2는 신체부위어, 공간어, 친족어이고 p1은 인칭대사이다. 일부 언어의 양도불가능 형식은 첨착식을 이루며 p1은 접사 형식으로 명사 p2와 긴밀하게 결합된다. 양도가능 형식은 조합식을 이룬다. 이러한 언어에서 대사는 점착 형식으로 양도불가능 형식에 출현하며, 대양주 Kusaie어에서 양도불가능 형식의 p1은 대사 후치사와 명사에 점착성 영속표지를 부가해서 표현하며, 양도가능 형식의 p1은 독립적인 영속성 양사로 표현한다. Melanesian 언어에서 인칭대사는 독립 형식과 점착 형식으로 나뉜다. 전자는 양도가능 형식에 출현하며 후자는 양도불가능 형식에 출현한다. 뉴기니의 Ulava어에서 我的头는 pa'-ku, 我的屋子는 nima inau이다. Ultan(1978)은 75개 언어의 영속구조를 고찰한 결과 이와 같은 유사한 상황을 발견하였다.

　이제 p2의 성분을 살펴보기로 한다. 위에서 중국어 영속형식은 언어 보편성의 예외 현상이 아니라고 했지만, 이 책의 4장에서 인용한 Haiman(1985a)의 양도불가능 위계 등급은 수정할 필요가 있다. 이는 p2가 친속관계 명칭의 영속구조에서 양도불가능으로 기호화될 가능성이 실제로 신체부위 명칭 보다 훨씬 높기 때문이다. 이러한 현상의 분포는 상당히 광범위하다. 여기서 7.1.5절에서 Reh의 아프리카 언어의 연구결과를 인용하여 신체부위 명칭의 영속구조에서 양도불가능이 채택되는 비율은 친족어와 공간어 뒤에 배열된다. 이는 미주 인디안 언어에서 더욱 분명하게 나타난다. Seiler(1983)는 언어학자의 연구를 인용하여 인디안어 영속구조의 양도불가능 형식은 p1의 인칭대사로서 다른 어형으로 구현되며, 양도가능에서 한 개의 대사는 양도불가능 구조보다 더 복잡하다고 하였다. 예를 들어, Tunica어에서 양도불가능 형식의 대사는 원형을 사용하고 양도가능 형식의 대사는 원형에 접사 -hk를 부가해야 한다. 반면, 양도불가능 구조는 친속어를 포함하지만 신체부위어를 오히려 포함되지 않는다. 사피어는 我的爸爸와 我的手, 我的帽子는 본질적으로 다르다고 하였다. 전자는 나와 다른 사람의 관계를 나타내므로 진정한 영속구조로 볼 수 없고, 후자는 실제로 점유되는 영속구조이다(Sapir 1917). 그는 영속성 대사의 형식과 명사의 결합모형을 근거로 미주 인디안어를 세 가지로 분류하였다. 첫째, 모든 명사는 하나의 부류이다. Yuna어가 이에 속한다. 둘째, 인간관계, 친족관계를 나타내는 명사는 기타 명사와 대립한다. Takelma어가 이에 속한다. 셋째, 신체부위어, 친족어는 하나의 부류이고, 기타 명사는 하나의 부류이다. Tunica어가 이에 속한다. 중국어는 두 번째 부류 언어와 상당히 유사하다. 예를 들어, Konkow어에서 양도불가능 영속형식의 p2는 친족어와 인관관계 어휘이다. ník-nè('我母亲')과 ník'i má('我的手')를 비교해 보면, 전자의 我는 점착된 ník이고 후자의 我는 조합의 ník'i이다(Ultan 1978). 대양주 Tigak어는 몇 개의 등급으로 영속관계를 구분하고 있다. p1이 대사이면서 p2가 친족어일 경우 가장 긴밀한 결합의 점착 형식('我兄弟')을 사용하며, p1이 대사이고 p2가 사물을 나타내는 낱말('他的房子')일 경우는 대사에 영속표기를 부가해야 한다. p1이 명사일 때('Makao的房子')일 때 독립적인 영속표기가 필요한데, 이는 결합의 가장 느슨한 형식이다(Seilor, 1983). 이러한 언어는 중국어와 친원관계와 지연관계(地緣關係)가 없지만 영속관계의 표현이 일치하는 상황은 연구해 볼 만하다.

08

—
결론 : 다항정어의 어순 규칙
—

이 책에서는 중국어 한정어, 중심어 간에 de 출현 규칙을 분석하면서 시종일관 하나의 기본적 신념을 염두하고 있다. 통사형식은 도상성 원칙과 규칙에 지배를 받지 않으며 표층적인 통사는 인지적, 의미적인 근거에서 찾을 수 있다는 것이다. 특히 유사한 개념적 구조는 동일한 언어와 다른 언어 간의 유사한 표층형식으로 표현된다. 다시 말해서, 이러한 관점이 개념화 과정의 결과로서의 의미구조가 표층의 통사에 투사되는 상황이 일반적인 생각에 훨씬 못 미친다는 것이다(Langacker 1990, Tai 1993a). 이러한 신념을 토대로 의미에서 출발해서 형식을 해석하는 방법을 채택했지만 실제로 이 방법은 경시되었다. 7.1.5절에서 제시했듯이 이 방법의 신뢰성은 많은 현상에서 구현되는 독립적 증거에 달려있다. 이 책에서는 거리 도상성을 통해 de 출현 여부를 설명하였다. 이는 많은 언어의 명사구를 구성하는 방식으로, 의미와 형식의 동형을 이루는 현상은 광범위하게 분포되었으며 이는 도상성을 근거한 설명할 수 있음을 확인시켜 주고 있다. 분석 과정이 논증적이면 인지의미구조는 통사구조를 해석하는데 유용하게 적용될 수 있을 것이다. 의미구조에 대한 인식은 특정한 형식적 속박에서 벗어나기 않기 때문에 그로부터 도출되는 규칙은 보편적인 설명력을 지닐 수 있다. 즉, 동일한 개념적 원칙은 다수의 통사 현상을 설명할 수 있다는 것이다. 戴浩

一(Tai 1985)는 순서 도상성의 측면에서 제시한 '시간순서원칙'이 좋은 사례이다. 이 원칙은 중국어를 동사 중심으로 설명하였으며 표면적으로 서로 관련이 없어 보이는 통사범주의 어순을 다뤘다. 한편, 중국어를 명사중심의 통사구조를 관할하는 어순은 도상성 원리와 관련된다 (Zhang 1995b). 표면적으로 한정어, 중심어 간에 de의 출현 여부와 다항정어의 상대적 어순은 독립적인 현상이다. 그러나 앞의 현상에 내재된 규칙은 오히려 뒤의 현상에 체계적으로 반영되어 있음을 발견하였다. 편폭의 제한으로 두 현상의 일치성에 대해 간략하게 설명하였다.

이 책에서는 朱德熙(1957), 赵元任(1968), 刘月华(1984), 陆内甫(1988) 등의 다항정어에 대한 어순을 분석하였다. 朱德熙(1957)은 일찍이 다항정어의 어순을 세 가지 규칙으로 귀납하였다. 첫째, 만일 몇 개의 한정어가 de를 동반하지 않으면 일반적 어순은 (1) 영속을 나타내는 명사 또는 대사, (2) 수량사, (3) 형용사, (4) 성질을 나타내는 명사 순서로 배열된다. 둘째, de를 동반한 한정어에서 영속을 나타내는 명사 또는 대사는 가장 앞에 놓는다. 셋째, de를 동반한 한정어는 de를 동반하지 않는 한정어 앞에 놓는다. 아래는 朱德熙가 들은 예문을 약간 조정하였다.

(1) 他的一把小瓷茶壶
(2) 张三的两个破墨水瓶儿
(3) a. 瓷的小茶壶　　　　　　　b. *小瓷的茶壶
　　　(比较 : 小瓷茶壶, 小的瓷茶壶)
(4) a. 绣花的绸衬衫　　　　　　b. *绸绣花的衬衫
　　　(比较 : 绸的绣花衬衫)

위에서 de 출현 조건에 대한 분석을 다시 고찰해 보면 두 현상 간의 관계를 확인할 수 있다. 형식적으로 제시된 규칙을 하나의 도상성 원리로 설명할 수 있다는 것이다. 한정어와 중심어 간의 거리는 그들이 표현하는 개념적 거리에 달려있다. 세 번째 규칙을 촉진하는 것은 상기에서 반복적으로 논증한 de 출현 조건이 거리 도상성이라는 점이다. 두 번째와 세 번째 규칙은 영속을 나타내는 체언이 중심어와 가장 멀다는 것을 의미한다. 이미 언급했듯이 소유자의 사물에 대한 영향과 속성의 영향은 본질적으로 다르다. 사물은 소유자가 달라짐에 따라 변화되지 않지만 속성이 달라지면 변화된다. Haiman의 기준에 따르면, 소유자와 사물의 개념적 거리는 속성에 비해 멀고, 의미적으로 이런 특징이 어순은 소유자 성분이 속성 성분 앞에 출현한다. 첫 번째 규칙은 수량사와 영속을 나타내는 낱말과 긴밀하며, 중심어는 형용사와 성질을 나타내는 명사에 비해 멀다는 것을 의미한다. 여기에는 인지적 원인이 존재한다. 수량성분과 영속자는 중심어에 대한 한정 작용에 유사한 측면이 있어서 사물로부터 획득된 어떤 의미를 지니게 된다. 따라서 그들은 개념적 외연에 작용을 한다. 사물에 내재된 개념에 대한 영향은 영속자보다 약간 크다. 예를 들면, 수량성분은 [+가산]의 속성을 반영하며, 그 자체는 물체에 대한 속성을 가지고 있지 않다. 이는 수량성분이 소유자와 속성 사이 위치하는 이유를 설명하고 있다(Seilor 1978). 제6장에서 언급했듯이, 속성을 나타내는 명사는 de가 출현하지 않고 중심명사의 제약은 형용사에 비해 훨씬 작다. 즉, 전자는 후자에 비해 de를 생략하는 경향이 있다. 여기의 첫 번째 규칙은 다항정어에서 형용사는 성질을 나타내는 명사 앞에 놓인다는 것을 말해준다. 이러한 두 현상은 명백한 관계에 있으며 마찬가지로 개념적 차이와도 관련된다. 형용사가 나타내는 속성은 대부분 감각기관에 의해 감지며 심리적 평가와 관련된 성질이다. 이들은 사물명사가 나타내는 속성과 직접적이지 않다. 명사가 나타나는 속성은 사물의 견고한 특징으로 재료, 신분 등이다. 사물과 인간의 상호관계에서 현저한 성질로 용도 기능이 이에 속한다. 破茶壺와 瓷茶壺를 비교해

보면, 破와 瓷는 茶壺와 개념적 긴밀성은 차이가 있음을 알 수 있다.

위의 규칙은 중국어 다항정어 어순을 간략하게 나타냈다. 만일 한정어 부류를 자세하게 관찰하면 어순의 결정적 요인이 거리 도상성이라는 것을 확인할 수 있다. 陆内甫(1988)는 다항정어를 분석한 후 그들의 순서가 두 개의 상대적 어순이 내재되어 있음을 발견하였다. 분석에 따르면, 영속 한정어는 这, 那류의 지시성분과 유사한 지시작용을 한다. 따라서 영속 한정어와 지시어는 하나의 부류로 귀속시킬 수 있다. 이 두 어순이 함께 놓이면 첫 번째가 앞에 놓인다. 뒤의 순서를 좀 더 정밀하게 분석하면 정태 형용사의 복잡형식(상태형용사, 형용사구)은 성질형용사의 간단형식 앞에 위치한다. 상태와 사물의 개념적 거리가 멀기 때문이다. 陆内甫(1988)에 의하면, 속성을 나타내는 형용사, 명사, 구별사에서 기본적인 어순은 '형태 〉색채 〉재료 〉기능'의 순서로 배열된다. 예를 들면, 大号白色呢子防风大衣가 있다. 이중에서 형태와 색채의 순서는 바뀔 수 있지만 그들은 반드시 재료와 기능 앞에 놓인다. 재료는 대체로 기능 앞에 놓는다. 이와 상응해서 한정어로 쓰인 명사와 구별사는 일반적으로 형용사 앞에 놓는다. 이 순서의 인지적 근거는 陆内甫가 설명한 것처럼 사물이 임시적 상태를 나타내는 한정어는 앞에 놓이는 경향이 있으며 사물의 고유성을 나타나는 한정어일수록 뒤에 위치한다. 서로 다른 의미 속성을 지닌 한정어의 de 출현 여부는 일관되는 경향을 보이는데, 즉 재료, 기능을 나타내는 한정어와 형태, 색채를 나타내는 한정어에 비해 de의 생략이 자유롭다. 여기서는 다항정어의 우세어순, 강세어순만을 살펴보았다. 한정어 어순의 가변성을 탐색하지 않았지만 어순의 차이는 개념적 거리를 반영하고 있음을 알 수 있다. 예를 들면, 陆内甫(1988)은 VP的가 만일 위치가 다르면 중심어에 가까운 한정적 내포와 중심어에서 먼 한정적 내연으로 분화한다고 하였다. 예를 들어, 2500颗投在广岛的原子弹와 投在广岛的2500颗2500颗은 이러한 구별을 함의하고 있다. 이 역시 거리 도상성이 반영된 것이다.

다항정어 어순의 문제가 주목을 끈 이유는 두 가지 측면으로 설명할 수 있다. 한편으로 다항정어와 de 출현 여부는 동일한 인지적 기초를 지니며, 또 다른 한편으로 위에서 언급한 어순은 다른 언어에서도 광범위하게 출현한다는 것이다. Hill(1958), Vendler(1968), Martin(1968), Seilor(1978)에 의하면 영어와 독일어에서 전치된 다항정어는 우세어순인 '논리양사 〉 지시사/관사/영속어 〉 수사 〉 상태 형용사 〉 평가 형용사 〉 색채 형용사 〉 재료 형용사 〉 명사'의 순서로 배열된다.

(5) all the ten pretty young American children's twenty little old china doll.
(모든 열 개의 예쁜 젊은 미국 어린이의 스무 살 어린 자기 인형)
(6) meine zehn schonen roten holzernen Kugeln (독일어)
(나의 열 개의 예쁜 빨강 나무 공)

위의 어순은 중국어도 마찬가지이다. Seilor(1978)은 위의 어순에서 영속어는 전환점이라고 하였다. 영속어 앞에 한정어는 중심어의 외연에 대한 한정이고, 영속어 뒤는 내연에 대한 한정과 개념을 나타낸다. 이는 陆丙甫(1988)의 중국어에 대한 분석과 유사하다. 더 큰 범위에서 고찰해 보면, 중국어 一个漂亮的大红球와 영어 a beautiful big red ball, 독일어 ein schoner grosser roter Ball의 어순은 헝가리어, 폴란드어, 터키어, 힌디어와 동일하며, 한정어 후치형 언어의 어순은 대체로 球-红-大-漂亮의 순서로 나타나며, 페르시아어, 인도네시아어, 바스커어가 이에 속한다. 이는 전치 어순과 본질적으로 같은 거울 이미지(mirror image)를 반영한다(Hetzron 1978). Greenberg(1963)의 보편적 원칙에 의하면, 지시어(d), 수사(n), 형용사(a)는 모두 명사 앞에 위치해서 어순은 'd 〉 n 〉 a 〉 N'으로 배열된다. 만일 명사 뒤에 위치하면 N a n d이며, 일부 N d n a인 경우도 있다. 다항정어의 어순은 보편적이다. 특히 수식어 후치 언어에서 다항정어는 거울 이미지로 배열되며 이는 도상성에 의해 촉진된다. 이는 Vendler(1968), Martin(1968)에 의하면, 형용사가 한정어로 쓰일 때 그들의 위치는 명사와의 상관성으로 결정되며, 의미적으로 명사와 근접할수록 명사 중심어와 가깝게 위치한다. Bever(1970)는 다항정어 어순은 인지적 책략에 의해 결정된다고 하였다. 중국어 다항정어 어순을 언어 보편성으로 설명한 최초의 학자는 陆内甫이다. 그는 층차구조의 개념으로 보편적인 어순 현상을 설명하였으며, 의미관계가 인접한 성분의 위치는 비교적 가깝게 위치하는데 이는 인지적 항구성과 관련된다고 하였다.

　한정어, 중심어 간에 de 출현 규칙과 다항정어의 배열은 인지적 책략에 의해 결정되며 언어적 현상의 일치성은 타당한 설명력을 제공한다. 중국어의 두 규칙은 지금까지 발견된 언어 보편성과 상통하며 자연언어에서 담긴 인간의 인지능력과 인지책략의 일반성, 보편성을 구현하고 있다. 이제 다음과 같은 문제를 제시해 보기로 한다. 자연언어의 형식적 규칙은 대부분 인지적 책략과 관련되는지, 언어의 보편적 규칙은 대체로 인지적 측면에서 설명 가능한지 여부이다. 우리는 최근 인지언어학이 이에 대한 해답을 찾으려는 시도를 하고 있다고 생각한다. 예를 들어 Deane(1992)는 형식적 공간화 가설에서 출발한 생성문법에서 제시한 보편적 통사제약과 통사원칙(고립조건, X-bar 원칙)에서 인지적 기초를 찾을 수 있다. 중국어는 형태가 풍부하지 않은 언어이면서 강력한 도상성이 내재된 언어이다. 이에 대한 깊이 있는 연구는 이러한 문제를 탐구하는데 크게 도움이 될 것이다.

참고문헌

Alverson, H. 1994. *Semantics and Experience: Universal Metaphors of Time in English, Mandarin, Hindi, and Sesotho*. Baltimore: The Johns Hopkins Uniersity Press.

Anderson, J. M. 1971. The *Grammar of Case: Towards a Localistic Theory*. London; Cambridge University Press.

Anderson, J. R. 1980. *Cognitive Psychology and Its Implcations*. San Franciso: W.H. Freeman.

Anttila, R. 1972. *An Introduction to Historical and Comparative linguistics*. New York: Macmillan.

Baker, C. 1979. "*Syntatic theory and the projection problem*", Linguistic Inquiry 10.

Baumgartner, P. & Sabine Payr. (eds) 1995. *Speaking Minds: Interview with Twenty Emient Cognitive Scientists*. Princeton: Princeton University Press.

Behaghel, Otto. 1932. *Deutsche Syntax*, Vol. IV. Heidelberg: Carl Winter.

Berlin, B. & Kay, P. 1969. *Basic Color Terms: Their Universality and Evolution*. Berkeley: University of California Press.

Bever, Thomas. 1970. *The cognitive basis for linguistic structures*. In Cognition and the Development of Language. ed. by John R. Hayes. New York: John Wiley & Sons.

Bickerton, D. 1990. *Language and Species*. Chicago: University of Chicago Press.

Biq, Y.-O., J. Tai & S. Thompson. 1996. "*Recent developments in functional approaches to Chinese*". In Huang & Li eds.(1996).

Bolinger, D. 1952. "*Linear modification*". Publications of the Modern Language Association 67.

Bolinger. D. 1965. *Forms of English: Accent, Morpheme, Order*. Cambridge: Harvard University Press.

Bolinger. D. 1975. Aspects of Language. New York: harcourt.

Bolinger. D. 1977. The Form of Language. London: Longmans.

Bouissac, Paul, M. Herzfeld and R. Posner (eds.). 1986. *Iconicity: Essays on the Nature of Culture*. Tubingen: Stauffenburg-Verlag.

Bower, G, J. Black and T. Turner. 1979. "*Scripts in memory for text*", Cognitive Psychology 11.

Burgman, C. 1981. *Story of OVER*. MA thesis. University of California, Berkeley.

Burgman, C. 1990. "*What is the Invariance Hypothesis?*" Coginitive Linguistics 1-2.

Burton-Roberts, N. 1976. "*On the generic indefinite article*", Language 52.

Bybee, J., R. Perkins and W. Pagliuca. 1994. *The Grammaticalization of Tense, Aspect, and Modality in the Languages of the World*. Chicago: University of Chicago Press.

Bybee, J., L. 1985. *Morphology: a Study of the Relation between Meaning and From*. Amsterdam: John Benjamins.

Carey, D. P. 1998. "*Action, perception, coginition, and the inferior paretal cortex*", Trends in Cognitive Sciences. Vol. 2. No. 5.

Chao, Yuan Ren(趙元任). 1968. *A Grammar of Spoken Chinese*. Berkeley: University of California Press. 中文全譯本 ≪中國話的文法≫(丁邦新譯, 中文大學出版社, 香港, 1980)

Chappell, Hilary & Sandra A. Thomson. 1992. "*The semantics and pragmatics of associative in Mandarin discourse*", CLAO Vol. XXL, No. 2, pp. 199-229).

Chappell, Hilary & William McGregor (eds.), 1993. *The Grammar of In-alidenability*. Berlin: Mouton de Gruyter.

촘스키, N. 1968. *Language and Mind*. New York: Harcourt. 漢譯文見 ≪喬姆斯基語言哲學文選≫(徐烈炯, 尹大貽, 程雨民譯, 北京：商務印書館, 1992)

촘스키, N. 1975. *Reflections on Language*. New York: Pantheon.

촘스키, N. 1988. *Language and Problems of Knowledge*: the Managua Lectures. Cambridge: MIT Press.

Clark, H. H. 1973. "*Space, time, semantics and the child*". In T. E. Moore (ed.) Cognitive Development and the Acquisition of language. New York: Acadamic Press.

Clark, E. V. 1978. "*Locationals: existential, locative and possessive constructions*". In J. H. Creenberg (ed.) 1978.

Collins, A. M. & Loftus, E. F. 1975. "*A spreading activation theory of semantic processing*". Pyschological Review, 82.

Comrie, Bernard. 1980. *Language Typology and Linguistic Universals*. Chicago: University of Chicago Press. 沈家煊譯 ≪語言共性和語言類型≫(北京: 華夏出版社, 1989)

Cooper, W. E. & J. R. Ross. 1975. "*World Order*". In R. E. Grossman, L. San and T. J. Vance (eds.), *Papers from the Parasession on Functionalism*. Chicago: Linguistic Society. Craig, C. (ed.) 1986. *Noun Classes and Categorization*. Amsterdam: John Benjamins.

Croft, William. 1990. *Typology and Universals*. Cambridge: Cambridge University Press.

Croft, William. 1991. *Syntatic Categories and Grammatical Relations*. Chicago & London: The University of Chicago Press.

Croft, William. 1993, "*The role of domains in the interpretation of metaphors and metonymies*". Cognitive Linguistics 4-4.

Deane, P. 1991. "*Limits to attention: a cognitive theory of is land phenomena*". Cognitive Linguitics 2-1.

Deane, P. 1992. *Grammar in Mind and Brain: Explorations in Cognitive Syntax*. Berlin: Mouton de Gruyter.

Delancey, S. 1995. "*The analysis-synthesis-lexis cycle in Tibeto-Burman: a case study in motivated change*". In Haman (1985b)

Dewell, Robert B. 1994. "*Over again: image-schema transformations in semantic analysis*". Cognitive Linguistics. Vol. 5.

Dixon, Robert M. W. 1980. *The Languages of Australia*. Cambridge: Cambridge

University Press.

Dixon, Robert M. W. 1982. *Where Have All the Adjectives Gone?* Berlin: Walter de Gruyter.

Dotter, F. 1995. "*Nonarbitrariness and iconicity: coding possibilities*". In Landsberg ed. (1995)

Dreyfus, H. L. 1992. *What Computers Still Can't Do: A Critique of Artificial Reason.* Cambridge: MIT Press.

DuBois, John. 1985. "Competing motivations". In Haiman (1985b).

Fillmore, C. 1985. "*Frames and the semantics of understanding*". Quarderni 야 Semantica 6:2

Friedrich, P. 1979. "*The symbol and its relative non-arbitrariness*". In Language Context and the Imagination, selected by Anwar S. Dil, Chicago: University of Chicago Press.

Geeraerts, D. 1990. "*Editorial Statement*". Cognitive Linguistics, Vol. 1

Genette, G. 1994[1976]. *Mimologics (Mimologiques: Voyage en Cratylie)*. Tr. by T.E. Morgan, Lincoln & London: Unversity of Nebraska Press.

Gibbs, R. 1994. *The Poetics of Mind: Figurative Thought, Language, and Understanding.* Cambridge: Cambridge University Press.

Gibbs, R., D. Beitel, M. Harrington, & P. Sanders. 1994. "*Taking a stand on the meaning of stand: bodily experience as motivation for polysemy*". Journal of Semantics 11.

Gibbs, R. & H. L. Colston. 1995. "*The cognitive psychological reality of image schemas and their transformation*". Cognitve Linguistics. 6-4

Giorgi, A. & Giuseppe Longobardi. 1991. *The Syntax of Noun Phrases.* Cambridge: Cambridge University Press.

Givón, T. 1980. "*The binding hierarchy an the typology of complements*". Studies in Language, No. 4

Givón, T. 1985. "*Iconicity, isomorphism and non-arbirary coding in syntax*". In Haiman (1985b)

Givón, T. 1986. "*Prototypes: between Plato and Wittgensten*". In C. Craig ed. (1986)

Givón, T. 1990. *Syntax: A Functional-Typlogical Introduction* (Vol. 2). Amsterdam: John Benjamins.

Givón, T. 1993. *English Grammar: A Function-Based Introduction*. Amsterdam: John Benjamins.

Givón, T. 1995. *Functionalism and Grammar*. Amsterdam: John Benjamins.

Goossens, L., P. Pauwels, B. Rudzka-Ostyn, A. Simon-Vandenbergen & J. Vanparys. 1995. By Word of Mouth: *Metaphor, Metonymy and Linguistic Action in a Cognitive Perspective*, Amsterdam: John Benjamins.

Greenberg, J. H. (ed.) 1963. *Universals of Language*. Cambridge: The MIT Press.

Greenberg, J. H. 1966. "*Some universals of language with particular reference to the order of meaningful elements*". In Greenberg, J. (ed.) *Uuniversal of Language*. Cambridge: MIT Press. 漢譯文見《國外語言學》1984年第2期 (陸內甫, 陸致极譯)

Greenberg, J. H. (ed.) 1978. *Universals of Human Language*. Vol. 4. Syntax. Stanford: Stanford University Press.

Greenberg, J. H. 1991. "*The late stages of grammatical elements: de-grammaticalization and regrammaticalization*". In E. C. Traugott & B. Heine eds. *Grammaticalization*. Amsterdam: John Benjamins.

Gruber, J. 1967. *Functions of the Lexicon in Formal Descriptive Grammar*. Santa Monica: Systems Development Corp.

Haiman, John. 1978. "*A study in polysemy*". Studies in Language 2:1

Haiman, John. 1983. "*Iconic and economic motivation*". Language 59.

Haiman, John. 1985a. *Natural Syntax*. Cambridge: Cambridge University Press.

Haiman, John. 1985b *Iconicity in Syntax*. Amsterdam: John Benjamins.

Hawkins, B. W. *The Semantics of English Spatial Prepositions*. Ph. D. Dissertation, University of California, San Diago.

Hawkins, J. 1983. *Word Order Universals*. New York: Academic Press.

Hawkins, J., ed. 1988. *Explaining Language Universals*. Oxford: Basil Backwell.

Her, O.-S. 1991. "*Interaction of syntactic changes*". Proceedings of the Second International Symposium on Chinese Language and Linguistics. Taipei: Academic Sinica.

Herskovits, A. 1986. *Language and Spatial Cognition: An Interdisciplinary Study of the Prepositions in English*. Cambridge: Cambridge University Press.

Hertzron, Robert. 1978. *On the relative order of adjectives*, In Seilor (1978)

Heine, B., Claudi, U. and Hunnemeyer, F. 1991. *Grammaticalization: a Conceptual Framework*, University of Chicago Press.

Hewson, J. 1991. "*Determiners as heads*". Cognitive Linguistic 2-4

Hill, Archibald A. 1958. *Introduction to Linguistic Structures*. New York: Harcourt, Brace & Co.

Hiraga, Masako K. 1994. "*Diagrams and metaphors: iconic aspects in language*". Journal of Pragmatics 22.

Hiraga, M. K. & J. Radwanska-Williams. (eds.) 1994. *Metaphor and Iconicity*. Amsterdam: Elsevier Science B. V. (a special edition of Journal of Pragmatics Vol. 22)

Hopper, Paul. 1987. "*Emergent grammar*". In Proceedings of the Thirteenth Annual Meeting of Berkeley Linguistic Society, ed. by Jon Aske, NatashaBeery, Laura Mhaelis and Hana Filip. Berkeley: Linguistic Society.

Hopper, Pual, and Sandra A. Thompson. 1985. "*The iconic basis of the categories noun and verb*". In Haiman (1985b)

Hsieh, Hsin-I(謝信一). 1978. "*Chinese as a pictorial language*". Journal of the Chinese Language Teachers Association 13.2.

Hsieh, Hsin-I. 1989. "*Time and imagery in Chinese*". In Tai and Hsueh (1989). 漢譯文見 ≪功能主義与漢語語法≫(叶蜚聲譯漢, 北京語言學院出版社, 1994).

Hsieh, Hsin-I. 1991. "*Analogy as a type of interaction*". Paper presented at

NACCL Ⅲ, Cornell University, Ithaca, New York.

Hu, Wenze(胡文譯). 1995. "*Iconicity in presentative sentences*". In Proceeding of NACCL-7/ICCL-4, Madison: University of Wisconsin-Madison.

Huang, C.-T. James(黃正德). 1988. "*Wo pao de kuai and Chinese phrase structure*". Language Vol. 64.

Huang, C.-T. James & Y.-H. Audrey Li(李艶惠) (eds.) 1996. *New Horzons in Chinese Linguistics*. Dordrecht; Kluwer Academic Publishers.

Husain, M. et al. 1997. "*Abnormal temporal dynanmics of visual attention in patients with spatial neglect*". Nature 385.

Jackendoff, R. 1972. *Semantic Interpretation in Generative Grammar*. Cambridge, MA: Cambridge University Press.

Jackendoff, R. 1990. *Semantic Structure*. Cambridge: MIT Press.

Jackendoff, R. 1995. *Language of the Mind: Essays on Mental Representation*. Cambridge: MIT Press.

Jackendoff, R. 1996. "*Conceptual semantics and cognitvie linguistics*". Cognitive Linguistics, 7-1

Jakobson, R. 1965. "*Quest for the essence of language*". Diogenes 51.

Jakobson, R. 1971, *Selected Writings*. Vol. 2. The Hague: Mouton.

Jesperson, Otto. 1929. *The Philosophy of Grammar*. London: Allen and Unwin. 漢譯文 《語法哲學》, 何勇等譯, 語文出版社, 北京, 1988

Johnson, M. 1987. *The Body in the Mind*: University of Chicago Press.

Kolver, Ulrike. 1978, *On Newari noun phrases*. In H. Seilor (ed.) 1978.

Kosslyn, S. M. 1980. *Image and Mind*. Cambridge: Harvard University Press.

Kövecses, Z. 1986. *Metaphors of Anger, Pride and Love*. Amsterdam & Philadelphia: John Benjamins.

Kövecses, Z. 1990. *Emotion Concepts*. New York: Springer.

Labov, W. 1973. "*The boundaries of words and their meanings*". In Bailey and Shuy (eds.), New Ways of Analysing Variation in English. Washington: Georgetown University Press.

388

Lakoff, G. 1982. "*Experiential factors in linguistics*". In T. Simon & R. Scholes (eds.), Language, Mind and Brain. Hallsdale, N. J.: Lawrence Erlbaum.

Lakoff, G. 1987. *Women, Fire and Dangerous Things: What Categories Reveal about the Mind.* Chicago & London: The University of Chicago Press.

Lakoff, G. 1988. "*Cognitive semantics*". In U. Ecom, M. Santambrogio and P, Violi (eds.) *Meaning and Mental Representations.* Bloomington & Indianapolis: Indiana University Press.

Lakoff, G. 1991. "*Cognitive versus generative linguistics; how commitments influence results*". Language and Communication. Vol. 11, No. 1/2.

Lakoff, G. & M. Johnson. 1980. *Metaphors We Live By.* Chicago: University of Chicago Press.

Lakoff, G. & M. Turner. 1989. *More than Cool Reason: A Field Guide to Poetic Metaphor.* Chicago University Press.

Landsberg, M. E. ed. 1995. *Syntactic Iconicity and Linguistic Freezes: the Human Dimension.* Berlin: Walter de Gruyter.

Langacker, R. 1987a. *Foundations of Cognitive Grammar.* Vol. I. Stanford Unversity Press.

Langacker, R. 1987b. "*Nouns and verbs*". Language 1987, Vol. 63, No. 1.

Langacker, R. 1988. "*Review of Women, Fire and Dangerous Things*". Language 64-2.

Langacker, R. 1990. *Concept Image, and Symbol.* Berlin: Mouton de Gruyter.

Langacker, R. 1995. "*Possession and possessive constructions*". In Taylor and Maclaury eds. (1995)

Leech, G. 1983. *Semantics.* London: Penguin

Lenat, D. B. & R. V. Guha. 1990. *Building Large Knowledge-Based Systems: Representations and Inference in the CYC Project.* Reading, Mass: Addison-Wesley.

Levy-Bruhl, L. 1914. "*L'expression de la possession dans les langues melane-siennes*". Memoire de la Societe de Linguistique de Paris 19,2.

Li, "Charles & S. Thompson. 1982. *Mandarin Chinese*. Berkeley: University of California Press.

Liszka, J. J. 1996. *A General Introduction to the Semantic of Charles Sanders 퍼스*. Bloomington and Indianapolis: Indiana University Press.

Lyons, J. 1977. *Semantics*. Cambridge: Cambridge University Press.

Martin, J. E. 1968. *A Study of the Determinants of Preferred Adjective Order in English*. PhD Dissertation, University of Illinois.

Matthews, P. H. 1991. *Morphology*. Cambridge: Cambridge University Press.

Mattingley, J. B. et al. 1998. "*Motor role of human inferior parietal lobe revealed in unilateral neglect patients*". Nature 392.

McCawley, James. 1968. "*Lexical insertion in a transformation grammar without deep structures*". CLS 4.

McCawley, James. 1992. "*Justifying part-of-speech assignments in Mandarin Chinese*". Journal of Chinese Linguistics, Vol. 20, No. 2.

Miller, G. & P. Johnson-Laird. 1976. *Language and Perception*. Cambridge: Belknap Press.

Mosel, U. 1982. "*Possessive constructions in Tolai*". In AKUP 44. Koln: Institut fur Sprachwissenschaft.

Munitz, M. 1981. *Contemporary Analytic Philosophy*. New York: MacMillan. 吳牟人, 張汝倫, 黃勇譯 《当代分析哲學》, 上海: 夏旦大學出版社, 1986

Newmeyer, F. 1983. *Grammatical Theory: Its Limits and Its Possibilities*. Chicago and London: University of Chicago Press.

Newmeyer, F. 1991. "Language and Communication". Vol. 11, No. 1/2.

Newmeyer, F. 1992. "Iconicity and generative grammar". Language Vol. 68, No. 4.

Newmeyer, F. 1994. "*A note on 촘스키 on form and function*". Linguistics Vol. 51.

Nichols, J. 1988. *On alienable and inalienable possession*. In Shipley William (ed.) In Honor of Mary Haas. Berlin: Mouton de Gruyter.

390

Nolan, Rita. 1994. *Cognitive Practices: Human Languages Nöth, W. 1990. Handbook of Semiotics.* Bloomington & Indianapolis: Indiana University Press.

Paivio, A. 1975. "*Perceptual comparisons through the mind's eye*". Memory and Cognition 3.

퍼스, Charles. 1932. *Philosophical Writings.* Vol. II. Cambridge: Harvard University Press.

퍼스, Charles. 1902. *Logic and Semiotic: Theory of Signs.* In J. Buchler (ed). 1955. Philosophical Writings. New York: Dover.

Pharies, David A. 1985. Charles S. 퍼스 *and the Linguistic Sign.* Amsterdam and Philadelphia: John Benjamins.

Pittelli-Palmarini. 1989. "*Evolution, selection and cognition: From 'learning' to parameter setting in biology and the study of language*". Cognition 31.

Pinker, S. 1979. "Formal models of language learning". Cognition 7.

Pinker, S. 1989. *Learnability and Cognition: The Acquisition of Argument Structure.* Cambridge: MIT Press.

Pinker, S. 1994a. *The Language Instinct.* London: Penguin Books.

Pinker, S. 1994b. "*How could a child use verb syntax to learn verb semantics?*" Lingua, 92.

Pinker, S. 1995. "*Facts about human language relevant to its evolution*". In J.-P. Changeux(ed.) *Origins of the Human Brain.* New York: Oxford University Press.

Pinker, S. and P. Bloom. 1990. "*Natural language and natural selection*". Behavioral and Brain Science. Vol. 13.

Quirk, R., S. Greenbaum, G. Leech & J. Svartvik. 1985. *A Comprehensive Grammar of the English Language.* London: Longmans.

Radden, G. 1992. "*The cognitive approach to natural language*". In Martin Putz ed. Thirty Year of Linguistic Evolution, Philadelphia and Amsterdam: John Benjamins.

Ramat, A. 1995. "*Iconicity in grammaticalization processes*". In Simone(1995).
Redington, M. & Nick Chater. 1997. "*Probabilistic and distributional approaches to language acquisition*". Trends in Cognitive Sciences Vol. 1, No. 7.

Reddy, M. 1979. "*The conduit metaphor*". In Metaphor and Thought, ed. A. Ortonyi. Cambridge: Cambridge University Press.

Riemsdijk, H. & Edwin Williams. 1986. *Introduction to the Theory of Grammar.* Cambridge: MIT Press.

Rosch, E. 1973. "*Natural categories*". Cognitive Psychology 7.

Ross, Claudia. 1983. "*On the function of Mandarin de*". Journal of Chinese Linguistics, 11(2).

Rudzka-Ostyn, B. (ed.) 1998. *Topics in Cognitive Linguistics.* Amsterdam: John Benjamins.

Rumelhart, D. E., J. L. McClelland, and the PDP Research Group. 1986. *Parallel Distributed Processing: Explorations in the Microstructure of Cognition.* Cambridge: MIT Press.

Rumelhart, D. E. & M. A. Gluck. 1990. *Neuroscience and Connectionist Theory.* Hillsdale: Lawrence Erlbaum.

Russell, B. & A. Whitehead. 1910. *Principia Mathematica.* Cambridge: Cambridge University Press.

Russell, B. 1956. "*The philosophy of logical atomism*". In R. C. Marsh (ed.), Logic and Knowledge. London: George Allen & Unwin Ltd.

Sapir, Edward. 1917. *Review of Het Indentificeerend Karakter der Possessieve Flexie in Talen van Noord-America* by C. C. Uhlenbeck. IJAL 1.

Schachter, P. 1973. "*Focus and relativization*". Language 49.

Schank, R. C. & R. P. Abelson. 1977. *Scripts, Plans, Goals amd Understanding.* Hillsdale, N. J.: Lawrence Erlbaum Associates.

Sebeok, Thomas. 1994. Sings: *An Introduction to Semiotics.* Toronto & Buffalo: University of Toronto Press.

392

Searle, J. R. 1992. *The Rediscovery of the Mind*. Cambridge: MIT Press.

Seilor, Hansjakob (ed.) 1978, *Language Universals*. Tubingen: Gunter Narr Verlag.

Seilor, Hansjakob. 1983. *Possession as an Operational Dimension of Language*. Tubingen: Gunter Narr Verlag.

Shepard, R. & J. Metzler. 1971. "*Mental rotation of three-dimensional objects*". Sicence 171.

Sinha, C. (ed.) 1995. *Spatial Language of features and ergativity*. In R. M. W. Dixon (ed.), Grammatial Categories in Australian Languages. Canberra: Australian Institute of Aboriginal Studies.

Simon, H. A. 1981. *The Sciences of the Artificial*. Cambridge: MIT Press.

Simone, R. (ed.) 1995. *Iconicity in Language*. Amsterdam & Philadephia: John Benjamins.

Simone, R. 1995. "*Foreward: under the sign of Cratylus*". In Simone ed. (1995)

Stachowiak, F. J. 1978. *Some universal aspects of naming as a language activity*. In Seilor (ed.) 1978.

Svorou, S. 1993. *The Grammar of Space*. Amsterdam/Philadelphia: John Benjamins.

Sweetser, E. 1990. *From Etymology to Pragmatics: Metaphorical and Cultural Aspects of Semantic Structure*. Cambridge: Cambridge University Press.

Tai, James H. -Y.(戴浩一). 1995. "*Temporal sequence and Chinese word order*". In Haiman(1985). 漢譯文爲"時間順序和漢語的語序"(黃河譯), ≪國外語言學≫ 1988年第1期

Tai, James H. -Y. and Frank F. S. Hsueh (eds.) 1989. *Functionalism and Chinese Grammar*. 漢譯文爲 ≪功能主義与漢語語法≫(叶蜚聲等譯, 北京語言學院出版社, 1994)

Tai, James H. -Y. 1992a. "*Category shifts and word-formation redundancy rules in Chinese*". In H. Samuel Wang and Feng-fu Tsao (eds.), Proceedings of the Third International Symposium on Chinese Language and Linguistics,

Hsin-chu: National Tsing Hua University.

Tai, James H. -Y. 1992b. "*Variation in classifier systems across Chinese dialects:* towards a cognition-based semantic approach". In Chinese Languages and Chinese Grammar, CLTA Monograph Series 1.

Tai, James H. -Y. 1993a. "Iconicity: motivations in Chinese grammar". In Current Issues in Linguistic Theory: Studies in Honor of Gerald A. Sanders. Mushira Eid and Gregory Iverson (eds.) Amsterdam: John Benjamins.

Tai, James H. -Y. 1993b. "*Conceptual structure of Chinese spatial expression*". Parasession on Conceptual Representations, Chicago: Chicago Linguisitc Society.

Tai, J. & Wang Lianqing. 1990. "*A semantic study of the classifier tiao*". JCLTA Vol. XXV. No. 1.

Taylor, J. R. 1989. *Linguistic Categorization: Prototypes in Linguistic Theory.* Oxford: Clarendon Press.

Taylor, J. R. 1992. "*Old problems: Adjectives in cognitive grammar*". Cognitive Linguistics 3-1.

Taylor, J. R. 1996. *Possessives in English: An Exploration in Cognitive Grammar.* Oxford: Clarendon Press.

Taylor, J. R. & R. E. MacLaury (eds.) 1995. *Language and the Cognitive Construal of the World.* Berlin & New York: Mouton de Gruyter.

Thibault, P. J. 1997. *Re-reading Saussure: the Dynamics of Signs in Social Life.* London & New York: Routledge.

Thompson, S. & Y. Kioda. 1987, "*Iconicity and indirect objects in English*". Journal of Pragmatics 11.

Tomlin, R. 1986. *Basic Word Order: Functional Principles.* London: Croom Helm.

Turner, M. 1991, *Reading Minds: The Study of Enlish in the Age of Cognitive Science.* Princeton University Press.

Tsohatzidis, S. L. (ed.) 1990. *Meanings and Prototypes: Studies in Linguistic*

394

Categorization. London & New York: Routledge.

Traugott, E. 1985. "*Conditional markers*". In Haiman (1985b)

Ultan, Russell. 1978, "*Toward a typology of substantival possession*". In J. H. Greenberg (ed.) 1978.

Ungerer, F. & Schmid, H. -J. 1996. *An Introduction to Cognitive Linguistics*. London & New York: Longman.

Vandeloise, C. 1984. *Description of Space in French*. Ph. D. Dissertation, University of California, San Diego.

Vendler, Z. 1968. *Adjectives and Nominalizations*. The Hague: Mouton.

Wang, William S. -Y. 1969. "*Competing sound change as a cause of residue*". Language 45.

Webelhuth, G. (ed.) 1995. *Government and Binding Theory and the MNinimalist Program: Principles and Parameters in Syntatic Theory*. Oxford and Cambridge: Blackwell.

Wescott, R. W. 1971. "*Linguistic Iconism*". Language 47.

Whaley, L. J. 1997. *Introduction to Typology: The Unity and Diversity of Language*. Thousand Oaks, California: Sage Publication.

Winters, M. E. 1990. "*Toward a theory of syntactic prototypes*". In Tsohatzidis (ed.) (1990).

Wittgenstein, L. 1953. *Philosophical Investigations*. New York: Macmillan.

Zhang Min(張敏). 1994. "Iconicity and word order change in Chinese". In Jose Camacho & Lina Choueiri (eds.), The Proceedings of NACCL 6 (Vol. Ⅱ.), GSIL, University of Southern California, Los Angeles.

Zhang, Min. 1996a. "*Iconic-distance motivation for relative ordering of prenominal modifiers in Chinese*". Paper presented at the 5th International Conference on Chinese Linguistics, National Tsing Hua University, Hsin-chu.

Zhang, Min. 1996b. "*Inalienable possession with de: does Chinese violate the hierarchy of alienability?*" Peper presented at the 8th North American Conference on Chinese Linguistics, University of Illinois.

Zhang, Min. 1997. "*Modeling the semantics of reduplication in Chinese and other Sino-Tibetan language: a cognitive semantics approach*". Paper presented at the 6th International Conference on Chinese Linguistics, Leiden University, Holland.

Zhou, Minglang. 1993. "*Iconicity and the concept of time: evidence from verb reduplication in Chinese*". CLS

Zipf, George. 1935. T*he Psychobiology of Language*. Boston: Houghton Mifflin.

Zelinsky-Wibbelt, C. (ed.) 1993. *The Semantics of Prepositions*. Berlin & New York: Mouton de Gruyter.

陳宁萍. 1987. 現代漢語名詞類的擴大－現代漢語動詞与名詞分界線的考察, ≪中國語文≫ 第5期

陳　平. 1987. 釋漢語中与名詞性成分相關的四組概念, ≪中國語文≫ 第2期 (總197期)

陳　平. 1991. ≪現代語言學研究：理論、方法与事實≫, 重慶: 重慶出版社

陳琼瓚. 1955. 修飾語和名詞之前的'的'字的研究, ≪中國語文≫ 10月号

戴浩一、張敏(卽出). ≪漢語認知功能語法≫, 上海; 上海教育出版社

戴浩一、張敏. 1998. ≪漢語名詞和動詞的認知語言學研究≫, ≪中國語言學論叢≫ 第三輯, 北京: 北京語言文化大學出版社

范継淹. 1958. 形容組合間'的'字的語法作用, ≪中國語文≫, 5月号

范継淹. 1979. '的'字短語代替名詞的語義規則, ≪中國語文通訊≫ 第3期

高新民. 1994. ≪現代西方心灵哲學≫, 武漢: 武漢出版社

郭錫良. 1980. 漢語第三人称代詞的起源和發展, ≪語言學論叢≫(六), 北京： 商務印書館

胡明揚. 1992. 再論語法形式和語法意義, ≪中國語文≫ 第5期

胡明揚. 1996. 動名兼類的計量考察, 載胡明揚主編 ≪詞類問題考察≫, 北京: 北京語言學院出版社

黄國營. 1982. '的'字的句法、語義功能, ≪語言研究≫ 第1期

李英哲、徐杰. 1993. 焦点和两个非線性語法范疇: [否定][疑問], ≪中國語文≫

第2期

廖秋忠. 1991. 也談形式主義与功能主義,《國外語言學》第2期

林樹斌 1997. R. W. Gibbs的《思維的比喩性》評介,《外語教學与研究》
第2期

劉宁生. 1994. 漢語怎樣表達物体的空間關系,《中國語文》第3期

劉宁生. 1995. 漢語凭証關系的認知基础及其子語序類型上的意義,《中國語文》第2期

劉月華. 1984. 定語的分類和多項定語的順序,《語言學和語言教學》, 合肥:
安徽教學出版社

劉月華、潘文娛、胡鏵. 1983.《實用現代漢語語法》, 北京:外語教學与研究出版社

龍果夫. 1952[1958].《現代漢語語法研究》, 北京:科學出版社

陸丙甫. 1988. 定語的外延性、内涵性和称謂性及其順序,《語法研究和探索》
(四), 北京:北京大學出版社

陸丙甫. 1989. 漢語定語的分類及其順序,《華文世界》第4期

陸丙甫. 1993.《核心推導語法》, 上海:上海教育出版社

陸儉明. 1993.《八十年代中國語法研究》北京:商務印書館

陸志偉等. 1964.《漢語的构詞法》(修訂本), 北京:中華書局

呂叔湘. 1942.《中國文法要略》(1981年重印本), 北京:商務印書館

呂叔湘. 1963. 現代漢語單双音節問題初探, 中國語文》第1期

呂叔湘. 1965. 形容詞使用情况的一个考察,《中國語文》第6期

呂叔湘. 1979.《漢語語法分析問題》, 北京:商務印書館

呂叔湘、饒長溶. 1981. 試論非謂形容詞,《中國語文》第2期

馬慶株. 1981. 時量賓語和動詞的類,《中國語文》第2期

馬慶株. 1988. 自主動詞和非自主動詞,《中國語言學報》第3期

馬慶株. 1995. 多重定名結构中形容詞的類別和次序,《中國語文》第5期

丘述德. 1993. 語義范疇的轉化,《外國語》第5期

邵敬敏. 1990.《漢語語法學史稿》, 上海:上海教育出版社

沈家煊. 1993. 句法的像似性問題,《外語教學与研究》第1期

沈家煊. 1994. R. W. Langacker的'認知語法', 《國外語言學》 第1期

沈家煊. 1995. '有界'与'无界', 《中國語文》 第5期

沈家煊. 1997. 形容詞句法功能的標記模式, 《中國語文》 第4期

石毓智. 1995. 時間的一維性對介詞衍生的影響, 《中國語文》第1期

石毓智. 1995. 《女人、火、危險事物－范疇揭示了思維的什么奧秘》評介, 《國外語言學》 第2期

湯延池. 1979. 國語的'的'字句, 《國語語法研究論集》, 台北：學生書局

王初明. 1994. 《可學得性与認証：論元結構的習得》, 《國外語言學》 第2期

王光全. 1993. 動詞直接做定語時的位置, 《中國語文》 第1期

陶紅印. 1994. 言談分析、功能主義及其在漢語漢語中的應用, 石鋒編 《海外中國語言學研究》, 北京：語文出版社

謝信一. 1998. 組成認知語法初探, 《中國語言學論叢》 (第二輯), 北京：北京語言文化大學出版社

徐　丹. 1989. 第二人称代詞的特点, 《中國語文》 第4期

徐通鏘. 1992. 語義句法芻議－語言的結構基礎和語法研究的方法論初探, 《80年代与90年代中國 現代漢語語法研究》, 北京：北京語言學院出版社

許國璋. 1988. 語言符号的任意性問題, 《外語教學与研究》 第3期

嚴辰松. 1997. 語言臨摹性概說, 《國外語言學》 第3期

晏懋思、王志軍. 1997. 連通論及其對語言學的啓示, 《現代外語》 第1期

袁毓林. 1994. 關于認知語言學的理論思考, 《現代語言學：理論建設的新思考》, 北京：語文出版社

袁毓林. 1995. 詞類范疇的家族像似性, 《中國社會科學》 第1期

袁毓林. 1996. 認知科學背景上的語言研究, 《國外語言學》 第2期

朱德熙. 1956. 現代漢語形容詞研究, 《語言研究》 第1期

朱德熙. 1957. 《定語和狀語》, 北京：新知識出版社

朱德熙. 1982 《語法講義》 北京：商務印書館

朱德熙. 1985. 《語法答問》 北京：商務印書館

張玉林. 1996. 唯謂形容詞的鑒定標准与語法功能, 載胡明揚主編 《詞類問題考察》, 北京：北京語言學院出版社

張伯江. 1994. 詞類活用的功能解釋, ≪中國語文≫ 第5期

張伯江、方梅. 1996. ≪漢語功能語法研究≫, 南昌：叫西教育出版社

張 敏. 1996a. 漢語重疊的認知語義學研究, 新時期語法學者國際學術研討會
   論文, 1996年10月, 武漢：華中師范大學

張 敏. 1996b. 認知模型与漢語句法的臨摹性質：由定中之間的'的'說起, 見
   *Advance in New Technology: Proceedings of the International Conference
   on Chinese Computing'96, ISS, NUS, Singapore.*

張 敏. 1997. 從類型學和認知語法的角度砍漢語重疊現像, ≪國外語言學≫
   第2期

張 敏. (即出1). 漢語認知語法面面觀, ≪現代漢語語法面面觀≫, 北京：北京
   語言文化大學出版社

張 敏. (即出2). 漢語方言体詞重疊式語義模式的比較研究, 載伍云姬主編
   ≪漢語方言共時与歷時語法研討論文集≫, 广州：暨南大學出版社

章士嶸. 1994. ≪心理學哲學≫, 北京：社會科學文獻出版社

찾아보기

• 저자 소개

张 敏

북경대학교에서 박사학위를 취득하고, 홍콩과학기술대학교 인문학부 교수로 재직 중이며, 국제중국어학회(IACL) 이사 및 부회장이다. 관심 분야는 인지언어학, 중국어역사문법, 중국어방언학 등이다.

≪汉语多功能语法形式的语义地图研究≫(2015, 李小凡、郭锐 등 공저, 商务印书馆, 2015年) 등의 저서가 있으며 "从类型学和认知语法的角度看汉语重叠现象"(≪国外语言学≫1997), "Syntactic change in Southeastern Mandarin: How does geographical distribution reveal a history of diffusion?" (*In Memory of Professor Li Fang-Kuei: Essays of Linguistic Change and the Chinese Dialects*, 2000), "汉语话题化结构限制中的邻接条件：认知处理角度的论证"(≪语言学论丛≫2009), "语义地图模型：原理、操作及在汉语多功能语法形式研究中的运用"(≪语言学论丛≫2010), "汉语方言双及物结构南北差异的成因：类型学研究引发的新问题"(≪中国语言学集刊≫2011) 등의 논문이 있다.

• 역자 소개

이운재

서울대학교에서 박사학위를 취득했으며 서울대학교, 한국방송통신대학교에서 강의를 하고 있다. 인지언어학, 언어유형학 등을 연구하고 있으며, 「인지언어학과 중국어 어순」(2014, 역락), 「유형학적 관점에서 본 중국어 명사구의 지시적 특징」(2015, 중국문학) 등의 저서와 논문이 있다.

인지언어학과 문법 도상성-중국어 명사구

초판 인쇄 2016년 4월 1일
초판 발행 2016년 4월 8일

저   자 | 张 敏
역   자 | 이운재
펴 낸 이 | 하운근
펴 낸 곳 | 學古房

주   소 | 경기도 고양시 덕양구 통일로 140 삼송테크노밸리 A동 B224
전   화 | (02)353-9908   편집부(02)356-9903
팩   스 | (02)6959-8234
홈페이지 | http://hakgobang.co.kr/
전자우편 | hakgobang@naver.com, hakgobang@chol.com
등록번호 | 제311-1994-000001호

ISBN   978-89-6071-573-8   93720

값 : 23,000원

이 도서의 국립중앙도서관 출판시도서목록(CIP)은 서지정보유통지원시스템 홈페이지(http://seoji.
nl.go.kr)와 국가자료공동목록시스템(http://www.nl.go.kr/kolisnet)에서 이용하실 수 있습니다.
(CIP제어번호: CIP2016008335)